GOLDMANN

Buch

Dr. Stuart Shanker revolutioniert die Erziehung unserer Kinder: Seine Methode der Selbstregulierung ermöglicht Kindern aller Altersstufen – und deren Eltern – zu einer besonderen inneren Balance zu finden, einem Zustand von ruhiger Wachsamkeit. Von klein an wirken zu viele Reize auf unsere Kinder ein, spätestens ab dem Schulalter sind sie einem oft unvorstellbaren Stress ausgesetzt. Das macht unruhig, unkonzentriert, aggressiv und hyperaktiv. Erwachsene reagieren meist mit der Forderung nach Gehorsam – was nur dazu führt, dass der Druck weiter erhöht wird. Dr. Shankers Methode der Selbstregulierung lehrt uns, die Stressfaktoren eines Kindes zu erkennen und zu reduzieren. Im nächsten Schritt müssen wir dem Kind helfen, all das auch allein zu schaffen. Damit geht Dr. Shanker an die Wurzeln des Problems und bietet eine wirkliche Lösung, die jedem Kind hilft – vom Kleinkind bis zum Teenager.

Autoren

Dr. Stuart Shanker ist emeritierter Professor für Psychologie und Philosophie der York University, Toronto, sowie Gründer von *The MEHRIT Centre* und *Self-Regulation Institute*. Er ist ein international gefragter Experte auf dem Gebiet der frühkindlichen Entwicklung sowie führender Vertreter der vielfach bewährten Methode der Selbstregulierung. Als wissenschaftlicher Direktor der staatlich geförderten Canadian Self-Regulation Initiative etablierte er seine Methode an öffentlichen Schulen. Nun trägt Dr. Shanker sein Wissen mit diesem Buch an alle Eltern und Erzieher heran.

Mehr Informationen unter: https://self-reg.ca/

Teresa Barker ist Journalistin und Autorin zahlreicher sehr erfolgreicher Bücher zu den Themen Erziehung, kindliche Entwicklung, Psychologie.

Dr. Stuart Shanker
mit Teresa Barker

Das überreizte Kind

Wie Eltern ihr Kind besser verstehen und zu innerer Balance führen

Aus dem kanadischen Englisch
von Karin Wirth

GOLDMANN

Alle Ratschläge in diesem Buch wurden von den Autoren und vom Verlag sorgfältig erwogen und geprüft. Eine Garantie kann dennoch nicht übernommen werden. Eine Haftung der Autoren beziehungsweise des Verlags und seiner Beauftragten für Personen-, Sach- und Vermögensschäden ist daher ausgeschlossen.

MIX
Papier | Fördert gute Waldnutzung
FSC® C014496

Penguin Random House Verlagsgruppe FSC® N001967

6. Auflage
Vollständige Taschenbuchausgabe Februar 2019

Neumarkter Straße 28, 81673 München
produktsicherheit@penguinrandomhouse.de
(Vorstehende Angaben sind zugleich
Pflichtinformationen nach GPSR.)

Originaltitel: Self-Reg
Originalverlag: Penguin Press, New York
Umschlag: Uno Werbeagentur, München,
nach einem Entwurf von *zeichenpool, München
Umschlagmotiv: shutterstock/Fedorov Oleksiy
Redaktion: Dagmar Rosenberger
Satz: Buch-Werkstatt GmbH, Bad Aibling
Druck und Bindung: GGP Media GmbH, Pößneck
KW · Herstellung: CB
Printed in Germany
ISBN 978-3-442-17785-1
www.goldmann-verlag.de

Für meine Frau und meine Kinder

Inhalt

Einleitung

Ich weiß nicht mehr, mit wie vielen Kindern ich bei meiner Arbeit in Kanada, den USA und auf der ganzen Welt schon zu tun hatte. Nicht nur Tausenden, sondern wahrscheinlich Zehntausenden. Und unter all diesen Kindern war kein einziges »schwieriges« Kind.

Kinder können egoistisch, unsensibel und trotzig sein; sie können sich weigern, aufmerksam zu sein, viel schreien und andere herumschubsen oder ungehorsam und geradezu feindselig sein. Die Liste ließe sich endlos fortsetzen. Ich weiß, wovon ich rede – ich bin selbst Vater. Aber ein »schwieriges« Kind? Niemals.

Wir haben alle Momente, in denen wir Kinder als »böse« bezeichnen. Vielleicht sprechen wir von »schwer erziehbar« oder »unmöglich« oder einem »Problemkind« oder verwenden klinische Bezeichnungen wie »ASHS/ADS« oder »ODD« (Oppositionelles Trotzverhalten), aber wie immer wir es auch nennen – unsere Schlussfolgerungen können sehr abwertend sein.

Eines Tages traf ich auf der Straße einen Nachbarn, der mit seinem vierjährigen Sohn und dem jungen Hund der Familie unterwegs war. Als ich mich hinunterbeugte, um den Hund zu streicheln, schnappte er nach mir, worauf der Vater entschuldigend lächelte und meinte: »Alfonse ist ja noch ein Welpe.« Als aber der kleine Junge mit dem Hund schimpfte und ihm einen Klaps auf die Nase gab, reagierte der Vater sehr wütend. Offenbar war es für den jungen Hund in Ordnung, spontan zu reagieren, aber nicht für seinen vierjährigen Sohn. Wir waren alle schon mal dieser Vater und haben situationsbedingt in einer

Weise auf unsere Kinder reagiert, wie wir es in einer ruhigeren Verfassung nicht tun würden.

Problematische Verhaltensweisen sind Ausdruck der Unfähigkeit eines Kindes, *in diesem Augenblick* auf alles, was um es herum vor sich geht – Geräusche, Lärm, Ablenkungen, unangenehme Empfindungen, Gefühle –, zu reagieren. Doch wir bewerten diese Verhaltensweisen als Teil seines Charakters oder Temperaments.[1] Schlimmer noch: Auch die Kinder selbst sehen es irgendwann so.

Es gibt kein Kind, das nicht mit Verständnis und Geduld auf den Weg zu einem erfüllten Leben geführt werden kann. Aber Stereotypen in Bezug auf »schwierige Kinder« trüben unseren Blick ebenso wie unsere eigenen Hoffnungen, Träume, Frustrationen und Ängste als Eltern. Verstehen Sie mich nicht falsch: Manche Kinder können eine deutlich größere Herausforderung darstellen als andere. Aber oft sind unsere negativen Urteile über ein Kind einfach nur Selbstverteidigungsmechanismen, eine Möglichkeit, die Probleme, die wir mit dem Kind haben, auf seine »Natur« zu schieben. Das kann zu noch stärkeren Gegenreaktionen, Abwehrmechanismen, Ängsten oder Rückzugstendenzen des Kindes führen. Aber so muss es nicht sein. So muss es nie sein.

Als ich darüber einmal vor einem Publikum sprach, das aus 2000 Erzieherinnen bestand, meldete sich im Hintergrund jemand zu Wort: »Also, ich habe in meiner Gruppe ein schlechtes Kind. Und sein Vater war auch ein schlechter Kerl. Und sein Großvater war durch und durch schlecht.« Alle lachten, aber ich fand das spannend. Ich dachte: »Na, es gibt immer eine Ausnahme von der Regel. Ich würde dieses Kind wirklich gern kennen lernen.« Ich vereinbarte mit der Erzieherin einen Termin, bei dem ich den kleinen Jungen im Kindergarten treffen konnte. Und in dem Augenblick, als er ins Zimmer kam, war sofort klar, dass das, was die Erzieherin als *bösartiges Benehmen* einstufte, in Wirklichkeit *Stressverhalten* war.

Der Junge war sehr geräuschempfindlich. Bevor er sich hinsetzte, wurde er zweimal von Geräuschen draußen im Flur erschreckt. Außerdem kniff er die Augen zusammen, was darauf schließen ließ, dass ihn das grelle Licht im Raum störte, oder dass er möglicherweise ein Problem mit der Verarbeitung visueller Eindrücke hatte. Als ich ihn da so auf seinem Stuhl herumrutschen sah, fragte ich mich, ob es dem Jungen vielleicht schwerfiel, aufrecht zu sitzen oder sich auf dem harten Holzstuhl bequem hinzusetzen. Das wirkliche Problem war biologischer Natur. Unter diesen Umständen würden ihm erhobene Stimmen oder strenge Mienen nur noch mehr Unbehagen und Stress bereiten. Im Lauf der Zeit kann diese Art der gewohnheitsmäßigen Interaktion bei einem Kind zu Ungehorsam und Trotz führen.

Das gilt besonders für Probleme, die seit mehreren Generationen in einer Familie auftreten, wie es hier der Fall zu sein schien. Hatten sein Vater und sein Großvater schon dieselben biologisch bedingten Empfindlichkeiten? Waren sie mit denselben strafenden Reaktionen von Seiten der Erwachsenen in ihrem Leben konfrontiert gewesen, die ein Kind so leicht auf den problematischen Weg führen, der letztlich die eigene Einschätzung nur zu bestätigen scheint (»Siehst du, ich hab doch gesagt, dass er ein schlechtes Kind ist«)?

Ich fragte mich sofort, wie ich das Kind unterstützen und der überforderten Erzieherin helfen könnte, seine Verhaltenssignale zu sehen und zu deuten. Ich schloss sanft die Tür, schaltete das Deckenlicht aus (das nicht nur stark blendete, sondern auch einen permanenten Summton erzeugte) und sprach leiser. Als die Erzieherin sah, wie sich der Junge plötzlich entspannte, bekam sie einen sanfteren Gesichtsausdruck und flüsterte: »Oh, mein Gott.«

Das war die Art von Reaktion, die ich bisher bei jedem Erwachsenen beobachten konnte, der entdeckte, dass das Problem eines Kindes nicht unlösbar war. Es war so einfach gewesen, diesen Jungen als erblich vorbelastet abzustempeln. Das änderte sich in dem Augenblick, als die Erzieherin seine Geräusch- und Lichtempfindlichkeit bemerkte. Und die hatte er sich nicht ausgesucht.

Von einem Augenblick zum andern änderte sich das Verhalten der Erzieherin gegenüber dem Jungen. Davor war sie grimmig gewesen, jetzt lächelte sie bis in die Augenwinkel. Ihr Tonfall veränderte sich von kurz angebunden zu melodisch, ihre Gesten von hektisch zu langsam und rhythmisch. Sie schaute das Kind direkt an, nicht mich. Zwischen den beiden war eine Verbindung entstanden, und alles an seiner Körperhaltung, seinem Gesichtsausdruck und seinem Tonfall spiegelte ihre eigenen Veränderungen wider.

Diese Art der Veränderung basiert nicht nur darauf, dass das Kind anders gesehen wird (oder als ein anderes Kind betrachtet wird), sondern auf einer Veränderung der gesamten Dynamik zwischen dem Kind und dem Erwachsenen. In diesem Fall hatte die Erzieherin ihr Bedürfnis nach *Gehorsam* – wenn man so will, sogar ihr Ego – hintangestellt und das Kind wirklich zum ersten Mal richtig wahrgenommen. Jetzt konnte sie anfangen, es zu unterrichten. Und was den Jungen anging, so hatte er selbst keine Ahnung von seiner Geräusch- und Lichtempfindlichkeit gehabt oder gar davon, dass sie den Umgang mit ihm erschwerte. Es war seine Realität, das, was für ihn »normal« war. Jetzt konnte die Erzieherin ihm helfen zu lernen, wann und warum er hyperaktiv und abgelenkt war, und was er tun konnte, um ruhig und aufmerksam zu bleiben.

Vom richtigen Standpunkt aus betrachtet

Kein Elternteil, der dieses Buch liest, war im Leben seines Kindes nicht schon einmal selbst an diesem Punkt. Wahrscheinlich sogar mehrmals! Wir bemühen uns so sehr, unseren Kindern zu helfen, ihnen nicht nur materiellen Komfort zu bieten, sondern ihnen auch die Kompetenzen zu vermitteln, die sie für ein erfolgreiches Leben brauchen. Und doch gelingt es uns oft nicht, eine Verbindung zu unseren Kindern herzustellen, und dann sind wir verständlicherweise frustriert und wütend. Wir wissen, dass das Verhalten unserer Kinder nicht zielführend oder nicht gut für sie ist, und fragen uns, warum es uns nicht gelingt, ihnen das klarzumachen. Genau wie die Erzieherin aus meinem Beispiel haben wir die besten Absichten, aber das genügt nicht. Selbstregulierung beginnt damit, das Verhalten eines Kindes und letztlich auch unser eigenes Verhalten in einen neuen Bezugsrahmen zu stellen und die Bedeutung des kindlichen Verhaltens vielleicht zum ersten Mal wirklich zu sehen.

Während meines Studiums bot mir mein Dozent, Peter Hacker, der Kunstliebhaber war, einmal an, mit ihm eine Rembrandt-Ausstellung zu besuchen. Ich traf vor ihm in der Galerie ein und betrachtete zwanzig Minuten lang ein Selbstporträt, bei dem sich mir beim besten Willen nicht erschließen wollte, warum so viel Aufhebens darum gemacht wurde. Als Peter dazustieß, fragte er mich nach meinem Eindruck, und ich sagte, dass das Bild auf mich einfach nur verschwommen wirke. Peter lächelte und entfernte sich einige Schritte von dem Bild, wobei er konzentriert auf den Boden starrte. Er zeigte auf einen kleinen Punkt am Boden und forderte mich dann auf, mich dorthin zu stellen und das Gemälde von diesem Punkt aus zu betrachten. Das Ergebnis war erstaunlich: Plötzlich war das Gemälde perfekt fokussiert, und ich verstand und spürte in diesem Augenblick die volle Wirkung von Rembrandts Genialität.

Ich hatte mir so sehr gewünscht zu verstehen, weshalb dieses Gemälde als überragende künstlerische Leistung eingestuft wurde. Ich hatte die Anmerkungen zu seiner Entstehung gelesen. Ich wusste, wann und wo Rembrandt es gemalt hatte. Und dennoch hätte ich wohl jahrelang täglich das Museum besuchen und das Gemälde betrachten können, ohne je sein Geheimnis zu entdecken. Ich hätte immer am falschen Punkt gestanden.

Durch Selbstregulierung lernen Sie, wo Sie stehen müssen, um Ihr Kind richtig sehen und verstehen zu können. Sie lernen, wie Sie das Verhalten Ihres Kindes in den Fokus rücken, auf seine Bedürfnisse eingehen und ihm helfen, sich selbst zu helfen. Selbstregulierung stärkt Ihre Beziehungen. Dabei geht es nicht darum, Ihr Kind dazu zu bewegen, sich »gut zu benehmen«, also Verhaltensweisen abzulegen, die Sie oder andere als störend empfinden oder durch die es sich selbst Probleme schafft. Bei dem Konzept der Selbstregulierung geht es um erstaunliche Veränderungen in Bezug auf Stimmung, Konzentration, die Fähigkeit, Freundschaften einzugehen, Einfühlungsvermögen und die Entwicklung der Tugenden und Werte, die für das langfristige Wohlergehen Ihres Kindes wichtig sind.

Diese Technik ist das Ergebnis umwälzender wissenschaftlicher Erkenntnisse in Bezug auf die *Selbstregulierung.*[2] Der Begriff »Selbstregulierung« wird mit sehr vielen unterschiedlichen Bedeutungen verwendet, aber die ursprüngliche psychophysiologische Bedeutung bezieht sich auf die für die Reaktion auf Stress und die anschließende Erholung aufgewendete Energie.[3] Und unter »Stress« versteht man dabei alle Stimuli, die uns dazu bewegen, Energie aufzuwenden, um eine Art von Gleichgewicht zu wahren. Dazu gehören nicht nur die psychosozialen Stressfaktoren, die wir alle kennen, wie berufliche Anforderungen oder die Frage, was andere von uns denken, sondern wie bei dem kleinen Jungen, von dem ich oben berichtet habe, zählen dazu auch Faktoren in der Umgebung, wie akustische oder visuelle Stimulation, unsere Gefühle (positiver oder negativer Art), Muster, mit denen wir schwer umgehen können, die Notwendigkeit, mit dem Stress anderer umzugehen, und für viele Kinder gehören dazu heutzutage auch die Dinge, die sie in ihrer Freizeit tun oder nicht tun.[4] Wenn die Stressbelastung eines Kindes konstant zu hoch ist, erholt es sich möglicherweise nicht mehr vollständig davon, und seine Anfälligkeit selbst gegenüber geringfügigen Stressfaktoren steigt.

Selbstregulierung ist eine fünf Schritte umfassende Methode, die Erwachsenen hilft,

1) zu erkennen, wann ein Kind zu großem Stress ausgesetzt ist,
2) die Stressfaktoren zu identifizieren und
3) zu reduzieren sowie
4) das Kind dabei zu unterstützen, wahrzunehmen, wann es das für sich selbst tun muss, und
5) Selbstregulierungsstrategien zu entwickeln.

Zu erkennen, wann ein Kind zu hohem Stress ausgesetzt ist oder was als Stressfaktor zählt, ist nicht einfach, weil Kinder heute mit so vielen *versteckten Stressfaktoren* umgehen müssen.[5] Oft meinen wir einem Kind nur *sagen* zu müssen, dass es sich beruhigen soll, obwohl das nie funktioniert. Es gibt kein einfaches Rezept dafür, was einem Kind hilft, sich selbst zu regulieren. Kinder sind sehr verschieden und ihre Bedürfnisse ändern sich ständig, und zwar so sehr, dass das, was letzte Woche geholfen hat, heute womöglich schon nicht mehr funktioniert. Aber mithilfe der ersten vier Schritte lernen Sie zu experimentieren und herauszufinden, was bei Ihrem Kind funktioniert und was nicht. Und vor allem lernt Ihr Kind es auch.

Seit Platos Zeiten wurde Selbstkontrolle als Ausdruck der Persönlichkeit gepriesen.[6] Diese Annahme beeinflusste unsere Wahrnehmung von Kindern sowie ihre Entwicklung zu seelisch, körperlich und charakterlich stabilen Erwachsenen. Auch in Bezug auf Erwachsene ging man davon aus, dass man vor allen Dingen Willenskraft brauche, um Versuchungen zu widerstehen und problematische Situationen zu bewältigen. Was die klassischen Philosophen und die nachfolgenden Generationen nicht wussten, ist, dass es um etwas sehr viel Grundlegenderes geht.

Selbstkontrolle bedeutet, Impulse zu unterdrücken; Selbstregulierung hingegen bedeutet, die Ursachen von Impulsen zu erkennen und ihre Intensität zu verringern und, wenn nötig, die Energie aufzubringen, ihnen zu widerstehen.[7] Dieser Unterschied wird oft nicht genau verstanden, häufig werden die beiden Begriffe sogar gleichgesetzt. Doch Selbstregulierung unterscheidet sich nicht nur grundlegend von Selbstkontrolle, sondern macht Selbstkontrolle überhaupt erst möglich – oder in vielen Fällen überflüssig. Wenn wir diesen wesentlichen Unterschied nicht verstehen, laufen wir

Gefahr, die Faktoren, die zur schlechten Selbstkontrolle eines Kindes beitragen, zu verstärken, statt ihm zu helfen, die grundlegenden Fähigkeiten zu erwerben, um in der Schule und auf seinem weiteren Lebensweg erfolgreich zu sein.

Im Zusammenhang mit Selbstregulierung sind »problematische« Verhaltensweisen wertvolle Hinweise darauf, dass ein Kind zu viel Stress hat. Man denke nur an Kinder, die sehr impulsiv oder unbeherrscht sind, ihre Gefühle nicht unter Kontrolle haben, zu Wutanfällen neigen oder sprunghaft sind, Frustration nicht aushalten können, beim kleinsten Hindernis aufgeben, eine geringe Aufmerksamkeitsspanne haben oder sich leicht ablenken lassen, nicht gut mit Beziehungen umgehen können oder wenig Mitgefühl haben. Verhaltensweisen, bei denen wir automatisch denken, dass ein Kind »böse« oder »faul« oder »langsam« ist, sind oft ein Zeichen dafür, dass sein Stressniveau viel zu hoch ist und es »kein Benzin mehr im Tank« hat. Selbstregulierung lehrt uns, die Stressfaktoren eines bestimmten Kindes zu erkennen und zu reduzieren. Im nächsten Schritt müssen wir dem Kind helfen, all das allein zu schaffen.[8]

Selbstregulierung fängt damit an, unsere eigenen Stressfaktoren zu identifizieren und zu reduzieren und bei der Interaktion mit dem Kind ruhig und aufmerksam zu bleiben. Wie die Erzieherin, die sich bei meinem Vortrag zu Wort meldete, müssen wir, wenn wir im Umgang mit einem Kind wütend, besorgt oder mit unserem Latein am Ende sind, lernen, uns zu fragen, worum es eigentlich geht und was wir gerade übersehen. Manchmal müssen wir uns auch eingestehen, dass wir uns geirrt haben. Das ist nicht einfach. Niemandem fällt das leicht.

Ich bin mit jener Erzieherin in Kontakt geblieben. Einmal hat sie mir gesagt, dass sich seit dem Tag meines Besuches in ihrem

Kindergarten viel mehr verändert habe als nur ihre Interaktion mit dem kleinen Jungen und den anderen Kindern in ihrer Gruppe. Ihr ganzes Leben, ihr Umgang mit ihrer eigenen Familie, ihren Freunden und vor allem mit sich selbst – all das, so behauptete sie, habe sich in dieser einen Sekunde verändert.

Warum? War sie vorher hartherzig, ausgebrannt oder der Arbeit mit diesem Jungen überdrüssig gewesen? Wollte sie ihn schon aufgeben? Nein, absolut nicht. Tatsächlich war sie eine leidenschaftliche und engagierte Erzieherin. Dennoch war sie zu der Überzeugung gelangt, dass mit diesem Jungen »etwas nicht stimmte«. Eine solche Überzeugung ist immer falsch. Natürlich ist immer etwas im Gange, aber nichts »Falsches«. Sondern etwas *Anderes.* In diesem Buch geht es darum herauszufinden, was dieses Andere bei Ihrem Kind ist.

Es gibt eine Methode dafür, diese Probleme an der Wurzel zu packen. Sie heißt *Selbstregulierung,* und in diesem Buch erfahren Sie, wie sie funktioniert, und wie Sie Ihrem Kind helfen können, sie selbst anzuwenden. Es ist nicht nur eine Methode zur Unterstützung von »Problemkindern«, sondern eine Methode für alle Kinder. Selbstregulierung ist etwas, das wir alle brauchen. Heute mehr denn je.

TEIL 1

Selbstregulierung – entscheidend für Leben und Lernen

Die Kraft der Selbstregulierung

Streng dich mehr an!

Das hört man ständig. Man sagt es zu sich selbst: Du musst willensstärker sein, mehr Selbstkontrolle darüber haben, was du isst oder trinkst, zu deinem Chef sagst oder in deiner Freizeit tust.[9] Du musst Sport treiben. Weniger Geld ausgeben. Den endlosen Versuchungen widerstehen. Und wenn du scheiterst, dann streng dich mehr an!

Das ist die Botschaft, die wir täglich unzählige Male hören, und wenn wir uns darüber unterhalten, wie wir unseren Kindern helfen können, erfolgreich zu sein, läuft es immer wieder darauf hinaus. Aber für sie und für viele von uns scheint Selbstkontrolle umso schwieriger zu werden und das Ziel in immer weitere Ferne zu rücken, je mehr wir uns anstrengen. Wir werfen uns selbst Schwäche vor. Kinder tun das auch, und Selbstbezichtigungen und Scham untergraben all das Gute, das wir uns für sie in der Schule und im Leben erhoffen.

Durch neue Erkenntnisse der Neurowissenschaften werden die Geheimnisse unseres Verhaltens entschlüsselt – warum wir uns so verhalten, wie wir uns verhalten, und warum es manchmal so schwer ist, uns so zu verhalten, wie wir wollen. Aus diesen neuen Erkenntnissen lässt sich auch ableiten, wie wir unser Verhalten ändern können und dass Selbstkontrolle sehr wenig damit zu tun hat. Die Forschungsergebnisse zeigen sogar, dass Selbstkontrolle und positive Verhaltensänderungen umso schwieriger werden, je mehr wir uns auf die Selbstkontrolle konzentrieren und je mehr wir uns anstrengen.

Verstehen Sie mich nicht falsch: Selbstkontrolle ist wichtig. Wir kennen alle Menschen, die auf ihrem Gebiet sehr erfolgreich sind und über eine mustergültige Selbstkontrolle zu verfügen scheinen. Aber viel wichtiger ist die Stressbelastung, unter der wir stehen, und wie gut wir damit umgehen: Wie gut wir uns *selbst regulieren* können. Und wenn man sich diese »Erfolgsgeschichten« genauer anschaut, wird deutlich, dass das, was diese Menschen auszeichnet, vor allem eine bemerkenswerte Fähigkeit zur Selbstregulierung ist.

Der Begriff »Selbstregulierung« bezieht sich darauf, wie das autonome Nervensystem (ANS) mit energieintensiven Stoffwechselprozessen auf Stress reagiert und anschließend ausgleichende Prozesse in Gang setzt, die Erholung und Wachstum fördern. Je höher unsere Stressbelastung, desto weniger Ressourcen stehen uns für die Selbstkontrolle zur Verfügung und desto stärker werden unsere Impulse. Sobald man den natürlichen Prozess der Selbstregulierung verstanden hat und die ersten einfachen Schritte unternimmt, um *mit* ihm statt gegen ihn zu arbeiten, verschwindet oft der Drang, Selbstkontrolle auszuüben.

Warum wir tun, was wir tun: Mythen und neue Erkenntnisse der Forschung

Die Verbindung von schlechter Selbstkontrolle und Schwäche ist der fatalste Aspekt der traditionellen Auffassung, dass Selbstkontrolle eine Frage von Stärke und Charakter ist. Diese Vorstellung hat sich jahrtausendelang gehalten. Der unterstellte Mangel an Selbstkontrolle hat bei vielen Betroffenen zu Schuldgefühlen und Selbstanklagen geführt. Die moderne Wissenschaft lehrt uns, dass diese Vorstellung nicht nur archaisch, sondern von Grund auf falsch ist.

Einer der großen Durchbrüche in der Wissenschaft der Selbstregulierung war die Entdeckung der Funktionsweise des limbischen Systems, das von Joseph LeDoux als das »emotionale Gehirn« bezeichnet wurde.[10] Dieser subkortikale Gehirnbereich liegt unterhalb des *präfrontalen Cortex* (PFC), und seine Hauptstrukturen sind die *Amygdala*, der *Hippocampus* und der *Hypothalamus*. Das limbische System, insbesondere die Amygdala, ist der Ursprung unserer starken Emotionen und Antriebe. Es spielt eine wichtige Rolle bei der Entstehung von Erinnerungen und damit verknüpften (positiven oder negativen) emotionalen Assoziationen. Liebe, Begehren, Angst, Scham, Wut und Trauma haben hier ihre gemeinsame neurologische Basis.

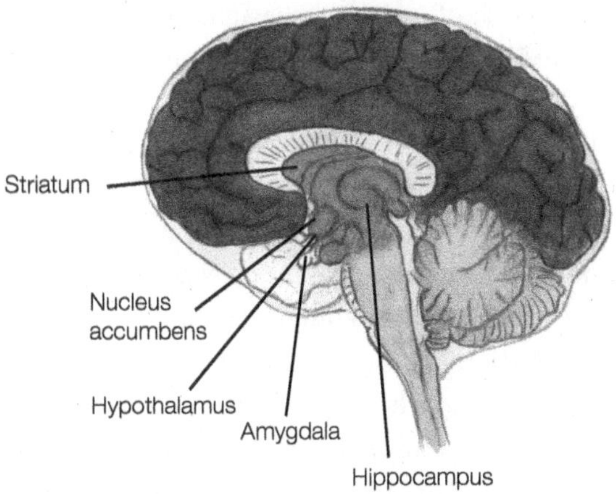

Das limbische System

Früher betrachtete man das Gehirn als eine Art Hierarchie, innerhalb derer die »höheren« Systeme im präfrontalen Cortex die vom »niedrigeren« limbischen System ausgehenden Impulse beherrschen und unterdrücken.[11] Man ging davon aus, dass unser präfrontaler Cortex zu schwach ist, wenn wir diesen Impulsen nachgeben. Die alte und unangefochtene Vorstellung von der Willensstärke und Selbstkontrolle als einer Art mentalem Muskel passte sehr gut dazu.[12] Wie schon zu Sokrates' Zeiten glaubte man, das Heilmittel bestünde darin, die für die Selbstkontrolle zuständigen höheren Systeme wie einen Muskel durch hartes Training und Disziplin zu stärken. In dieser Vorstellungswelt wird das Ausüben von Selbstverleugnung (indem man der Versuchung und den niederen Impulsen widersteht) zu einer Art »Bankdrücken« für die Selbstkontrolle.

Aber die Fortschritte in der Gehirnforschung haben in den letzten 20 Jahren ein völlig anderes Bild entstehen lassen. Besonders wichtig ist dabei unser neues Verständnis des Hypothalamus, den wir jetzt aufgrund seiner wichtigen Rolle bei der Regulierung zahlreicher Systeme (Immunsystem, Körpertemperatur, Hunger, Durst, Müdigkeit, Schlaf-Wach-Rhythmus, Herzschlag und Atmung, Verdauung, Stoffwechsel, Zellreparatur und sogar wichtige Aspekte des Hörens, Sprechens und Interpretierens sowie des Erziehungs- und Bindungsverhaltens) als die »Hauptschaltstelle« des Gehirns betrachten.

Alle diese verschiedenen komplexen Funktionen sind mit der primitiven Reaktion des Gehirns auf Stressfaktoren verknüpft – von relativ geringfügigem Stress bis hin zu regelrechten Bedrohungen (oder dem, was unser limbisches System dafür hält). Wenn wir diese Reaktion abmildern können, beginnen wir, alle anderen Selbstregulierungsprozesse wieder ins Gleichgewicht zu bringen.

Selbstkontrolle ist wichtig, aber sie ist nicht die zentrale, organisierende Funktion eines starken, gesunden Geistes und eines erfolgreichen Lebens. Das ist die Selbstregulierung.

Dreifache Harmonie – das »dreieinige« Gehirn

In den 60er Jahren entwickelte Paul MacLean, Neurowissenschaftler in Yale, ein bis heute sehr nützliches theoretisches Modell des Gehirns.[13] Nach diesem »dreieinigen« Modell besitzen wir drei deutlich voneinander abgegrenzte Gehirne, von denen sich jedes zu einem anderen Zeitpunkt in unserer evolutionären Vergangenheit entwickelt hat und die übereinandergeschichtet sind. Obenauf und vorn liegt, wie schon der Name sagt, das »neueste« Gehirn, der *Neocortex*. Es unterstützt komplexe Funktionen wie Sprache, Denken, die Interpretation sozialer Signale und die Selbstkontrolle. Darunter liegt das viel ältere Paläo-Säugetierhirn, auch paläo-mammalisches Gehirn genannt, in dem das limbische System sowie starke emotionale Assoziationen und Antriebe ihren Sitz haben. Und ganz unten befindet sich das älteste und primitivste, das sogenannte »Reptiliengehirn«, das in enger Zusammenarbeit mit dem limbischen System unsere Erregung und Wachsamkeit reguliert.

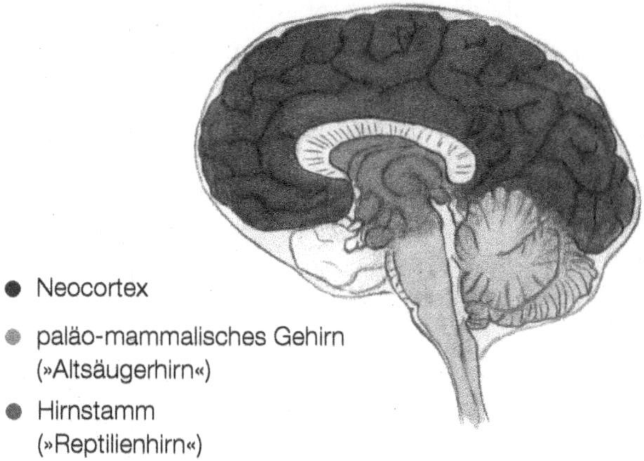

Das dreieinige Gehirn

MacLeans Modell stellt eine starke Vereinfachung dar, ist aber dennoch hilfreich beim Verständnis des neurophysiologischen Unterschiedes zwischen Selbstkontrolle und Selbstregulierung: Die Selbstkontrolle ist vor allem ein »neocortikales« Phänomen, das von wenigen Systemen im präfrontalen Cortex unterstützt wird, während die Selbstregulierung von tief im Säugetier- und Reptiliengehirn liegenden Systemen beeinflusst wird – von Systemen, die nicht nur unabhängig von präfrontalen Funktionen aktiviert werden, sondern die Funktionsweise dieser präfrontalen Systeme auch deutlich einschränken können.

Das wachsame Gehirn: Schutz und Verteidigung rund um die Uhr

Der Hypothalamus überwacht unser »inneres Milieu«, indem er beispielsweise dafür sorgt, dass unsere Körpertemperatur ungefähr bei 37 Grad liegt, dass die richtige Menge an Natrium und Glukose im Blut vorhanden ist und dass sich im Schlaf bestimmte Systeme erholen, während andere wichtige Reparaturen und Heilungsprozesse im Körper durchführen. Wenn die Außentemperatur plötzlich sinkt, löst der Hypothalamus eine Stoffwechselreaktion zur Erzeugung von Körperwärme aus: Atmung und Puls beschleunigen sich, wir zittern und unsere Zähne klappern. Alle diese Prozesse verbrauchen eine beträchtliche Menge Energie.

Kälte ist ein klassisches Beispiel für einen umgebungsbedingten Stressfaktor, den das autonome Nervensystem überwacht und auf den es reagiert.[14] Wenn zu viele dieser extern verursachten »Kosten« (zusätzlich zu den üblichen emotionalen, sozialen und kognitiven Stressfaktoren) entstehen, kann das limbische System hyperempfindlich auf das kleinste Anzeichen von Gefahr reagieren. Dann stuft es etwas als Bedrohung ein, bevor der präfrontale Cortex die Chance hat zu beurteilen, ob das wirklich zutrifft, und löst einen Alarm (ähnlich einem durch Bewegung oder Erschütterungen ausgelösten Autoalarm) aus, der zur Ausschüttung von Neurochemikalien und damit zur Aktivierung des Kampf- oder Fluchtmodus führt. Wenn das nicht funktioniert, greift das Gehirn auf den »Erstarrungsmodus« zurück – ähnlich dem Totstellen, das manche Tiere praktizieren, wenn sie bedroht werden. Der älteste Teil des »dreieinigen Gehirns«, das Reptiliengehirn, reagiert auf die Gefahr mit der Ausschüttung von Adrenalin und dem Anstoßen einer komplexen neurochemischen Kettenreaktion, die zu einer Freisetzung von Kortisol führt.

Durch diese Neurochemikalien werden Herzschlag, Blutdruck und Atemfrequenz erhöht, um wichtige Muskeln mit Glukose und Sauerstoff zu versorgen (Lunge, Kehle und Nase weiten sich).[15] Das Energieniveau steigt. Fett aus Fettzellen und Glukose aus der Leber werden verstoffwechselt. Wachsamkeit und Reaktionsfähigkeit steigen: Die Pupillen erweitern sich, die Haare stellen sich auf (wodurch unsere hominiden Vorfahren größer und bedrohlicher wirkten), die Schweißdrüsen werden im Rahmen eines Kühlprozesses geöffnet, und zur Erhöhung der Schmerztoleranz werden Endorphine ausgeschüttet.

Dieses »Alarmsystem« ist, zumindest auf unser modernes Leben bezogen, sehr primitiv. Es macht keinen Unterschied zwischen einem echten Feind und beispielsweise dem imaginären Feind aus einem Rollenspiel: Beide lösen die Freisetzung von Adrenalin aus. Diese Systeme wurden für Reptilien und Säugetiere in freier Wildbahn entwickelt und können den Schweregrad einer Bedrohung oder ihre mögliche Dauer nicht beurteilen. Der Alarm bleibt aktiviert und das System bleibt in einem Kampf-oder-Flucht-Status.

Um die dafür erforderliche Energie aufzubringen, fährt unser Körper alle Funktionen herunter, die Energie verbrauchen, aber in diesem prekären Augenblick nicht überlebensnotwendig sind. So kann die Natur die maximale Energiemenge zu denjenigen Systemen lenken, die zur Bekämpfung der akuten Bedrohung erforderlich sind. Die Liste dieser Funktionen, die verlangsamt oder deaktiviert werden, ist sehr lang, und sie ist der Schlüssel zur Antwort auf die Frage, warum es so schwierig ist, Selbstkontrolle auszuüben, wenn wir sie am dringendsten brauchen.

Die ständige Alarmbereitschaft erschöpft unsere Reserven

Im »Kampf-oder-Flucht-Modus« wird Energie von Systemen abgezweigt, die im Notfall als unwichtig gelten, beispielsweise von der Verdauung. Die Trägheit, die wir nach einer üppigen Mahlzeit spüren, ist ein Zeichen dafür, wie viel Energie die Verdauung erfordert – etwa 15 bis 20 Prozent der Gesamtenergie des Körpers, dieselbe Menge, die auch das Gehirn braucht, um im Normalbetrieb alles am Laufen zu halten. Die Verdauung kann zwischen vier Stunden und zwei Tagen in Anspruch nehmen und ist so energieaufwändig, weil viel Energie erforderlich ist, um das richtige chemische Milieu im Magen zu erzeugen und die Enzyme zu produzieren, die im Körper die Nährstoffe zerlegen und verteilen. Weitere Stoffwechselfunktionen, die unter Stress verlangsamt oder ausgesetzt werden, sind das Immunsystem, die Zellreparatur und das Zellwachstum, die Durchblutung der Kapillaren (um die Wahrscheinlichkeit zu verringern, dass man im Fall einer Verletzung beim Kampf verblutet) und die Reproduktion.[16]

Vielleicht fragen Sie sich, was all das damit zu tun hat, dass Sie die Geduld verlieren oder das dritte Tortenstück verzehren, das Sie eigentlich auf dem Teller lassen wollten, oder mit den Trotzanfällen und der Matheangst Ihres Kindes. Die Antwort hängt mit der Wirkung des Kampf-oder-Flucht-Modus auf unsere vom präfrontalen Cortex unterstützten »rationalen« Funktionen zusammen.

Erinnern Sie sich doch bitte einmal an eine Situation, in der Sie sehr wütend auf Ihre achtjährige Tochter waren, weil sie etwas getan hatte, das Sie ihr schon tausendmal verboten hatten. Wie rational waren Sie da? Wie gut hatten Sie Ihre sprachlichen Funktionen, ganz zu schweigen von Ihrem Denken, unter Kontrolle? Wir neigen zum Stottern, wenn wir wütend sind, weil die linke Hälfte unseres präfrontalen Cortex außen vor bleibt, wenn Säugetier- und Reptilienhirn die Kontrolle übernommen haben. Das geht auf Kosten all der wunderbaren höheren Funktionen, die der präfrontale Cortex unterstützt: Sprache, rationales Denken, Interpretieren der sozialen und emotionalen Signale anderer Menschen, Empathie und natürlich auf Kosten der Selbstkontrolle!

Die Molekularbiologen haben faszinierende Entdeckungen im Hinblick auf die im Kampf-oder-Flucht-Modus ausgeschalteten Funktionen gemacht.[17] Beispielsweise ziehen sich bei plötzlichem heftigem Stress die Muskeln im Innenohr zusammen, wodurch menschliche Stimmen gedämpft und unsere auf tiefe Töne abgestimmten Hörfunktionen verstärkt werden. Das ist aus der Sicht des Säugetier- und Reptilienhirns äußerst sinnvoll: Diese tiefen Töne könnten von einem im Gebüsch lauernden Raubtier stammen. In unserem modernen Kontext erklärt es, weshalb unser gestresstes oder abgelenktes Kind uns zu ignorieren scheint, wenn wir nicht direkt vor oder über ihm stehen. Und wenn wir direkt über ihm stehen, wird es unseren Tonfall und unsere Körpersprache wahrscheinlich als umso bedrohlicher wahrnehmen.

Im Kampf-oder-Flucht-Modus wird unser modernes, sprachorientiertes Gehirn außer Kraft gesetzt, und wir fallen in einen archaischen, vorsprachlichen Zustand zurück, in dem die primitiven Überlebensmechanismen eines in die Enge getriebenen Tieres zum Zuge kommen.

Selbstregulierung – eine Frage der richtigen Balance

Das autonome Nervensystem reguliert die Übergänge zwischen unterschiedlichen Erregungszuständen, vom tiefen Schlaf – unserem niedrigsten Erregungsniveau – bis hin zur höchsten Erregung, wie wir sie bei einem Kind sehen, das gerade einen Trotzanfall hat.[18]

Die *Erregungsregulierung* versteht man am besten als Funktion der komplementären Kräfte des sympathischen Nervensystems (SNS), das unsere Erregung steigert, und des parasympathischen Nervensystems (PNS), das alles verlangsamt und unsere Erregung dämpft. Oder anders ausgedrückt: eine Funktion des Gehirns, das auf Gaspedal oder Bremse tritt. Wie viel Aktivierung oder Beruhigung für eine bestimmte Aufgabe erforderlich ist, hängt von der Situation und natürlich von unseren Reserven ab. Jeden Tag bewegen wir uns auf dieser »Erregungsskala« auf und ab.[19] Mit steigender Erregung steigt natürlich auch der Energieverbrauch; bei abnehmender Erregung füllen wir unsere Reserven wieder auf.

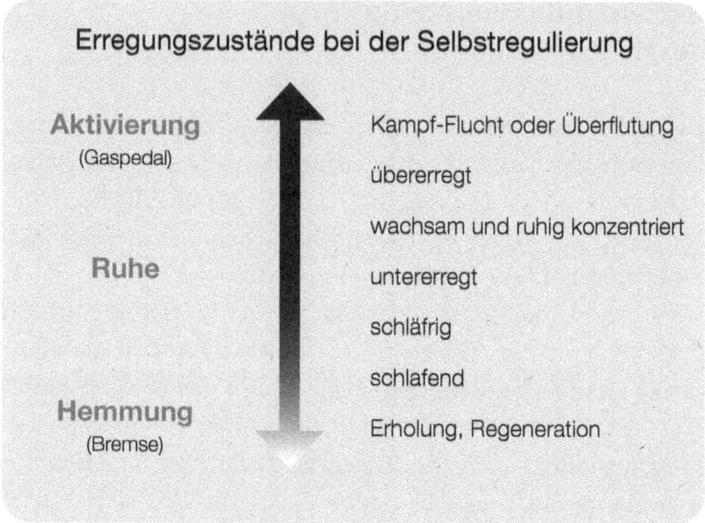

Je größer der Stress ist, dem ein Kind ausgesetzt ist, desto schwerer fällt es seinem Gehirn, diese Übergänge zu steuern. Die »Erholungsfunktion« verliert an Wirksamkeit, und das Kind kann in der Über- oder Untererregung »steckenbleiben«.[20] Man denke zum Beispiel an ein Kind, dem es schwerfällt, »in die Gänge zu kommen«, oder das immer aktiv ist und nicht still sitzen kann.

Am gravierendsten ist es, wenn sich die Kampf-oder-Flucht-Reaktion »einschleift« und das Kind viel leichter und daher ständig erschrickt. Wenn das eintritt, zieht sich das Kind von uns zurück. Eltern deuten dieses Verhalten oft als Ablehnung, obwohl es in Wirklichkeit die Funktion einer anderen Art von »Gehirnhierarchie« ist – einer Reihe natürlicher biologischer Antworten auf Bedrohung:

1) Soziale Interaktion
2) Kampf oder Flucht (sympathische Erregung)
3) Erstarren (parasympathische Erregung)
4) Dissoziation (der »außerkörperliche« Zustand, in dem der Betreffende das, was mit ihm geschieht, beobachtet, als ob es mit jemand anderem geschehen würde)

Diese »Hierarchie der Stressreaktionen«[21] entspricht MacLeans »dreieinigem« Gehirnmodell – vom jüngsten Gehirnsystem im präfrontalen Cortex (soziale Interaktion) bis hin zu archaischen Mechanismen als Reaktion auf Bedrohungen. Wenn soziale Interaktion nicht möglich oder nicht ausreichend ist, schaltet das Gehirn auf Kampf oder Flucht um. In diesem Zustand wird soziale Interaktion nicht nur gemieden, sondern wird selbst zum Stressfaktor, das heißt, das Kind flieht vor uns oder bekämpft uns, obwohl wir genau die Ressource sind, die es am meisten braucht. Wenn die vermeintliche Gefahr bzw. der Stress weiter besteht, schaltet das Gehirn auf »Totstellen« um, um die schwindenden Energiereserven für einen letzten Rettungsversuch aufzubieten. Die letzte Phase, Dissoziation, ist eher ein Mechanismus zur Reduzierung psychischer und physischer Schmerzen als ein Überlebensmechanismus.

Bei chronischer Unter- oder Übererregung findet eine Verschiebung vom sogenannten »lernenden Gehirn« zum »Überlebensgehirn« statt.[22] Das Kind hat dadurch große Schwierigkeiten, zu verfolgen oder zu verarbeiten, was in seiner Umgebung oder in ihm selbst vor sich geht. Es ist jetzt sehr empfänglich für den »Abschaltmodus« oder für impulsive Handlungen und/oder Aggressionen (gegen sich selbst oder andere). Kinder, die sich in einer Art chronischem »Betäubungszustand« befinden oder hyperaktiv sind, sind nicht »schwach« oder »nicht bereit, sich genug anzustrengen«, sondern sie erleben zu viel Stress.

Man kann Kinder nicht zwingen, sich zu beruhigen, und die Androhung von Strafen kann den Stress, dem sie ausgesetzt sind, sogar noch erheblich verstärken. Die Kinder *entscheiden* sich ebenso wenig dafür, über- oder untererregt zu sein, wie sie sich dafür entscheiden können, sich zu beruhigen, wenn sie nicht wissen, wie das funktioniert. Durch Selbstregulierung erhalten sie die dafür erforderlichen Werkzeuge und Fähigkeiten.

Im Krieg gegen uns selbst: Der hohe Preis des inneren Kampfes

Ein chronischer Zustand der Übererregung macht das limbische System so stressempfindlich, dass es schon durch Kleinigkeiten in Alarm versetzt wird.[23] Die Wahrnehmung als solche verändert sich, wenn das System darauf programmiert ist, nach Bedrohungen Ausschau zu halten, auch wenn keine vorhanden sind. In Experimenten hat sich auf eindrucksvolle Weise gezeigt, dass chronisch unter- oder übererregte Kinder Bilder von Gesichtern mit neutralem Ausdruck viel häufiger als feindselig einschätzen.

Das ist in einer gefährlichen Umgebung (evolutionär betrachtet) durchaus sinnvoll. Das Problem ist, dass der Alarm immer leichter ausgelöst wird, je öfter er ausgelöst wird. Und leider werden unsere inneren Alarme im Alltag viel zu oft und zu leicht ausgelöst, sodass wir es oft nicht einmal mehr bemerken, wenn es der Fall ist.

Stellen wir uns einen typischen Arbeitstag vor: Der Wecker klingelt, wodurch wir schlagartig in einen Zustand der Übererregung katapultiert werden, insbesondere wenn wir in der vorausgegangenen Nacht schlecht geschlafen oder nicht genug Schlaf bekommen haben. Wir müssen unsere Kinder bei der Morgenroutine antreiben, sie vielleicht zur Schule und dann selbst zur Arbeit fahren, wobei wir mit Menschenansammlungen, Verkehrsstaus, Lärm und Verspätungen zu tun haben. Unsere Stressbelastung ist schon hoch, bevor wir an unserem Arbeitsplatz ankommen.

Vielleicht beruhigt uns eine Tasse Kaffee mit einem süßen Teilchen in der Pause. Es gibt physiologische Gründe dafür, dass eine solche Leckerei beruhigend wirkt, einschließlich positiver emotionaler Assoziationen. Aber vielleicht haben wir Schuldgefühle, wenn wir uns mal wieder etwas Süßes gönnen, und fangen an, uns gegen die Versuchung zu wehren. Schon das Ankämpfen gegen diese Bedürfnisse kann uns in einen Kampf-oder-Flucht-Modus versetzen. Und hinterher (wenn der präfrontale Cortex wieder aktiv ist) auf uns selbst wütend zu sein, weil wir nicht genügend Selbstkontrolle hatten, macht uns umso empfänglicher dafür, in den bekannten und gefürchteten Kampf-oder-Flucht-Zyklus zu geraten.

Die 2500 Jahre alte Vorstellung, dass wir eine Art »Krieg« zwischen unseren höheren Funktionen und unseren Impulsen führen, erweist sich als treffende Metapher für den Zustand, in dem wir uns befinden, wenn wir uns selbst mangelnde Selbstkontrolle vorwerfen.[24] Hinter dem Begriff der Selbstkontrolle steht die Vorstellung, dass man die nötigen »Muskeln« (den »Mumm«, die »Entschlossenheit« oder die »Selbstdisziplin«) entwickeln muss, um in diesem Krieg zu gewinnen. Genauso versuchen wir, wenn es mit dem Kind, dem Partner oder bei der Arbeit hart auf hart geht, unseren Impuls, klein beizugeben, zu unterdrücken. Im Grunde lernt man also, mit einem unangenehmen Gefühl umzugehen, ohne ihm »nachzugeben«. Aber der Preis einer derartigen Auseinandersetzung ist immer hoch, und in diesem Fall fordert er einen hohen Tribut im Hinblick auf unsere Energiereserven.

Dieser Tribut macht sich irgendwann bemerkbar, wenn nicht sofort, dann später, bei einem noch heftigeren Ausbruch negativer Gefühle, einem Anfall von Selbstbelohnung oder in Form eines tiefer gehenden körperlichen oder seelischen Problems. In wissenschaftlichen Experimenten hat sich gezeigt, dass durch die Erhöhung des Stresspegels die Impulse der Versuchspersonen *verstärkt* werden und ihre Selbstkontrolle *abnimmt.* Die Selbstregulierung lehrt uns, diese Gefühle als Zeichen einer zu hohen Stressbelastung (das heißt eines im Alarmmodus feststeckenden Systems) zu erkennen, statt sie zu ignorieren. Und was wir deshalb lernen müssen, ist, das Alarmsystem zu deaktivieren.

Der Stresszyklus: Wenn Stressfaktoren das System in die Übersteuerung treiben

Bei der Selbstregulierung geht es nicht darum, eine Reaktion oder ein Verhalten als etwas zu betrachten, gegen das man ankämpfen oder das man unterdrücken muss. Die Frage, die wir uns immer stellen müssen, lautet nicht: »Warum gelingt es mir nicht, diesen Impuls unter Kontrolle zu bekommen?«, sondern »Warum spüre ich diesen Impuls? Warum jetzt?«. In diesem Kontext ist die Selbstregulierung ein wirksames Werkzeug für eine positive und bleibende Veränderung.

Wir reden hier nicht nur von Gelüsten. Vielleicht ist es auch eine dauernde Sorge oder etwas Unspezifisches: ein unbestimmtes Angstgefühl oder eine schwelende Wut, ein aufdringlicher Gedanke oder eine pessimistische Grundstimmung. Die Liste ließe sich fortsetzen: starke Assoziationen, die eine plötzliche Kampf-oder-Flucht- oder Erstarrungsreaktion auslösen, plötzliche Impulse, heftige Emotionen, starke Bedürfnisse.

Erregung ist nicht unser Feind.[25] Wir brauchen sie für den Übergang vom Schlaf zum Wachsein, vom Tagträumen zur Aufmerksamkeit, vom Spielen zum Arbeiten. Es ist normal und gesund, *hoch*zuregulieren und diese Übergänge zu durchlaufen, die zusätzliche Energie erfordern. An einem normalen Tag erleben wir eine Reihe solcher Zyklen. Das Hochregulieren und die zyklische Natur dieser Vorgänge bezieht sich auf rein biologische Zustände und hat nichts mit »schlechtem« oder »gutem« Verhalten zu tun.

Einschreiten müssen wir erst, wenn der Zyklus im Übersteuerungsmodus steckenbleibt und wir nicht mehr herunterschalten können. Dann müssen wir einen Stresszyklus durchbrechen, der außer Kontrolle gerät:

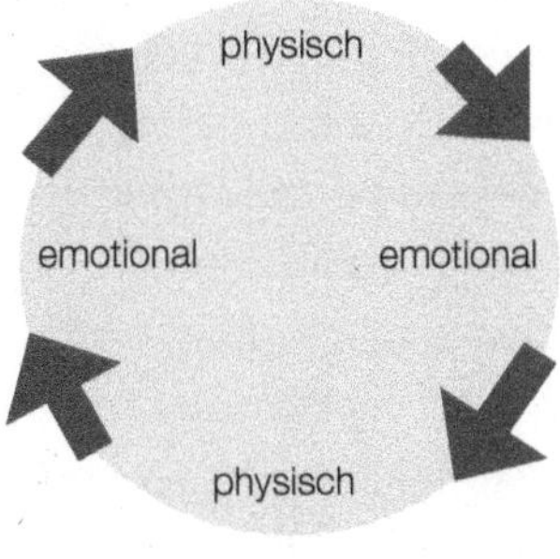

Die körperlich-emotionale Verknüpfung

Ich werde dem Stresszyklus später noch weitere Elemente hinzufügen, aber zunächst befassen wir uns mit diesem einfachen Modell, das zeigt, wie die physischen und emotionalen Elemente eines Zyklus miteinander verknüpft sind und sich gegenseitig verstärken.

Beispielsweise können die kribbelnden oder schmerzhaften Empfindungen, die mit Adrenalin verbunden sind, eine emotionale Assoziation, ein plötzliches Gefühl von Angst oder Sorge auslösen. Aber ebenso kann ein plötzliches Gefühl von Angst oder Sorge eine unangenehme körperliche Empfindung auslösen. Bei chronischem Stress findet auch eine fortgesetzte Adrenalinreaktion statt. Der Versuch, den Zyklus durch Selbstkontrolle willentlich zu beenden, kann zu einem noch stärkeren Kontrollverlust führen, da sich die körperlichen und emotionalen Erregungsreaktionen gegenseitig verstärken. Ausbrüche von Impulsivität werden oft als Augenblicke der Schwäche gedeutet, obwohl sie tatsächlich Zeichen dieser physiologischen Kette von Ereignissen (der verschiedenen aktivierten oder inaktivierten Regulationsprozesse) sind.

Statt die Selbstkontrolle zur Unterdrückung von Impulsen in den Vordergrund zu rücken, lehrt uns die Selbstregulierung, die Quelle des Impulses zu erkennen und den Zyklus zu unterbrechen. Der erste Schritt dazu ist, die starke Verbindung zwischen den Gefühlen und dem Körper zu erkennen.

Autos sind mit einem Armaturenbrett ausgestattet, an dem Signale aufleuchten, wenn der Motor zu heiß wird, Flüssigkeitspegel zu niedrig sind oder der Benzinvorrat auf »Reserve« steht. Wir selbst besitzen kein solches Warnsystem. Es gibt kein Messgerät, das uns alarmiert, wenn wir in einem Stresszyklus feststecken, der unseren Energievorrat schnell aufbraucht. Das wird uns durch negative Gefühle, Gedanken und Verhaltensweisen signalisiert. Sie weisen uns darauf hin, dass wir unter zu hohem Stress stehen und versuchen, mit leerem Tank zu fahren.

Das ist besonders wichtig bei der Regulierung unserer Kinder.[26] Das Problem dabei ist, dass Kinder und sogar Teenager es sehr schwierig finden, ihre Gefühle zu artikulieren. Sie zeigen uns durch ihr Verhalten – oder fehlendes Verhalten. Wenn wir lernen, ihre Signale zu lesen, können wir sie bei der Steuerung ihrer Erregung unterstützen. Aber oft besteht der erste Schritt für Eltern darin, die Bedeutung ihrer eigenen Signale zu erkennen, die sie im »Eifer des Gefechts« ignorieren oder abstreiten.

Die Eltern als Partner bei der Selbstregulierung

Bernice und Autumn: Am Scheideweg zwischen Selbstregulierung und Selbstkontrolle

Bernice kam zu uns, weil sie Hilfe im Umgang mit ihrer zwölfjährigen Tochter brauchte, die unter Angstzuständen litt. Aber auch Bernice selbst wirkte sehr ängstlich und besorgt. Sie zappelte ständig herum, und die Flecken an ihren Fingern verrieten, dass sie Kettenraucherin war. All das war durchaus verständlich: Sie verzehrte sich vor Sorge um ihre Tochter.

Bernice war die Art von Mutter, die ihre eigenen Bedürfnisse denen ihrer Tochter unterordnete, aber das größte Problem war, dass sie selbst in einem Stresszyklus feststeckte und ständig im Übersteuerungsmodus lief. Bernice hatte starke Schlafprobleme, was ihre Sorgen um ihre Finanzen, ihr anderes Kind, ihre Ehe und ihre Arbeit noch verstärkte. Wenn sie mitten in der Nacht aufwachte, rasten ihre

Gedanken von einer Sorge zur anderen. Sie war, wie sie selbst zugab, ein »nervliches Wrack«, und dieser Zustand chronischer Anspannung machte sie umso empfänglicher für die Sorgenwellen, die über sie hereinbrachen, wenn Autumn einen schlechten Tag hatte. Die Dauerschleife aus Sorgen, Anspannung, Empfindlichkeit und noch mehr Sorgen steigerte ihre Anspannung immer weiter und zehrte noch mehr von ihrer Energie auf.

Bernice wies ein Muster auf, das ich schon so oft beobachten konnte, dass es einen eigenen Namen verdient: der »elterliche Zwiespalt zwischen Selbstregulierung und Selbstkontrolle«. Sie sah sofort ein, wie wichtig es war, die Selbstregulierung ihrer Tochter zu fördern, aber was sie selbst betraf, war sie davon überzeugt, dass sie – um ihrer Tochter willen – mehr Selbstkontrolle brauchte! Sie erkannte, dass ihre Tochter wegen einiger biologischer, emotionaler und sozialer Faktoren unter zu hohem Stress stand, fühlte sich aber für die Ängste ihrer Tochter verantwortlich und auch schuldig und war sich sicher, dass sie sich viel stärker bemühen müsse, all ihre eigenen Sorgen unter Kontrolle zu bekommen.

Es dauerte eine Weile, aber schließlich verstand Bernice, dass sie selbst ebenso dringend Selbstregulierung brauchte wie ihre Tochter. Bernice beschloss, mit Autumn einen Yogakurs zu besuchen. Sie hatte schon in ihrer Jugend (bevor sie Mutter wurde) Yoga praktiziert und es als beruhigend und angenehm empfunden. Nach kurzer Zeit erschienen Bernice und Autumn mit an ihren Rucksäcken festgeschnallten Yogamatten zu ihren wöchentlichen Sitzungen bei mir.

Natürlich steckte hinter diesem Ergebnis noch viel mehr als nur Pranayama-Atemübungen. Zum einen hatte Bernice den starken Drang, alles zu tun, was nötig war, damit es ihnen beiden besser ging. Zum anderen wirkte die Tatsache, dass Autumn von ihren Selbstregulierungsübungen profitierte, wahre Wunder im Hinblick auf Bernices Gefühl der Hilflosigkeit. Aber der stärkste Impuls resultierte aus Bernices Erkenntnis, dass sie Selbstregulierung genauso dringend brauchte wie Autumn.

Es war faszinierend zu beobachten, wie es den beiden schnell besser ging, und zwar nicht so sehr *mit* einander wie *durch* einander.

Selbstregulierung: Die fünf wichtigsten Schritte zur Verhaltensänderung

Das Paradigma der Selbstkontrolle beinhaltet eine pauschale Reaktion auf alle Probleme. Im Gegensatz dazu schafft die Selbstregulierung ein offenes, expansives System, das uns hilft, unsere Energien so zu kanalisieren, dass wir in allen Lebenslagen angemessen reagieren. Je besser wir die Selbstregulierung verstehen, desto besser können wir problematische Verhaltensweisen in Chancen für aktive Interaktion verwandeln.

Kinder jeden Alters können Selbstregulierung lernen, und ich möchte Ihnen vermitteln, wie Sie Ihrem Kind helfen können, Selbstregulierung zu praktizieren.[27] Sie können wie Bernice lernen, die Signale Ihres Kindes zu lesen und die Bedeutung seines Verhaltens zu verstehen. Sie können lernen, Stressfaktoren zu erkennen und zu reduzieren und Ihr Kind in diesen Prozess der Selbstwahrnehmung einzubeziehen, statt zu versuchen, zu unterdrücken oder zu kontrollieren, was es denkt, fühlt oder tut. Sie können Ihrem Kind helfen zu erleben, wie sich »Ruhe« anfühlt und wie es diesen Zustand herbeiführen kann, wenn es das Bedürfnis danach hat. Die fünf Schritte der Selbstregulierung werden fester Teil Ihres Lebens werden:

1) Lesen Sie die Signale und deuten Sie das Verhalten um.
2) Identifizieren Sie die Stressfaktoren.
3) Reduzieren Sie die Stressfaktoren.
4) Erkennen Sie, wann Sie bzw. Ihr Kind zu viel Stress hat.
5) Finden Sie heraus, was Ihnen bzw. Ihrem Kind hilft, sich zu beruhigen.

Sie können lernen, jeden dieser fünf Schritte gewohnheitsmäßig für sich selbst auszuführen.

Die Signale lesen und das Verhalten umdeuten.

Ein Großteil unserer Arbeit wird darin bestehen zu lernen, die Bedeutung von Verhaltensweisen zu verstehen, die Sie andernfalls nur beunruhigend oder störend finden würden. Das fängt bei Ihnen selbst an, indem Sie lernen, Ihre eigenen Signale zu lesen und sie als das zu erkennen, was sie sind: genauso bedeutsame Symptome wie Fieber oder Ausschlag.[28]

Die Stressfaktoren erkennen. Fragen Sie: *Warum jetzt?*

Stress hat für uns normalerweise mit Arbeit, Geld, sozialen Ängsten, zu vielen Pflichten und zu wenig Zeit zu tun. All das sind sicherlich Stressfaktoren, aber das Konzept »Stress« ist viel umfassender und subtiler, insbesondere, wenn wir uns den *verborgenen Stressfaktoren* zuwenden. Für manche Menschen kann Lärm oder eine bestimmte Art von Geräuschen ein wichtiger Stressfaktor sein. Für andere stellt Licht oder optische Stimulation (zu wenig oder zu viel davon) Stress dar. Andere verbreitete Stressfaktoren sind Gerüche, Texturen, Sitzen oder Stehen und Warten. Erstaunlicherweise können wir unsere bewusste Wahrnehmung einer sehr stressigen Umgebung blockieren. Aber die Überwachungssysteme tief im Gehirn, im Säugetier- und Reptiliengehirn, nehmen diese Informationen trotzdem auf und stehen in einem ständigen Dialog mit unseren inneren Rezeptoren über den Umgang mit diesen Stressfaktoren.

Die Stressfaktoren reduzieren. Wenn Sie sehr lichtempfindlich sind, können Sie durch das Austauschen Ihres Ein-/Aus-Lichtschalters gegen einen Dimmer die Lichtintensität so anpassen, dass es für Sie angenehm ist. Im Zusammenhang mit der Selbstregulierung ist der Dimmer eine nützliche Allzweckmetapher. Es gibt körperliche, emotionale, kognitive und soziale Stressfaktoren, und es ist hilfreich, für alle einen Dimmer zu haben. In manchen Fällen können Sie einen Stressfaktor vielleicht sogar ganz eliminieren.

Erkennen, wann und warum man zu viel Stress hat. Wir können uns an übermäßigen Stress gewöhnen, sodass er zum Normalzustand wird, und zwar in einem solchen Maß, dass Stillsitzen und die Konzentration auf die eigene Atmung (was normalerweise als beruhigend empfunden wird) tausendmal unangenehmer sein kann, als aufgedreht zu sein. Selbstregulierung fördert die Wahrnehmung des eigenen inneren Zustands – manchmal sehr langsam, sodass die Veränderung nicht nur tolerierbar, sondern angenehm ist. Das Ziel ist, sich der Stressursachen und nicht nur der Symptome bewusst zu werden.

Herausfinden, was einem hilft, sich zu beruhigen. Und schließlich brauchen wir Strategien zur Spannungsreduzierung und zum Auffüllen unserer Energiereserven. Hier wird die Selbstregulierung zu einer sehr persönlichen Reise, denn dafür gibt es keine pauschalen Antworten. Was ein Mensch als beruhigend empfindet, kann auf einen anderen die gegenteilige Wirkung haben. Was wir an einem Tag beruhigend finden, kann uns am nächsten Tag nerven. Deshalb sind die ersten vier Schritte zur Unterstützung des fünften Schrittes erforderlich. Denn wenn Sie in der Lage sind, die Signale zu lesen, können Sie auch passende von unpassenden Bewältigungsstrategien unterscheiden. Von »unpassenden« Bewältigungsstrategien spricht man deshalb, weil sie nur kurzfristige Erleichterung bringen und uns am Ende noch erschöpfter, angespannter und empfänglicher für Unter- oder Übererregung zurücklassen. Selbstregulierungsstrategien sind von Natur aus passend (von bleibender Wirkung und bleibendem Wert), weil sie sich darauf konzentrieren, unsere natürlichen Systeme ins Gleichgewicht zu bringen und uns zu helfen, sie im Gleichgewicht zu halten.

Wir brauchen nicht Stärke, sondern innere Ruhe

Wenn wir nachts aufwachen und uns Sorgen machen, ist es naheliegend anzunehmen, dass drängende Probleme die Ursache für unsere Schlafstörungen sind. Aber das trifft nicht zu. Sorgenvolles Grübeln in der Nacht ist vielmehr ein Zeichen dafür, dass im Schlaf ein innerer Alarm losging. Wahrscheinlich waren wir beim Zubettgehen sehr angespannt und blieben es auch. Das, was den Alarm auslöst, weckt uns mit erhöhtem Puls und Blutdruck sowie erhöhter Atemfrequenz. Der Adrenalinschub hält uns dann wach und befeuert unsere Ängste. Und was ist mit den Systemen im präfrontalen Cortex, die wir zur Neubewertung der Sorgen brauchen?[29] Die können wir vergessen. Sie wurden gestoppt.

Eine Möglichkeit, diese Stressreaktionsschleife zu beenden, ist die tiefe Bauchatmung oder eine Achtsamkeitsmeditation.[30] Einfache Achtsamkeitsübungen, die nachweislich das Gehirn beruhigen, sind beispielsweise das Verfolgen des eigenen Atems, die Visualisierung eines Menschen oder eines Gegenstandes, der eine beruhigende Wirkung auf uns ausübt, oder irgendeine Art von Meditation. Man kann zeichnen oder entspannende Musik hören. Bei der Selbstregulierung geht es nicht darum, sich durch diese Methoden abzulenken oder beunruhigende Dinge zu unterdrücken, sondern darum, den Stresszyklus zu unterbrechen. Durch das Neubewerten eines störenden Gedankens oder einer Sorge kann sofort Anspannung gelöst werden, wodurch unsere Erholungsfunktionen aktiviert werden und der präfrontale Cortex wieder »eingeschaltet wird«.

Wir Menschen verstehen uns nicht besonders gut darauf wahrzunehmen, wenn wir uns in einem Zustand niedriger Energie und starker Anspannung befinden.[31] Ich vermute, dass es dafür einen wichtigen evolutionsbezogenen Grund gibt: Es war sicher vorteilhafter für das eigene Überleben, in Gefahrensituationen seine Aufmerksamkeit auf die Bedrohung und nicht auf den eigenen Erregungszustand zu richten. Heute haben wir das Problem, dass Stressfaktoren allgegenwärtig sind und wir oft übererregt und überreizt sind, ohne es zu wissen.

Die wahre Kraft der Selbstregulierung liegt darin zu erkennen, in welchem Erregungszustand wir uns befinden, und zu wissen, wie wir unsere Anspannung lösen können. Denn das gibt uns die Stärke, unsere inneren Dämonen zu besiegen, die durch das Nachlassen unserer Anspannung ihre Kraft verlieren.

MEHR ALS MARSHMALLOWS: Der Unterschied zwischen Selbstregulierung und Selbstkontrolle

Es war bei einer Turnaufführung. Ich freute mich darauf, von der Elterngalerie aus die Gruppe meiner Tochter turnen zu sehen, wofür ich nicht allzu oft Zeit fand. Es war eine Gelegenheit für mich, einmal nicht auf die Uhr zu schauen und meiner Achtjährigen dabei zuzusehen, wie sie Dinge tat, zu denen ich nicht mal im Traum in der Lage wäre.

Neben mir auf der Bank saß ein junges Elternpaar mit einem quicklebendigen Dreijährigen. Er war wirklich energiegeladen, stellte endlos Fragen, rannte herum, klopfte an die Glasscheibe, um seine Schwester auf sich aufmerksam zu machen, und versuchte hartnäckig, andere Kinder zum Spielen zu animieren. Seine Eltern fanden sein Verhalten extrem störend. Bald hatte ich meine Tochter völlig vergessen und zählte nur noch, wie oft die Eltern innerhalb einer Viertelstunde »nein« zu dem kleinen Jungen sagten (14-mal).

Ihre Ermahnungen nahmen an Intensität zu. Mama und Papa hatten in sanftem Ton begonnen, wurden aber bald ärgerlich und dann zornig. Sie wollten, dass der Junge still auf der Bank sitzen blieb, aber das schien ihm unmöglich zu sein. Sie versuchten es mit gesunden Snacks, die sie von zu Hause mitgebracht hatten, kauften ihm eine Tüte Popcorn, gaben ihm eine Videospielkonsole und probierten es sogar mit Bestechung, aber nichts funktionierte länger als eine Minute.

Irgendwann gab ihm seine Mutter einen Klaps auf den Hintern und setzte den Jungen ziemlich forsch auf die Bank. Der Kleine schniefte ein bisschen und tat sein Bestes, um still zu sitzen. Ein paar Minuten gelang es ihm auch. Dann glitt er heimlich von der Bank, wobei er aufmerksam seine Eltern im Blick behielt. Als er feststellte, dass sie nicht auf ihn achteten, rannte er davon. Aber er kam nicht weit. Dasselbe Szenario begann von vorn. Und so ging es während der gesamten Aufführung weiter – eine Art An- und Abschwellen von Familienstreitigkeiten.

Ich war voller Mitgefühl, denn ich hatte Ähnliches auch schon mit meinen eigenen Kindern erlebt. Wahrscheinlich hat jeder schon Situationen erlebt, in denen er nicht anders konnte, als sich über sein Kind zu ärgern. »Warum kommst du nicht zum Abendessen, wenn ich dich das erste Mal rufe?«, »Warum muss man jedes Mal so ein Theater machen, damit du beim Spülen hilfst?«, »Wie konntest du so etwas zu deiner Mutter sagen?«. Und jetzt kommt's: Wie wäre es, wenn wir diese Fragen nicht als Vorwürfe äußern würden, sondern als *echte Fragen*?

An dem Abend, als sich in der Turnhalle das Familiendrama vor meinen Augen abspielte, gab es einige Kinder im selben Alter, die ruhig im Zuschauerraum saßen. Was machte diesen kleinen Jungen so unruhig? Warum blieben die Bemühungen seiner Eltern wirkungslos? Warum zu diesem Zeitpunkt? Das ist *die* Frage.

Vielleicht fand der Junge es unangenehm, sich in einem kleinen, überfüllten Raum aufzuhalten, und musste sich viel bewegen, um sich sicher zu fühlen. Vielleicht fand er die harte Holzbank unbequem oder die Turnvorführung sterbenslangweilig – oder so spannend, dass er herumhüpfen musste. Die Liste der Möglichkeiten ließe sich fortsetzen. Aber genau darum geht es: Durch sein Verhalten drückte er deutlicher aus, als er es je selber hätte sagen können, dass er unter zu viel Stress stand. Seine Eltern ermahnten ihn, sich zu beherrschen, aber je mehr sie sich bemühten, desto mehr Widerstand leistete er und desto verzweifelter wurden sie.

Eigentlich deutete weder das Verhalten des Jungen noch die frustrierte und schließlich zornige Reaktion der Eltern auf einen Mangel an Willensstärke oder Selbstkontrolle hin. Alle Beteiligten waren entnervt und verzweifelt. Wir kennen alle dieses Gefühl. Gibt es in unseren eigenen schwierigen Augenblicken mit unseren Kindern eine Möglichkeit, diesen Machtkampf und vor allem das Ergebnis zu verändern? Die Antwort lautet »ja«, aber dazu ist ein komplettes Umdenken erforderlich, durch das Selbstregulierung – statt Selbstkontrolle – in den Mittelpunkt unseres Handelns gerückt wird.

Die Unterscheidung der beiden Konzepte kann manchmal selbst für Experten schwierig sein, wie wir gleich sehen werden. Für Eltern ist die Annahme naheliegend, dass die Selbstkontrolle fehlt, wenn sich das Verhalten ihrer Kinder oder ihre eigene Reaktion darauf »außer Kontrolle« anfühlt. Aber durch den Fokus auf die Kontrolle werden Chancen vertan – Ende des Gesprächs, Ende einer potenziell konstruktiven Interaktion, Ende eines lehrreichen Augenblicks von bleibendem Wert. Durch Selbstregulierung werden dagegen Chancen eröffnet. Am Anfang steht die einfache Frage: *Warum jetzt?*

Die Unterscheidung zwischen Selbstkontrolle und Selbstregulierung ist wichtig. Andernfalls lautet die Standarderklärung, dass Kinder entweder »brav« oder »böse« sind. Und das geht mit falschen Annahmen in Bezug auf den Charakter sowie das Lern- und Lebenspotenzial der Kinder einher.

Die Marshmallow-Studie und der Mythos der Selbstkontrolle

1963 führte der amerikanische Psychologe Walter Mischel, Professor an der Universität Stanford, ein einfaches Experiment durch, das zum Symbol für die Bedeutung der Selbstkontrolle für den Erfolg im Leben wurde.[32] An der Studie nahmen 600 Kinder zwischen vier und sechs Jahren teil. Mischel wies nach, dass Kinder, die der Verlockung eines Marshmallows widerstehen können, wenn ihnen dafür mehr Marshmallows in Aussicht gestellt werden, im Lauf der Zeit bessere schulische Leistungen zeigen. Folgestudien ergaben, dass die Kinder, die in der Lage gewesen waren, die Belohnung aufzuschieben, in späteren Jahren in vielerlei Hinsicht erfolgreicher waren. Sie schafften mit größerer Wahrscheinlichkeit den Highschool-Abschluss und den Wechsel zum College, hatten weniger gesundheitliche Probleme (körperlicher und psychischer Art), zeigten eine geringere Bereitschaft zu gedankenlosem, risikofreudigem Verhalten, gerieten seltener mit dem Gesetz in Konflikt, waren weniger suchtanfällig und erzielten höhere Werte bei Umfragen zum Thema »Zufriedenheit«.

Der Gedanke, dass es hierbei um Selbstkontrolle ging, ist naheliegend. Aber es ist auch etwas beängstigend, dass ein so grober Messwert wie die Fähigkeit eines kleinen Kindes, einer Versuchung zu widerstehen, zu Prognosen über sein gesamtes weiteres Leben herangezogen werden kann.[33] Die »Marshmallow-Studie« schien die althergebrachte Vorstellung zu bestätigen, dass Selbstkontrolle der Schlüssel zum Erfolg ist. Außerdem wurde das Alter der an der Studie teilnehmenden Kinder als Beweis dafür angesehen, dass mangelnde Selbstkontrolle schon in einem bemerkenswert frühen Alter erkennbar ist. Diese beiden Annahmen gaben Anlass zu der Hoffnung, dass wir durch frühzeitiges Eingreifen die Selbstkontrolle von Kindern stärken und so ihren Erfolg im Leben fördern können. Dies wiederum führte dazu, dass klassische Verhaltenssteuerung zum Eckpfeiler der privaten und schulischen Erziehung sowie – in viel zu großem Umfang – der professionellen Beratung wurde.

Weniger bekannt ist allerdings die Tatsache, dass das Verhalten eines Kindes (oder auch eines Teenagers, eines Studenten oder eines Erwachsenen) bei dieser Aufgabenstellung manipulierbar ist. Wenn man dafür sorgt, dass das Kind vor diesem Versuch müde oder ängstlich ist, steigt die Wahrscheinlichkeit, dass es sich nicht beherrschen kann, drastisch an. Und das trifft auch auf Kinder zu, die bei vorherigen Durchgängen kein Problem damit hatten. Auch wenn man das Kind die Aufgabe in einer lärmigen, überfüllten oder von starken Gerüchen erfüllten Umgebung ausführen lässt oder es mit irgendeiner Art von negativen Gedanken oder Gefühlen auf den Versuch einstimmt, wird ihm das Warten schwerfallen.[34]

Der Marshmallow-Test mag wie ein harmloser Spaß erscheinen, aber er wurde sorgfältig geplant, um herauszufinden, wie gut kleine Kinder mit Stress umgehen können. Und für viele Kinder ist dieser Test mit unglaublichem Stress verbunden: Das Kind wird in einem sterilen Raum allein gelassen, in dem es nichts anderes zu tun gibt, als auf einem unbequemen Stuhl an einem Tisch zu sitzen und ein Marshmallow anzustarren, das direkt in seinem Blickfeld liegt. Hinzu kommt die Anspannung, darauf zu warten, dass ein fremder Erwachsener mit einer Belohnung zurückkommt, ohne irgendeine Vorstellung zu haben, wie lange das dauern kann. Man braucht die Kinder bei diesem Test nur zu beobachten, dann wird deutlich, dass es sich für sie wie eine Ewigkeit anfühlt. Das ist schlicht und ergreifend ein Stresstest: eine auf Vierjährige zugeschnittene Version der Isolationskammer, die Astronauten durchlaufen müssen.[35]

Die Forschung sagt uns heute, dass die Reaktion eines Kindes auf diese schwierige Situation in erster Linie von seinem Erregungszustand abhängt. Wie ruhig und aufmerksam das Kind war, bevor ihm der Teller mit dem Marshmallow präsentiert wurde, ist die relevante Information. Die bloße Tatsache, dass ein bestimmtes Kind sich dafür entscheidet, das einzelne Marshmallow zu nehmen, statt auf die aus mehreren Marshmallows bestehende Belohnung zu warten, sagt nicht wirklich viel aus. *Warum* das Kind sich so verhalten hat, führt uns zum Thema Selbstregulierung. Hier liegt das Potenzial für Verhaltensänderungen und für lebenslange Strategien im Hinblick auf Resilienz und ein erfolgreiches Leben in einer stresserfüllten Welt.

Das Gehirn reagiert auf einen Stressfaktor, indem es zuerst Stoffwechselprozesse auslöst, die Energie verbrauchen, und anschließend andere Stoffwechselprozesse, die den vorherigen entgegenwirken und die Erholung fördern. Diese Ausgleichsmechanismen laufen ständig ab, um ein stabiles inneres Milieu aufrechtzuerhalten. Sie halten die Körperkerntemperatur, die im Laufe eines Tages um etwa ein Grad schwankt (wobei morgens eher niedrigere und nachmittags und abends höhere Werte zu verzeichnen sind), bei 37 Grad. Wenn uns zu heiß wird, stellt der Körper das Gleichgewicht wieder her, indem er Wärme abstrahlt und schwitzt. Wenn uns zu kalt wird, zittern wir oder klappern mit den Zähnen.

Alle diese Prozesse erfordern Energie, und am energieintensivsten ist eine Alarmauslösung durch das limbische System – das »emotionale Gehirn«, das starke Gefühle und Triebe steuert. Dann reagieren wir auf die Bedrohung und erholen uns anschließend wieder.[36] Ich vergleiche das gern mit dem Gas- und dem Bremspedal im Auto: Wenn die Amygdala etwas als Gefahr registriert, tritt der Hypothalamus das Gaspedal durch; wenn die Amygdala den Alarm inaktiviert, tritt der Hypothalamus auf die Bremse. Problematisch wird es, wenn die Amygdala zu oft den Alarm auslöst. Dann tritt der Hypothalamus ständig auf das Gaspedal, und die Bremsbeläge nutzen sich ab – das bedeutet, das Erholungssystem verliert seine Wirksamkeit.[37] Wenn das geschieht, treten Probleme auf: Verhaltensprobleme, Lernprobleme, körperliche, soziale und emotionale Probleme. Hier setzt das Konzept der Selbstregulierung an: Die Selbstregulierung beruhigt das emotionale Gehirn, schaltet den Alarm aus und fährt die systemische Erregung zurück, sodass die beiden Systeme (Reaktion und Erholung) wieder reibungslos zusammenarbeiten können.[38]

Wichtig ist Folgendes: Wenn sich ein Kind in einem Zustand erschöpfter Energiereserven befindet, fällt es ihm viel schwerer, einem Impuls zu widerstehen – ob es darum geht, sich eine verlockende Süßigkeit zu schnappen oder herumzurennen, wenn Stillsitzen angesagt ist. Wenn man aus der Marshmallow-Studie den voreiligen Schluss zieht, dass es dabei um Selbstkontrolle geht, übersieht man die biologische Tatsache, dass Energie erforderlich ist, um unter Stress ruhig und konzentriert zu bleiben. Je mehr Stress, desto höher der Energieverbrauch. Hinzu kommt, dass man Gefahr läuft, durch seine Reaktionen den Stress eines Kindes weiter zu erhöhen und die Sache nur noch schlimmer zu machen, wenn man sich auf Selbstkontrolle als Ziel konzentriert.[39]

Der unruhige kleine Junge bei der Turnvorführung ist ein Paradebeispiel dafür. Als die anfänglichen Bemühungen seiner Eltern, ihn zur Ruhe zu bringen, scheiterten, legten sie eine Schippe drauf. Sie ermahnten ihn wiederholt wegen seines Herumrutschens und gaben ihm schließlich einen Klaps auf den Hintern, was den Unruhezustand des Jungen jedoch nur noch verstärkte. Die schlimmste Auswirkung einer Strafe besteht darin, dass ein Kind dadurch über den Kampf-oder-Flucht-Modus hinaus in den Erstarrungszustand getrieben wird, der von den Eltern allzu leicht als Gehorsam interpretiert wird. Die Eltern denken vielleicht: »Jetzt hört er auf mich – er weiß, dass ich es ernst meine!« Aber leider nehmen Kinder in diesem Zustand kaum etwas von dem auf, was man zu ihnen sagt. Und je öfter die Kampf-Flucht- oder die Erstarrungsreaktion eines Kindes ausgelöst wird, desto größer wird seine Stressanfälligkeit. Das Nervensystem reagiert schneller alarmiert und ist schwerer zu beruhigen.

Die Unterscheidung zwischen Selbstregulierung und Selbstkontrolle ist viel mehr als ein einfacher Streit um Begriffe. Wörter und damit verbundene Vorstellungen haben eine bleibende Wirkung, insbesondere wenn es um unsere Sicht auf Kinder geht. In diesem Zusammenhang beeinträchtigt die Verwechslung von Willenskraft und Selbstkontrolle unser Verständnis der Kinder und schränkt das Potenzial ein, das wir in ihnen sehen. Es führt beispielsweise dazu, dass wir den Grund für die Unfähigkeit eines Kindes, einem Marshmallow zu widerstehen, in seiner angeborenen schwachen Willenskraft sehen.[40]

Die Vorstellung, dass wir ein Kind mit Strafen und Belohnung Selbstkontrolle lehren könnten, ist ein grundlegendes Missverständnis. Diese sogenannte »behavioristische« Sicht kam vor 100 Jahren in der These des amerikanischen Psychologen John Watson zum Ausdruck, wonach man durch gewissenhafte Anwendung eines wissenschaftlich fundierten Straf- und Belohnungssystems den Charakter jedes Kindes beliebig formen könne.[41] Dies müsse schon damit anfangen, wie man auf das Weinen des Kindes beim Zubettbringen reagiere. Durch Trösten eines weinenden Babys werde es nur für ein Verhalten belohnt, das man verändern wolle. Das Kind müsse lernen, sich selbst zu beruhigen, und verweigertes Trösten sei die effektivere Art, es das zu lehren.

Dieser These zufolge würde die Marshmallow-Studie zeigen, dass der Grund für die Willensschwäche eines Vierjährigen darin liegt, dass seine Eltern es versäumt haben, ihn zu lehren, wie er seinen natürlichen Wunsch nach sofortiger Belohnung unterdrücken oder beherrschen kann. Diese irrigen Theorien sind in weit verbreitete Auffassungen über Kindererziehung eingeflossen. Wir haben erst in den letzten Jahren erkannt, wie schädlich diese Haltung sein kann.

Die Zahl der Kinder mit psychologischen, verhaltensbezogenen und sozialen Problemen, die traditionsgemäß auf mangelnde Selbstkontrolle zurückgeführt wurden, aber heute als Probleme der Selbstregulierung erkannt werden, steigt rasant. Beispielsweise sind Übergewicht und Diabetes im Kindesalter mehr als nur Zeichen fehlender Willenskraft in Bezug auf Junkfood.[42]

Bei unseren Kindern ist etwas Grundlegenderes aus dem Gleichgewicht geraten, und auf der Notwendigkeit von Selbstkontrolle herumzureiten, ist nicht die Lösung. Dadurch werden die Selbstregulierungsprozesse, die nötig sind, um jeden Tag unser Bestes zu geben und sinnvolle Veränderungen in Bezug auf unser Verhalten und unsere Gesundheit vorzunehmen, nicht aufgebaut oder wiederhergestellt.

Von Marshmallows zu Trotzanfällen: Stress beeinflusst das Verhalten

Im Lauf der Jahre wurden zahllose Varianten der Marshmallow-Studie durchgeführt. Die bei weitem interessanteste Erkenntnis, die dabei gewonnen wurde, ist, dass die Leistung der Probanden durch die Erhöhung ihres Stresspegels manipuliert werden kann. Alle Arten von Stressfaktoren wurden untersucht. Beispielsweise wurden die Testpersonen aufgefordert, an etwas Beunruhigendes zu denken oder sich entsprechende Bilder anzuschauen. Oder sie wurden beim Durchführen der Aufgabe Lärm oder einem starken Geruch ausgesetzt. Manchmal war der Testraum zu heiß, zu kalt oder überfüllt. Oder der Test wurde zu einem Zeitpunkt durchgeführt, an dem die Probanden hungrig oder übermüdet waren.[43]

Studien zeigen, dass es uns umso schwerer fällt, eine Belohnung aufzuschieben, je größer der emotionale, körperliche oder psychologische Stress ist, dem wir ausgesetzt sind. Daraus können wir schließen, dass die Fähigkeit eines Kindes, einem Impuls zu widerstehen, in allererster Linie eine Frage der Physiologie ist: die Folge von zu viel Stress und dessen Auswirkung auf das Selbstregulierungssystem. Wie schwierig ist es, klar zu denken, wenn man stark gestresst oder erschöpft ist? In diesem Kontext ist das Verhalten eines Kindes Ausdruck neurologischer und physiologischer Faktoren, und die Rolle der Selbstregulierung lässt sich deutlich von der der Selbstkontrolle abgrenzen.

Mit leerem Tank fahren

Stressfaktoren können viele Formen annehmen: Sie können umgebungsbedingt oder physischer, kognitiver, emotionaler oder sozialer Natur sein. Jede dieser Stressformen beeinträchtigt den Selbstregulierungsprozess. Wenn wir ein Kind auf einen harten Stuhl in einem lärmigen Klassenzimmer setzen und ihm eine Aufgabe stellen, die Konzentration erfordert, und wenn vielleicht auch noch die Ablenkung durch einen Klassenkameraden hinzukommt, dann kann das eine sehr schwierige Angelegenheit sein. Wenn ein Kind ohne ausreichendes Frühstück oder einen guten Nachtschlaf in die Schule geht, ist der daraus resultierende Stress und Energieverbrauch umso höher. Denken Sie einmal an die letzte Gelegenheit, bei der Ihr Kind (selbst in Ihrem geschützten Zuhause) einen Wutanfall hatte. Wenn Sie nach den Stressfaktoren in dieser Situation suchen, werden Sie sie finden.

Um das Ganze noch komplizierter zu machen, sind die verschiedenen Stressarten alle sehr eng miteinander verwoben. Man denke nur an ein ganz normales Spielplatzszenario: Es passiert etwas, das dem Kind Angst macht. Die Angst führt zur Anspannung, und diese Anspannung zehrt seine Energie auf. Es fällt dem Kind dadurch noch schwerer, die subtilen Signale zu verstehen, die in seinem Umfeld ausgetauscht werden, was es noch ängstlicher macht und noch unfähiger, mit seinen Freunden zu kommunizieren, die eine beruhigende Wirkung auf das Kind hätten. Wenn in diesem Zustand erschöpfter Energiereserven die Anspannung weiter ansteigt, ist ein Zusammenbruch vorprogrammiert. Diese Zyklen wiederholen sich im Tagesablauf eines Kindes und sind bei manchen Kindern – je nach individuellen Empfindlichkeiten, Temperament und Widerstandsfähigkeit gegenüber unterschiedlichen Arten von Stress – stärker ausgeprägt als bei anderen.

Wenn Kinder zu großem Stress ausgesetzt sind, können sie das normalerweise nicht mit Worten ausdrücken, sondern sie zeigen es uns durch ihr Verhalten, ihre Stimmung, ihre Unfähigkeit zuzuhören oder mit anderen Kindern auszukommen. Einem durch Umweltfaktoren (zum Beispiel Geräusche, Gerüche, optische Ablenkungen, die Beschaffenheit eines Stuhls oder Strumpfes) gestressten Kind fällt es häufig schwer, aufmerksam zu sein, oder ihm brennt in der Nähe von Menschen, über die es sich ärgert, leicht die Sicherung durch. Ein anderes Kind, das im Allgemeinen unbeeindruckt von Umweltfaktoren ist und keine Probleme im Umgang mit anderen hat, kann beispielsweise sehr unter der Scheidung seiner Eltern oder einer anderen plötzlichen Veränderung im emotionalen Status quo leiden. Wieder ein anderes Kind ist möglicherweise durch einen Mangel an Schlaf, Bewegung und gesunder Ernährung – eine Dreierkombination, die heute im Leben von Kindern oft anzutreffen ist – erschöpft. Die zugrunde liegende Ursache ist dabei in allen Fällen dieselbe: Diese Kinder stehen unter mehr Stress, als sie mit ihren verfügbaren Energiereserven bewältigen können. Übermäßiger Stress zehrt die Energie auf, die sie für ihr langes, anstrengendes Tagespensum brauchen.

Aber das Problem geht noch tiefer. Während der Stress ihren Kraftstofftank leert, halten die Kinder sich mit Adrenalin und

Kortisol aufrecht. Darum werden sie überreizt oder manisch, und das ist für sie selbst genauso anstrengend wie für uns. Dieses Verhalten kann ein Kind nicht unter Kontrolle bekommen, denn es unterliegt nicht seinem freien Willen. Der Teil des kindlichen Gehirns, der absichtsvolles Verhalten steuert, ist nämlich genau der Teil, der heruntergefahren wird, wenn das Kind unter zu viel Stress steht. Deshalb bin ich mir nicht einmal sicher, ob der Junge in der Turnhalle gehört (geschweige denn verstanden) hat, was seine Eltern von ihm wollten.[44]

Das Umdeuten kindlichen Verhaltens als Antwort auf die Frage »Warum jetzt?«

Sobald Sie verstehen, dass das problematische Verhalten eines Kindes durch zu viel Stress verursacht wird, verändert sich die gesamte Beziehung. Im Kontext der Selbstregulierung ist von der *Umdeutung der Wahrnehmung kindlichen Verhaltens* die Rede. Wenn Sie das Verhalten eines Kindes umdeuten, können Sie besser innehalten und nachdenken, statt nur impulsiv auf das störende Verhalten des Kindes zu reagieren. Statt verärgert zu sein, werden Sie neugierig. Statt zu disziplinieren oder zu belehren, hören Sie zu – mit allen Sinnen. Statt in einer Weise zu reagieren, die den Stress des Kindes noch erhöht, sodass es noch mehr Energie verbraucht, können Sie ihm helfen, sich zu beruhigen, sein inneres Gleichgewicht wiederherzustellen und sich zu erholen. Das ist Selbstregulierung.

Selbstregulierung basiert auf den fünf Entwicklungsdomänen: physisch, kognitiv, sozial, emotional und prosozial. Alle diese Domänen interagieren miteinander und beeinflussen sich; alle fünf liefern Antworten auf die Frage »Warum jetzt?« und alle fünf müssen berücksichtigt werden.

Zu den einfachsten Anzeichen dafür, dass ein Kind zu viel Stress hat, gehören Verhaltensweisen, die oft als schlechtes Benehmen oder als falsche Einstellung fehlinterpretiert werden:

- Das Kind hat Ein- oder Durchschlafprobleme.
- Es ist morgens sehr schlecht gelaunt.
- Es regt sich – auch über Kleinigkeiten – leicht auf und kann sich dann schwer wieder beruhigen.
- Es ist sehr launisch: eben noch zufrieden, dann plötzlich schlecht drauf.
- Es fällt ihm schwer, aufmerksam zu sein oder auch nur Ihre Stimme zu hören.
- Es wird zu oft zu wütend oder scheint sehr traurig, ängstlich oder angespannt zu sein.

Schimpfen, Beschämen oder andere Strafen für diese Art von Verhalten können alles nur noch schlimmer machen. Die Strafe wird zu einem eigenständigen Stressfaktor. Wenn die Strafe sehr hart ist, kann das Kind in eine Art Starre fallen. Dieses Erstarren ist eine natürliche Reaktion des Gehirns auf zu viel Stress. Die plötzliche Ruhe des Kindes sieht wie Selbstkontrolle aus, ist aber genau das Gegenteil davon, denn in diesem Zustand ist das völlig überflutete Reaktionssystem außer Kraft gesetzt.[45]

Wenn wir das kindliche Verhalten als Ausdruck der Selbstregulierung als Reaktion auf Stress, Erregung und Energiemangel sehen, statt es im Kontext von Selbstkontrolle und Gehorsam zu interpretieren, findet eine grundlegende Veränderung statt. In manchen Situationen ist die Lösung überraschend einfach.

Dann genügt schon das Senken der eigenen Stimme, die Beseitigung einer optischen Überreizung im Kinderzimmer oder das Verändern der Beleuchtung in einem Raum. Bei manchen Kindern sind die Probleme jedoch tiefer liegend und komplexer und für sie selbst oft genauso verwirrend wie für uns. Wir sehen, wie die Kinder sich bemühen und scheitern. Wir sehen, dass sie sich nicht bemühen, und wissen nicht, warum das so ist und was wir tun können. Oder wir sehen, dass die Kinder aufgeben, und verstehen zwar, warum, wissen aber trotzdem nicht, was wir tun können. Wie auch immer die Umstände sind – durch das Umdeuten des Verhaltens Ihres Kindes ändert sich sofort die Dynamik, und die Tür zu mehr Verständnis und dauerhafter Veränderung öffnet sich.

Steven

Stevens Eltern wussten von Anfang an, dass ihr Baby besonders viel Geduld und liebevolle Zuwendung brauchte. Seine Geburt war schwierig gewesen, und aufgrund niedriger APGAR-Werte (Gelbsucht, schnelle Herz- und Atemfrequenz, Unruhe) verbrachte Steven die ersten vier Tage seines Lebens auf der Neugeborenen-Intensivstation unter der Bilirubin-Lampe. Eines der größten Probleme bestand am Anfang darin, dass er ungewöhnlich empfindlich (hypersensibel) auf Licht, Geschmack und Gerüche reagierte, aber eine sehr geringe Empfindlichkeit (Hyposensibilität) in Bezug auf die menschliche Stimme zeigte. Obwohl er gut hörte, fiel es ihm schwer, den Klang von Worten zu unterscheiden. Und je müder oder gestresster er war, desto ausgeprägter zeigte sich diese Hyper- und Hyposensibilität.

Dementsprechend war Stevens erstes Lebensjahr schwierig. Es gab große Probleme mit dem Essen und Schlafen. Er weinte viel und war sehr schwer zu beruhigen. Seine Eltern fanden heraus, dass er ruhiger wurde, wenn sie mit sanfterer Stimme sprachen und ihre Gesten und Bewegungen verlangsamten. Sie lernten, ihn durch Wiegen und Schaukeln zu beruhigen, und vermieden es, ihn in Umgebungen wie den Supermarkt mitzunehmen, wo bei ihm erfahrungsgemäß schnell eine sensorische Überreizung eintrat.

Mit einem Jahr war Steven immer noch sehr leicht erregbar, begann aber, jeden Abend um dieselbe Zeit einzuschlafen und auch durchzuschlafen. Er fing an, gut zu essen, und hatte schon mit zehn Monaten zu laufen begonnen. Vor allem aber zeigte er eine große Zuneigung zu seinen Eltern. Schon der Klang von Mamas Stimme zauberte ein Lächeln auf sein Gesicht, und es beruhigte ihn meistens, sanft gestreichelt oder an Papas Schulter gehalten zu werden.

Als Steven in den folgenden Jahren im Kindergarten und in der Vorschule in Kontakt mit anderen Kindern kam, traten jedoch neue Probleme auf: Aktivitäten, die für andere Kinder anregend waren, kosteten Steven zu viel Energie. Seine geringe Sensibilität für Stimmen hatte zur Folge, dass er normale akustische Signale wie beispielsweise den Tonfall anderer Kinder oder der Lehrerin nicht verstand. Seine mangelnde Reaktion war für die anderen verwirrend oder manchmal auch ärgerlich. Seine Eltern kannten seine Probleme und hatten zu Hause Möglichkeiten gefunden, ihn auf freundliche, unterstützende Art ins Gespräch einzubeziehen. Aber außer Haus gab es zahlreiche schwierige Situationen, wenn die Kommunikation mit den Erziehern oder anderen Kindern scheiterte und es deshalb zu Spannungen kam. Steven hatte außerdem Probleme mit der Feinmotorik. Bei einfachen Aktivitäten wie Malen oder dem Spiel mit Bauklötzen oder anderem Spielzeug war er schnell frustriert. Und seine Frustration erschwerte die normale soziale Interaktion und das Lernen sowohl für Steven selbst als auch für alle anderen in seiner Umgebung.

Positiv zu verbuchen waren Stevens gut ausgebildete grobmotorische Fähigkeiten im Zusammenhang mit Bewegung. Mit einem Jahr rannte er schon herum. Seine Eltern nahmen ihn regelmäßig auf längere Spaziergänge mit, und es dauerte jedes Mal länger, bis er hochgenommen und zum Auto zurückgetragen werden wollte. Steven liebte es herumzutoben. Mit drei Jahren konnte er schon einen Salto schlagen, und mit vier Jahren wünschte er sich nichts sehnlicher, als Schlittschuh zu laufen und Hockey zu spielen. Steven hatte ein großes Bedürfnis nach sensorischen Reizen, das heißt, er brauchte viel Bewegung, um in Kontakt mit seinem Körper zu bleiben. Je länger er Schlittschuh fuhr, desto ruhiger wurde er, desto besser aß er und desto früher ging er zu Bett und schlief durch.

Mit fünf Jahren war Steven ein aktives Kind, aber es fiel ihm schwer, keinen Ärger zu machen. Er konnte freundlich und umgänglich sein, wenn er entspannt war, was meistens zu Hause der Fall war. Aber wenn er frustriert war, brannten bei ihm schnell die Sicherungen durch, und es fiel ihm schwer, Freundschaften zu schließen. Er wusste nicht, wie er sich gegenüber Spielkameraden verhalten sollte.

In der Vorschule stritt Steven sich häufig mit anderen Kindern um Spielsachen oder wurde handgreiflich, wenn es nicht nach seinem Willen ging. Seine Mutter dachte, Spielverabredungen zu Hause mit nur einem Kind wären als »Training« hilfreich, aber dem war nicht so. Wie in der Schule konnte auch zu Hause eine kleine Auseinandersetzung wegen eines Spielzeugs schnell eskalieren, und dann schubste oder schlug Steven seinen Spielkameraden. Er hatte bald den Ruf eines Kindes, das niemand zum Spielen oder zum Geburtstag einlud. Es fiel Steven auch schwer, still zu sitzen und an Gruppenaktivitäten wie dem Stuhlkreis teilzunehmen oder Anweisungen zu befolgen. Da er in diesen Kontexten kommunikative Signale nicht wahrnahm, waren Missverständnisse vorprogrammiert. Mit fünf war Steven aus dem Sportverein, einem Kunstclub für Kinder, einem Sommercamp für Vorschulkinder und einem sehr fortschrittlichen Kindergarten ausgeschlossen worden. Entweder weigerte er sich schlichtweg, an Gruppenaktivitäten teilzunehmen, oder er war – wenn er daran teilnahm – ein derartiger Störfaktor, dass er aufgefordert wurde zu gehen.

Steven wurde immer wieder als »schwieriges« Kind bezeichnet, obwohl er in ruhigem Zustand freundlich und kommunikativ war. Statt der liebevollen, ermutigenden Zuwendung, die seine Eltern ihm zu Hause gaben, erhielt er in der Schule und bei außerschulischen Aktivitäten nur Ermahnungen und wurde zeitweise ausgeschlossen. Seine guten Momente wurden nicht gewürdigt und traten immer seltener auf. Wie zu erwarten zeigte Steven mit sieben Jahren alle Anzeichen mangelnden Selbstwertgefühls verbunden mit der Weigerung, zu seinem Fehlverhalten zu stehen, was die ihn betreuenden Erwachsenen oft noch wütender machte.

Bei aller Liebe zu ihrem Sohn befürchteten Stevens Eltern, dass er eine schlechte Zukunftsperspektive habe, und ihre Frustration und ihr Stress wuchsen mit jedem neuen Problem oder Rückschlag. Doch durch das Konzept der Selbstregulierung entwickelten sie die Fähigkeit, ruhig mit Steven zu kommunizieren, und sie fühlten sich durch seine – und ihre eigenen – Fortschritte in vielerlei Hinsicht wieder ermutigt.

Sie bemühten sich weiterhin, die Stressfaktoren zu Hause zu reduzieren, indem sie Stevens Fernsehkonsum einschränkten und darauf bestanden, dass er frühzeitig ins Bett ging. Wenn Steven einen Wutanfall hatte, reagierten sie geduldig statt streng, und mit der Zeit stellten sie fest, dass er anfing, sich nach solchen Ausbrüchen schneller wieder zu beruhigen. Wie schon erwähnt hatte er sich mit vier Jahren gewünscht, Schlittschuh zu laufen und Hockey zu spielen, aber es stellte sich bald heraus, dass er gleichzeitig auch sehr große Angst davor hatte – vor den stressigen sozialen Aspekten eines Teamsports und davor, auf den Trainer hören zu müssen. Aber mit der Hilfe seiner Eltern schaffte Steven es. Er brauchte auch Hilfe beim Schnüren seiner Schlittschuhe, und es dauerte immer sehr lang, bis er das Gefühl hatte, dass die Weite genau richtig war. Aber seine Eltern wurden nicht wütend, wenn sie die Schlittschuhe zum x-ten Mal neu schnüren mussten, sondern taten es einfach und fragten ihn, ob es so gut sei. Sie spürten intuitiv, dass es dabei genauso sehr um seine Ängste wie um den realen oder eingebildeten falschen Sitz seiner Schlittschuhe ging.

Sie fanden auch einige Lehrer, Trainer und andere Bezugspersonen, die Steven gerne dabei halfen, die stressbehafteten Aspekte seines Schultags zu reduzieren und sich auf das Lernen zu konzentrieren. Der Hockeytrainer schaffte es mithilfe von Humor und Stützen, Steven bei der Stange zu halten, als er noch ganz neu dabei war und sich kaum auf den Schlittschuhen halten konnte. Es gab Teamkameraden, die ihn anfeuerten und seine kleinen Erfolge mit ihm feierten. Und schließlich gab ihm auch sein eigener sehnlicher Wunsch, Schlittschuh zu laufen, die nötige Energie, um durchzuhalten.

Es gab eine Erzieherin in der Vorschule, die einfach wusste, wie sie diesem angespannten Jungen morgens dabei helfen konnte, die Sicherheit an der Hand seiner Mama aufzugeben und sich dem Schultag zu stellen. Sie erkannte, dass Steven der Lärm im Klassenzimmer schnell zu viel wurde, und bot ihm ein ruhiges Plätzchen hinten in der Ecke an, wohin er sich zurückziehen konnte, wenn er sich beruhigen musste. Einem Kind die Werkzeuge zur Stressbewältigung an die Hand zu geben und ihm zu helfen wahrzunehmen, wann es sie benutzen muss, ist ein wichtiger Teil der Selbstregulierung.

In der zweiten Klasse unternahm eine andere Lehrerin zusätzliche Schritte zur Reduzierung der Ablenkungen im Klassenzimmer, sodass

Steven seine Energie effektiver zum Lesenlernen einsetzen konnte, das ihm sehr schwerfiel. Auch hier kam es wieder darauf an, die Stressfaktoren und den mit ihnen verbundenen Energieverbrauch zu verringern, damit Steven eine Fähigkeit erwerben konnte, die ihm selbst sehr wichtig war.

Durch die Verringerung physischer und emotionaler Stressfaktoren schaffte Steven es, ruhiger zu interagieren und sich wichtige Fähigkeiten und Inhalte anzueignen, die er brauchte und erwerben wollte. Er lernte, aufmerksam zu sein und genau auf die Anweisungen eines Lehrers oder Trainers zu hören. Er lernte, seine Gedanken und Aktivitäten in der Schule und beim Training zu koordinieren. Er lernte, sich in die Gedanken und Gefühle anderer Kinder hineinzuversetzen und die Wirkung seiner eigenen Verhaltensweisen und Äußerungen abzuschätzen. Der Schlüssel zu all diesen Fortschritten war nicht reine Willenskraft. Steven war nun vielmehr durch Selbstregulierung in der Lage, seine Energie zur Bewältigung von Problemen und zum Erzielen von Veränderungen einzusetzen.

Im Lauf der Zeit lernte Steven, seine Gefühle wahrzunehmen und entsprechende Anpassungen vorzunehmen; er verstand allmählich, wie sich sein körperlicher Zustand auf seine Stimmungen und seine Fähigkeit zur Stressbewältigung auswirkte, und er lernte, konstruktivere Arten der Stressbewältigung als Aufregung und Wut anzuwenden. Es gab viele Hochs und Tiefs, aber irgendwann war Steven in der Schule und im Sport erfolgreich. Als Teenager wurde er Kapitän des Highschool-Hockeyteams und eine anerkannte Führungsfigur in der Schule. Er entwickelte das, was wir uns alle für unsere Kinder erhoffen: echte Freundschaften, starke Werte, Durchhaltevermögen und Resilienz. Weder die Marshmallow-Studie noch behavioristische Modelle der Verhaltensänderung hätten darauf hingedeutet, dass der kleine Steven (oder irgendeines der vielen Kinder, die aufgrund früher

Verhaltensprobleme abgeschrieben werden) dazu in der Lage sein würde.
Steven ist kein außergewöhnlicher Fall. Welche Probleme Ihr Kind auch haben mag – Selbstregulierung ist der Schlüssel zu Veränderungen und Wachstum. Selbstregulierung ist ein Prozess. In mancher Hinsicht verändert sie Ihre Beziehung und das Verhalten Ihres Kindes sofort, aber andere wichtige Veränderungen treten erst im Laufe der Zeit ein. Vor allem erweitert und stärkt Selbstregulierung die inneren Ressourcen Ihres Kindes. Und Ihre auch.

Ein Kind unter Druck setzen oder fördern – die Verantwortung liegt bei uns

Die Grundlage des Konzeptes der Selbstregulierung ist, dass *ein Kind nur durch Regulierung von außen die Fähigkeit zur Selbstregulierung entwickeln kann.*[46] Das ist nicht gleichbedeutend damit, dass ein Kind nur dann Selbstkontrolle entwickelt, wenn wir es unter Kontrolle haben.

Bei der Selbstregulierung geht es um die internen Prozesse der Erregungsregulierung, nicht um Verhaltensmanagement. Und es geht um die wichtige Rolle, die Erwachsene als »externe Regulatoren« der Erregungszustände eines Kindes spielen, bis das Kind zur Selbstregulierung in der Lage ist. Die verschiedensten Dinge können bei einem Kind einen Zustand der Überreizung oder einen Absturz in eine Art Erstarrung auslösen. Wenn das passiert, ist es wichtig, ihm dabei zu helfen, seine innere Ruhe wiederzufinden, und das Problem nicht noch zu verschärfen.

Steven ist ein perfektes Beispiel dafür. Ein guter Hockeyspieler zu werden erforderte endlose Stunden des Übens und der

Konzentration auf dem Eis, aber bei seiner Geschichte geht es nicht um Durchhaltevermögen. Dass Steven so viel Zeit auf dem Eis verbrachte, lag, zumindest anfangs, daran, dass es seine Selbstregulierung unterstützte – was auf die meisten Kinder zutrifft, die viel Zeit auf eine bestimmte Aktivität ihrer Wahl verwenden. Der Grund dafür, dass sie so gut im Backen oder Malen oder Klavierspielen werden, ist nicht, dass sie »der Beste« sein wollen, sondern dass sie sich bei dieser Aktivität gut fühlen.

Stevens Veränderung trat nicht sofort ein, als er und seine Eltern anfingen, an seiner Selbstregulierung zu arbeiten. Er durchlief viele Höhen und Tiefen. Oft ging den Rückschlägen etwas Körperliches voraus – beispielsweise eine Krankheit oder Schlafmangel. Steven fand es schwierig, mit einem bestimmten Gefühl umzugehen: Scham und Schuldgefühle waren für ihn (wie für jedes Kind) schwer auszuhalten. Wenn er krank, übermüdet oder sehr verlegen war, konnte es passieren, dass Steven auf das Niveau eines Kleinkindes zurückfiel. Er wurde dann sehr reizbar und reagierte auf die harmlosesten Bemerkungen mit einer Flut von Schimpfwörtern, die die Sache nur noch verschlimmerten. Oder er wurde angriffslustig oder gar bedrohlich und völlig irrational. Bei einem starken, athletischen Jungen konnte all das ziemlich einschüchternd wirken. Aber die ernsten Rückschläge waren immer eine Folge davon, wie jemand während dieser Episoden auf ihn reagiert hatte. Das zu erleben weckte den Wunsch in mir, dieses Buch zu schreiben.

Selbstregulierung statt Zuckerbrot und Peitsche

Stevens Geschichte handelt in erster Linie von dem Paradigmenwechsel, den seine Eltern vollzogen, als sie sich dafür entschieden, ihre Erziehungsphilosophie und die alltägliche Interaktion mit ihrem Kind auf Selbstregulierung aufzubauen. Seine Eltern lernten, auf Stevens Ausbrüche genauso zu reagieren wie damals, als er noch ein Baby war: indem sie ihn beruhigten, statt selbst ärgerlich und aufgeregt zu werden. Ich habe Stevens Mutter einmal gefragt, wie sie es schaffte, während seiner Wutanfälle so ruhig zu bleiben, und ihre Antwort ist für mich ein Leitsatz bei meiner Arbeit mit anderen Eltern und Lehrern geworden: »Er weiß ja gar nicht, was er sagt oder tut – es ist einfach seine Art, mir zu zeigen, dass er gestresst ist.« Das ist der Schlüssel zur *Umdeutung*.

Wir neigen dazu, das, was Kinder in diesem Zustand sagen, viel zu ernst zu nehmen. Wir sind es so sehr gewohnt, Sprache als wichtigstes Kommunikationsmittel zu betrachten, dass wir nur auf die Worte des Kindes, aber nicht auf seine Stimme hören. Aber wenn es uns gelingt, das auszublenden, *was* es sagt, und nur darauf zu achten, *wie* das Kind es sagt, dann hören wir die Signale eines völlig gestressten Kindes, das verbal um sich schlägt. Unser Kind (und manchmal auch unser Teenager) braucht uns in solchen Augenblicken als externen Regulator.

Stevens Eltern stellten fest, dass Selbstkontrolle für ihn kein Problem war, wenn er genug Schlaf bekam, gut aß, genug Bewegung hatte und Selbstregulierung praktizierte. Je besser es Steven gelang, seine inneren Zustände wahrzunehmen und die

Wirkung bestimmter Stressfaktoren zu erkennen, desto deutlicher konnte er spüren, wenn er müde oder angespannt wurde. Und er wusste, was dann zu tun war. Als Teenager schlug er vor einem wichtigen Spiel oder einer Klassenarbeit sogar Einladungen zu Übernachtungen oder Partys aus, weil er wusste, dass er ausreichend Schlaf brauchte, um am nächsten Tag sein Bestes geben zu können.

Wir Eltern erleben täglich die verschiedensten Arten von Stress. Unsere Babys brauchen Tag und Nacht unsere Zuwendung und weinen grundsätzlich zu den ungünstigsten Zeiten. Es gibt keine Säuglingseltern, die nicht unter Schlafmangel leiden und mit leerem Tank fahren. Während ihrer Trotzphase und in der Pubertät kämpfen wir mit den Launen und den sich ständig verändernden Vorlieben unserer Kinder. Oder im Extremfall mit hysterischen Anfällen, die in der Öffentlichkeit Aufmerksamkeit erregen, an den Nerven zerren und alle verfügbare Energie (unsere und die unseres Kindes) erfordern. Wie Reisig, das nur auf ein brennendes Streichholz wartet, häufen sich die Kleinigkeiten an, bis ein Funke des Zorns oder der Frustration (auf unserer oder ihrer Seite) das emotionale Feuer entzündet.

Erst in den letzten Jahren haben Forschung und klinische Praxis zum Verständnis der Verhaltensbiologie, der wichtigen Rolle der Selbstregulierung und des zugehörigen Werkzeugkastens aus Kompetenzen und Gewohnheiten beigetragen. Es ist nie zu spät, Selbstregulierung zu erlernen, und auch nie zu früh. Genau genommen, hat die Natur uns bereits bestens dafür ausgestattet. Selbstregulierung beginnt schon bei der Geburt.

KEINE KLEINIGKEIT:
Erregungsregulierung und die Gehirnbrücke

Der große amerikanische Biologe Stephen Jay Gould schrieb in seinen Essays *Darwin nach Darwin,* dass alle menschlichen Babys zu früh geboren werden. Sie seien in der ersten Lebensphase buchstäblich »Föten außerhalb des Mutterleibs«. »Menschliche Babys werden als Embryos geboren und bleiben es während der ersten circa neun Monate ihres Lebens«, schrieb er. Diese These wirft grundlegende Vorstellungen über den Haufen. Wann immer ich sie einem meiner Vorträge für Eltern voranstelle, löse ich damit großes Erstaunen aus. Aber tatsächlich ist das menschliche Gehirn im Vergleich zur Hirnentwicklung im Tierreich auffallend lang auffallend unreif.[47]

Wir werden hilflos geboren. Wenn wir das Licht der Welt erblicken, können wir uns nicht selbst ernähren und fast ein Jahr lang nicht gehen oder die einfachsten Aufgaben erledigen, die zum Selbsterhalt nötig sind. Die Fähigkeit zur Selbstregulierung ist noch sehr unterentwickelt, wie am häufigen und heftigen Schreien von Babys zu erkennen ist. Und doch ist das ein typisches Merkmal unserer Spezies. Warum überlässt die Natur dem Gehirn des Neugeborenen diese wichtige unerledigte Aufgabe? Und was hat das mit heutiger Erziehung zu tun?

Die Erklärung steckt in zwei Merkmalen, die unseren Vorfahren einen deutlichen evolutionären Vorteil gegenüber allen anderen Arten einbrachten. Das eine ist der aufrechte Gang (Bipedie), das andere ein großes Gehirn. Die aufrechte Haltung brachte zahlreiche Vorteile im Hinblick auf Energieeffizienz. Einer der größten Vorteile bestand darin, dass unsere Vorfahren nun die Hände frei hatten und dadurch in der Lage waren, arbeitssparende Werkzeuge für die Jagd und für Haushaltstätigkeiten herzustellen. Der aufrechte Gang löste auch verschiedene anatomische Veränderungen aus, allen voran das Wachstum des Gehirns, und mit ihm all die technischen und sozialen Entwicklungen, die dadurch ermöglicht wurden.

Es gab nur ein Problem: Der Größe des Schädels und somit des Gehirns bei der Geburt waren durch die Anatomie des weiblichen Beckens Grenzen gesetzt. Die geniale Lösung der Natur: Ein großer Teil der Gehirnentwicklung wurde auf die Zeit nach der Geburt verlegt.[48] Vierzig Wochen Entwicklung im Mutterleib entsprachen der maximalen Kopfgröße, die durch den Geburtskanal passte, ohne dass ein größerer Umbau der weiblichen Anatomie erforderlich wurde. (Als ich dieses Konzept einmal einem größeren Publikum vorstellte, rief eine Stimme von hinten: »Die Natur ist zu weit gegangen!«)

Während das erwachsene menschliche Gehirn im Laufe der Evolution immer größer wurde, brachten unsere Vorfahren mit fortschreitender Entwicklung Babys mit einem immer kleineren Anteil an abgeschlossener Gehirnentwicklung zur Welt. Heute hat das Gehirn eines Neugeborenen ungefähr ein Viertel der Größe eines Erwachsenengehirns. Durch die Geburt wird ein neuraler Wachstumsschub ausgelöst, eine Phase so schnellen und umfassenden Wachstums, die innerhalb der Lebensspanne eines Menschen einmalig ist. Axone und Dendriten – die Wurzeln und Zweige des neuralen Netzwerks – beginnen zu sprießen und

Verbindungen zwischen den verschiedenen Gehirnregionen herzustellen.[49] Die Verbindungen zwischen diesen Wurzeln und Zweigen heißen Synapsen, und in jeder Sekunde des ersten Lebensjahres eines Kindes bilden sich Hunderte neuer Synapsen. Der wissenschaftliche Name dieses Prozesses – »überschießende Synaptogenese« – sagt alles. Wie die Synapsenverbindungen entstehen, hängt sehr stark von der Interaktion eines Kindes mit seinen Bezugspersonen ab.

Um den achten Lebensmonat herum beginnt das Gehirn, die Effizienz im Umgang mit der (inneren und äußeren) Umgebung zu erhöhen. Das bedeutet für das Verhalten des Babys: weniger Herumwedeln mit den Armen und mehr gezielte Bewegungen beim Erkunden der Welt durch Krabbeln, Greifen, Festhalten und Ziehen. Diese Phase des intensiven Synapsenwachstums und des »Zurechtstutzens« setzt sich mit bemerkenswerter Geschwindigkeit bis etwa zum vierten Geburtstag eines Kindes fort. Und mit etwa sechseinhalb Jahren sind 95 Prozent des Gehirnwachstums abgeschlossen. Dieser Prozess in der frühen Gehirnentwicklung liegt allen anderen Aspekten der kindlichen Entwicklung zugrunde. Kommt es hier zu Störungen, kann dies vielerlei Beeinträchtigungen der körperlichen und seelischen Gesundheit eines Kindes zur Folge haben.

Die Fähigkeit eines Menschen, auf Stress zu reagieren, wird im ersten Lebensjahr programmiert.[50] Die neuralen Systeme und Verbindungen, die der Sprache, der emotionalen und sozialen Entwicklung, dem Denken und dem Verhalten zugrunde liegen, werden alle in dieser entscheidenden Phase der frühen Eltern-Kind-Interaktion ausgebildet.[51] Als Eltern konzentrieren wir uns verständlicherweise auf die drängenden körperlichen, praktischen Bedürfnisse eines Neugeborenen, aber diese Versorgung spielt auch im Hinblick auf die tieferen und komplexeren neurobiologischen Entwicklungen eine wichtige Rolle. Von Geburt an bestimmen die noch unreifen Funktionen des Babygehirns unsere Rolle als Eltern. Dieses Verständnis des noch unfertigen Babygehirns sowie weitere Fortschritte der Gehirnforschung liefern eindrucksvolle Beweise für die durch die enge und kontinuierliche Interaktion zwischen Baby und Eltern ausgelöste rasante Gehirnentwicklung. Die Natur ist geradezu darauf angewiesen, dass die Eltern diese versorgende und fördernde Rolle übernehmen.

Die Geburt – ein Schock für alle Beteiligten

Was für ein Schock für das ganze System![52] Nach neun Monaten relativer Ruhe in einem gemütlichen Uterus wird das Baby plötzlich durch einen engen Tunnel, in dem es zusammengedrückt und gequetscht wird, aus seiner geschützten Umgebung herausgepresst und in die Außenwelt befördert, wo alle möglichen Sinneseindrücke auf es einstürzen, die ihm bis dahin völlig unbekannt waren: Licht, Lärm, Luft, Kälte, die Berührung von Händen und einem Handtuch oder einer Decke auf seiner Haut. Dann folgt das Stupsen und Strecken, das Wiegen und Messen, das Prüfen der Herzfrequenz, des Muskeltonus und der Reflexe, das Brennen von Augentropfen, der Einstich einer Vitamin-K-Injektion und einer Impfung sowie ein Stich in die Ferse zur Blutentnahme.

Das Neugeborene muss mit vielen unbekannten und manchmal unangenehmen Empfindungen umgehen. Allein schon das Atmen ist eine völlig neue Erfahrung. Im Mutterleib wurden dem

Fötus Sauerstoff und Nährstoffe über die Nabelschnur direkt ins Blut zugeführt. Über die Nabelschnur wurden auch Abfallprodukte und Kohlendioxid, die sich in dem engen Raum um den Fötus herum ansammelten, abgeführt.

Zwar hat die Natur Neugeborene mit Reflexen zur Steuerung dieser Prozesse ausgestattet, aber das heißt nicht, dass es sich hier nicht um eine physiologisch anspruchsvolle Aufgabe handelt. Als ob all das nicht schon anstrengend genug wäre, kommt dann auch noch das erste dominierende Verhalten des Babys hinzu: Schreien. Es deutet einiges darauf hin, dass Föten schon im dritten Trimester im Mutterleib lautlos weinen, aber diese neue Art des Weinens ist laut, schrill und sehr kräftezehrend.

Trotz all dieser plötzlichen Veränderungen der inneren und äußeren Umgebung haben sich die grundlegenden Bedürfnisse des Neugeborenen gegenüber seiner Zeit im Mutterleib nicht verändert: Es will sich immer noch warm und sicher fühlen und muss ernährt werden. Jetzt muss es herausfinden, wie es seine Bedürfnisse einem anderen Menschen mitteilen kann – und das mit seinen noch eingeschränkten Fähigkeiten, sich selbst zu regulieren und sich von all den Anstrengungen zu erholen. Wie es beim Fötus im Mutterleib der Fall war, so müssen die Eltern im ersten Lebensjahr eines Kindes seine Bedürfnisse aufmerksam überwachen und befriedigen.

Das Beruhigen eines Babys ist dabei ein wichtiger Teil der Säuglingsbetreuung, weil Babys so leicht erschrecken und ihr Nervensystem bei jedem Erschrecken viel Energie verbraucht. Die Schreckreaktion ist die Kampf-oder-Flucht-Reaktion des Säuglings, bei der sich von Kopf bis Fuß alle Muskeln anspannen. Er wedelt mit Armen und Beinen oder biegt den Rücken durch und Puls, Blutdruck und Atmung intensivieren sich. Zur

Kompensation dieses Energieverbrauchs setzt das Gehirn regenerierende Neurohormone frei, aber wenn der Stresspegel zu hoch ist, muss der Energieverbrauch verringert werden. Deshalb werden einige Prozesse, unter anderem das Immunsystem und das System, das das Wachstum steuert, gedrosselt. Diese Hemmung wiederum wird zu einem eigenständigen Stressfaktor. Beispielsweise kann in einer ständig stressgeladenen Umgebung das Verdauungssystem des Kindes verlangsamt werden, wodurch dem Kind die zum Gedeihen erforderlichen Nährstoffe fehlen.

Bei Erwachsenen können Gedanken, Erinnerungen und Gefühle sowie äußere Ereignisse eine Stressreaktion auslösen. Bei Babys geht es hauptsächlich um interne und externe Stimuli, zu denen primitive Gefühle wie Angst oder Wut zählen. Schreckreaktionen stellen die primitivste Hirnreaktion auf eine – reale oder wahrgenommene – Gefahr dar und werden von Systemen im Säugetier- und Reptilgehirn gesteuert, die im letzten Trimester der Schwangerschaft aktiviert werden und niemals »offline« sind. Sie überprüfen selbst im Mutterleib und im Schlaf die Umgebung auf Bedrohungen.

Weil Schreckreaktionen so viel Energie verbrauchen, ist es wichtig, dass Babys nicht zu oft erschrecken und anschließend die Chance haben, sich zu erholen. *Erregung* im physiologischen Sinn hängt davon ab, wie wach und reaktionsbereit ein Baby (körperlich und emotional) in Bezug auf innere und äußere Empfindungen ist.[53] Wenn sich ein Säugling erschreckt und keine Möglichkeit zur Beruhigung hat, wird er schnell *übererregt und überreizt*, das heißt, er geht in einen Zustand erhöhter physiologischer und psychologischer Anspannung über, in dem er noch anfälliger für erneutes Erschrecken ist. Manche Babys werden im übererregten Zustand apathisch: Sie ziehen sich zum Selbstschutz instinktiv zurück (die Säuglingsversion der *Flucht*). Andere werden reizbar (die Säuglingsversion des *Kämpfens*).

Melanie: Das Baby im Bistro

Rachel und Simon kamen in meine Sprechstunde, weil sie ihre drei Monate alte Tochter Melanie nicht dazu bewegen konnten, mehr als sechs bis acht Stunden pro Tag zu schlafen. Normalerweise braucht ein Säugling in diesem Alter bis zu fünfzehn Stunden Schlaf pro Tag. Auf ihren Vorschlag hin verabredeten wir uns in einem beliebten Bistro in der Nähe ihrer Wohnung. Ich ging davon aus, dass wir nur zu dritt sein würden und Melanie daheim von einem Babysitter betreut werden würde. Zu meiner Überraschung tauchten die Eltern jedoch mit Melanie in einer Babyschale auf. Als ich das kommentierte, erklärten sie mir lachend, dass das Bistro der einzige Ort sei, an dem Melanie problemlos einschlafen würde, und dass sie das Baby deshalb jeden Tag hierher brächten. Sobald sie das Bistro betreten würden, könnte Melanie endlich einschlafen und würde während ihres gesamten Aufenthalts dort nicht aufwachen. Und genau das passierte auch bei unserer Verabredung.

Dieses friedliche Bild und die Bistro-Schlafroutine mögen auf den ersten Blick nicht problematisch erscheinen, wenn man davon absieht, dass Melanies Eltern Kontakt zu mir aufgenommen hatten, weil es dem Baby so schwerfiel, zu Hause zu schlafen.

Ich hatte natürlich Verständnis dafür, dass es für die Eltern verlockend sein mochte, mit dem Baby ins Restaurant zu gehen, denn es war eine Möglichkeit, all dem Weinen und Quengeln zu Hause zu entfliehen. Und es schien eine so einfache Möglichkeit zu sein, das Baby zum Einschlafen zu bewegen – als ob man eine Autofahrt mit ihm unternähme, nur ohne den Straßenverkehr. Außerdem kam noch der Bonus einer ungestörten Mahlzeit hinzu, die nur durch die bewundernden Kommentare anderer Gäste über das engelsgleiche Baby, das inmitten des Getümmels ruhig schlief, unterbrochen wurde.

Rachel und Simon berichteten mir, dass sie versucht hätten, Melanies Schlafzeiten am Tag zu verkürzen – in der Hoffnung, dass sie dann abends früher einschlafen und länger durchschlafen würde. Sie hatten versucht, zur Schlafenszeit beruhigende Melodien abzuspielen, und, als das nicht funktionierte, sogenanntes weißes Rauschen eingesetzt. Sie hatten das Babybettchen neben ihr eigenes Bett gestellt, falls Melanie nachts einfach ihre Nähe brauchte. Aber bisher hatte nichts von alledem geholfen.

Das Wissen um die Unreife des Neugeborenenhirns eröffnet eine neue Möglichkeit, die Situation zu interpretieren und zu verstehen, was hier vor sich ging. Möglicherweise waren Melanie der Lärm und das Durcheinander im Bistro zu viel und das Einschlafen stellte einen primitiven Verteidigungsmechanismus zum Schutz vor der Überreizung dar. Das heißt, vielleicht wurde sie dadurch nicht eingelullt, sondern sie fand ganz im Gegenteil die Erfahrung zu anstrengend. Das würde bedeuten, dass ihr Schlaf im Bistro ein Teil des Problems und nicht die Lösung war. Es würde bedeuten, dass sie nicht genug erholsamen Schlaf bekam, den ihr rasch wachsendes Gehirn und ihr Körper brauchten. Ihr sympathisches Nervensystem war übersteuert.

Melanie tat sich nicht nur schwer mit dem Einschlafen, sondern sie schien auch nicht einschlafen zu *wollen*. Das kommt bei sehr kleinen Kindern häufig vor, wird aber oft missverstanden. Ihre Eltern wussten, dass sie müde sein musste, aber es sah aus, als ob sie versuche, sich selbst in einem Zustand der Erregung zu halten. Nun könnte man meinen, dass ein Kind, das sich offenkundig dem Einschlafen widersetzt, den Schlaf nicht so dringend braucht, und dass es keinen Sinn hat, etwas erzwingen zu wollen.

Das Phänomen des Ankämpfens gegen den Schlaf, wenn er am nötigsten gebraucht wird, tritt bei Kindern und Jugendlichen (und auch Erwachsenen) häufig auf. Aber hier sahen wir die Ansätze dieses Verhaltens bei einem drei Monate alten Baby. Warum sollte sich ein Baby ständig gegen den Schlaf wehren? Wir mussten herausfinden, warum dieses Verhalten zu einem festen Muster geworden war, aber noch viel wichtiger war die Frage, wie sich dieses Muster durchbrechen ließ. Und hier lässt sich aus Goulds Konzept des unreifen Babygehirns in Kombination mit dem Konzept der Selbstregulierung ableiten, dass die Lösung dieses Problems das Gegenteil von dem war, was man zunächst vermuten würde.

Melanies Eltern hatten erwähnt, dass sie versucht hatten, ihren Tagesschlaf zu verringern oder ganz zu verhindern. Wie so viele Eltern befürchteten sie, dass der Nachmittagsschlaf am nächtlichen Widerstand gegen den Schlaf schuld sei. Die Vorstellung, dass ein Kind die ganze Nacht durchschlafen muss, ist inzwischen fast zu einer Obsession geworden. Das führt dazu, dass verzweifelte Eltern ihre Kinder abends möglichst lange wach halten oder ihnen üppige Mahlzeiten verabreichen, damit sie nachts nicht aufwachen. In Wirklichkeit jedoch müsste Melanie tagsüber öfter ein Nickerchen machen, um nachts besser schlafen zu können. Aber wie sollte das erreicht werden?

Wenn man das Ganze als reines »Schlafproblem« betrachtet, wäre die herkömmliche Lösung, sich auf Mittags- und Nachtschlafrituale zu konzentrieren. Im Kontext der Selbstregulierung verschiebt sich der Fokus dagegen auf die Übererregung des Kindes und die Unterbrechung dieses anstrengenden Zyklus, der die Energiereserven des Kindes aufzehrt. Am Anfang muss eine Art Energie-Bilanz stehen, auf die Maßnahmen folgen, die dem Kind helfen, *den ganzen Tag über* weniger Energie zu verbrauchen und mehr zu speichern. Melanie brauchte nicht nur mehr Schlaf, um mehr Energie zu haben, sondern auch mehr Energie, um sich abends besser beruhigen und mehr erholsamen Schlaf finden zu können.

Der Schlaf war das Thema, das Melanies Eltern Sorge bereitete, aber die eigentliche Lektion, die dahintersteckte, betraf das Erkennen der Anzeichen von übermäßigem Stress bei ihrem Kind. Der erste Schritt bei der Selbstregulierung besteht darin, im Verhalten eines Kindes nach Zeichen von übermäßigem Stress zu suchen, wobei zu bedenken ist, dass jedes Kind anders ist. In Melanies Fall hatten wir es mit einem Baby zu tun, das nicht genug schlief. Aber wir hatten auch schon den Fall, dass Babys *zu viel* schliefen. Es gab Babys, die zu viel weinten, und Babys, die nie weinten. Ein Baby war sehr angespannt, wenn seine Eltern es im Arm halten wollten, ein anderes wurde im Arm der Eltern völlig entspannt. Es gibt unendlich viele Variationen und auch nicht immer Anzeichen, die darauf hindeuten, dass sich ein Baby nicht sicher fühlt. Aber das ist immer eine Möglichkeit, die wir in Betracht ziehen müssen.

Der Erregungszyklus: Energiehochs und -tiefs

Im Laufe eines Tages durchläuft ein Baby eine Reihe unterschiedlicher Erregungszustände.[54] Hierbei kommt dem sympathischen und dem parasympathischen Nervensystem eine wichtige Rolle im Zusammenhang mit Energieverbrauch beziehungsweise mit Erholung und Wiederauffüllen der Reserven zu. Schlaf ist der niedrigste Erregungszustand (siehe nächste Seite). Dabei wird nur die zum Erhalt der Grundfunktionen für Gesundheit und Heilung erforderliche Energie verbrannt. Überreizung oder Übersteuerung ist der höchste und energieaufwändigste Erregungszustand. Ein Trotzanfall ist ein bekanntes Zeichen für Übererregung, aber ein Kind kann sich bei Übererregung auch zum Selbstschutz zurückziehen, den Stimulus ausblenden und seine eigenen Reaktionen dämpfen. Das war bei Melanie der Fall. An beiden Enden der Skala wird das Nervensystem aktiv, um die Erregung nach oben oder nach unten zu regulieren, um einen ausgeglichenen mittleren Zustand zu erreichen.

Sympathisches/Parasympathisches Nervensystem

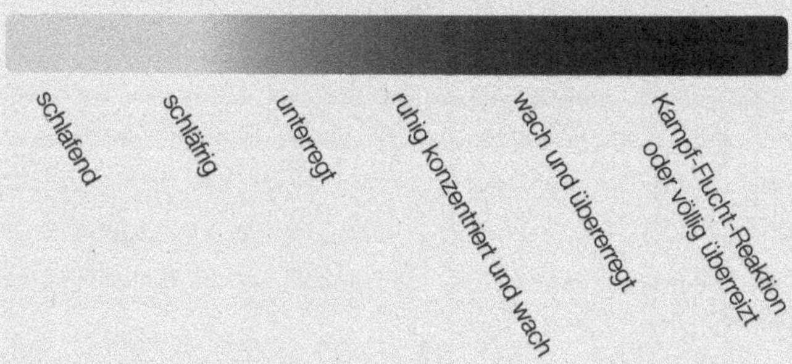

Das sympathische Nervensystem schüttet Adrenalin und Kortisol aus und setzt Energie zum Hochregeln frei. Das parasympathische Nervensystem schüttet Acetylcholin und Serotonin aus, um herunterzuregeln.

Die Gehirnbrücke: Interaktion für die Entwicklung des Babygehirns[55]

Wenn der Säugling neurologisch betrachtet ein »Embryo außerhalb des Mutterleibs« ist, was übernimmt dann in der Außenwelt bei der Regulierung die Rolle der Nabelschnur? Stellen Sie es sich wie eine Art Bluetooth- oder Funkverbindung vor, über die das Gehirn der Bezugsperson zur Erregungsregulierung mit dem Gehirn des Babys in Verbindung tritt. Dieser gemeinsame Kommunikationskanal, eine Art *»Gehirnbrücke«*, wird durch Berührungen, Blickkontakt, die Stimme und vor allem durch gemeinsame Emotionen geschaffen und aufrechterhalten. Die Gehirnbrücke erzeugt den starken neurologischen, psychologischen und sensorischen Schaltkreis für die Co-Regulierung (das heißt für die äußere Unterstützung der Selbstregulierung des Babys), die sich entwickelt, während Ihr Kind heranwächst.[56]

Die Gehirnbrücke

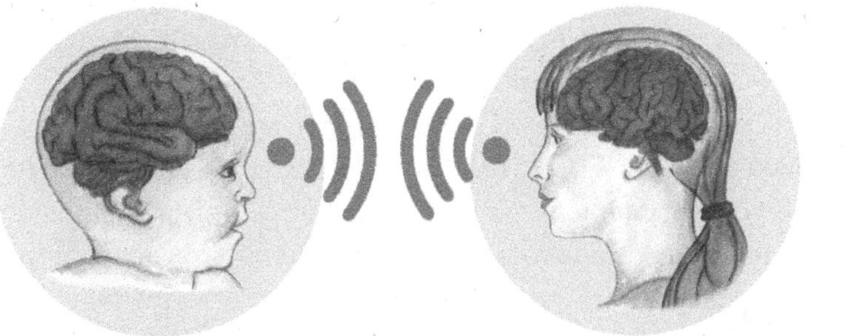

Elternteil und Kind kommunizieren ständig über die Gehirnbrücke.

Die Gehirnbrücke stellt den Kanal für die neuralen und neurobiologischen Verbindungen für die Erregungsregulierung bereit, die im Gehirn eines Neugeborenen noch nicht entwickelt sind. Dabei handelt es sich um eine direkte Hirn-zu-Hirn-Schaltung, die das Säuglingsgehirn mit dem höher entwickelten und zur Erregungsregulierung fähigen Elterngehirn verbindet.

Ein Baby verfügt nur über eine begrenzte Anzahl an Selbstberuhigungsreflexen. Saugen ist ein wichtiger Reflex, ebenso

Selbstablenkung, Blickabwenden und »Abschalten«. Je nach Stressbelastung kann ein Baby ständig abschalten und einfach in seinem Bettchen liegen und ins Leere starren oder heftig reagieren, indem es lange schreit und schwer zu beruhigen ist. Angesichts des niedrigen Entwicklungsstandes ihres Gehirns überrascht es nicht, dass Säuglinge sprunghaft zwischen verschiedenen Erregungszuständen wechseln und nicht in der Lage sind, willentlich eine gezielte Veränderung herbeizuführen und einen ausgeglichenen Zustand zu erreichen. Wenn sie sich selbst überlassen werden, bleiben sie oft in einem Erregungszustand stecken. Sie brauchen deshalb unsere Hilfe bei den Übergängen, das heißt beim »Hochregulieren«, wenn es Zeit zum Spielen oder zur Nahrungsaufnahme ist, und beim »Herunterregulieren«, wenn es Zeit zum Schlafen ist.

Das höher entwickelte Gehirn, nennen wir es einfach »Mama«, liest dabei die Signale des Babys – Mimik, Körperhaltung, Bewegungen, Lautäußerungen – und passt sein eigenes Verhalten entsprechend an, um eine Hoch- oder Herunterregulierung zum Füttern, Spielen, Erkunden der Umwelt oder beim Ausruhen und Einschlafen herbeizuführen. Wie das Neugeborene instinktiv die Brustwarze sucht, so ist es auch von Natur aus schon dafür ausgestattet, uns beim Aufbau dieser Verbindung zu helfen.[57]

Babys sind von Geburt an neugierig, müssen aber dazu angeregt werden, mit ihren Bezugspersonen zu interagieren. Wenn es Zeit zum Füttern oder für soziale Interaktion ist und das Baby gerade apathisch und reaktionsträge ist, muss die Bezugsperson das Kind hochregulieren, indem sie die Intensität ihres eigenen Lächelns, ihrer Lautäußerungen und Gesten erhöht. Wenn das Kind zur Schlafenszeit übererregt ist – sich ruckartig bewegt oder mit weit offenen Augen in die Gegend schaut –, dann muss es mit bewährten Ritualen, wie beispielsweise einem Bad, einem Schlaflied, Vorlesen oder sanftem Wiegen, herunterreguliert werden. Dabei besteht die Herausforderung darin herauszufinden, welche Art von Stimulation das Baby als anregend oder beruhigend beziehungsweise als unangenehm oder anstrengend empfindet.[58]

Die meisten Babys lassen sich durch den emotionalen Rhythmus der Stimme, durch sanfte Berührungen, ein freundliches Lächeln und leuchtende Augen zur Interaktion animieren. Diese Signale der Eltern oder anderer Betreuungspersonen steigern seine Erregung und helfen ihm, die Energie für die wichtigen sozialen Interaktionen aufzubringen, durch die es seine Gefühle entwickelt und die Bedeutung von Mimik, Lautäußerungen, Gesten und Worten lernt. Auf dieselbe Weise kann das Baby mit beruhigenden Lauten oder Liebkosungen beruhigt werden, wenn es offenkundig überreizt ist und Zeit zur Erholung braucht.[59]

Eine Mutter reagiert auf die Bedürfnisse ihres Babys auf dieselbe Weise wie auf ihre eigenen. Genau genommen reagiert sie auf ihre eigenen Bedürfnisse, *indem* sie auf die des Babys reagiert, denn die Gehirnbrücke wirkt in beide Richtungen. Die Reaktionen der Bezugsperson sind auch physiologisch, nicht nur kognitiv, begründet. Sie nimmt nicht nur wahr, was das Baby fühlt, sondern sie fühlt dasselbe. Sie fühlt sich unwohl, wenn sich das Baby unwohl fühlt, sie ist zornig oder ängstlich, wenn das Baby zornig oder ängstlich ist, und durch das Beruhigen des Babys beruhigt sie auch sich selbst.

Die Gehirnbrücke beginnt als »Rechtshirn-zu-Rechtshirn«-Kommunikationskanal zwischen Eltern und Baby, der durch Berührung, Töne, Blicke und Gerüche aktiviert wird.[60] Am Ende des ersten Lebensjahres des Kindes tritt auch das Linkshirn auf den Plan: Die Sprache kommt hinzu. Innerhalb weniger Jahre wird die Sprache zum vorherrschenden Kommunikationsmittel, während die früheren Rechtshirn-Kommunikationsmittel »unter der Oberfläche« weiterhin aktiv sind und unsere Gefühle und Reaktionen auf andere Menschen beeinflussen.

Laut der »Linkshirn-/Rechtshirn«-Theorie sind unsere beiden Gehirnhälften für verschiedene Arten des Denkens zuständig: Der linken Gehirnhälfte sind logisches, rationales, objektives Denken und vor allem die Sprache zugeordnet, der rechten Gehirnhälfte intuitives, subjektives Denken auf der Basis der Signale, die wir – oft unbewusst – über Körpersprache, Mimik und Tonfall anderer Menschen empfangen. Die beiden Gehirnhälften sind zwar viel stärker miteinander vernetzt, als man früher gedacht hat, aber das Linkshirn-/Rechtshirn-Modell ist trotzdem ein nützliches, einfaches Modell zur Beschreibung der unterschiedlichen Kommunikationsmittel, derer sich die Selbstregulierung bedient.

Der innige Austausch mit der Bezugsperson trägt dazu bei, die Grunderregung des Kindes – gewissermaßen die »Leerlaufdrehzahl« – einzustellen. Bei einem Automotor ist die Leerlaufdrehzahl so eingestellt, dass gerade genügend Energie erzeugt wird, um eine Reihe von wichtigen Haupt- und Nebensystemen am Laufen zu halten. Die Leerlaufdrehzahl ist dabei von Motor zu Motor unterschiedlich. Es gibt dafür keinen Standardwert, und oft muss die Einstellung an variable Umgebungsfaktoren – beispielsweise saisonale Temperaturschwankungen – oder interne mechanische Belastungen angepasst werden.

Die »Leerlaufdrehzahl« eines Babys muss genügend Energie erzeugen, um die für das Immunsystem sowie für das Wachstum und die Regeneration erforderlichen Stoffwechsel- und

Zellprozesse sicherzustellen. Aber bei anhaltendem Stress verschiebt sich dieser grundlegende Erregungswert nach oben. Dabei kann es sich sowohl um physiologischen Stress, wie Hunger oder Schlafmangel oder Schmerzen, als auch um emotionalen Stress, wie Angst, Zorn oder negative Erfahrungen, handeln. Je mehr Stress ein Kind ausgesetzt ist, desto höher wird seine Grunderregung, desto mehr Energie verbraucht es im Ruhezustand und desto heftiger reagiert es auf Stress. Babys reagieren sehr unterschiedlich auf eine erhöhte Grunderregung. Unter anhaltendem Stress können sie apathisch oder reizbar werden oder, manchmal innerhalb von Sekunden, zwischen diesen Reaktionen hin- und herwechseln.

Die Grunderregung eines Babys entwickelt sich im Schmelztiegel der Gehirnbrücke, aufgrund des Zusammenwirkens zwischen Biologie und Erfahrung, und ist stark geprägt von den Reaktionen der Bezugspersonen und dem »Klima« der Beziehung.[61] Aber manche Babys sind aufgrund ihrer Biologie sehr viel empfänglicher für Übererregung und sehr viel schwerer zu beruhigen. Das war bei Melanie der Fall.

Einfache Veränderungen für süße Träume

Das Bistro-Baby fängt sich wieder

Melanies Eltern überprüften auf unser Gespräch hin die häusliche Umgebung sowie Melanies Aktivitäts- und Ruhemuster. Man konnte davon ausgehen, dass Melanies Grunderregung aufgrund einer Kombination aus angeborenen Sensibilitäten, chronischem Schlafmangel und hohem Stress angestiegen war. Das hatte ihre Bereitschaft zu

Schreckreaktionen und zur Auslösung der Kampf-oder-Flucht-Reaktion erhöht. Das bedeutete, dass Melanies Atem- und Herzfrequenz auch im Schlaf erhöht war, und dass ihr Herz mehr als bei einem Säugling üblich arbeitete. Außerdem schlug ihr Herz bei Auftreten eines Stressfaktors noch schneller und die Herzfrequenz blieb auch nach Abklingen des Stressfaktors erhöht, was wiederum ihrem primitiven Gehirn ständig signalisierte, im Alarmzustand zu bleiben. Es deutete alles darauf hin, dass dieser erhöhte Erregungszustand zu Melanies natürlichem Rhythmus geworden war.

Es fiel Melanie nicht nur schwer, sich herunterzuregulieren, sondern sie schien geradezu eine Abneigung gegen das zu haben, was wir einen ruhigen, entspannten Zustand nennen würden. Das konnte ein Zeichen dafür sein, dass sie sich schon an den höheren Erregungszustand gewöhnt hatte, oder ihr Säugetierhirn wollte damit ausdrücken: »Ich will in meiner Wachsamkeit nicht nachlassen« oder »Das fühlt sich fremd und beängstigend an«. Leider neigt ein auf die Wahrnehmung von Gefahren ausgerichtetes Nervensystem dazu, überall welche zu erkennen, auch wenn sie objektiv nicht vorhanden sind. Der chronische Stress zehrte Melanies Energie auf. Sie verbrauchte viel zu viel Energie, und es fiel ihr immer schwerer, in den Ruhezustand zurückzukehren.

Das »übererregbare« Baby beruhigen

Melanies Muster aus Schlaflosigkeit und ihrer Neigung zum Erschrecken ist ein Beispiel für eine sogenannte »erhöhte Erregbarkeit«. Selbstregulierungsstrategien zur Stressreduzierung für ein übererregbares Baby beginnen wie bei jedem Kind mit der Gestaltung einer ruhigen und beruhigenden häuslichen Umgebung, die dem behaglichen, schützenden Mutterleib so nahe wie möglich kommt. Rachel und Simon machten sich mit großem Eifer daran, diese Veränderungen vorzunehmen, und bezogen auch meinen (zunächst mit Stöhnen kommentierten) Vorschlag mit ein, ihr Wohnzimmer in einen »Wohnmutterleib« zu verwandeln.

Als Erstes wurde der Fernseher ausgeschaltet, der vorher ständig gelaufen war. Allzu oft waren die Morgennachrichten mit Explosionen von Kriegsschauplätzen sowie den eindringlichen und erregten Stimmen von Moderatoren und Reportern durchsetzt. Rachel, die Grafikerin ist, hatte mir erzählt, dass sie gern mit den TV-Geräuschen im Hintergrund arbeite. Aber nun fiel ihr auf, wie Melanie auf die plötzliche Erhöhung der Lautstärke während der Werbung, auf das Geräusch einer Sirene oder wütende Stimmen im Fernsehen reagierte. Auch normale Haushaltsgeräusche, wie das Brummen des Staubsaugers oder Mixers oder das Klingeln an der Haustür, konnten Melanie erschrecken. Selbst Gerüche mussten abgemildert werden. Der Tannen-Raumduft, der Rachel und Simon an gemeinsame Wanderungen erinnerte, schien Melanie zu stören.

Schritt für Schritt identifizierten und entfernten die Eltern die Dinge, die Melanie beunruhigten, und innerhalb weniger Wochen schlief sie 16 Stunden am Tag, einschließlich langer Nickerchen am Vor- und Nachmittag! Das bedeutet nicht, dass wir alle unsere Wohnzimmer in einen »Wohnmutterleib« verwandeln müssen. Was als beruhigend und was als aufregend empfunden wird, kann von Baby zu Baby sehr unterschiedlich sein. Wie für alle Eltern war es auch für Rachel und Simon wichtig zu erkennen, wann Melanie sich erschreckte oder zu sehr gestresst war, und die Signale zu lesen, die darauf hindeuteten, dass sie übererregt wurde. Sie versuchten nicht mehr, Melanies Schlafprobleme zu unterdrücken, sondern stellten fest, dass Melanie durch die Reduzierung der Stressfaktoren in ihrer Umgebung und durch ruhige Interaktionen weniger schreckhaft wurde und besser auf beruhigende Einflüsse reagierte. Melanies Schlaflosigkeit erwies sich als Weckruf, der ihren Eltern half zu erkennen, wann sie übererregt war und ihre Hilfe brauchte, um sich wieder herunterzufahren.[62]

Die enge Verbindung über die Gehirnbrücke kann als wichtigstes Werkzeug der Selbstregulierung betrachtet werden. Wir können sie gezielt einsetzen, um unserem Kind dabei zu helfen, die verschiedenen im Lauf des Tages auftretenden Erregungszustände zu bewältigen und allmählich die Selbstregulierung zu erlernen. Die gemeinsame Erfahrung und die emotionale Nähe bereichern nicht nur die Eltern-Kind-Beziehung, sondern fördern auch die Fähigkeit des Kindes, zwischenmenschliche Beziehungen einzugehen und vom regulierenden Einfluss sozialer Interaktion zu profitieren.

Eine ganz besondere Verbindung entsteht

Während meiner Ausbildung bei Professor Stanley Greenspan habe ich zum ersten Mal die Kraft der Gehirnbrücke erlebt. Greenspan zeigte mir ein von ihm selbst aufgenommenes Video, in dem die Interaktion zwischen einer Mutter und einem Vater und ihrer vierjährigen autistischen Tochter zu sehen war. Am Anfang des Videos wanderte das kleine Mädchen ziellos umher und ignorierte seine Eltern und die Umgebung. Es hob gedankenlos ein Spielzeug auf, spielte ein wenig damit und tauschte es dann gegen ein anderes aus. Nach einigen Minuten sagte Greenspan in dem Video zu den Eltern, dass er gern etwas Interaktion zwischen ihnen und ihrem Kind sehen würde, worauf die Mutter mit einem Ausdruck reagierte, den Primatenforscher als »Angstgrinsen« bezeichnen, weil aus ihm eher Angst als Freude spricht.

An dieser Stelle hielt Greenspan das Video an und forderte mich auf, den Entwicklungsstand des Kindes zu kommentieren und eine Prognose für sein weiteres Leben zu wagen. Es war schwer für mich, mit anzusehen, wie sehr sich die Mutter nach einer Verbindung zu ihrem Kind sehnte, aber völlig außerstande war, diese Verbindung herzustellen, während der Vater körperlich und emotional distanziert auf der Couch saß und die ganze Situation offenkundig unerträglich fand. Die Lage wirkte hoffnungslos. Ich konnte nicht anders, als Greenspans Fragen nach einer Prognose pessimistisch zu beantworten. Ich habe dieselbe Übung im Lauf der Jahre häufig mit meinen Studenten durchgeführt und immer dieselbe negative Prognose für das Mädchen und seine Eltern von ihnen gehört.

Als Greenspan das Video weiterlaufen ließ, konnte ich jedoch fasziniert beobachten, wie es ihm damals innerhalb kürzester Zeit gelungen war, die gesamte Interaktionsdynamik der Beteiligten zu verändern, indem er den Eltern half, ihr Verhalten anzupassen. Sie mussten langsamer und leiser sprechen und zurückhaltender gestikulieren und geduldig auf eine Reaktion ihres Kindes warten. Vor meinen Augen nahm das Kind seine Eltern plötzlich nicht nur wahr, sondern beobachtete sie gebannt. Es zeigte große Freude am Versteckspiel, das sie anboten, und begann sogar zu sprechen. Die bewegendste Szene ereignete sich ganz am Ende des Videos. Vom Spielen erschöpft brauchten Mutter und Tochter eine Pause und fanden in perfekter Harmonie in einer Umarmung zueinander.

Dieses Bild der Mutter-Tochter-Interaktion zeigte mir die Kraft der Gehirnbrücke. Zwei zuvor getrennte Gehirne hatten sich plötzlich aufeinander eingestimmt, einander ein tiefes Wohlgefühl verschafft und einander beruhigt – alles durch diese Verbindung. Aber das war mehr als nur eine Verbindung, es war das Aufkeimen einer tiefen Verbundenheit, der Liebe. Plötzlich verstand ich die wahre Bedeutung all der wissenschaftlichen Theorien, die ich jahrelang studiert hatte. Die Wissenschaft tut sich schwer damit, das Phänomen der Gehirnbrücke zu erklären, aber sowohl durch Greenspans Forschung als auch durch unsere eigene an unserem Institut und die anderer Wissenschaftler wurden verschiedene Aspekte der Gehirnbrücke dokumentiert, die ihre wichtige Rolle bei der Erregungsregulierung unterstreichen.

Mithilfe der »Videomikroanalyse« konnten Wissenschaftler beispielsweise nachweisen, dass Babys mehr lächeln, wenn die Pupillen ihrer Mütter erweitert sind, und umgekehrt. Wenn Mama ihr Baby liebevoll anlächelt, bereitet ihm das ein Wohlgefühl und gibt ihm einen Energieschub. Die positive Reaktion des Babys zeigt sich der Mutter sofort im strahlenden Lächeln des Babys, sodass man von beiden sagen kann, dass sie sich in einem »symbiotischen Zustand der Erregung« befinden.[63] Die Freude aneinander ist für beide erhebend.

Auch das Gegenteil ist wissenschaftlich beobachtbar: Bei einem der meist beachteten psychologischen Experimente unserer Zeit untersuchte der Entwicklungspsychologe Ed Tronick, wie sich der Gesichtsausdruck einer Mutter auf den Gefühlszustand ihres Säuglings auswirkt. Bei diesem Experiment spielten Mutter und Baby zunächst einige Minuten miteinander, was bei dem Baby einen angenehmen Erregungszustand hervorrief. Dann wurde die Mutter angewiesen, kurz den Kopf wegzudrehen und dann ihr Baby mehrere Minuten lang mit neutralem, ausdruckslosem Gesicht anzuschauen.

Bei dem ursprünglichen Experiment waren die Babys acht Monate alt, also in einem Alter, in dem sie schon recht gute Kommunikationsfähigkeiten besitzen, aber noch nicht sprechen können. Bei allen Mutter-Baby-Paaren reagierten die Babys auf das ausdruckslose Gesicht der Mutter auf die gleiche Art: Sie versuchten verzweifelt, Mama »zurückzuholen«, indem sie ihr süßestes Lächeln und alle verfügbaren Gesten einsetzten, und sie wurden zunehmend erregt, wenn die Mutter trotzdem distanziert blieb.[64]

Diese wissenschaftlichen Ergebnisse zeigen uns, weshalb die Gehirnbrücke in unserem Leben eine so wichtige Rolle spielt. Warum wir einander so sehr brauchen, und das nicht nur auf der emotionalen, sondern auch auf der neurobiologischen Ebene. Warum wir uns so schlecht fühlen, wenn sich unser Kind schlecht fühlt. Warum die Freude, die wir in Augenblicken der Verbundenheit fühlen, eine Art von Freude ist, die wir *nur* in Augenblicken der Verbundenheit fühlen. Unser Gehirn reagiert auf diese Augenblicke ebenso wie das unseres Babys mit der Ausschüttung von »Wohlfühl«-Neurohormonen, und es gibt nichts in unserem Leben, das genau dieselbe Wirkung hätte. Die Freude, die wir spüren, wenn wir uns mit unserem Kind verbunden fühlen, vervollkommnet uns. Die Gehirnbrücke erfüllt nicht nur die tiefsten Bedürfnisse unseres Kindes, sondern auch unsere eigenen.[65]

Im Gegensatz zur Nabelschnur wird die Gehirnbrücke niemals überflüssig. Auch wenn die Verbindung zwischen Eltern und Kind sicher eingerichtet ist und über andere Kommunikationskanäle abläuft, bleibt die Gehirnbrücke ein intimes und dauerhaftes Band zwischen ihnen, über das Trost, Ermutigung und Beruhigung übermittelt werden kann. Die Gehirnbrücke bleibt für immer ein Teil der Eltern-Kind-Beziehung und bildet in vielerlei Hinsicht auch die Grundlage enger Beziehungen zu anderen Menschen.

In Tronicks Experiment mit dem ausdruckslosen, »stummen« Gesicht stellte die fehlende Reaktion der Mütter auf die Signale ihrer Babys einen fundamentalen Zusammenbruch des sozialen Interaktionssystems dar. Einige Babys wurden daraufhin verschlossen und apathisch, andere zornig und aggressiv. Wenn die Mütter wieder Kontakt zu ihnen aufnahmen, kehrten die Babys schnell wieder in einen regulierten Zustand zurück. Wenn Babys das nicht tun, kann dies ein wichtiges Anzeichen eines tiefer liegenden Problems sein.

Soziale Interaktion ist nicht einfach nur eine erlernte Bewältigungsstrategie, die wir unserem Repertoire an Selbstberuhigungsreflexen hinzufügen. *Wir Menschen sind dafür ausgelegt, Energie voneinander zu beziehen und uns gegenseitig unsere Energiespeicher aufzufüllen.* Wir sind nicht einfach nur Angehörige einer sozialen Spezies, die – wie die Huftiere – gemeinsam Nahrung aufnehmen. Wir sind soziale Wesen, die einander durch Blicke, Berührungen, Gespräche und beruhigende Laute Kraft geben und beschützen – und außerdem die Ausbeute unserer Sammel- und Jagdaktivitäten miteinander teilen.

Bei einem Baby, das diese Zuwendung nicht erfährt, können Probleme bei der Nahrungsaufnahme und beim Schlafen, bei der körperlichen und geistigen Entwicklung sowie der Entwicklung motorischer und kommunikativer Fähigkeiten und sogar Störungen des Herz-Kreislauf-Systems und des Autoimmunsystems auftreten. Das Alarmsystem eines solchen Kindes ist immer im

Zustand höchster Erregung, was bedeutet, dass ständig Adrenalin und Kortisol ausgeschüttet werden. Dieser ständige gegenläufige Druck auf das Nervensystem (zu reagieren und sich dann wieder zu beruhigen) löst subtile Veränderungen auf der zellulären Ebene aus, die schon früh im Leben eines Kindes seine Gesundheit und Widerstandsfähigkeit beeinträchtigen oder die erst im Laufe der Zeit ihren Tribut fordern können.

Selbstregulierung kann Säuglingen, Kindern und Jugendlichen gleichermaßen helfen, ruhig zu werden und damit aufzuhören, ihre Energiereserven schneller zu verbrauchen, als sie wieder aufgefüllt werden können. Wenn sie mit leerem Tank fahren, besteht die Reaktion des Reptilienhirns darin, Funktionen herunterzufahren oder die letzten Energiereserven anzuzapfen. Deshalb ist die Gehirnbrücke so wichtig für das Wohlbefinden eines Kindes oder Teenagers. Die Natur hat uns – als Erwachsene – mit einem höher entwickelten Gehirn ausgestattet, das das Reptiliengehirn eines Kindes zähmen kann, bis das Kind selbst dazu in der Lage ist.

Wodurch wird die Gehirnbrücke gestört?

Eine Reihe von Faktoren kann das reibungslose Funktionieren der Gehirnbrücke beeinträchtigen. Beispielsweise kann eine schwere Erkrankung die Fähigkeit der Mutter oder des Vaters zu dieser kontinuierlichen interpsychischen »Konversation« einschränken. Durch häufige physische Abwesenheit reduzieren sich die Gelegenheiten, die Verbindung durch direkten persönlichen Kontakt zu pflegen.

Auch erhöhter Stress eines Elternteils kann die regulierende Wirkung der Gehirnbrücke stören. Bei meiner Arbeit mit

Familien und in unserer Klinik haben wir immer wieder festgestellt, dass die Fixierung auf die Selbstkontrolle des Kindes eine der Hauptquellen für elterlichen Stress ist. Zu uns kommen erstaunlich viele Eltern mit der aufrichtigen Sorge, dass sie zum Beispiel durch das »Nachgeben«, wenn ihr Baby schreit, die spätere Fähigkeit ihres Kindes zur Selbstkontrolle untergraben. Manche befürchten sogar, dass ihr weinendes Baby sie absichtlich manipulieren könnte. Natürlich ist es stressig, wenn wir mit dem Verhalten unserer Kinder unglücklich sind!

Bei unserer Fokussierung auf die Kraft der Gehirnbrücke geht es darum, Kindern zu helfen, ihre eigene Stressbelastung zu steuern, und nicht darum, »Selbstkontrolle zu lehren« oder ein Kind zu sozialisieren. Selbstkontrolle ist in erster Linie ein soziales Konstrukt, sowohl im Hinblick darauf, was in verschiedenen Kulturen als erwünschtes Verhalten betrachtet wird, als auch im Hinblick auf die Situationen, in denen Selbstkontrolle erwartet wird. Kinder brauchen Grenzen. Das Fehlen von Grenzen ist sogar ein eigenständiger Stressfaktor, der zu Problemen bei der Selbstregulierung führt. Selbstkontrolle ist sicherlich ein wichtiger Aspekt erfolgreicher sozialer Interaktion, aber sie ist nicht identisch mit Selbstregulierung.

Für die Selbstregulierung und das Verständnis der Gehirnbrücke ist die Biologie von zentraler Bedeutung, weil diese enge Interaktion für ein Baby oder Kleinkind durch zahlreiche biologische Faktoren zu einer Herausforderung wird. Für ein überempfindliches Kind kann zum Beispiel das Leuchten in den Augen der Mutter oder eine sanfte Umarmung oder Berührung, die normalerweise eine positive Erregung auslösen würde, unerträglich sein. Ebenso kann ein Kind ohne besondere Sensibilitäten, das aber unter Schlafmangel leidet oder hungrig oder von einer anderen Aktivität erschöpft ist, weniger empfänglich für die Interaktionsangebote der Mutter oder weniger reaktionsbereit sein.

Eltern neigen natürlich dazu, sich diese Probleme sehr zu Herzen zu nehmen. Ein wichtiger Teil der Selbstregulierung besteht deshalb darin zu lernen, wie man in solchen Situationen Schuldzuweisungen oder die eigenen Sorgen loslässt und stattdessen zum objektiven Beobachter der eigenen Bedürfnisse und der Bedürfnisse des Babys wird. Je besser wir verstehen, was die Energiereserven unseres Kindes erschöpft, desto besser können wir unser Verhalten darauf abstimmen, diese Belastung zu verringern. Das Konzept der Selbstregulierung unterstützt die Eltern dabei und stärkt auf diese Weise die Eltern-Kind-Verbindung.

Durch Interaktion zu Ruhe und Selbstregulierung

Unsere Beziehung zu unserem Kind stellt eine Umgebung dar, in der sich beide Seiten verändern und weiterentwickeln. Das ist von grundlegender Bedeutung für die moderne wissenschaftliche Erforschung der kindlichen Entwicklung.[66] Durch bildgebende Verfahren und ausgefeilte psychophysiologische Techniken in Kombination mit Echtzeitstudien der Eltern-Kind-Interaktion konnten bisherige Annahmen widerlegt werden. Die wichtigste Erkenntnis ist, dass *ein Kind durch Regulierung von außen die Fähigkeit zur Selbstregulierung entwickelt.* Ein Kind zu regulieren ist dabei nicht dasselbe wie das Ausüben von Kontrolle über ein Kind. Vielmehr geht es darum, die Erregungszustände des Kindes zu lenken, bis es selbst dazu in der Lage ist. Genau das tun Sie, wenn Sie Ihr Baby sanft wiegen, um es zu beruhigen, ihm etwas vorsingen, um ihm beim Einschlafen zu helfen, oder mit ihm spielen, wenn es Zeit dafür ist, wach und aktiv zu sein.

Als ich einmal einen Vortrag über dieses Thema hielt, kam anschließend ein Zuhörer, der Kfz-Mechaniker war, zu mir und meinte: »Dann ist das also so, als ob man im Verhalten des Kindes Hinweise darauf erkennt, wie sein Motor läuft.« Mir gefiel diese Metapher, und ich habe sie seither immer wieder bei meiner Arbeit mit Eltern, Lehrern und Kindern verwendet. Jeder versteht sie. Sie hilft uns, in den problematischen Verhaltensweisen unserer Kinder Anzeichen dafür zu sehen, dass ihr »Motor« aus irgendeinem Grund »überhitzt« ist. Ein chronisch unruhiges Baby, ein Kind, das sich nicht beruhigen kann, ein ständig ängstlicher Teenager: all das sind Zeichen für einen zu hoch drehenden Motor. Weitere Indikatoren sind Probleme mit der Aufmerksamkeit oder beim Lernen, überemotionale Reaktionen, Wut, Aggression oder schwache soziale Kompetenzen. Aber zunächst einmal müssen wir die Zeichen deuten lernen, die auf den »Motorzustand« eines Kindes hinweisen, um herauszufinden, ob eine *bestimmte* Maßnahme *zum jeweiligen Zeitpunkt* für *dieses bestimmte* Kind geeignet ist.

Also, wie läuft dieser Motor?

UNTER DEM BOAB-BAUM:
Das Fünf-Domänen-Modell der Selbstregulierung

Jonathan war gerade fünf geworden und ging erst seit einem Monat in die Vorschule, als seine Mutter den Anruf erhielt. Jonathan saß – wieder einmal – im Büro der Schulleiterin. Es war ein typischer schlechter Tag für Jonathan. Als seine Mutter in der Schule eintraf, fand sie ihren Sohn weinend und angespannt vor.

Seine Lehrerin erklärte, dass Jonathan während einer Schulversammlung mit Auftritt des Schulorchesters die ganze Zeit laut gejammert, beim Zurückrennen ins Klassenzimmer einen Schulkameraden zu Fall gebracht und sich anschließend geweigert habe, sich an irgendeiner Aktivität der Klasse zu beteiligen. In der Pause habe er nicht sein eigenes Schulbrot gegessen, sondern anderen Kindern ihres entrissen, als ob es ein Spiel sei. Als die Lehrerin die Kinder aufgefordert habe, zum Spielen im Freien ihre Jacken anzuziehen, habe Jonathan sich widersetzt, sei streitlustig geworden und habe dann vor Schmerz aufgeheult, weil er an eine Schulbank gestoßen sei. Als die Lehrerin versucht habe, mit ihm zu reden, habe er weggesehen und kein Wort von dem, was sie gesagt habe, mitbekommen. Daraufhin hatte sie ihn zur Schulleiterin geschickt. Und das nicht zum ersten Mal.

Kurz danach besuchte ich Jonathan in der Vorschule. Ich hatte noch nie zuvor ein so schreckhaftes Kind erlebt. Jonathan erschrak sich zu Tode, wenn im Flur jemand nieste. Mit seinen

Reaktionen auf kleinste Geräusche erinnerte er mich an eine meiner Katzen. Seine Mutter Nan berichtete mir, dass er schon immer viel geräuschempfindlicher als andere Kinder gewesen sei. Wenn er zu Kindergeburtstagen eingeladen wurde, musste sie ihn praktisch hinschleifen, und kaum waren sie dort angekommen, bettelte er, wieder gehen zu dürfen. Jonathan war ein Junge, der es gern ruhig hatte. Nan hatte gehofft, dass die Vorschule eine schönere Erfahrung für ihren Sohn sein werde, aber Jonathan graute morgens davor hinzugehen, und Nan ging es genauso, weil sie wusste, wie schlecht er sich dort fühlte.

Aber da war noch mehr als nur ein überempfindlicher Hörsinn. Auch seine körperlichen Wahrnehmungen – zum Beispiel sein Herzschlag – erschreckten Jonathan. Er konnte außerdem mit bestimmten Gefühlen schlecht umgehen. Wenn er wütend oder traurig wurde, dann waren seine Emotionen immer extrem stark – es gab bei seinen Gefühlen keine Zwischenstufen. Soziale Interaktionen und Anforderungen verunsicherten ihn. Darum bestand der erste Schritt darin, die Palette von Jonathans Stressfaktoren in den Griff zu bekommen.

Es war dabei nicht möglich, die Dinge, die ihn stressten, einfach aufzulisten und dann nacheinander abzustellen. Wie bei allen Kindern gab es auch bei Jonathans Selbstregulierungsproblemen einen Verstärkungseffekt, das heißt, eine Art von Stress (zum Beispiel die laute Schulversammlung) machte ihn anfälliger für andere Stressfaktoren. Wenn er in einen überfüllten Raum gesteckt wurde, reagierte der Junge sehr viel empfindlicher auf Lärm und Licht. Wenn er frustriert war, schien seine Schmerzschwelle ins Bodenlose zu sinken, sodass er beim kleinsten Stoß aufheulte. Im Klassenzimmer brachte ihn ein Auslöser nach dem anderen innerhalb kürzester Zeit an den Rand des Zusammenbruchs. Der Verstärkungseffekt ist bei uns allen zu beobachten, aber bei Kindern ganz besonders, da sie noch wenig Erfahrung mit den Höhen und Tiefen des alltäglichen Lebens haben.

Als wir anfingen, Selbstregulierung in großem Maßstab in Schulen anzuwenden, war unser Forscherteam überrascht, wie viele Kinder stressbezogene Probleme hatten. Ich will damit nicht sagen, dass die Zahl der Kinder mit klinischen Problemen in die Höhe schnellt (obwohl die Gesundheitsstatistiken darauf hindeuten), sondern dass diese Generation von Kindern zu viel Stress in ihrem Leben hat. Kinder zeigen bereits in einem frühen Alter eine stressbedingte Beeinträchtigung ihrer körperlichen und seelischen Gesundheit, woraus ein höheres Risiko ernsthafterer Probleme im späteren Leben resultiert.

Da sind die üblichen Dinge: die bevorstehende Mathearbeit, die wütende Stimme des Lehrers, der Streit mit einem Freund. Das limbische System ist im Alarmzustand und tut das, wofür es vorgesehen ist: Es lässt eine Alarmglocke schrillen. Genauer gesagt mehrere Alarmglocken an allen Fronten. Die Stressfaktoren und der Stressalarmschaltkreis geraten in eine Wiederholungsschleife, und die Energiereserven der Kinder werden erschöpft.

In der Schule und beim Sport herrscht immer mehr Konkurrenzdruck, durch soziale Medien ist eine komplexere Arena für Freundschaften und soziale Interaktion entstanden, und viele Gelegenheiten für Ruhe und Erholung (zum Beispiel das Spielen im Freien und echte Ruhephasen) sind aus dem Leben der Kinder verschwunden. Die Stressquellen sind so eng miteinander verwoben, dass man nicht nach einem einzelnen Stressfaktor (wie nach einem Holzsplitter im Finger) suchen kann, sondern das gesamte Stressnetz, in dem sich das Kind verfangen hat, entwirren muss.

Die fünf Domänen des Stresses und der Selbstregulierung[67]

Es gibt unendlich viele Stressfaktoren, aber die meisten lassen sich fünf Hauptkategorien oder Domänen zuordnen. Sobald man weiß, zu welcher Domäne ein Stressfaktor gehört, kann man die speziellen Stressfaktoren, die ein Kind belasten, einkreisen.

Da die Selbstregulierung diese verschiedenen Dimensionen umfasst, handelt es sich um ein »dynamisches System«. Das heißt, dass alles, was in einem Teil des Systems passiert, die anderen Teile in einer Weise beeinflusst, die zu einer Stabilisierung oder Destabilisierung des Ganzen führen kann.[68] Alle fünf Domänen beeinflussen einander und schaffen ein komplexes, nahtloses Gesamtsystem. Gleichzeitig stellt jede Domäne ein eigenständiges, abgegrenztes System dar, in dem Energie und Anspannung immer im Spiel sind.

Die biologische Domäne

Diese Domäne umfasst das Nervensystem und die physiologischen Prozesse, die Energie verbrauchen und die Energiereserven wieder auffüllen. Die Balance aus Energieverbrauch und Energieerneuerung variiert von Mensch zu Mensch und von Situation zu Situation sehr stark. Auch Gefühle haben eine biologische Komponente, da sie biochemische Reaktionen auslösen, die uns aufladen oder erschöpfen können. Das gilt besonders für intensive Gefühle – positiver oder negativer Art.

Zu den Stressfaktoren in der biologischen Domäne gehören schlechte Ernährung, Schlaf- oder Bewegungsmangel, motorische oder sensomotorische Probleme (wenn ein Kind zum Beispiel

Schwierigkeiten hat zu rennen oder eine Treppe hinunterzugehen, ohne sich am Geländer festzuhalten), Lärm, optische Eindrücke, Berührungen, Gerüche und andere Formen der Stimulation, Umweltverschmutzung, Allergene sowie extreme Hitze und Kälte.

Zeichen für Stress in der biologischen Domäne sind Energiemangel oder Lethargie, Hyperaktivität, Schwierigkeiten beim Übergang zwischen aktiven und weniger aktiven Phasen, chronische Bauch- oder Kopfschmerzen, Lärm- oder Geräuschempfindlichkeit (was sowohl die Lautstärke als auch den Tonfall einer Stimme einschließen kann), Probleme beim Sitzen auf harten Flächen oder beim Stillsitzen an sich (wenn es länger als ein paar Minuten dauert), körperliche Unbeholfenheit oder feinmotorische Schwierigkeiten (wie beispielsweise beim Halten eines Bleistifts) oder die Neigung, von Situationen, die die meisten Menschen als normale Anregung oder Belastung einstufen würden, völlig überfordert zu sein.[69]

Viele Kinder wissen überhaupt nicht, wie sich »ruhig« anfühlt oder was es bedeutet, Energie zu haben, ohne überdreht zu sein. Es ist unsere Aufgabe, ihnen zu helfen, ihre eigenen körperlichen Zustände wahrzunehmen: wie sich ihr Körper anfühlt, wenn sie ruhig, wach und aktiv sind oder wenn sie sich in einem Zustand niedriger Energie, aber hoher Anspannung befinden, und was sie dann tun können, um sich besser zu fühlen.

Die emotionale Domäne

Der Hauptdarsteller – die Gefühle, die in unserem Alltag eine so große Rolle spielen. Kinder fangen bei null an, wenn es darum geht, intensive (positive oder negative) Gefühle zu verstehen und mit ihnen umzugehen, zu lernen, was sie tun können, wenn sie von Gefühlen überwältigt werden, und die Sprache zum wirkungsvollen Ausdrücken von Gefühlen zu entwickeln. Und nicht nur das: Die neuralen Verbindungen sind so stark, dass Gefühle die Intensität körperlicher Empfindungen (zum Beispiel Schmerzen) beeinflussen und ein Kind empfänglicher oder weniger empfänglich für biologische Stressfaktoren machen können. Das Temperament eines Kindes beeinflusst, ob es wegen eines Regentags enttäuscht ist oder sich über die Pfützen freut.

Zu den Stressfaktoren in dieser Domäne gehören intensive Gefühle, neue oder verwirrende Gefühle oder emotionale Verstrickungen. Intensive negative Gefühle stellen eine große Herausforderung für die Selbstregulierung dar und kosten Kinder und Eltern gleichermaßen viel Energie. Positive Gefühle verleihen normalerweise Energie, können ein Kind aber manchmal auch überfordern. Es ist Aufgabe der Eltern, einem Kind erkennen zu helfen zu erkennen, wann seine Gefühle (oder die einer anderen Person) zu stark werden, und ihm zu zeigen, welche Schritte es unternehmen kann, um sich weniger »im Griff« seiner Emotionen und ruhiger und gefasster zu fühlen.

Die kognitive Domäne

Diese Domäne bezieht sich auf das Denken und Lernen und umfasst geistige Prozesse wie Gedächtnis, Aufmerksamkeit, Informationsverarbeitung, rationales Denken und Problemlösen sowie Selbstwahrnehmung. Zielgerichtetes Denken erfordert volle Aufmerksamkeit. Optimale Selbstregulierung in dieser Domäne bedeutet, dass Ihr Kind Ablenkungen ignorieren, seine Aufmerksamkeit aufrechterhalten und bei Bedarf verlagern, seine Gedanken strukturieren, mehrere Informationen gleichzeitig im

Sinn behalten und Schritte in Richtung eines bestimmten Ziels planen und durchführen kann.

Zu den kognitiven Stressfaktoren gehören hier eine eingeschränkte Wahrnehmung interner und/oder externer Reize, sensorische (zum Beispiel optische, akustische oder taktile) Informationen, die das Kind nur schwer aufnimmt, sensorische Erfahrungen, die ein Kind nicht versteht, weil es kein Muster erkennt, mehr Informationen oder Schritte, als das Kind verarbeiten kann, zu schnell oder zu langsam präsentierte Informationen, zu abstrakte Sachverhalte oder Informationen, die ein Grundwissen voraussetzen, über das das Kind noch nicht verfügt, sowie eine Überforderung in Bezug auf die Konzentrationsdauer.

Zu den Zeichen übermäßigen Stresses in der kognitiven Domäne zählen Aufmerksamkeitsprobleme, Lernschwierigkeiten, eine schlechte Selbstwahrnehmung, Probleme beim Übergang zwischen verschiedenen Aufgaben oder beim Umgang mit Frustrationen sowie fehlende Motivation. Kinder, die Schwierigkeiten in der kognitiven Domäne haben, sind meistens auch in der biologischen und emotionalen Domäne gestresst, sodass Abhilfe in diesen Bereichen auch mehr Energie für kognitive Aufgaben freisetzt.

Die soziale Domäne

Sie umfasst die Fähigkeit, im Kontakt mit anderen Menschen unser Verhalten und Denken anzupassen, und schließt soziale Intelligenz und Beziehungskompetenzen mit ein sowie die Fähigkeit, gesellschaftlich akzeptiertes Verhalten zu entwickeln und zu zeigen. Ein in dieser Domäne optimal selbstreguliertes

Kind kann soziale Signale, einschließlich nonverbaler Signale wie Mimik oder Tonfall, erkennen und verstehen und angemessen darauf reagieren. Es kann warten, bis es im Gespräch an der Reihe ist, Kommunikationsstörungen »reparieren« und verstehen, wie das Verhalten anderer Menschen von Gefühlen beeinflusst wird.

Zu den Stressfaktoren in der sozialen Domäne zählen verwirrende oder überfordernde soziale Situationen, zwischenmenschliche Konflikte, aggressive Handlungen, deren Opfer oder Zeuge man ist, sowie fehlendes Verständnis bezüglich der Wirkung der eigenen Handlungen und Äußerungen auf andere Menschen. Viele Eltern überrascht es zu erfahren, dass ihre eigenen Erwartungen, Meinungen oder Sorgen in Bezug auf das Sozialverhalten und die Freundschaften ihres Kindes dessen Stress erhöhen können.

Zu den Anzeichen für Stress in der sozialen Domäne gehören Probleme im Hinblick auf das Eingehen und Aufrechterhalten von Freundschaften, Schwierigkeiten bei Gruppenaktivitäten oder Unterhaltungen, Probleme beim Interpretieren sozialer Signale (sei es von Kindern oder Erwachsenen), Ausgeschlossenwerden oder Rückzug aus sozialer Interaktion, soziale Aggression oder Einschüchterung und Drangsalieren oder Drangsaliertwerden.

Die prosoziale Domäne

Eigenschaften wie Mitgefühl, Selbstlosigkeit, innere Maßstäbe und Werte, kollektives Interagieren und Verhalten, soziale Verantwortung und die Fähigkeit, die eigenen Wünsche den Bedürfnissen anderer Menschen oder einem höheren Zweck unterzuordnen, zählt zur prosozialen Domäne. Ein in diesem Bereich optimal selbstreguliertes Kind besitzt die Fähigkeit, nahtlos von einer ich-zentrierten zu einer wir-zentrierten Haltung zu wechseln. Es kann eine Verbindung zu anderen Menschen herstellen, ihre Signale interpretieren, ihre Bedürfnisse erkennen und bei Bedarf die Erfüllung persönlicher Wünsche aufschieben, um die Bedürfnisse anderer zu berücksichtigen. Die Wahrnehmung einer Gruppendynamik und die Fähigkeit, in einer kollektiven Umgebung wie einer Schulklasse oder einem Verein Kompromisse einzugehen und mit den anderen zu kooperieren, einen Beitrag für die Gemeinschaft zu leisten und von der Gruppe zu lernen und zu profitieren, ist ebenfalls ein Zeichen des Erfolgs in der prosozialen Domäne. Diese Domäne beinhaltet auch Aspekte der spirituellen, ästhetischen, humanitären und intellektuellen Entwicklung.

Zu den Stressfaktoren in diesem Bereich zählen der Umgang mit den starken Gefühlen anderer Menschen, die Notwendigkeit, den Bedürfnissen anderer den Vorrang zu geben, Kollisionen zwischen persönlichen Werten und Gruppenwerten, moralische Konflikte und Schuldgefühle. In der prosozialen Domäne wachsen die Stressfaktoren, mit denen ein Kind umgehen muss, exponentiell. Es geht nicht nur um die Faktoren, die sein eigenes Nervensystem angreifen, sondern auch um die Stressfaktoren seiner Mitmenschen und um die, mit denen seine gesamte Gruppe zu kämpfen hat. Das Kind muss also nicht nur sich selbst, sondern auch der Gruppe helfen, ruhig, konzentriert und interaktiv zu bleiben.

Anzeichen für Stress in der prosozialen Domäne überschneiden sich oft mit denen der sozialen Domäne, beginnend mit fehlendem Mitgefühl, was sich in gruppenbezogenen Situationen zeigt, in denen sich ein Kind ängstlich, ausgeschlossen oder isoliert, von dominanten Persönlichkeiten in der Gruppe erdrückt oder von Ideen mitgerissen fühlt, die seinen eigenen moralischen Maßstäben oder Verhaltensnormen zuwiderlaufen.

Die unendliche Vielfalt der Stressfaktoren und häufig auftretende Verhaltensprobleme

Jede der fünf Domänen steht für einen abgegrenzten Bereich potenzieller Stressfaktoren. Die Betonung liegt hier auf *potenziell.* Zum Stressfaktor wird etwas erst durch die Art und Weise, wie es auf uns wirkt und wie wir darauf reagieren, wobei es sich um feste Verhaltensmuster oder – in Abhängigkeit von anderen Faktoren – veränderliche Reaktionen handeln kann. Domänenübergreifende, häufige Anzeichen eines niedrigen Energiepegels und verstärkter Anspannung sind schlechte Laune, mangelnde Aufmerksamkeit, Rückzug, überdrehtes, unruhiges oder aggressives Verhalten oder Launenhaftigkeit. Manchmal deutet das Verhalten eines Kindes unverkennbar auf eine Domäne als besondere Stressquelle hin, und sobald man bei der Suche nach Ursachen das erste Puzzleteil gefunden hat, nimmt der Rest des Bildes Gestalt an. Dieses erste Teil wird jedoch – wie bei Damiens Familie – oft nicht erkannt, obwohl es ins Auge sticht.

Damien und das Erntedankfiasko

Das Erntedankessen war für Damiens Eltern der Tropfen, der das Fass zum Überlaufen brachte. Die Großmutter war zu Besuch gekommen und alle hatten sich gerade hingesetzt, als der 15-jährige Damien plötzlich in sein Zimmer floh. Das geschah oft: Er kam von der Schule nach Hause, ging direkt in sein Zimmer und weigerte sich, mit der Familie zu Abend zu essen. Seine Eltern hatten sich damit abgefunden, ihm sein Essen in sein Zimmer zu bringen, wo er es vor dem Computer aß. Sie hatten es schon lange aufgegeben, ihm wegen seines Benehmens, ihres Wunsches nach gemeinsamen Familienmahlzeiten oder irgendeines anderen Themas Vorträge zu halten.

Damien und seine Eltern vereinbarten einen Termin an unserem Institut, um zu sehen, ob unser Team ihnen helfen könne. Unsere Psychiaterin, Eunice Lee, begrüßte die Familie und fragte unter anderem nach ihren Unternehmungen am Vorabend. Sie erfuhr, dass die Familie in einem Restaurant gegessen hatte. Damien erzählte, dass er einen Hamburger gegessen habe, aber eigentlich lieber ein Steak gehabt hätte. Auf die Frage, warum er nicht das Steak bestellt habe, entspann sich folgender Dialog:

»Sie wissen schon, deswegen.« Damien machte die Bewegung des Schneidens mit Messer und Gabel.

»Du meinst, du hast kein Steak bestellt, weil du es nicht schneiden wolltest?«

»Ja.«

»Warum wäre es ein so großes Problem gewesen, das Steak zu schneiden?«

»Na ja, wegen des Geräuschs, das es auf dem Teller macht.«

In Eunices Gehirn schien eine Signallampe aufzuleuchten.

»Ist das auch der Grund dafür, dass du vor dem Erntedankessen geflüchtet bist?«

»Na klar.«

»Bleibst du deswegen nie am Tisch sitzen?«

»Das ist nicht immer so. Ich bleibe, wenn Mama Sandwiches oder Fingerfood macht.«

Damien litt unter »Misophonie«, einer Störung, bei der ganz normale Geräusche als extrem unangenehm empfunden werden. Oft ist es das Geräusch von Besteck auf dem Teller, aber es kann sich auch um gedämpfte Geräusche – Kaugeräusche, Seufzen, Trinkgeräusche – handeln. Die Neurobiologie dieser Störung ist noch nicht genau bekannt, aber offensichtlich kann eine Kombination aus akustischer Hypersensibilität, körperlicher und emotionaler Erregung, sozialem Stress und früheren Erfahrungen normale Geräusche zu extremen Stressfaktoren machen. Die Reaktionen reichen von Erregung und starker Anspannung bis hin zum voll ausgeprägten Kampf-oder-Flucht-Modus. Aber warum hatte Damien seinen Eltern nicht einfach gesagt, dass ihn das Geräusch des Bestecks auf dem Teller so beunruhigte? Als wir ihn fragten, antwortete er: »Aber das hab ich doch, immer wieder.« In Gedanken hatte er es ihnen gesagt, obwohl er es niemals ausgesprochen hatte. Kinder teilen es uns oft durch ihre Körpersprache und ihr Verhalten mit, wenn sie durch etwas übermäßig gestresst sind. Und wenn wir auf diese Mitteilung nicht reagieren, nehmen sie die Sache, so gut es geht, selbst in die Hand.

Zum Stressfaktor kann wirklich alles werden. Für Kinder ist es besonders problematisch, wenn sie selbst etwas als stressig empfinden, der Erwachsene, mit dem sie interagieren, aber nicht. Allzu oft reagieren Trainer oder Lehrer auf das Stressverhalten eines Kindes, als ob es sich um schlechtes Benehmen handle, als ob das Kind nur »Theater mache«.

Die große Bandbreite der Verhaltensweisen von Kindern unter Stress veranlasst Erwachsene oft zu der Annahme, dass sie absichtlich Ärger machen. Unter Misophonie leidende Erwachsene werden oft als neurotisch abgestempelt, weil das Geräusch, das ihnen zu schaffen macht, keinerlei Wirkung auf ihre Mitmenschen hat. Kinder mit dieser Störung hingegen werden als »schwierig« eingestuft. Eine meiner größten Sorgen ist die Zahl der Kinder, die aufgrund von Verhaltensweisen, die eigentlich Verteidigungsmechanismen darstellen, als »autoritätsfeindlich« oder »unkooperativ« eingestuft werden. Ein Kind ist starrsinnig, ein anderes weinerlich. Eines läuft weg, ein anderes schlägt um sich. Oder ein und dasselbe Kind durchläuft alle diese Stadien. In solchen Fällen gibt es meistens einen Stressfaktor oder oft sogar mehrere, durch die dieses Verhalten ausgelöst wurde.

Der Nachtrag zu Damiens Geschichte ist ebenfalls erhellend. Kurz nach dieser Sitzung besuchten meine Frau und ich mit unseren Kindern dasselbe zu einer Kette gehörende Restaurant wie Damiens Familie. Meine Kinder sind auf dem Land aufgewachsen und fanden beide den Lärm in diesem Restaurant fast unerträglich. Sie wären am liebsten geflohen. Wir alle wollten fliehen. Ich musste an Damien denken: Wie hatte er es ausgehalten, während der ganzen Mahlzeit am Tisch sitzen zu bleiben? Im Übrigen schien er dieses Problem beim Frühstück nicht zu haben und auch sonst nicht bei allen Mahlzeiten. Wie ließ es sich erklären, dass seine Geräuschempfindlichkeit in manchen Situationen unerträglich und in anderen auszuhalten war?

Die Fähigkeit eines Kindes, mit Problemen umzugehen, ist von zahlreichen Faktoren aus allen fünf Domänen abhängig. Vielleicht war Damien am Abend vor unserer Sitzung nicht aus dem Restaurant geflohen, weil der Ausflug in die Stadt ein Abenteuer und das Restaurant für ihn interessant war, was seine Stimmung aufgehellt hatte. Wahrscheinlich spielte auch sein körperlicher Zustand eine Rolle. Er war an diesem Tag vom Unterricht freigestellt worden, um zu uns nach Toronto zu fahren. Vielleicht brachte diese Reise eine willkommene Befreiung von der geräuschvollen Schulumgebung, die ihn sehr viel Energie kostete.

Die Lösung für Damiens Problem bestand nicht darin, alle Mahlzeiten auf Fingerfood umzustellen, sondern die zahlreichen Stressfaktoren aus den fünf Domänen zu beseitigen und sich das Zusammenwirken dieser Faktoren anzuschauen. Bei der Selbstregulierung beschäftigen wir uns mit dem gesamten System und nicht nur mit dem auffälligsten Stressfaktor, der heraussticht.

Ausgeglichen oder gestresst: Das Zusammenwirken der fünf Domänen

Als Jonathan, das Vorschulkind, aus dem Schulkonzert floh, ertönte sein Kampf-oder-Flucht-Alarm in allen Domänen: Er schubste seine Klassenkameraden, war streitlustig gegenüber seiner Lehrerin, schmerzempfindlicher, als er sich am Tisch stieß, und schließlich völlig am Ende, als er weinend zur Schulleiterin gebracht wurde. Für Damien war das Besteckgeräusch der Fluchtauslöser. Plötzlich begannen bei ihnen Stressfaktoren aus allen Domänen aufeinanderzuprallen und sich gegenseitig zu verstärken.

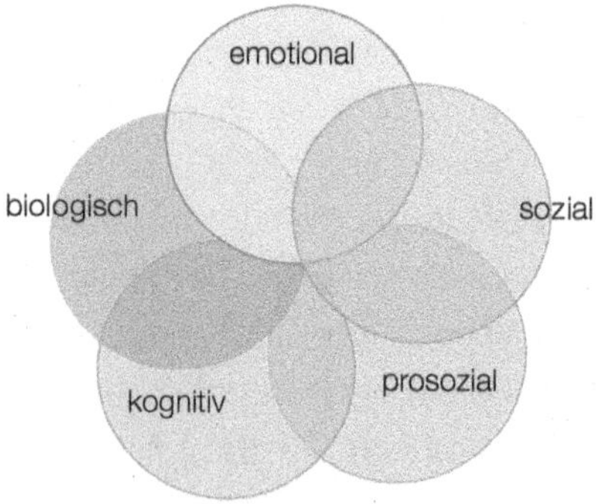

Verstärkungseffekt: Der Fünf-Domänen-Stresszyklus

Eines der nützlichsten Werkzeuge, die wir für unsere Arbeit mit Familien entwickelt haben, ist das nachfolgend skizzierte Konzept des Stresszyklus. Wenn ein Kind in einer dieser Domänen übermäßig gestresst ist, kann – je nach Energiepegel und Anspannung – eine weitere Stresserhöhung einen eskalierenden Zyklus der Übererregung auslösen, der ohne das Einwirken eines externen »Bremssystems« rasch außer Kontrolle geraten kann.

Jeder Stressfaktor in jeder Domäne kann einen Stresszyklus auslösen, aber am empfänglichsten dafür ist ein Kind, das sich in einem Zustand hoher Anspannung oder geringer Energie befindet. Sobald ein Stresszyklus ausgelöst wurde, sinkt die Schwelle für eine Stressreaktion in einer der anderen Domänen, das heißt, das Kind reagiert noch stärker, und die Zahl der Faktoren, die die Erregungsreaktion des Kindes auslösen, wächst exponentiell. Der wichtigste Punkt bei der Selbstregulierung lautet daher:

> Je erschöpfter die Energiereserven/je stärker die Anspannung eines Kindes, desto mehr Schwierigkeiten hat es in den einzelnen Domänen oder – in manchen Fällen – in allen Domänen. Und je mehr Schwierigkeiten es in einer dieser Domänen hat, desto stärker erschöpft es seine Gesamtenergiereserven.

Wenn das geschieht, kann es für Eltern sehr schwierig sein, ruhig und gefasst zu bleiben und die ihnen zugewiesene Rolle der regulierenden »Bremse« zu übernehmen.

Stresszyklus durch die Interaktion der Gehirnbrücke

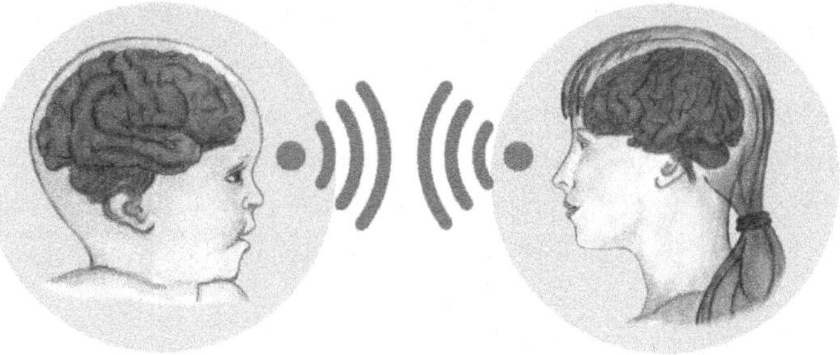

Die Kommunikation zwischen Elternteil und Kind kann bei beiden die Übererregung steigern.

Im Eifer des Gefechts können das Verhalten und die Äußerungen des Kindes auch bei den Eltern eine Übererregung auslösen. An diesem Punkt verstärken sich nicht nur die Stressfaktoren innerhalb der fünf Domänen des Kindes gegenseitig, sondern auch die Stressfaktoren der Eltern und die über die Gehirnbrücke kommunizierte Übererregung. Das ist einer der Gründe dafür, dass unsere Versuche, einem gestressten Kind zu helfen, oft im Streit enden.

Der wechselseitige Stresszyklus

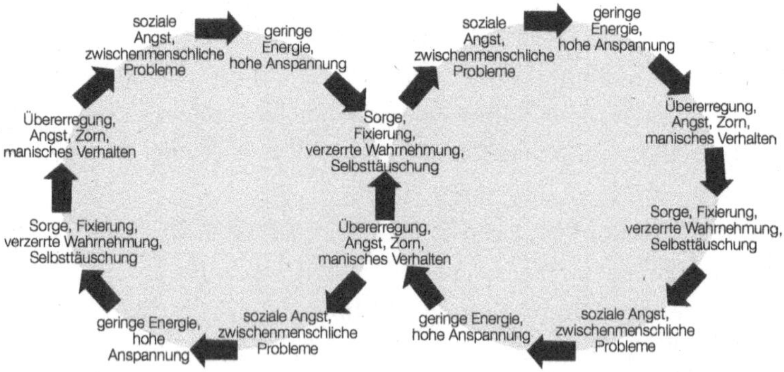

Wenn Elternteil und Kind in einem Zyklus eskalierenden Stresses gefangen sind, gerät die Gehirnbrücke selbst außer Kontrolle. Statt einen regulierenden Einfluss auszuüben und die Erregung zu dämpfen, verstärkt sie sie, bis die Kommunikation aus purer Erschöpfung in einem Sturm aus Gebrüll, Tränen, Drohungen oder Schuldzuweisungen zusammenbricht. Bei einem großen Teil unserer klinischen Arbeit geht es darum, Strategien zum Durchbrechen eines Stresszyklus zu entwickeln. Oft gibt es dafür mehrere Ansatzpunkte, aber der erste Schritt ist immer derselbe: Wir müssen unser Kind und uns selbst zu einem Energie-Anspannungs-Gleichgewicht zurückführen.

Die Frage ist, wie wir das erreichen.

Eine Reise nach Pilbara: Unter dem Boab-Baum

Die eindrucksvollste Lektion über das Durchbrechen eines Stresszyklus habe ich auf einer Reise nach Australien gelernt. Ich hielt mich mit Michelle Scott, Commissioner for Children, in der Pilbara in Westaustralien auf, um zu erfahren, wie sie mit verschiedenen Kinderschutzorganisationen zusammenarbeitete. Die Pilbara ist eine riesige Landmasse, die sich von ausgedehnten Stränden am Indischen Ozean bis hin zu atemberaubenden Felsformationen und Schluchten im Landesinnern erstreckt. Hier sollen sich vor 40 000 bis 50 000 Jahren die ersten Aborigines angesiedelt haben, und die außergewöhnliche natürliche Umgebung ist nach wie vor äußerst eindrucksvoll.

Bei einem großen Essen an meinem ersten Abend vereinbarte ich ein Treffen mit Stan, einem Heiler der Aborigines, der mit Jugendlichen in Krisensituationen arbeitete. Wir trafen uns am nächsten Tag an der örtlichen Schule in Roeburne, einer Kleinstadt mit weniger als 1000 Einwohnern – einer Gemeinde, in der Aborigine-Kinder unter erheblichen Problemen zu leiden haben.

Stan war ein Bär von einem Mann, etwa 60 Jahre alt, mit einer ruhigen, mitfühlenden Ausstrahlung. Er sprach eine Weile über die Kinder, mit denen er arbeitete. Die meisten von ihnen hatten versucht, sich selbst oder andere zu verletzen, oder litten unter irgendeiner Art von Sucht (meistens Alkohol oder Benzinschnüffeln). Stan fragte mich, ob ich seine Klinik sehen wolle, und dann spazierten wir 20 Minuten am Harding River entlang, durch ein Gebiet, in dem es von Vögeln und Wildtieren nur so wimmelte.

Die »Klinik« war überhaupt kein Gebäude, sondern eine kleine Lichtung unter einem alten Boab-Baum. Der Baum war nicht besonders hoch, vielleicht sieben Meter, hatte aber einen enormen Umfang: Man hätte mindestens zehn Erwachsene gebraucht, um – an den Händen gefasst – einen Kreis um ihn herum zu bilden. Dieser Ort wirkte nicht nur abgeschieden, sondern regelrecht unberührt: als ob wir die ersten Menschen seien, die ihren Fuß dorthin setzten. Es war nicht still, ganz im Gegenteil. Man hörte die Rufe der Kookaburras, Reiher und anderen Vögel. Trotzdem war es eine der friedlichsten Szenen, die ich je erlebt habe.

Stan und ich setzten uns nebeneinander unter den Baum, der in voller Blüte stand, blieben dort schweigend sitzen und genossen die Ruhe – ich weiß nicht, wie lange. Nach einer Weile dachte ich über neue Strategien nach, die wir noch nie bei unserer Arbeit erprobt hatten, und ich fühlte mich plötzlich erfrischt, wach und begierig darauf, diese neuen Ideen weiterzuentwickeln – was am Ende eines sehr langen Tages nicht gerade typisch war. Als ich es Stan gegenüber erwähnte, antwortete er, dass er genau das mit Jugendlichen tue, die apathisch oder übererregt seien. Er warte einfach nur geduldig unter diesem Baum, bis sie zu sprechen bereit seien. Irgendwann öffneten sie sich alle, wenn es bei manchen auch einen ganzen Tag dauere. Dann spreche er mit ihnen ruhig über die Dinge, die sie belasteten, und helfe ihnen, die Möglichkeiten abzuwägen, ihr Leben wieder in den Griff zu bekommen. Dieser Baum war wahrscheinlich über 1500 Jahre alt, und ich fragte mich, wie viele Jugendliche wohl schon dorthin gekommen sein und in der Gesellschaft dieses oder eines anderen Weisen wieder zur Gelassenheit gefunden haben mochten.

Was für eine Klinik. Was für eine Lehrstunde. Wenn ein Kind gestresst ist, verspüren wir Erwachsenen ein fast reflexhaftes Bedürfnis, den Stress wegzuargumentieren. Das Problem ist, dass die Systeme im Gehirn, die das Kind bräuchte, um gut gemeinte Argumente zu verarbeiten, im Zustand der Übererregung deaktiviert sind. Es versteht buchstäblich nicht, was wir zu ihm sagen. Der erste Schritt muss immer darin bestehen, diese Systeme wieder zu aktivieren. Jedes Kind braucht diese Erfahrung, mit uns unter einem Boab-Baum zu sitzen. Das ist die erste und wichtigste Funktion der Gehirnbrücke: dieses Gefühl emotionaler Sicherheit zu vermitteln, das Kinder brauchen, um ihre Energiespeicher wieder aufzufüllen. Jonathan musste sich in der Schule ruhig fühlen, und auch Damien ist geflüchtet, um einen Ort zu finden, an dem es ruhig war und er sich sicher fühlte. So durchbricht man den Stresszyklus. Und erst dann kann die Selbstregulierung bei einem selbst und beim Kind beginnen.

Teil 2

Die fünf Domänen

ESSEN, SPIELEN, SCHLAFEN: Die biologische Domäne

Wenn Sie in die biologische Domäne eintauchen, ändert sich Ihr Blick auf das Verhalten Ihres Kindes für immer – und auch auf Ihr eigenes Verhalten! Denn dadurch findet eine Verschiebung von der »hierarchischen« Sicht der Verhaltenssteuerung, bei der die Eltern die Kontrolle haben und das Kind sich unterordnen muss, hin zur »gleichberechtigten« Sicht der Selbstregulierung statt. Der Sinn der Selbstregulierung besteht darin, nicht automatisch zu versuchen, »schwierige« Verhaltensweisen unter Kontrolle zu bekommen oder zu unterdrücken, sondern innezuhalten und zu überlegen, ob sie Zeichen einer Unter- oder Übererregung darstellen, und falls ja, die Stressfaktoren zu identifizieren und zu reduzieren, die diesen Zustand ausgelöst haben. Das heißt, die Kommunikation zwischen Eltern und Kind muss in beide Richtungen erfolgen, wie auch die Erregung zwischen Eltern und Kind geteilt wird. Marie und Rosie sind ein gutes Beispiel dafür.

Marie und Rosie

Marie kämpfte mit den Tränen, als sie mir von ihren Problemen mit ihrer zehnjährigen Tochter berichtete. Es war so schwer, Rosie dazu zu bewegen, auf vernünftige Argumente zu hören. Was immer sie auch zu Rosie sagte – es endete damit, dass die beiden sich anschrien und

Rosie aus dem Zimmer stürmte und stundenlang schmollte. Manchmal ging es um scheinbare Kleinigkeiten, manchmal um wichtigere Dinge, aber was es auch war – die wütenden Auseinandersetzungen machten alles nur noch schlimmer. Marie hatte sogar schon einmal versucht, Rosie in einem Brief zu erklären, warum die Tiraden sie so beunruhigten, hatte den Brief dann aber später zerrissen auf dem Küchentisch gefunden.

Die Probleme, an denen sich die Streitereien entzündeten, glichen einer Bestandsliste der typischen Eltern-Kind-Probleme. »Sie kommt nicht zum Essen«, sagte Marie. »Und wenn sie dann endlich kommt, isst sie nichts. Sie trägt die Kleider, die ich ihr rauslege, nicht. Aber die schlimmsten Auseinandersetzungen gibt es immer vor dem Zubettgehen, und dabei geht es meistens um gar nichts.« Nur wenige Tage zuvor hatte Rosie Marie angeschrien, weil sie in ihrem Zimmer saubergemacht und aufgeräumt habe. Marie war an dem betreffenden Tag nicht einmal in Rosies Zimmer gewesen.

Ich fragte Marie, wie sie darauf reagiert habe. »Ich sagte ihr, dass ich mir das nicht bieten lasse. Dass sie eine Woche lang auf ihr iPad verzichten müsse, wenn sie nicht aufhöre, mich anzubrüllen. Dann wurde ein Monat daraus! Und als sie immer noch nicht aufhörte, drohte ich ihr damit, dass ich ihr iPad in den Laden zurückbringen würde.« Auf die Frage, ob sie ihrer Tochter am nächsten Tag wirklich das iPad weggenommen habe, antwortete Marie verlegen: »Na ja, da war sie wieder so viel umgänglicher, dass ich es auf sich beruhen ließ.«

Bestand das Problem darin, dass Marie nicht konsequent war? Und dass Rosie es immer auf die Spitze trieb, weil sie wusste, dass Marie nicht konsequent sein würde? Die leeren Drohungen änderten nichts an Rosies Verhalten. Kein Schmeicheln oder Bitten, keine Art von Strafe oder Belohnung schien zu funktionieren, und die Beziehung der beiden litt darunter.

Die erste Frage, die wir uns im Kontext der Selbstregulierung stellen, lautet: Geht es hier wirklich um Disziplin? Haben wir es mit schlechtem Benehmen oder Stressverhalten zu tun? Diese Unterscheidung ist absolut wichtig.

Schlechtes Benehmen oder Stressverhalten?

Schlechtes Benehmen ist mit der Vorstellung von *Absicht* und *bewusster Entscheidung* verbunden.[70] Das Kind hat sich absichtlich für diese Art von Verhalten entschieden. Es hätte sich auch anders verhalten *können* und war sich sogar der Tatsache bewusst, dass es sich anders hätte verhalten *sollen.* Aber Stressverhalten ist physiologisch bedingt. Bei dieser Art von Verhalten entscheidet sich das Kind nicht bewusst dafür und ist sich dessen nicht auf dieselbe rationale Weise bewusst. Es schlägt (verbal oder physisch) um sich oder flieht (emotional oder physisch), weil sein Nervensystem aufgrund des Gefühls einer Bedrohung in den Kampf-oder-Flucht-Modus umschaltet.

Es gibt ein paar einfache Möglichkeiten herauszufinden, wann wir es wirklich mit schlechtem Benehmen zu tun haben. Wenn wir ein Kind fragen, warum es dieses oder jenes getan hat, und es antwortet darauf (wie immer seine Argumentation auch lauten mag), dann ist die Wahrscheinlichkeit hoch, dass es wusste, was es tat. Oder wir können es auffordern, uns ehrlich zu sagen, ob es wusste, dass das, was es getan hat, falsch war. Auch Stressverhalten zeigt sich sehr deutlich. Wenn wir im Gesicht des Kindes Verwirrung, Angst, Zorn oder Verzweiflung sehen, wenn es den Blick abwendet und es uns nicht in die Augen sehen kann, dann handelt es sich oft um Zeichen der Übererregung und eines Stressverhaltens.

Die Unterscheidung zwischen schlechtem Benehmen und Stressverhalten ist deshalb so wichtig, weil man die Sache nur noch verschlimmert und die Stressbelastung des Kindes noch erhöht, wenn man die Zuckerbrot-und-Peitsche-Techniken der Verhaltenssteuerung auf Stressverhalten anwendet. Und man verpasst eine wichtige Chance, dem Kind dabei zu helfen, die Selbstwahrnehmung zu entwickeln, die so wichtig für die Selbstregulierung ist.

Der Sweatshirt-Zwischenfall: Beruhigung oder Kontrolle

Bei dem Verhalten, das Marie bei Rosie beschrieb, handelte es sich offenkundig um Stressverhalten. Dass Rosie für vernünftige Argumente taub war und ausgesprochen irrational wurde und dass sie sich hinterher kaum an das erinnern konnte, was sie bei diesen hitzigen Auseinandersetzungen gesagt oder getan hatte, deutete auf den Kampf-oder-Flucht-Modus hin. Statt nach einer Möglichkeit zu suchen, bei diesen Episoden Rosies Gehorsam zu erzwingen, musste Marie daher erst einmal den Erregungszustand ihrer Tochter dämpfen und dann versuchen, die Ursachen ihrer Ausbrüche zu finden.

Ich schlug Marie vor, wenn Rosie das nächste Mal anfing, in den kritischen Bereich zu geraten, ihr keine Strafen anzudrohen und vor allem nicht rational mit Rosie zu argumentieren. »Versuchen Sie nicht, irgendetwas zu erklären«, sagte ich zu ihr und griff in die Werkzeugkiste der Selbstregulierung: »Holen Sie ein paar Mal tief Luft und entspannen Sie Kopf und Schultern. Machen Sie das Licht aus und setzen oder legen Sie sich neben Rosie und streicheln Sie sanft ihr Haar, ihre Hand, ihren Unterarm oder ihren Rücken. Wenn Sie etwas sagen wollen, sagen Sie ihr einfach nur, dass Sie sie lieb haben. Wenn sie sich am nächsten Tag beruhigt hat, können Sie das ansprechen, was Sie ihr am Vorabend sagen wollten.«

Ein paar Tage später bekam Marie die Chance, es auszuprobieren. Rosie hatte darum gebeten, ein neues rotes Sweatshirt zu bekommen, wie es die anderen Mädchen aus ihrer Klasse auch hatten, aber als Marie in den Laden kam, gab es Rosies Größe nicht, also kaufte sie ein hübsches graues Sweatshirt. Sie gab es Rosie, als sie von der Schule nach Hause kam, aber das Mädchen sagte kein Wort dazu. Als sich Rosie einige Stunden später bettfertig machte, fing sie plötzlich an, Marie anzubrüllen: »Wie konntest du mir ein graues Sweatshirt kaufen! Es ist total hässlich! Ich werde es nie im Leben anziehen! Nie machst du das, worum ich dich bitte! Ich hasse dich!«

Marie verlor beinahe wieder die Fassung. Aber dieses Mal nahm sie ein paar langsame, tiefe Atemzüge. Und statt Rosie zu erklären, weshalb sie das graue Sweatshirt gekauft hatte, oder überhaupt mit Rosie zu streiten, antwortete sie sanft, dass sie das am nächsten Tag besprechen würden. Nachdem sie die beginnende Eskalation gestoppt hatte, ging Marie aus dem Zimmer und beruhigte sich, bevor sie wieder hineinging, um Rosie gute Nacht zu sagen. In ruhigerem Zustand legte sie sich neben ihre Tochter und rieb ihr sanft den Rücken, wie Rosie es gernhatte. Das Mädchen beruhigte sich innerhalb von Minuten. Kurz bevor sie einschlief, umarmte sie Marie und murmelte: »Ich hab dich lieb, Mami.« Am nächsten Morgen, als Marie ihrer Tochter anbieten wollte, es nach der Schule in einem anderen Geschäft zu versuchen, kam Rosie nach unten und trug das neue graue Sweatshirt.

Die Wirkung der limbischen Resonanz abschwächen

Hätten wir Marie und Rosie während einer ihrer Auseinandersetzungen zur Schlafenszeit an ein Gehirnscangerät anschließen können, hätten wir bei ihnen Aktivität in einem winzigen Teil des Gehirns zwischen dem präfrontalen Cortex (PFC) und dem limbischen System gesehen – dem sogenannten anterioren cingulären Cortex (ACC). Diese Gehirnstruktur ist auf einer Seite mit dem präfrontalen Cortex und auf der anderen mit dem limbischen System verbunden. Wenn wir das Gehirn übererregter Kinder darstellen, leuchtet die limbische Seite wie ein Weihnachtsbaum, während die PFC-Seite unauffällig ist. Daraus können wir schließen, dass das limbische System dominiert, während sich der rationale präfrontale Cortex sehr schwer damit tut, das Verhalten des Kindes in irgendeiner Weise zu beeinflussen.

Das hätten wir auch bei Rosie gesehen. Und ebenso bei Marie. Es ist auf ein Phänomen zurückzuführen, das als »limbische Resonanz« bezeichnet wird.[71] Unser limbisches System ist darauf programmiert, auf dieselbe Weise zu reagieren, wenn es mit dem (positiv oder negativ) erregten limbischen System einer anderen Person konfrontiert wird. Darum ist Lachen ansteckend, und darum wollen wir zurückschreien, wenn uns jemand anschreit – der Grund für sich aufschaukelnde Aggressionen im Straßenverkehr oder eskalierende SMS-Kommunikation.

Das limbische System macht keine subtilen Unterscheidungen bezüglich der Quelle der wahrgenommenen Bedrohung (beispielsweise die geliebte Tochter). Aus seiner Sicht ist eine Bedrohung eine Bedrohung. Bei Marie löste diese limbische Reaktion eine Flut negativer Emotionen aus. Sie fühlte sich nicht einfach nur wütend, sondern zurückgewiesen, nicht wertgeschätzt und ungeliebt.

Früher hatte Marie auf Rosies Äußerungen impulsiv reagiert. Aber nun verstand sie, dass sich Rosies präfrontaler Cortex und damit ihre Fähigkeit zu klarem Denken, rationalem Argumentieren und zur Kontrolle ihrer eigenen Worte und Handlungen in solchen Augenblicken im Standby-Modus befand.

Indem sie sich zuerst selbst beruhigte, konnte Marie die Wirkung der limbischen Resonanz beschränken, ihren eigenen präfrontalen Cortex wieder aktivieren und sich damit in die Lage versetzen, Rosie zu helfen. Und als Rosies limbisches System sich beruhigt hatte, konnte sie nicht nur einschlafen, sondern auch wieder ihre tiefe Zuneigung zu ihrer Mutter wahrnehmen und ausdrücken.

Wenn sich das limbische System beruhigt, ist auch wieder die Fähigkeit zu sozialer Interaktion vorhanden. Rosie war plötzlich nicht nur empfänglich für Maries beruhigende Präsenz, sondern brauchte sie sogar dringend. In diesem Zustand schaltete ihr limbisches System vom Gefangensein in primitiven, negativen Emotionen zur Reaktivierung positiver Erinnerungen an Situationen um, in denen Mama sie als Baby beschützt hatte. Ihr ganzer Körper entspannte sich und sie konnte ruhig einschlafen.

Marie hatte gespürt, dass sich bei Rosie etwas verändern musste, insbesondere weil sie in einigen Jahren in die Pubertät kommen würde. Sie wusste, dass ihr eigenes Verhalten kontraproduktiv gewesen war. Zu lernen, wie sie ihrer Tochter helfen konnte, sich zu beruhigen und einzuschlafen, war nicht *die* Antwort, aber es war der *Anfang der Antwort.*

Weil die biologische Domäne so wichtig für alle anderen Domänen ist und sich die scheinbar komplizierte innere Funktionsweise des Nervensystems unserem Verständnis als Eltern entzieht, soll Ihnen das Konzept der Selbstregulierung helfen, Schritt für Schritt denselben Erkundungsprozess zu durchlaufen wie Marie mit Rosie. Es gelingt uns nur selten, die Stressfaktoren unseres Kindes auf Anhieb herauszufinden. Meistens ist ein sogenanntes »Testen von Hypothesen« erforderlich – ein Vorgehen nach dem Trial-and-Error-Prinzip, das Sie bereits bei Ihrem Neugeborenen angewendet haben.

Schritt 1: Signale entschlüsseln, Verhalten umdeuten

Als Marie und ich uns nach der Sweatshirt-Episode unterhielten, gestand sie mir, dass sie es extrem schwierig gefunden habe, nicht zurückzubrüllen, als Rosie auf sie losgegangen sei.

Marie hatte ursprünglich gedacht, dass sie eine neue Technik brauche, um das Verhalten ihres Kindes in schwierigen Situationen unter Kontrolle zu bekommen, aber tatsächlich musste sie *die Signale entschlüsseln und das Verhalten umdeuten.*

Rosies Verhalten war ein reiner, ungefilterter Rechtshirnausdruck von Stress. Marie konnte Rosie so schnell beruhigen, weil sie ihrerseits mit Rechtshirnkommunikation reagierte. Durch das Ausschalten des Lichts, das Dämpfen der Stimme und sanfte Berührungen konnte Marie dem für Kommunikation offenen Teil von Rosies Gehirn eine Botschaft senden: einem Teil des Gehirns, der direkt mit den an der emotionalen Erregung beteiligten neuralen Systemen verbunden ist.

Aber Marie baute nicht nur die Kommunikationsleitungen von sich zu Rosie, sondern auch die von Rosie zu sich wieder auf. Genau deshalb ist Selbstregulierung ein »Miteinander« und geht in beide Richtungen. Nun konnte Maries Rechtshirn die Botschaften, die Rosies Rechtshirn sendete, in vollem Umfang empfangen: »Ich habe Angst. Es tut weh. Ich weiß nicht, wie ich damit aufhören soll.« Und Maries Antwort an ihre Tochter lautete: »Ich bin hier. Ich werde dich beschützen. Ich liebe dich.«

Die Veränderung, die Marie erlebte, als sie anfing, Selbstregulierung zu praktizieren, war nicht nur eine »kognitive Verschiebung«, das heißt eine Frage der Situationsanalyse und der Identifizierung des Verhaltens ihrer Tochter als Stressverhalten mit anschließender Anpassung ihrer eigenen Reaktion. Vielmehr ging es darum, die Rechtshirnbotschaften zu empfangen, die inmitten des interlimbischen Konflikts blockiert werden. Als junge Mutter *schließen* Sie nicht in erster Linie aus dem Verhalten Ihres Babys, dass es sich unwohl fühlt, sondern Sie *fühlen* es selbst. Und auf der langen Liste der Funktionen, die bei limbischer Übererregung ausgeschaltet werden, steht auch diese Form der Wahrnehmung. Vielleicht gehört sie sogar tatsächlich an den Anfang der Liste.

Aber eine »kognitive Verschiebung« gab es definitiv auch. Die Verhaltensweisen, die Marie bei ihrer zehnjährigen Tochter beobachtete, gingen auf Erregungsprobleme zurück, die bei Rosie schon im Säuglingsalter aufgetreten waren. Marie berichtete, dass Rosie ab einem Alter von drei Wochen jeden Abend gegen 18 Uhr sehr unruhig geworden und es zwei Stunden lang geblieben sei. Dieses Muster sei so regelmäßig aufgetreten, dass man die Uhr danach stellen konnte. Rosies abendliche Streitlust als Zehnjährige stellte eine verblüffende Parallele zu ihrer Unruhe als Baby dar.

Die Anzeichen für Rosies Probleme mit der Erregungsregulierung waren vom Säuglingsalter an zu beobachten gewesen, aber bei der Zehnjährigen wurde das Verhalten als »schwierig« oder als schlechtes Benehmen eingestuft. Wir wissen, dass ein Baby sich nicht willentlich dafür entscheidet, sich so zu verhalten, und sein Verhalten ist sicherlich nicht manipulativ. Aber wenn Kinder älter werden, neigen wir dazu, diese Verhaltensweisen nicht mehr zu tolerieren. Ein Baby kann (neben Müdigkeit) aus vielen Gründen »unleidlich« sein. Darum prüfen wir bei Babys, ob sie trocken, warm und satt sind und keine Angst haben. Bei einem Fall wie der kleinen Rosie muss man auch an sensorische Probleme denken. Bei meiner Arbeit mit einem breiten Spektrum von Kindern beobachte ich eine steigende Zahl von Kindern und Jugendlichen mit sensorischen Problemen, die leicht und oft übersehen werden. Diese Kinder sind nicht nur »empfindlich« gegenüber bestimmten Stimuli wie Licht, Geräuschen, Gerüchen und Berührungen, sondern werden von ihnen bis zur Erschöpfung gestresst.

Als Baby war Rosie sehr empfindlich gegenüber Geräuschen, Gerüchen und rauen Texturen gewesen. Mit zehn protestierte sie jedes Mal, wenn ihre Eltern mit ihr ins Restaurant gehen wollten, beklagte sich über den Lärm und die Gerüche, wenn sie es doch taten, und war extrem wählerisch im Hinblick auf ihre Kleidung, besonders was die Beschaffenheit von Stoffen anging.

Im Kontext der Selbstregulierung lernte Marie, diese auf körperliches Unbehagen und Sensibilitäten hindeutenden Signale zu lesen, Rosies stressbedingte Ausbrüche zu verstehen. Für Marie war bei der Umdeutung von Rosies Verhalten eine zentrale Erkenntnis, dass das Problem nicht »aus heiterem Himmel« aufgetreten war.

Mir sind Kinder begegnet, die überempfindlich auf das Gefühl eines T-Shirts auf ihrer Haut, den inneren Saum einer Socke, das Surren eines Deckenventilators oder das Ticken einer Uhr reagierten. Am anderen Ende des Spektrums gibt es Kinder, die völlig unempfindlich gegenüber sensorischen Reizen sind, und zwar nicht nur in Bezug auf ihre Umgebung, sondern auch auf ihre inneren Vorgänge. Kleine Kinder nehmen normalerweise innere Signale, die auf das Bedürfnis nach Schlaf, einem Pullover oder einer Mahlzeit hinweisen, noch nicht wahr. Aber wir haben auch schon viele ältere Kinder und Jugendliche erlebt, die immer noch nicht wissen, wann sie frieren, müde oder hungrig sind.

Maries Fall ist keineswegs ungewöhnlich. Das Lesen der biologischen Signale im Verhalten eines Kindes beginnt bei seiner Geburt, aber diese Signale werden leicht fehlinterpretiert, wenn das Verhalten eines Kindes als »schwierig« anstelle von übererregt eingestuft wird. Viele Eltern erkennen erst Jahre später – in der Rückschau – die frühen Anzeichen von Problemen bei der Selbstregulierung, die bereits beim Säugling oder Kleinkind aufgetreten sind. Der »Aha-Moment« kommt erst, wenn die Eltern eine neue Art kennen lernen, das Verhalten ihre Kindes zu verstehen: durch Umdeutung. Das Konzept der Selbstregulierung hat vielen Eltern älterer Kinder diese Chance eröffnet. Wenn Ihr Kind noch klein ist, gilt: Je früher Sie lernen, die Signale Ihres Kindes zu interpretieren, sein Verhalten umzudeuten und Ihre eigene Reaktion mithilfe von Selbstregulierung anzupassen, desto früher wird das Kind in den Prozess mit einbezogen und lernt, sich selbst zu regulieren – in vielen Fällen deutlich früher, als Sie es für möglich gehalten hätten.

Schritt 2: Stressfaktoren ermitteln, nach Mustern und Ursachen Ausschau halten

Nach der von Walter Bradford Cannon Anfang des 20. Jahrhunderts formulierten wissenschaftlichen Definition ist ein Stressfaktor alles, was die »Homöostase« stört – das innere Gleichgewicht, das ein Organismus braucht, um mit externen Herausforderungen umzugehen und seine internen Anforderungen in Bezug auf Wachstum, Reproduktion, Immunsystem und Gewebereparatur zu erfüllen.[72] In der biologischen Domäne stellen Hitze und Kälte Stressfaktoren dar. Lärm, helles Licht, Menschenansammlungen, starke Gerüche, neue oder überraschende optische Eindrücke und Geräusche, bestimmte Arten von Bewegung oder das Gehindertsein an bestimmten Bewegungen können ebenfalls Stressfaktoren sein. *In Bezug darauf, was einen Stressfaktor darstellt, ist jedes Kind anders.*

Zur einfühlsamen Betreuung von Babys gehört deshalb, Stresssignale zu erkennen und (hauptsächlich durch Ausprobieren) herauszufinden, was eine beruhigende oder eine erregende Wirkung hat.[73] Als unser Sohn geboren wurde, waren meine Frau und ich sehr darauf bedacht, alles zu tun, um seine Gehirnentwicklung optimal zu fördern. Bei einem Besuch im Babyfachmarkt prüften wir eine Stunde lang die verschiedenen Mobiles und wählten schließlich eines aus, das laut Aufdruck auf der Verpackung »von Neurowissenschaftlern für die maximale Gehirnstimulation Ihres Babys« entworfen worden war. Es bestand aus verschiedenen geometrischen Formen und hatte einen batteriegetriebenen Motor, durch den es sich langsam über der Babywiege drehte.

In dem Augenblick, in dem wir es über seinem Bettchen angebracht hatten, machte unser Sohn deutlich, dass er es hasste.

Er drehte sich auf die Seite und vergrub sein Gesicht im Kissen! Entschlossen, »seine aufkeimenden Gehirnverbindungen zu stimulieren«, drehten wir ihn wieder auf den Rücken. Daraufhin kniff er die Augen zu. Also fuhren wir wieder zum Laden und brachten dieses Mal ein noch komplexeres Mobile mit. Dieses Modell war eine Kombination aus Bewegung und Licht und hatte verschiedene Geschwindigkeitsstufen, sodass man diejenige wählen konnte, die »am besten zum Gehirn Ihres Babys passte«.

Dieses Mal ernteten wir von unserem armen Sohn, der von all dieser Stimulation anscheinend einfach überfordert war, lautes Protestgeschrei. Glücklicherweise gaben wir an diesem Punkt auf. Wir verstauten die Mobiles im Schrank und griffen stattdessen auf die bewährte – und prähistorische – Technik des Grimassenschneidens zurück, um das Interesse unseres Babys zu wecken. Das wirkte im Handumdrehen.

Als drei Jahre später unsere Tochter geboren wurde, lagen die beiden Mobiles immer noch verstaubt in einer Ecke des Spielzeugschranks. Der Wissenschaftler in mir beschloss herauszufinden, ob sie genauso reagieren würde wie unser Sohn. Doch sie gluckste erfreut, liebte die verschiedenen Farben und Geräusche und schlief ruhig ein, nachdem sie eine Weile zugeschaut hatte. Was für das eine Kind ein Stressfaktor gewesen war, schien auf das andere eine beruhigende Wirkung zu haben.

Wenn unser Kind beunruhigende oder ärgerliche Verhaltensweisen zeigt, müssen wir uns fragen, durch welche Stressquelle dieses Verhalten ausgelöst wird. Im Falle unseres Mobiles machte die Reaktion unseres Sohnes es uns leicht, das zu erkennen. In Rosies Fall hätte man meinen können, dass sie aufgebracht war, weil sie befürchtete, von den anderen Kindern wegen des grauen Sweatshirts gehänselt zu werden. Aber wenn das die einzige Ursache gewesen wäre, warum trug sie es dann am nächsten Morgen ganz zufrieden?

Die Selbstregulierung führt uns zu Maries Beobachtung zurück, dass Rosie fast jeden Abend und oft ohne erkennbaren Grund schlechte Laune hatte. Das deutete darauf hin, dass sie im Lauf des Tages in einen Zustand der Übererregung geriet und sich schließlich auf einen bestimmten Stressfaktor fixierte. Aber die grundlegende Frage war, warum sie abends immer so überreizt war. Man hätte das einfach auf emotionale und soziale Stressfaktoren in der Schule zurückführen können, aber im Zusammenhang mit der Selbstregulierung betrachten wir immer alle fünf Domänen und beginnen bei der biologischen.

Man muss kein Neurowissenschaftler sein, um eine solche Frage zu beantworten, aber man muss sich zu einer Art Stressdetektiv entwickeln. Wenn man sich im disziplinarischen Modus befindet, hat man schon entschieden, dass ein Kind unbeherrscht oder absichtlich ungehorsam ist, und dass man Regeln durchsetzen muss. Man hat vor, deutlich zu machen, dass diese Art von schlechtem Benehmen nicht toleriert wird, und seinen Ermahnungen Konsequenzen folgen zu lassen. Vermutet man aber, es mit Stressverhalten zu tun zu haben, muss man ruhig und mit Bedacht an die Sache herangehen. Man muss herausfinden, wodurch der Stress des Kindes verursacht wird, und dazu muss man zunächst einmal darauf achten, nicht selbst zum Stressfaktor zu werden, und zweitens nach wiederkehrenden Mustern im Verhalten des Kindes suchen.

Ist Ihnen aufgefallen, dass Ihr Kind oft nach einer bestimmten Aktivität, zum Beispiel nach einem Videospiel oder nach einer zuckerhaltigen Mahlzeit, unruhig wird? Kommt Ihr Kind zufrieden oder aufgeregt von einem Ausflug oder vom Sport zurück? Oder umgekehrt: Findet Ihr Kind tausend Ausreden, um nicht am Ausflug oder am Sport teilnehmen zu müssen? Ist es glücklich oder unglücklich, wenn es Zeit mit einem bestimmten Freund oder einer Freundin verbracht hat? Angeregt oder niedergeschlagen? Und wie ist es mit dem Reden: Hat es auf Ihr Kind eine beruhigende oder noch weiter aufputschende Wirkung?

Dass Rosies schlimmste Ausbrüche kurz vor der Schlafenszeit stattfanden, deutete darauf hin, dass sich ihre Stressbelastung im Lauf des Tages aufbaute. Es hätte auch ein Zeichen dafür sein können, dass die Neurohormone, die das Herunterfahren von der Übererregung zur Schläfrigkeit steuern, bei ihr in zu geringer Menge ausgeschüttet wurden. Nun konnte Marie anfangen, darüber nachzudenken, wodurch sich die Tage, an denen Rosie Ausbrüche hatte, von den Tagen unterschieden, an denen dies nicht der Fall war. Marie suchte auch nach möglichen Mustern bei ihren eigenen Reaktionen. Gab es Tage oder Zeiten, zu denen sie ungeduldiger, leichter zu provozieren oder sensibler in Bezug auf Rosies Verhalten war?

Da über die biologische Domäne die Energie für Gehirn und Körper bereitgestellt wird, sollte man die grundlegenden Quellen von Energie und Erholung prüfen. Wenn dort wenig Energie verfügbar ist, liegt ein biologischer Stressfaktor vor. Die Selbstregulierungsfähigkeit Ihres Kindes setzt jedoch voraus, dass genügend Energie zum Hinauf- und Herunterregulieren im Tagesablauf vorhanden ist. Die grundlegenden biologischen Aspekte sind folgende:

- Schlaf
- Ernährung und Essgewohnheiten

- Bewegung und Sport
- Körperwahrnehmung
- Gesundheitsstatus oder besondere Bedingungen

Diese biologischen Faktoren sind die Hauptquellen von Energie, Widerstandsfähigkeit (Resilienz) und einer möglichen Stressreduzierung, die die Selbstregulierung Ihres Kindes unterstützen. Damit sind sie auch die Bereiche, in denen Ihr Kind am anfälligsten für Störungen ist.

Der Hypothalamus reagiert nicht nur auf Schreckfaktoren, sondern auch auf Erschöpfung, und wenn das der Fall ist, kann ein Kind schnell in die Wiederholungsschleife eines biologisch-emotional-kognitiv-sozialen Stresszyklus geraten.[74] Bei Rosie war vom Säuglingsalter an klar, dass der Schlaf starke Auswirkungen auf ihr Verhalten hatte. Je weniger Schlaf sie bekam, desto mehr regte sie sich im Lauf des Tages über jede Kleinigkeit auf. Und je mehr Schlaf Rosie bekam, desto ausgeglichener und widerstandsfähiger wirkte sie. Das war auch im Alter von zehn Jahren noch so. Unabhängig davon, was die abendlichen Ausbrüche ausgelöst hatte, bekam Rosie in der Nacht nach einem Ausbruch zwei bis drei Stunden weniger Schlaf, wodurch sie am nächsten Tag noch erschöpfter und sensibler war. Nach mehreren solch schlechten Nächten geriet sie in einen auslaugenden Teufelskreis von Schlafmangel und Übererregung, der schwer zu durchbrechen war.

Dann wäre da auch noch das Thema »erholsamer Schlaf«[75]: Wie bei Melanie, dem »Bistro-Baby«, ist ein niedriger Spannungszustand im Schlaf ebenso wichtig wie die reine Schlafdauer. Das Einwirken von Licht (insbesondere im blauen Spektrum wie bei Fernseh-, Computer- oder Tabletbildschirmen) kurz vor dem Einschlafen kann die Freisetzung der Neurohormone beeinträchtigen, die diesen entspannten Zustand fördern. Und wie so viele Eltern erlaubte auch Marie ihrer Tochter, auf dem iPad zu spielen, bis es Zeit zum Schlafen war.

Schritt 3: Stress reduzieren

Stressreduzierung scheint auf den ersten Blick einfach zu sein: Wenn ein Kind geräuschempfindlich ist, reduzieren wir die Lautstärke. Das mag im eigenen Zuhause oder in anderen Umgebungen, die man selbst beeinflussen kann, möglich sein. Aber in der Schule ist es beispielsweise nicht so einfach, Geräusche und andere Stressfaktoren zu steuern. Im Hinblick auf sensorischen Stress ist Lärm in den Schulen ein großes Problem. In Klassenzimmern, Mensen, Sporthallen und Fluren sind die Dezibel- und Hallpegel viel zu hoch. Bei einem geräuschempfindlichen Kind führt dies zur Erschöpfung des Nervensystems, was sich negativ auf Konzentration, Verhalten und Stimmung auswirkt. Überfüllte öffentliche Orte, von Spielplätzen bis hin zu Einkaufszentren und Restaurants, können ebenso problematisch sein. Das komplette Vermeiden von Lärm ist für die meisten von uns keine echte Option.

In Schulen können Ohrstöpsel oder Kopfhörer eingesetzt oder laute Pausensignale durch Glocken- oder Klingeltöne ersetzt werden, um auf sensorische Sensibilitäten von Kindern Rücksicht zu nehmen. Wenn ein Kind empfindlich auf harte Flächen reagiert oder viel Bewegung braucht, um sich ausgeglichen zu fühlen, kann eine andere Art von Sitzunterlage oder Stuhl einen großen Unterschied machen. Eine optisch weniger »laute« oder hektische Umgebung in der Schule oder zu Hause kann zu einer Dämpfung der optischen Stimulation beitragen. Bis zu einem gewissen Grad kann auch bei der Wahl des Restaurants und anderer Ausflugsziele die sensorische Sensibilität eines Kindes berücksichtigt werden.[76]

Aber es gibt noch eine weitere Möglichkeit, die Stressbelastung eines Kindes zu verringern. Die Empfindlichkeit eines Kindes in Bezug auf einen bestimmten Stressfaktor ist variabel und wird stark vom Gesamtstresspegel beeinflusst. Durch die Reduzierung dieses *Kernstresspegels* wird der Energieentzug gebremst, und die Energiereserven für den Umgang mit einzelnen Stressfaktoren werden wieder aufgefüllt. Beispielsweise konnte Rosie, wenn sie ausgeruht war, sehr gut mit den Störungen und Frustrationen umgehen, die sie in erschöpftem Zustand unerträglich fand. Wenn ein Kind sich durch etwas beeinträchtigt fühlt, das es vor Kurzem noch gut verkraften konnte, neigen wir dazu, dies als Launenhaftigkeit und schlechtes Benehmen einzustufen, obwohl sich in Wirklichkeit der Kernstresspegel verändert hat.

Schritt 4: Selbstwahrnehmung entwickeln

Durch Selbstregulierung sollen Kinder lernen, einen Zustand niedriger Energie und hoher Anspannung bei sich selbst zu erkennen und damit umzugehen. Dafür müssen sie wahrnehmen, wann sie unter- oder übererregt sind, aber dazu sind sie nur in der Lage, wenn sie wissen, wie es sich anfühlt, ruhig und entspannt zu sein. Kennt ein Kind jedoch nur den Zustand der Übererregung, dann empfindet es diesen als Normalzustand. Wenn Kinder gewohnheitsmäßig überdreht sind, widersetzen sie sich leider jeder Art von Achtsamkeitsübung, die ihnen helfen könnte, zur Ruhe zu kommen. Deshalb müssen wir dafür sorgen, dass die Kinder sich dabei wohlfühlen. *Ruhig zu sein* und *es genießen, ruhig zu sein,* sind zwei Seiten derselben Medaille. Als Marie nach Rosies Ausbruch in den Flur hinaustrat, um ein paar Mal tief ein- und auszuatmen, fühlte es sich für sie an, »als sei in ihrem Gehirn ein Schalter umgelegt worden«. Was sie dabei erlebte, bezeichnen Neurowissenschaftler als »nichtlinearen Übergang« im medialen präfrontalen Cortex, von der Oberseite oder »dorsalen Seite« zur Unterseite oder »ventralen Seite«. Erstere ist beteiligt, wenn wir über etwas nachgrübeln oder innere Monologe halten, Letztere, wenn wir bewusst wahrnehmen, was in uns und um uns herum vor sich geht.

Je mehr wir üben, »ganz präsent im Hier und Jetzt zu sein«, desto leichter wird der Übergang vom dorsalen zum ventralen präfrontalen Cortex.[77] Es ist, als ob der neurochemische Pfad zwischen den beiden Systemen tiefer ausgetreten würde, wodurch es künftig einfacher wird, den »Schalter umzulegen«. Und das ist genau das, was wir erreichen wollen, wenn wir unser Kind auffordern, »sich zu beruhigen«. Aber das erfordert Übung, und bei einem Kind, dessen Grunderregung auf Übersteuerung eingestellt ist, haben elterliche Ermahnungen kaum eine positive Wirkung.

Wir haben eine fünf Schritte umfassende Methode entwickelt, nach der Kinder Achtsamkeitstechniken erlernen und genießen können[78]:

1) Erklären Sie, wieso das, was Sie tun, die Selbstregulierung fördert.
2) Sorgen Sie dafür, dass sich das Kind wohlfühlt.
3) Helfen Sie dem Kind, sich auf das zu konzentrieren, was es tut.
4) Helfen Sie dem Kind, die Verbindung zwischen der Aktivität

und den Vorgängen in seinem Geist und Körper wahrzunehmen.

5) Fangen Sie klein an und legen Sie eine tägliche Übungsroutine fest.

Nehmen wir an, Sie wollen Ihr Kind dazu bewegen, eine Atemübung zu machen. Beschreiben Sie ihm zunächst den Weg von seiner Nase zu seiner Lunge, den starken Muskel unterhalb der Lunge, der frische Luft hereinzieht und verbrauchte Luft ausstößt, und die schützenden Rippen, die sich bei jedem Atemzug ausdehnen und wieder zusammenziehen. Erklären Sie Ihrem Kind, dass wir beim Einatmen einen Energieschub bekommen, der uns wacher macht, und dass das Ausatmen eine beruhigende Wirkung auf uns hat.

Achten Sie darauf, dass Ihr Kind eine bequeme Haltung einnimmt. Oft muss der Rücken eines Kindes bei Atemübungen gestützt werden, damit es die Atembewegungen spüren kann. Vielleicht ist es am besten, wenn es dabei auf dem Boden liegt oder aufrecht, aber entspannt in einem Sessel sitzt.

Helfen Sie Ihrem Kind dann, sich auf seine Atmung zu konzentrieren. Fragen Sie es, ob es beim Einatmen den kühlen Atem in seiner Nase und beim Ausatmen den warmen Atem in seinem Mund oder auf seiner Hand fühlt. Kann es spüren, wie sich zuerst seine Lunge und dann sein Bauch wie ein Ballon mit Luft füllt?

Als Nächstes helfen Sie Ihrem Kind wahrzunehmen, wie sich die Konzentration auf seine Atmung auf seine Gedanken auswirkt. Vielleicht bereitet ihm etwas Sorgen. Lassen Sie es sich auf die Ein- und Ausatmung konzentrieren, vielleicht zehn Mal, und fragen Sie das Kind dann, ob das Sorgenmachen aufgehört hat. Kehren die Sorgen immer wieder zurück? Dann kann es ausprobieren, ob es das Sorgenmachen durch das erneute Konzentrieren auf die eigene Atmung unterbrechen kann, bis es schließlich weniger wird und ganz verschwindet.

Sie können für diese Atemübung auch einen Küchenwecker zu Hilfe nehmen, den Sie anfangs auf wenige Minuten und dann allmählich auf längere Zeitspannen einstellen.

Zu den interessantesten Dingen, die wir herausgefunden haben, gehört, dass diese fünf Schritte bei allen Kindern (in jedem Alter) funktionieren. Wenn Sie mit einem Teenager arbeiten, müssen Sie möglicherweise komplexere Techniken anwenden, aber er ist ja auch schon viel länger im Zustand der Übererregung. Vielleicht ist in diesem Fall zunächst eine detailliertere Beschreibung erforderlich, und Sie müssen mit verschiedenen Arten von Achtsamkeitsübungen experimentieren, bevor Sie eine finden, bei der es »Klick« macht. Aber auch Teenager müssen dieselben fünf Schritte durchlaufen.

Selbstwahrnehmung ist für die Selbstregulierungsfähigkeit eines Kindes von zentraler Bedeutung.[79] Wenn ein Kind sich seiner Gefühle nicht bewusst ist, hat es keine Möglichkeit, sie zu verändern. Dasselbe gilt auch für uns, aber die Zwänge, denen wir als Eltern unterliegen, treiben uns manchmal dazu, uns selbst zu sabotieren.

Als unsere Kinder noch klein waren, gingen wir mit ihnen regelmäßig in ein »kindgerechtes« Pizzarestaurant in einer Kleinstadt, die eine halbe Stunde Autofahrt von unserem Zuhause entfernt war. Diese Ausflüge endeten immer in irgendeiner Art von Katastrophe. Manchmal ging es schon los, sobald wir ins Auto stiegen – dann stritten die zwei Kinder wegen irgendeiner

Nichtigkeit. Manchmal dauerte es bis zum Ende des Ausflugs, bis beide Kinder binnen Sekunden von der Übererregung zum absoluten Albtraum »umschalteten«.

Die Unterscheidung zwischen »guter Laune« und »Übererregung« ist genauso wichtig wie die Unterscheidung zwischen »schwierig« und »übererregt«. Unsere Kinder, die so sehr an die Ruhe unseres Landlebens gewöhnt waren, wurden in dem Moment, in dem sie das Restaurant betraten, genauso überdreht wie alle anderen Kinder. Es war ein Kampf, sie dazu zu bewegen, ihr Pizzastück zu essen, und ein weiterer Kampf, sie aus dem Chaos des Spielbereichs herauszubekommen, wenn wir gehen wollten. Die Heimfahrt war immer eine nervliche Zerreißprobe. Irgendwann beschloss meine Frau, diese Ausflüge ganz zu streichen, aber das, was sie hinterher zu mir sagte, führte mir einen Aspekt von Schritt 4 vor Augen, der am leichtesten zu übersehen ist.

Meine Frau erklärte mir, wie sehr sie diese Ausflüge eigentlich gehasst habe. Als ich sie nach dem Grund fragte, zählte sie sofort eine ganze Liste von Gründen auf. Sie hasste alles an dem Restaurant: den Lärm und das Durcheinander, die unbequemen Tische und Stühle, das grelle Licht und die starken Gerüche, aber am meisten hasste sie, was dieser Ort mit unseren Kindern machte. Sie wollte am liebsten sofort wieder gehen, sobald wir das Restaurant betraten, nahm sich aber zusammen und wartete so geduldig, sie konnte. Als ich sie fragte, warum sie sich mit all dem abgefunden habe, wenn es eine derartige Qual für sie gewesen sei, wirkte sie überrascht. Schließlich antwortete sie: »Na ja, weil die Kinder so viel Spaß dabei hatten.« Aber warum endete das Ganze dann immer in einem Familienstreit, wenn sie so viel Spaß dabei hatten?

Es ist wichtig, darauf zu achten, dass alle Beteiligten etwas von Familienaktivitäten haben. Es gibt sicher in Ihrer Nähe Gelegenheiten für ruhige und erholsame Ausflüge – an den Strand mit Eimern und Schaufel oder in den Park mit Decken und einem Frisbee oder in den Wald, um Blumen und Blätter zu sammeln. Sogar zu Hause gibt es allerlei Möglichkeiten. Meine Frau etablierte anstelle der Fahrt zum Pizzarestaurant den »Pizza-Sonntagabend«. Jeden Sonntag bereiteten wir vier gemeinsam Pizza selbst zu. Am meisten Spaß machte dabei, dass wir nicht nur eine Pizza, sondern vier verschiedene machten, sodass jeder seine eigene kreieren konnte. Daraus wurde eine Art Wettbewerb, da wir jede Woche mit neuen Zutaten und Belägen experimentierten, dann unsere Kreationen gegenseitig probierten und schließlich den Wochensieger kürten. Es machte Spaß, schmeckte und machte uns alle ruhig und entspannt – und satt!

Daraus kann man lernen, dass Eltern bei sich selbst ebenso sehr darauf achten müssen, welche Art von Aktivität ihre Energie auszehrt und eine erhöhte innere Anspannung bei ihnen verursacht, wie bei ihren Kindern. Sie müssen sich bewusst machen, dass auch bei ihnen die Wahrscheinlichkeit steigt, wegen einer Kleinigkeit, die ihr Kind sagt oder tut, zu explodieren, wenn sie erschöpft oder angespannt sind.

Schritt 5: Herausfinden, was auf Ihr Kind beruhigend wirkt

Eine der wichtigsten Unterscheidungen, die Sie im Zusammenhang mit Selbstregulierung zu treffen lernen, ist der Unterschied zwischen »still« und »ruhig«, und genau das lernt auch Ihr Kind. Wenn Eltern uns fragen, wie sie ihr Kind auf einem Flug oder einer langen Autofahrt ruhig halten können, geht es ihnen in Wirklichkeit darum, ihr Kind *still* zu halten.

Videospiele bewirken bei Kindern das Stillsein: Sie sitzen still und sagen nicht viel, während sie damit beschäftigt sind. Aber niemand käme auf den Gedanken, dass diese Spiele die innere Ruhe fördern. Man muss sich nur anschauen, in welchem Zustand das Kind ist, wenn man das Spiel beendet. Dasselbe gilt für Medikamente, die Hyperaktivität und Impulsivität einfach nur unterdrücken, aber nur wenig zum Ruhigwerden beitragen (bis auf die Tatsache, dass die Erwachsenen für eine Weile ihre Ruhe vor dem Kind haben).

Innere Ruhe ist etwas völlig Anderes als das Gefesseltsein von einem Film oder Videospiel. Wenn ein Kind ruhig ist, ist es entspannt, nimmt äußere und innere Vorgänge wahr und genießt den Zustand, in dem es sich befindet. Durch diese drei Komponenten (die physische, kognitive und emotionale) definiert sich innere »Ruhe«. Das ist vielleicht der schwierigste, aber zugleich spannendste Teil der Detektivarbeit, die Sie und Ihr Kind im Zusammenhang mit der Selbstregulierung leisten müssen. Denn es gibt keine pauschale Antwort auf die Frage, was ein Kind beruhigend findet. Wichtig ist, dass die bloße Anweisung, sich zu beruhigen, selten eine Wirkung hat, wenn auch ein entsprechend strenger Tonfall sicher dazu führen kann, dass das Kind still ist. Wenn Sie in diesem Augenblick mit den bildgebenden Verfahren der neurowissenschaftlichen Labore in das Gehirn Ihres Kindes schauen könnten, würden Sie etwas Bemerkenswertes sehen: Ein Kind kann still und reglos dasitzen, während in seinem limbischen System, in den Vorder- und Seitenlappen, im Thalamus und anderen am Denken beteiligten Netzwerken intensive Aktivität zu verzeichnen ist. Ist ein Kind jedoch wirklich ruhig, sind diese Systeme heruntergefahren und zeigen wenig Aktivität. Außerdem ist ein deutlicher Unterschied zwischen diesen beiden Zuständen im Hinblick auf die Gehirnwellen zu beobachten: Ein Kind kann still sein und heftige Beta-Wellen-Ausschläge zeigen, die Zeichen von Erregung sind, während wir bei einem ruhigen Kind langsame, rhythmische Theta- und Gammawellen sehen, die Zeichen tiefer Entspannung sind.

Was Ihre eigene Entspannung fördert, funktioniert nicht unbedingt auch bei Ihrem Kind. Auch hier liefert Rosies Weg zur Selbstregulierung wertvolle Erkenntnisse. Ihre Mutter Marie praktizierte schon seit Langem Yoga. Sie erzählte mir, dass die schönste Zeit in der Woche ihr Iyengar-Kurs am Sonntagmorgen sei. Was wäre also naheliegender gewesen, als Rosie dazu zu überreden, mit ihr Yoga zu üben – vor allem am frühen Abend, wenn ihre Anspannung anfing, sich aufzubauen? Yoga hat sich bei vielen Kindern als wirksam erwiesen. Aber Rosie hasste es. Sie mochte keine einzige der Haltungen, die Stress reduzieren sollen, und wurde dabei unerträglich zappelig.

Einige Standardmethoden zur Stressauflösung waren bei Rosie teilweise hilfreich (zum Beispiel bestimmtes Spielzeug), aber endgültig gelöst wurde der Fall von Rosie selbst, die inzwischen zur professionellen Stressdetektivin geworden war. Rosie entdeckte, dass das Basteln von Perlenschachteln bei ihr funktionierte. Sie vertiefte sich stundenlang in diese entspannende Tätigkeit und war anschließend auch innerlich ruhig und konnte gut einschlafen. Dabei ist allerdings zu bedenken, dass dies der letzte der fünf Schritte der Selbstregulierung war. Rosie musste zunächst lernen, wie sich Ruhe *anfühlt*, um diese Selbstregulierungsstrategie entwickeln zu können.[80]

MONSTER UNTER DEM BETT:
Die emotionale Domäne

Viele Eltern beschreiben die emotionale Achterbahn, auf der ihre Kinder durch den Tag rasen, mit denselben Worten: »überraschend«, »aufregend«, »schwierig«, »frustrierend«, »rätselhaft«, »befremdlich« und vor allem »beängstigend«.

Was genau finden wir denn so beängstigend an den Gefühlen unserer Kinder? Auch hier bieten Eltern wieder eine vertraute Liste an: »Meine Zehnjährige benimmt sich wie eine Zweijährige.« »Mein Kind regt sich über Dinge auf, die es nicht erklären kann.« »Mein Kind wird so zornig oder frustriert, dass keiner von uns damit umgehen kann.« Dann ist von einem Kind die Rede, das »sich so aufgeregt, dass man es nicht mehr beruhigen kann«, »sich nie über etwas zu freuen scheint«, »immer unglücklich ist«, »wie eine Kugel im Flipperautomaten von einem Gefühl zum nächsten springt« oder das »nicht das fühlt, was es sollte«. Ein frustrierter Elternteil drückte seine Rat- und Hilflosigkeit so aus: »Die Gefühlsausbrüche meines Kindes ergeben einfach keinen Sinn.«

Die Verunsicherung der Eltern ist verständlich. Oft weiß man es, wenn ein Kind einen emotionalen Konflikt durchlebt, weil es das zeigt, aber manchmal hat man nicht die leiseste Ahnung, was in ihm vorgeht. Und selbst wenn man sich dessen bewusst ist, weiß man noch lange nicht, was man tun soll.

Meistens versuchen Eltern mit ihren Kindern darüber zu reden und sie dazu zu bewegen, sich zu »öffnen«, ihnen klarzumachen, dass Wut die Dinge nur noch schlimmer macht, oder ihr Selbstvertrauen zu stärken. Wenn Kinder aufgewühlt sind, verspüren Eltern meistens als Erstes den Impuls, die Situation rational zu lösen. Leider ist Vernunft für ein Kind, das von seinen Gefühlen überwältigt wird, aber keine große Hilfe, und die Aufforderung, seine Gefühle in den Griff zu bekommen, erhöht seinen Stress nur noch. Der Rat, »darüber zu sprechen«, ist für ein Kind, das sich in einer subjektiv als beängstigend wahrgenommenen Situation befindet, nicht so leicht umzusetzen.

Natürlich ist es wichtig, mit Kindern über ihre Sorgen und sonstigen Gefühle zu sprechen.[81] Aber das ist für Kinder immer schwierig und im Zustand der Übererregung nahezu unmöglich. In diesem Zustand vermischen sich ihre Gefühle, sodass sie sich zum Beispiel nicht einfach nur »wütend« fühlen, sondern »wütend-ängstlich-beschämt-aufgeregt«. Wir müssen ihnen helfen, dieses Gefühlswirrwarr aufzulösen (das nennt man »emotionale Differenzierung«). Wir müssen ihnen auch helfen, die Gefühle, die sie erleben, zu vertiefen und zu erweitern. Und wir müssen ihnen helfen, sich ihrer Gefühle bewusst zu werden und sie zu artikulieren. Es gibt hervorragende Methoden zur Unterstützung dieser wichtigen Aspekte der »emotionalen Intelligenz«. Aber wir müssen uns davor hüten, an die emotionale Entwicklung unserer Kinder wie an ein reines »Linkshirnphänomen« heranzugehen – etwas, das wir »lehren« oder »erklären« können oder bei unserem Kind fördern können, indem wir es einfach inspirierende Bücher lesen oder Filme anschauen lassen. Emotionales Wachstum ist etwas, das man fühlen muss. Und was Kinder fühlen, ist viel komplexer als einfach nur ein subjektives Gefühl – es ist eine körperliche und seelische Erfahrung.

Die durch Gefühle ausgelöste Ausschüttung von Neurochemikalien (durch die Anspannung, Aufregung, Schmerzen und andere körperliche Empfindungen entstehen) sowie die daraus resultierenden Erinnerungen und Assoziationen sind Kräfte, die das emotionale Erleben und Verhalten Ihres Kindes prägen. Ebenso wichtig ist, wie umgekehrt Anspannung, Aufregung, Schmerzen und andere körperliche Empfindungen aufgrund dieser Erinnerungen und Assoziationen Gefühle auslösen. Körperliche und emotionale Erfahrungen sind eng miteinander verbunden: Das ist unser Ausgangspunkt, bevor wir an der »emotionalen Intelligenz« eines Kindes zu arbeiten beginnen. Die Selbstregulierung setzt auf der Ebene der *biologisch-emotionalen Verknüpfung* an.

Gefühle: Die geheimnisvollen Elemente der menschlichen Psyche

Philosophen diskutieren seit 2500 Jahren, was »Gefühle« sind, und haben immer noch keine grundlegende Einigung erzielt.[82] Und auch wenn sich Wissenschaftler, Psychologen und Psychiater an der Debatte beteiligen, ergibt sich daraus keine allgemeingültige Erklärung von Gefühlen, die Ihnen helfen würde, wenn Sie es mit einem weinenden, trotzigen, unruhigen oder zornigen Kind zu tun haben. Wie auch immer wir sie definieren – Gefühle haben eine starke Wirkung auf den Körper und umgekehrt. Im Allgemeinen heben positive Gefühle den Energiepegel, während negative Gefühle unsere Energie aufzehren. Dabei sind physisch-emotionale Zyklen im Spiel. Kinder erleben eher positive Gefühle, wenn sie ausgeruht sind, und sind empfänglicher für negative Gefühle, wenn ihre Energiereserven erschöpft sind. Ein Kind, das zufrieden, interessiert und optimistisch ist, kann leichter mit schulischen oder sozialen Herausforderungen umgehen, während ein ängstliches, wütendes oder trauriges Kind kaum oder gar nicht in der Lage ist, sich im Tagesablauf sozialen, schulischen oder körperlichen Herausforderungen zu stellen.[83]

Aber hier geht es um mehr als nur darum, genug Energie für den Umgang mit emotionalen, kognitiven und sozialen Problemen zu haben. Ein Kind braucht positive Gefühle, um schwierigere Emotionen und emotional fordernde Situationen bewältigen zu können. Es fängt mit einer begrenzten Anzahl positiver Gefühle an, kann sich aber, von dieser Basis ausgehend, komplexere Gefühle – wie Ehrgeiz und Selbstsicherheit, Optimismus und Entschlossenheit, Ehrlichkeit und Mitgefühl – erschließen.

Negative Gefühle haben die gegenteilige Wirkung: Sie verbrauchen die zur Erkundung eines neuen emotionalen Terrains nötigen Energien auf. Negative Emotionen neigen auch dazu, sich auszuweiten. Was als chronische Angst oder Traurigkeit beginnt, kann sich schnell zu einem Gefühl von Entfremdung oder Hilflosigkeit, Bitterkeit oder Zynismus, Mutlosigkeit oder Ablehnung entwickeln.

Eine »positive Grundhaltung« fördert die Fähigkeit zu emotionalem Wachstum sowie folgende Kompetenzen:

- Modulation (Hinauf- oder Herunterregulierung) starker positiver oder negativer Emotionen wie Aufregung, Angst oder Wut
- Bewältigung von Niederlagen, Enttäuschungen, schwierigen oder peinlichen Situationen und anderen unangenehmen

Erfahrungen und Hinwendung zu Neuem in einer zuversichtlichen, positiven Haltung
- Experimentieren und Lernen, allein und mit anderen
- Stolz auf eigene Leistungen und Erfolge sowie Wertschätzung der Leistungen und Erfolge anderer
- Erleben einer größeren Nähe zu den Eltern aufgrund der gemeinsamen Erfahrung und eines emotionalen Verständnisses

Eine negative Grundhaltung erschwert die Erholung nach Stimmungsumschwüngen, den Umgang mit Frustrationen oder Rückschlägen und die Pflege freundschaftlicher Beziehungen. Während sich das Kind mit einer positiven Grundhaltung zu persönlichkeitsbildenden Herausforderungen hingezogen fühlt, tendiert das Kind mit einer negativen Grundhaltung zu abstumpfenden Aktivitäten oder Ablenkungen. Während eine positive Grundhaltung das Kind befähigt, das ganze Spektrum seiner Gefühle zu erleben, führt eine negative Grundhaltung zur Unterdrückung von Gefühlen – nicht nur der negativen. Erzeugt eine positive Grundhaltung bei einem Kind Offenheit gegenüber neuen (auch beängstigenden) emotionalen Erfahrungen, führt eine negative Grundhaltung zu Verschlossenheit gegenüber neuen emotionalen Erfahrungen (besonders den beängstigenden) wie Freundschaft, Liebe und jede Art von emotionaler Nähe.

Durch diese Unterschiede zwischen einer positiven und einer negativen Grundhaltung wird die Interpretation des Marshmallow-Tests um einen wichtigen Aspekt erweitert: Negative Gefühle blockieren die positiven Gefühle, die ein Kind in die Lage versetzen würden, die Aufgabe zu bewältigen und die Belohnung aufzuschieben. Allzu oft ist diese »leise Stimme im Kopf« das limbische System, das dem Kind sagt, dass es dem Marshmallow ja doch nicht widerstehen kann – wozu es also überhaupt erst versuchen?

Durch Selbstregulierung kann ein Kind den Wechsel von einer negativen zu einer positiven Grundhaltung schaffen. Auch wenn die negative Haltung durch starke biologische Faktoren bedingt ist, gibt uns das Konzept der Selbstregulierung die Möglichkeit, die relevanten Stressfaktoren zu erkennen und zu beseitigen und erschöpfende durch belebende Strategien zur Bewältigung negativer Zustände zu ersetzen. Und vor allem können wir unserem Kind helfen, diese Veränderungen selbst herbeizuführen.

Das Duett der Gefühlsregulierung: Resonanz und Dissonanz

Gefühlsregulierung beginnt bei der Geburt, auch wenn die Wissenschaft noch nicht abschließend klären konnte, wann bei Babys zum ersten Mal »echte« Gefühle auftreten. Viele Eltern sind sich sicher zu spüren, wann ihr drei Wochen alter Säugling zufrieden ist, aber auf wissenschaftlicher Ebene können wir lediglich sagen, dass ein Baby in den ersten Lebensmonaten zwischen zwei elementaren Zuständen hin- und herpendelt: Unbehagen und Wohlbefinden.

Irgendwann zwischen dem dritten und dem sechsten Lebensmonat beginnen Kinder das zu erleben, was wir unter »echten« Gefühlen verstehen. Ab diesem Zeitpunkt zeigen sie uns auf unterschiedliche Art, was sie fühlen: mit einem Lächeln, das ein deutliches Zeichen von Zufriedenheit oder anderen positiven Gefühlen ist, und unterschiedlichen Arten des Weinens, mit denen sie verschiedene negative Gefühle ausdrücken. Anfangs fühlen Babys Angst, Freude, Zorn, Interesse, Neugier, Überraschung oder Traurigkeit. Aber sie können nichts davon steuern. Deshalb beschreiben Psychologen diese ersten Gefühle als eine Art Reflex, der von Genen gesteuert wird und von unseren fernen Vorfahren weitervererbt wurde, da diese reflexhaften Gefühle dem Überleben unserer Art dienen.[84]

Demnach könnte die Funktion des »Angstreflexes« darin bestehen, Verhaltensweisen auszulösen, die eine Betreuungsperson herbeirufen. Freude würde folglich die Bindung zwischen Säugling und Betreuungsperson festigen. Zorn würde Eltern darauf aufmerksam machen, dass sie die Bedürfnisse des Säuglings besser sofort erfüllen sollten. Neugier würde dafür sorgen, dass das Baby fasziniert beobachtet, was seine Eltern sagen oder tun, und es dazu motivieren, seine Umgebung – beginnend mit den Gesichtern der Eltern – zu erforschen. Überraschung wäre eine großartige Motivation für die Eltern, mit dem Kind »Kuckuck« zu spielen, was die Verknüpfung der verschiedenen Gehirnareale des Babys fördert.

Diese evolutionäre Betrachtungsweise ist nützlich, kann uns aber manchmal in die Irre führen. Eine der Komplikationen, die sich aus der Gleichsetzung grundlegender Emotionen mit Reflexen ergibt, besteht darin, dass sie uns wieder dazu verleitet, *Regulierung* mit *Kontrolle* zu verwechseln.[85] Wenn diese Gefühle nur Reflexe sind, folgt daraus, dass man sie ebenso wenig verändern kann wie den Reflex, der uns blinzeln lässt, wenn ein Fremdkörper in unser Auge gerät. Der Blinzelreflex lässt sich kaum mit schierer Willenskraft unterdrücken, und wenn Gefühle Reflexe sind, gilt für sie dasselbe: Wenn ein Kind Probleme mit der »Kontrolle seiner Emotionen« hat, dann muss es daran liegen, dass es sich nicht genug anstrengt. Aber das stimmt nicht. Oft strengen sich Kinder mit emotionalen Problemen sogar zu sehr an, bestimmte Gefühle zu unterdrücken.

Wichtig ist hier, wie diese Reflexe mit emotionalen Erfahrungen verknüpft werden, die sich auf die Entwicklung emotionaler Regulierung auswirken.[86] Das Konzept der Natur zur emotionalen Regulierung zeigt sich deutlich im Säuglingsalter und hat mit Kontrolle gar nichts zu tun. Mama und Papa beruhigen ein Kind nicht, indem sie Kontrolle ausüben oder mit ihm über seine Gefühle – durch Erschrecken, Hunger oder übermäßigen Stress ausgelöste Angst oder Wut – sprechen. Vielmehr dämpfen sie die Angst des Babys durch Beruhigung, indem sie ihm mit ihrem entspannten Gesicht und Körper zeigen, dass es nichts zu befürchten gibt. Bei anderen Gelegenheiten steigern die Eltern die Freude oder Neugier des Babys mit strahlendem Blick, angeregter Mimik, Lautäußerungen und Lachen. Das ist Rechtshirn-zu-Rechtshirn-Kommunikation und spielt eine wichtige Rolle für die spätere Fähigkeit des Babys, seine eigenen Gefühle zu modulieren.

Babys mögen sich all dessen nicht bewusst sein, aber das intuitive Rechtshirn ist sehr empfänglich für die emotionalen Strömungen, die sich im Gesicht der Eltern sowie in ihrer Haltung und in ihren Bewegungen zeigen und die über den in beide Richtungen funktionierenden Kanal der Gehirnbrücke kommuniziert werden. Durch unsere Reaktionen auf die Gefühle unseres Kindes tragen wir zur Entwicklung der physisch-emotionalen Verknüpfung bei. Manchen Eltern fällt es schwer, ruhig zu bleiben, wenn ihr Kind vor Wut außer sich ist. Sie reagieren angespannt und gehen auf emotionale, wenn nicht sogar auch auf körperliche Distanz. Ein Kleinkind – sogar schon ein Säugling – verbindet die Reaktion seiner Eltern, die es als beängstigend empfindet, mit seinem zornigen Verhalten und wird deshalb in Zukunft ebenfalls angespannt werden, wenn es versucht, aufkommenden Zorn zu unterdrücken. Bei einem Kind, dessen Eltern sich über sein Temperament freuen und ebenso temperamentvoll – mit Gelächter oder Händeklatschen – reagieren, entsteht hingegen eine freudige und belebende Assoziation.[87]

Bei all diesen Interaktionen werden Gefühle eng mit körperlichen Empfindungen verknüpft. Das ist einer der Gründe dafür, dass bei manchen Kindern positive Emotionen so schwach oder negative Emotionen so stark ausgeprägt sind. Wenn beispielsweise das überschäumende Temperament eines Kindes für seine Eltern beunruhigend ist und sie deshalb angespannt werden und versuchen, es zu bändigen, beginnt das Rechtshirn des Kindes, dieses Gefühl der Freude mit Anspannung zu verbinden. Diese physisch-emotionale Assoziation verfestigt sich, und ehe man sich versieht, macht das Kind selbst einen Rückzieher, wenn es anfängt, übermütig zu werden. Oder nehmen wir das Kind, das allein gelassen wird, wenn es sich ängstlich oder einsam fühlt: Wenn es älter wird, reichen diese Gefühle aus, um einen Adrenalinschub oder gar Bauch-, Brust- oder Kopfschmerzen auszulösen.

Assoziationen entstehen aber auch in umgekehrter Richtung: Körperliche Empfindungen werden mit bestimmten Gefühlen in Verbindung gebracht. Ist ein Säugling beispielsweise hungrig und sein Weinen bleibt ungehört, spannen sich seine Muskeln an, was mit einem Gefühl des Unbehagens verknüpft wird, worauf Zorn in ihm aufwallen kann. Oder wenn die Bezugsperson auf die ersten Anzeichen von Zorn mit Schimpfen oder kaltem

Rückzug reagiert, können die körperlichen Empfindungen und das aufkeimende Gefühl des Zorns mit Gefühlen der Hoffnungslosigkeit verbunden werden. Wenn das Kind älter wird, können dieselben körperlichen Empfindungen – zum Beispiel Bauchschmerzen – Gefühle von Zorn und Hoffnungslosigkeit auslösen und die Eltern völlig verunsichern, weil sie nicht wissen, dass eine tief sitzende physisch-emotionale Assoziation schuld daran sein könnte.

Unsere Reaktionen auf die Gefühle eines Kindes können diese Verknüpfungsprozesse abschwächen oder verstärken. Und wie viel Energie wir aufwenden müssen, um diese Prozesse zu regulieren, ist von Baby zu Baby sehr unterschiedlich. Klar ist jetzt, dass sich manche Babys viel leichter beruhigen oder anregen lassen als andere. Dabei spielen verschiedene Faktoren eine Rolle: die Gene, die Umwelt und der Einfluss von Viren oder Koliken. Aber unabhängig von der jeweiligen Konstitution eines Babys bleibt eines immer gleich: Durch das »Hochregulieren« der positiven Emotionen Ihres Babys füllen Sie seinen Tank auf und durch das »Herunterregulieren« der negativen Emotionen reduzieren Sie die Belastung seines Nervensystems erheblich.

Die drei »E« der emotionalen Regulierung

Emotionale Regulierung wird allgemein als »Wahrnehmen, Einordnen und Verändern der eigenen Gefühle« definiert.[88] Das heißt: Kinder müssen zum Beispiel erkennen, wann sie besonders ängstlich oder wütend sind, müssen abwägen, ob ihr Gefühl der Situation angemessen ist, und falls nicht, in der Lage sein, sich zu beruhigen. Wenn ich diese Definition einem aus Eltern bestehenden Publikum vorlese und frage, wie gut ihre Kinder diese Aufgaben lösen, ernte ich immer schallendes Gelächter, denn das sind genau die Fähigkeiten, die wir uns bei unseren Kindern wünschen und die scheinbar so schwer zu vermitteln sind.

Ich hörte mir einmal den Vortrag einer Psychiaterin an, die an einer Schule mit einer großen Zahl von Kindern mit »externalisierenden« und »internalisierenden« Störungen (Verhaltens- und Stimmungsauffälligkeiten) arbeitete. Sie verwendete dabei eine vereinfachte »Gefühlsvokabular«-Karte, anhand derer die Kinder ihre Gefühle benennen konnten. Die Lehrer forderten die Schüler mehrmals am Tag auf zu zeigen, wo sie sich auf der Karte gerade einordneten. Die Idee dahinter war, dass die Kinder durch das regelmäßige Achten auf ihre Gefühle lernen, besser wahrzunehmen, wann sie ängstlich oder wütend waren, und dann Beruhigungsstrategien wie Tiefenatmung oder Bis-zehn-Zählen anzuwenden.

Dieser Ansatz konzentrierte sich wie viele weit verbreitete Programme und Techniken aus dem Bereich des sozial-emotionalen Lernens auf die emotionale Intelligenz[89], unterlag aber auch denselben Einschränkungen. Kinder mit Problemen bei der Gefühlsregulierung wissen nämlich oft gar nicht, dass sie ängstlich oder wütend sind oder streiten es sogar ab. Sie durch das Abfragen ihrer Gefühle unter Zugzwang zu setzen, ist deshalb nicht hilfreich. Diese Strategie kann von Kindern leicht als übergriffig und belastend empfunden werden, wodurch eine Machtdynamik entstehen kann, die die Schüler-Lehrer-Beziehung beeinträchtigt.

Kinder brauchen unsere regulierende Unterstützung bemerkenswert lang. Wenn sie noch klein sind, brauchen sie sie ständig. Ihre eigenen emotionalen Reaktionen brechen plötzlich und katastrophenartig über sie herein (»alles oder nichts«). Aber auch als Teenager und junge Erwachsene suchen sie noch unsere Hilfe, wenn sie von ihren Gefühlen überwältigt werden. Und Eltern finden es natürlich beängstigend, schwierig oder frustrierend, wenn sie sich außerstande sehen, ihrem Kind zu helfen, sich zu beruhigen oder bessere Laune zu kriegen. Das Kind ist dann so überreizt oder zornig, dass nichts, was die Eltern tun oder sagen, zu helfen scheint. Das passiert nicht, weil der »Bremsmechanismus« des Kindes defekt ist, und ganz sicher nicht, weil es »sich nicht genug anstrengt«, sondern weil es so erregt ist, dass es nichts von dem wahrnimmt, was es selbst oder der Erwachsene sagt oder tut.

Wie oft wir ein Kind auch ermahnen, sich zu beruhigen – es wird keine Wirkung zeigen. Wir müssen es erst zur Ruhe bringen, bevor wir versuchen können, es zu »belehren«. Bevor wir einem Kind helfen können zu lernen, wie es seine Gefühle wahrnehmen, einordnen und verändern kann, müssen wir uns auf die drei E der emotionalen Regulierung konzentrieren: *Erkennen, Eindämmen, Erneuern.* Die Anzeichen eskalierenden Stresses erkennen. Den Stress eindämmen. Energien erneuern.

Gefühle sind nicht »nur im Kopf« – die physisch-emotionale Verknüpfung

Energieerneuerungs- und Wachstumsprozesse sind ebenso sehr für unsere emotionalen wie für unsere physiologischen Funktionen notwendig. Tatsächlich sind Erneuerung und Wachstum sowohl in der biologischen als auch in der emotionalen Domäne so eng miteinander verflochten, dass es oft schwierig ist, zwischen den beiden zu unterscheiden. Ein Kind, das nicht genug Schlaf bekommt, sich nicht gesund ernährt und zu wenig Bewegung hat, bekommt nicht den Brennstoff, den es für gesunde, stabile emotionale Funktionen braucht. Umgekehrt zehrt ein Kind, das sich in einem Zustand chronischen oder extremen emotionalen Stresses befindet, die Energie auf, die Gehirn und Körper für gesunde Systemfunktionen brauchen, und ab einem bestimmten Punkt wirkt sich die emotionale Belastung auf die körperliche Gesundheit aus.

Rosies Gefühlsausbrüche bei der Zimmerumgestaltung

Am Anfang unserer gemeinsamen Arbeit berichtete Marie über ihr jüngstes Problem: Rosies »Zimmerumgestaltungskrise«. Rosie hatte an mehreren aufeinander folgenden Nachmittagen die Möbel in ihrem Zimmer umarrangiert, war aber am Abend wegen des Ergebnisses in Tränen ausgebrochen. Marie machte sich ernsthafte Sorgen, dass daraus eine Zwangsstörung werden könne. Nichts, was sie sagte oder tat, half, sondern machte alles nur noch schlimmer.

Rosies Stress schien zwar nicht nur auf »Deko-Launen« zurückzuführen zu sein, aber es gab auch kein Verhaltensmuster, das auf etwas so Extremes wie eine Zwangsstörung hindeutete.

Welche anderen Stressfaktoren konnte es geben? Rivalitäten mit ihrer älteren Schwester waren ein prägendes Merkmal von Rosies Gefühlsleben. Als jüngere Tochter hatte Rosie das kleinere Zimmer, worüber sie sich oft beklagte. Hinzu kam, dass sie eine Stunde vor ihrer Schwester schlafen gehen musste und sich sehr darüber ärgerte, von »all dem Spaß« ausgeschlossen zu sein, den die Familie hatte, nachdem sie im Bett war. Rosie fand es schwer, die Jüngste in der Familie zu sein, aber das war nichts Neues. Warum diese plötzlichen Gefühlsausbrüche? *Warum jetzt?*

Selbstregulierung beginnt immer bei den biologischen Aspekten, und als ich Marie nach Rosies Schlaf, Ernährung, körperlichen Aktivitäten und allgemeinem Gesundheitszustand fragte, fielen Marie sofort weitere Stressfaktoren auf: Vor allem hatte Rosie gerade einen heftigen grippalen Infekt hinter sich gebracht. Sie hatte sich in den vier Nächten, bevor all das anfing, übergeben müssen, was bedeutete, dass sie sich in einem ungewöhnlich schlechten körperlichen Zustand befand. Rosie hatte tagelang nicht zur Schule gehen können und war deshalb mit den Hausaufgaben im Rückstand, und sie hatte sich nicht mit ihren Freundinnen treffen können und war auch in dieser Hinsicht nicht auf dem Laufenden.

Worum es hier geht, ist die Tatsache, dass wir immer den physisch-emotionalen Nexus im Auge behalten müssen – die wesentliche, grundlegende Verbindung zwischen der biologischen und der emotionalen Domäne. Rosies emotionaler Stress war sicherlich ein wichtiger, aber nicht der einzige Faktor. Welche Mischung aus emotionalem Stress und Energiemangel auch ihre Ausbrüche verursacht hatte – Rosie war in einem Stresszyklus gefangen, in dem ihr körperlicher und ihr emotionaler Stress aufeinander einwirkten und sich gegenseitig verstärkten. In einer solchen Situation verschlimmern Gefühle der Anspannung die Angst (oder umgekehrt), was wiederum die Anspannung verstärkt, die die Angst verstärkt, und so weiter. Bald gerät das gesamte System außer Kontrolle.

Selbstregulierung bahnt den Weg raus aus diesem Teufelskreis, zunächst durch das Dämpfen der Übererregung des Kindes (bei der körperlichen Anspannung beginnend), wie damals, als es noch ein Baby war. Je deutlicher die körperliche Erregung abklingt, desto mehr wird auch die emotionale Erregung reduziert, was auf die Unterbrechung des physisch-emotionalen Nexus zurückzuführen ist. Erst wenn die Gesamterregung eines Kindes zurückgegangen ist, kann es beginnen, die Dinge zu verarbeiten, die wir ihm erklären und beibringen wollen. Die Tatsache, dass Rosie die kleine Schwester war, die Größe ihres Zimmers und die ihrem Alter angemessene frühe Schlafenszeit würden sich nicht ändern. Aber vernünftig mit ihr über diese Dinge zu reden half ihr nicht, sich zu beruhigen und einzuschlafen. In der akuten Situation musste Marie den emotionalen Aspekt völlig ignorieren und sich auf den körperlichen Aspekt konzentrieren.

Gestützt auf den Sweatshirt-Erfolg und ihr neues Bewusstsein für Rosies Stressfaktoren, reagierte Marie auf Rosies Gefühlsausbrüche im Zusammenhang mit der Umgestaltung ihres Zimmers mit einer sanften Umarmung und einer leichten Massage. Kein Gespräch, keine Analyse, sondern lediglich eine Kopf-, Schulter- und Rückenmassage. Es dauerte nicht länger als 15 Minuten. Besonders bemerkenswert fand ich, dass Rosie Marie an den nächsten Abenden von sich aus um eine Massage bat. Einige Tage später sprachen die beiden dann auch über Rosies Zimmer, aber das erwies sich als nicht einmal annähernd so großes Problem, wie Marie befürchtet hatte – und wie Rosie es empfunden hatte, als sie krank und müde gewesen war.

Anfangs half Marie Rosie zu lernen, wie sie sich konzentrieren konnte – nicht auf ihre Gefühle, sondern auf ihre körperlichen Empfindungen. Das half Rosie wahrzunehmen, wann sie übermäßig angespannt war, und zu lernen, wie sie diese Anspannung verringern konnte. Sie wusste nun selbst, wann sie den Kontakt zu ihrem Körper verloren hatte und wie sie die Verbindung wiederherstellen konnte. Marie fragte Rosie am Anfang der Massage, ob sich ihre Arme steif (wie ungekochte Spaghetti) anfühlten, und nach ein paar Minuten, ob ihre Arme anfingen, sich entspannt (wie gekochte Nudeln) anzufühlen. Das wurde für die beiden bald zu einem Spiel, bei dem Rosie ihrer Mutter sagte, dass sie »Ungekochte-Spaghetti-Arme« habe, wenn sie angespannt war. Während sie gemeinsam die Schritte der Selbstregulierung durchgingen, erschloss sich Rosie eine Möglichkeit, einen Zugang zum physisch-emotionalen Nexus zu finden und dank dieser einfachen Selbstregulierungskompetenz ihre Gefühle wahrzunehmen. Wie Rosies Geschichte zeigt, entfalten sich die drei »E« – Erkennen, Eindämmen, Erneuern – auf natürliche Weise, wenn am Anfang die Beruhigung steht. Wenn Sie und Ihr Kind ruhig miteinander interagieren, können Sie gemeinsam beginnen, die Stressquellen zu identifizieren, Schritte zur Stresseindämmung zu unternehmen und herauszufinden, wie Ihr Kind üben kann, sich ohne Unterstützung von außen selbst zu beruhigen. Der physisch-emotionale Nexus ist für uns alle ein universeller Zugangspunkt, und das erwies sich im Hinblick auf Rosies Fähigkeit, emotionale Regulierung zu lernen, als wichtiger Faktor. Es war nicht der einzige Faktor, aber er ebnete den Weg für Rosies emotionales Wachstum, das nicht voranschreiten konnte, solange sie ihre körperliche Selbstwahrnehmung nicht verbessert hatte. Wie sich herausstellte, begann Rosies emotionale Regulierung tatsächlich mit einer Art »Überwachung«, aber bezogen auf Stress und Anspannung, nicht auf Gefühle.[90]

Emotionales Wachstum fördern

Selbstregulierung lässt sich auf der biologischen Ebene in einem Satz zusammenfassen: Ein Kind durchläuft physiologische Zustände, die Energie verbrauchen, beruhigt sich anschließend und erholt sich, wobei die Energie erneuert wird. Dasselbe gilt für die emotionale Domäne, wo ein Kind starke Gefühle erlebt, die sehr viel Energie kosten, sich dann wieder beruhigt, erholt und seine Energiespeicher auffüllt. Die Erholungsphase ist in der biologischen Domäne von großer Bedeutung, weil sie optimale Bedingungen für Wachstum und Heilung schafft.

Die Gehirnbrücke ist sehr wichtig für das emotionale Wachstum, aber natürlich nicht der einzige Antrieb dafür. Kinder erforschen im Spiel, bei der Interaktion mit Gleichaltrigen und durch die Geschichten, die ihnen vorgelesen werden und die sie selbst erzählen, auf natürliche Weise ihre Gefühle. Die Eltern spielen dabei eine wichtige Rolle. Durch unsere – bewussten und unbewussten – Reaktionen fördern wir das emotionale Wachstum unserer Kinder. Und manchmal können wir es leider auch hemmen. Wenn Kinder emotionale Themen berühren, die uns unangenehm sind (Fragen zu Leben, Tod, Sex oder Aspekten unseres eigenen Verhaltens, die wir lieber ignorieren würden), und wir diesen Themen aus dem Weg gehen, lernen die Kinder, ihnen auch aus dem Weg zu gehen. Wenn wir uns jedoch darauf einlassen, uns der Frage öffnen und die Kinder an unserer Erfahrung teilhaben lassen, erweitern sie ihr emotionales Repertoire um Reflexion und Selbstwahrnehmung.

Ein Kind, das in einem bestimmten Gefühl »feststeckt«, neigt dazu, reflexartig auf das zu reagieren, wovor es Angst hat oder was es wütend macht. Es kann für ein Kind oder einen Teenager sehr beängstigend sein, von einem emotionalen Tsunami mitgerissen zu werden, und seine angsterfüllte oder wütende Reaktion macht es ihm umso schwerer, sich zu beruhigen und ein emotionales Gleichgewicht zu finden. Je stärker ein Kind Angst oder Zorn empfindet, desto weniger kann es mit uns interagieren oder das verarbeiten, was wir zu ihm sagen, um ihm zu helfen.

Der kritische Schritt bei der Förderung des emotionalen Wachstums eines Kindes besteht darin, auch und gerade an schwierigen Punkten (wo die Gefahr des Abreißens der Verbindung besteht) die fließende, wechselseitige Kommunikation der Gehirnbrücke aufrechtzuerhalten. Durch die unterstützende Funktion der Gehirnbrücke können sich die Grundemotionen eines Kindes ausdifferenzieren, erweitern und vertiefen, und positive »sekundäre Emotionen« (wie Mut, Entschlossenheit, Hoffnung und Mitgefühl) können sich entwickeln. Je stabiler diese Basis aus emotionalen Ressourcen ist, desto weniger Anstrengung ist erforderlich, um in Stresssituationen ruhig zu bleiben. Aber bei diesem Prozess kann ein Kind auch die erwähnten negativen sekundären Gefühle (wie Verzweiflung, Neid, Schuld oder Hilflosigkeit) erwerben, die es noch verletzlicher und empfänglicher für Angst machen. Der in beide Richtungen fließende Gehirnbrückendialog ist vollkommen ehrlich und ungefiltert, und in Rosies Fall sendete Marie ihrer Tochter aufgrund ihrer eigenen Frustration die Botschaft, dass ihr Verhalten störend war, wodurch Marie noch Öl in Rosies Feuer schüttete. Um ihrer Tochter helfen zu können, ihre komplexen Gefühle zu entwirren, musste Marie sich erst ihrer eigenen unterschwelligen Emotionen bewusst werden und erkennen, wie ihre Reaktionen zu Rosies emotionalem Stress beitrugen.

Während ein Kind heranwächst, lernt es verschiedene Arten von Gefühlen kennen – nicht nur die, die es angenehm findet, sondern auch die beängstigenden. Es ist wichtig, dass wir für alle seine Gefühlsäußerungen offen sind und auch vor den schwierigen, die bei uns Unbehagen verursachen, nicht zurückschrecken. Wie wir selbst von Filmen fasziniert sind, die dunkle, verstörende Gefühle ansprechen, so müssen auch Kinder sich sicher fühlen, wenn sie sich mit beängstigenden emotionalen Themen beschäftigen. Wir können ihnen dieses Gefühl der Sicherheit nur geben, wenn wir ruhig und kommunikativ bleiben. Das hilft dem Kind zu lernen, wie es mit beängstigenden Gefühlen umgehen kann, statt in einer früheren Phase überwältigender körperlicher und emotionaler Reaktionen steckenzubleiben oder darauf zurückzufallen.

Mit jedem Lebensjahr und jedem Entwicklungsschritt bauen Kinder ihre Fähigkeit aus, ruhig und objektiv über ihre Gefühle nachzudenken. Sie beginnen die Vielfalt der Situationen zu verstehen, die mit ihren Gefühlen der Wut, Angst und Traurigkeit in Zusammenhang stehen. Während Kinder diese Gefühle in Rollenspielen erforschen, werden körperliche und seelische Empfindungen in diesen Psychodramen eng miteinander verknüpft. Ruhige Kinder statten ihre Spiele mit mehr Details aus, stellen subtilere Gefühle dar und erfinden mehr Situationen, die diese Gefühle zum Vorschein bringen. Umgekehrt sind leichter erregbare Kinder emotional zögerlicher oder verarbeiten im Spiel eher angst- oder aggressionsbesetzte Themen.

Wenn Kinder mehr über ihre Gefühle nachdenken, können sie herausfinden, warum sie sich so wütend, ängstlich oder traurig fühlen. Sie beginnen, die subtileren Aspekte der »grauen« Gefühlsbereiche sowie das Geben und Nehmen in Freundschaften zu verstehen. In jüngeren Jahren kommt ein Kind hereingestürmt und brüllt, dass es seine beste Freundin hasst, weil sie in der Pause mit jemand anderem gespielt hat. In der Mittelstufe ist dieses Kind vielleicht schon in der Lage, auf eine solche Kränkung durch die Freundin zu reagieren, indem es sich – im Gespräch oder in Gedanken – damit auseinandersetzt, warum es sich so verletzt fühlt.

Alle diese wichtigen Elemente des emotionalen Wachstums sind vom gemeinsamen Erkunden von Gefühlen mit den Eltern und anderen vertrauten Personen im sicheren Kontext der Beziehung sowie vom Austausch über die Gehirnbrücke abhängig. Ohne diese prägenden Erfahrungen bleiben die Gefühle eines Kindes in einem überwältigenden Alles-oder-Nichts-Modus stecken.[91]

Ans Licht gebracht: Kinder brauchen emotionale Offenheit

Wir Menschen neigen dazu, verstörende Gefühle sowohl bei uns selbst als auch bei unseren Kindern zu unterdrücken. Aber zur Förderung des emotionalen Wachstums eines Kindes gehört, schmerzliche Gefühle nicht zu meiden oder zu verdrängen, sondern sie ans Tageslicht zu bringen. Das ist für Kinder – wie für uns alle – sehr schwierig.

Kinder finden starke negative Gefühle beängstigend und anstrengend und versuchen sie unter Verschluss zu halten, wie wir gesehen haben. Doch der innere Druck dieser Emotionen baut sich immer weiter auf, bis er einen Punkt erreicht, an dem es aus den Kindern herausbricht oder sie erstarren. An diesem Punkt ist es nicht hilfreich, sie aufzufordern, in Worte zu fassen, was sie empfinden, weil sie vor den Gefühlen fliehen, die ihnen Angst machen. Oft fallen Kinder dann in einen Zustand zurück, indem sie sprachlos sind oder nur noch Worte finden, mit denen sie das rohe Gefühl emotionalen Schmerzes ausdrücken, was alles nur noch schlimmer macht. Wie oft haben Eltern ihr wütendes Kind »Ich hasse dich!« rufen hören, obwohl es, wenn der Gefühlssturm vorbei ist, etwas Derartiges weder sagen noch denken würde?

Wir sollten unseren Kindern deshalb helfen, ihre Gefühle in einem sicheren Rahmen auszudrücken. Sie müssen ihren emotionalen Wortschatz und ihre Reflexionsfähigkeit erweitern und lernen, die verschiedenen Elemente ihrer emotionalen Reaktionen zu unterscheiden. Sie müssen lernen, ihre emotionalen Auslöser zu erkennen und – mit zunehmendem Alter – ihre emotionalen »Schwachstellen« zu verstehen. Und sie müssen neue Gefühle entwickeln und lernen, mit den neuen emotionalen Herausforderungen umzugehen, die Teil des Erwachsenwerdens sind.

Gemeinsam die »Tankuhr« ablesen

Erinnern Sie sich noch an den Kfz-Mechaniker, der nach einem Vortrag zu mir kam, um mir von seiner Erkenntnis zu erzählen, dass Menschen keine »Tankuhr« haben, die sie auf ihren fast leeren Energietank hinweist? Nun, in gewisser Weise *sind* starke Gefühle unsere Tankuhr. Erwachsene und Kinder müssen nur lernen zu erkennen, wann ein starkes negatives Gefühl anzeigt, dass unser Tank leer ist und wir erschöpft und angespannt sind. Es ist bemerkenswert, dass Dinge, die uns in einem Zustand erschöpfter Energiereserven beängstigend vorkommen oder uns stressen, für uns bei vollen Energiespeichern und geringer Anspannung nicht annähernd so belastend oder sogar völlig unproblematisch sind.

Unser Ziel ist, dass Kinder erkennen, wann ihre starken Gefühle ein Signal dafür sind, dass sie übermäßig gestresst sind und eine Erholungsphase brauchen. Sobald »beängstigende« Gefühle auf diese Weise (von Eltern und Kind) umgedeutet werden, verlieren sie ihren Schrecken. So waren auch Rosies Wutausbrüche Anzeichen dafür, dass sie aus verschiedenen Gründen gestresst und erschöpft war. Ein Kind kann das nur mit Unterstützung von außen lernen. Als emotionaler Mentor und Partner Ihres Kindes können Sie einen festgefahrenen Stresszyklus durchbrechen. Eine der wichtigsten Lektionen, die wir einem Kind im Rahmen der Selbstregulierung vermitteln können, besteht darin, die Zeichen emotionaler Fehlregulation möglichst früh zu erkennen, bevor die Gefühle so intensiv werden, dass das Kind in einen Kampf-oder-Flucht- oder Erstarrungsmodus gerät, und dann die fünf Schritte der Selbstregulierung zu durchlaufen.

Gefühlsregulierung beginnt also als interpersoneller Prozess, und das bleibt auch im weiteren Leben die Basis eines gesunden Gefühlslebens. Wir beruhigen unser Kind, indem wir ihm das Gefühl geben, in Sicherheit zu sein. Dies beginnt zwischen Eltern und Kind und wird später zu einem wichtigen Faktor in allen Beziehungen, von Freundschaften und Gruppen Gleichaltriger bis hin zu Liebes- und Lebenspartnern. Wenn die Gehirnbrücke reibungslos funktioniert, entsteht daraus ein gemeinsames Gefühl der Sicherheit. Darum übt sie bei Gefühlsumschwüngen eine stabilisierende Wirkung aus, die sich durch das Teilen unterschiedlicher Emotionen verstärkt und vertieft. Das sind zwei Seiten derselben Medaille. Gefühlsumschwünge sind ein fester Bestandteil des Lebens, genauso wie Augenblicke emotionaler Disharmonie. Und wie die Erholung von Gefühlsumschwüngen eine wesentliche Voraussetzung für unser Wohlbefinden ist, so ist die gemeinsame emotionale Basis, die zwei Partner mit sehr unterschiedlichen Gefühlen finden müssen, eine wesentliche Voraussetzung für die Stärke der Gehirnbrücke.

Die größte Gefahr für ein Kind – sein Zorn oder unserer?

Wir hören ständig, dass es eine der größten Gefahren für ein Kind sei, wenn es sein Temperament nicht unter Kontrolle hat. Man geht davon aus, dass alle Kinder – sei es aus biologischen, familiären oder sozialen Gründen – in jüngerem Alter Probleme damit haben (und manche mehr als andere). Nach der herkömmlichen Sichtweise leidet ein Kind, wenn es seiner Wut immer nachgibt, wodurch sie auch immer verursacht sein mag. Und es gibt viele Studien, die diese Ansicht untermauern. Wissenschaftliche Untersuchungen zeigen, dass bei solchen Kindern die Wahrscheinlichkeit des Schulabbruchs, des Auftretens anti-sozialer Verhaltensweisen, der Drogenabhängigkeit, der Autoaggression oder der Entwicklung psychologischer und körperlicher Probleme höher ist. Aber um die Probleme eines Kindes im Zusammenhang mit unkontrollierter Wut angehen zu können, müssen wir Ursache und Wirkung auseinanderhalten. Zieht der Zorn des Kindes an sich schon die genannten negativen Konsequenzen nach sich, oder ist unsere Reaktion auf seinen Zorn eine wichtige Ursache für seine Abwärtsspirale?[92]

Es ist eine Tatsache, dass wir alle – Eltern, Lehrer und sogar Kinder – auf die Wutausbrüche anderer Menschen selbst mit Zorn reagieren. Wenn wir wütend sind, ist es ganz natürlich, die Ursache dafür auf das Objekt unseres Zorns zu projizieren, auch wenn es sich um unser eigenes Kind handelt: Das Kind ist im Unrecht. Das Kind hat etwas Falsches getan. Das Kind muss nachgeben und seine Schuld eingestehen. Und wenn es das nicht tut und die oben aufgeführten schlimmen Konsequenzen eintreten, dann ist es selbst schuld!

Von allen negativen Gefühlen ist Wut dasjenige, mit dem Eltern und Kinder am schlechtesten umgehen können. Kinder finden Wut besonders anstrengend und beängstigend und versuchen deshalb, sie zu ignorieren oder zu unterdrücken. Aber der Druck steigt, bis die Wut explosiv wird. Eltern erklären oft, dass das Beängstigende an der Wut ihrer Kinder die Unberechenbarkeit sei. Bei einem Elternabend beschrieb eine Mutter die Wutausbrüche ihres Sohnes so: »Es geht von null auf hundert. In einer Sekunde ist er noch vollkommen ruhig und in der nächsten brüllt und tobt er.«

Niemand geht wirklich innerhalb einer Sekunde von null auf hundert. Das Verhalten eines Kindes ändert sich zwar so schnell, aber das bedeutet nicht, dass auch seine Gefühlslage genau in diesem Augenblick von ruhig auf zornig umgeschlagen ist. Deshalb ist es so wichtig, zwischen der »Stille« des Dampfkochtopfes (der jeden Moment pfeifen kann) und der selbstregulierten Ruhe des emotionalen Gleichgewichts zu unterscheiden. Bei einem Gefühlsausbruch hat sich die Anspannung des Kindes allmählich aufgebaut, auch wenn es von außen nicht erkennbar – und vor allem: auch wenn es dem Kind selbst nicht *bewusst* – war. Wenn diese Anspannung zu stark wird, kann etwas, das in ruhigem Zustand keinerlei Wirkung auf das Kind hat, einen Gefühlsausbruch verursachen. Deshalb muss das Kind selbst die Bedeutung des Ausbruchs erkennen. Mit anderen Worten: Es muss sich des körperlichen Zustandes bewusst werden, in dem es sich vor dem Ausbruch befand.

Die Selbstregulierung lehrt uns, dass die größte Gefahr für ein Kind nicht darin besteht, wütend zu sein, denn das ist Teil des menschlichen Lebens[93], sondern darin, für seine Gefühle beschimpft und auf eine Art bestraft zu werden, die es noch anfälliger für viele andere negative Gefühle macht: Gefühle der Hilflosigkeit, Wertlosigkeit, Melancholie oder gar des Selbsthasses. All das bringt das Kind der geforderten »Kontrolle seiner Gefühle« keinen Schritt näher.

Wut ist keine Charakterschwäche, die unter Kontrolle gebracht werden muss. Natürlich muss es für ein Kind Grenzen geben, die es versteht. Wissenschaftliche Untersuchungen haben gezeigt, dass das Fehlen von Grenzen für Kinder sogar ein größerer Stressfaktor ist als zu enge Grenzen. Aber das Ziel der Disziplin besteht darin, dem Kind zu helfen, Selbstdisziplin zu entwickeln, und *Selbstdisziplin basiert auf den positiven, nicht auf den negativen Gefühlen eines Kindes.* Selbstdisziplin resultiert aus seinem Wunsch, eine bestimmte Art von Mensch zu werden, und nicht aus der Angst davor, für sein Handeln beschämt oder bestraft zu werden.

Ein Fensterladen, der im Wind klappert

Warum sollte ein Kind seiner Wut nachgeben – wenn das zu einem bösen Ende führen und es dadurch zu einem sozialen Außenseiter werden kann? Warum sollte sich ein Kind dafür entscheiden, emotional gestresst statt ruhig und ausgeglichen zu sein? Warum die Schwierigkeit in jeder Chance sehen, wenn es, wie Churchill es einmal ausdrückte, so vorteilhaft ist, die Chance in jeder Schwierigkeit zu sehen? Warum bleibt ein Teenager den ganzen Tag bei zugezogenen Vorhängen im Bett? Warum kann ein ängstliches Kind nicht »einfach loslassen« oder ein schlecht gelauntes Kind nicht »einfach wieder fröhlich werden«?

Wie wir in diesem Kapitel gesehen haben, lautet die Antwort darauf, dass Kinder sich nicht dafür entscheiden, negativ oder widerspenstig oder unglücklich zu sein. Ob Sie es glauben oder nicht: Das Kind, das Sie ermahnen, sich zu beruhigen, *will* genau das tun. Nur das WIE ist ihm völlig schleierhaft. Das Problem besteht auch nicht darin, dass es den Preis negativer Gefühle nicht verstünde. Wenn das der Fall wäre, könnten wir ihm einfach (wieder einmal) die Folgen erklären, und dann würde es die Wut ausschalten, fröhlich werden, sich beruhigen, aufhören sich aufzuregen und sich wieder in den Griff bekommen.

Alle Eltern, mit denen ich bisher gesprochen habe, waren sich – wenn auch nur intuitiv – darüber im Klaren, dass Resilienz nicht im Vermeiden und Unterdrücken liegt, sondern im Konfrontieren und Umgehen mit starken Gefühlen. Alle haben auf ihre Weise versucht, die emotionalen Probleme ihrer Kinder direkt anzugehen: reinen Tisch zu machen, ihr Kind dazu zu bewegen, über seine Probleme zu sprechen oder einfach nur zu erkennen, dass es ein Problem gibt. Und fast alle stellten fest, dass Überredung als Reaktion auf emotionale Probleme ebenso wirkungslos war wie Logik.

Die Selbstregulierung lehrt uns nicht nur, warum das so ist, sondern vor allem auch, wie man damit umgehen kann. Sie lehrt uns, eine umfassendere Perspektive einzunehmen: das Ganze und nicht nur eine Seite der physisch-emotionalen Waage unseres Kindes zu betrachten. Denn wenn eine Seite aus dem Gleichgewicht geraten ist, gilt das auch für die andere, und wir können unserem Kind nicht helfen zu lernen, wie es seine emotionale Erregung regulieren kann, ohne dass es lernt, seine körperliche Erregung zu regulieren.

Starke Emotionen stehen dem Wohlbefinden unserer Kinder durchaus nicht im Weg, sondern sind der geheime Schlüssel dazu. Und ich spreche nicht nur von Liebe und Mitgefühl, Interesse und Neugier, sondern auch von den Ängsten und Ärgernissen, die zum Erwachsenwerden dazugehören. Sogar die Wut und der Ärger, die die Kinder und die Menschen um sie herum belasten, fördern die Entwicklung: Alles ist miteinander verknüpft und untrennbar mit der körperlichen Ebene verbunden. Wenn man dieses merkwürdige und beängstigende Verhalten ans Tageslicht bringt, stellt man fest, dass es – wie das Monster unter dem Bett – einfach nur ein Fensterladen ist, der im Wind klappert.

RUHIG, AUFMERKSAM UND LERNBEREIT: Die kognitive Domäne

Tyler war ein drahtiger kleiner Junge von sieben Jahren, der nie langsam ging, sondern immer nur rannte – von Zimmer zu Zimmer, hinein und hinaus, zwischen den Spielsachen hin und her. Er war körperlich unbeholfen, stieß ständig gegen Stühle und Tische, sogar gegen die Wände. Er musste alles, was er sah, anfassen, aber nur einen Augenblick, bevor er es wieder weglegte oder einfach auf den Boden warf. Wenn man sich mit ihm hinsetzte, um etwas zu besprechen, zog er eine Spielkonsole aus der Tasche, und das war's dann. Es war unmöglich, ihn von dem Spiel abzulenken und in eine Unterhaltung zu verwickeln. Seine Mutter Cynthia erzählte, dass er nirgendwo ohne seine Konsole hingehe. Er spielte sogar im Gehen oder während einer Unterhaltung damit. Die Spielkonsole war das Einzige, was ihn verlangsamen und seine Aufmerksamkeit fesseln konnte.

Auf der diagnostischen Checkliste der Verhaltensweisen, die mit Aufmerksamkeitsstörungen in Verbindungen gebracht werden, stehen »erhöhte Ablenkbarkeit« und »ständige Suche nach etwas Neuem« als typische Ausgangspunkte. Aber Tylers »erhöhte Ablenkbarkeit« war schwer zu beschreiben, da er sich nie lange genug mit einer Aufgabe beschäftigte, um überhaupt abgelenkt werden zu können. Auch von »ständiger Suche nach etwas Neuem« bei ihm zu sprechen war schwierig, da er die Dinge, die er sah oder in die Hand nahm, kaum bewusst wahrzunehmen schien. Es war, als ob ihn ein tiefes inneres Bedürfnis dazu treibe, wie ein Kolibri von einem Stimulus zum nächsten zu flattern.

Es ging nicht nur darum, dass Tyler nicht still sitzen konnte. Beim Herumstreunen wirkte er angespannt, eher ängstlich als neugierig. Und obwohl er stundenlang auf Videospiele starren konnte, ließ sich nicht sagen, ob es sich dabei wirklich um Konzentration (was ein *aktiver* geistiger Zustand wäre) oder um eine Art »Gefangennahme der Aufmerksamkeit« handelte, bei der etwas – durch Unterbrechung anderer Prozesse – die Aufmerksamkeit völlig in Beschlag nimmt. Diese Art der Aufmerksamkeit gilt, selbst wenn sie länger andauert, als *passiver* geistiger Zustand. Wie bei vielen Kindern mit Aufmerksamkeitsproblemen war es auch bei Tyler so, dass das für elektronische Spiele typische »Sperrfeuer« aus hektisch wechselnden Bildern, lauten Geräuschen und grellen Farben seine Aufmerksamkeit fesselte, aber sein Gehirn erschöpfte, weil kurze, aber anstrengende Energieschübe eine Fehlregulierung bewirken – wie Junkfood für das Gehirn.

Tylers hyperaktives Verhalten als Kleinkind war zu Hause schon problematisch genug gewesen. Ihn dazu zu bringen, sitzen zu bleiben und sein Frühstück aufzuessen oder sich für eine Fahrt zum Supermarkt fertig zu machen, erforderte von seiner Mutter viel Geduld und Mühe. Aber als er mit fünf Jahren in die Vorschule kam, wurde alles nur noch schlimmer. Seine Unfähigkeit, still zu sitzen und sich auf eine Aufgabe zu konzentrieren, für das Mittagessen anzustehen oder selbst einfache Spiele wie »Ich sehe was, was du nicht siehst« mit anderen Kindern in seiner Gruppe bis zum Ende durchzuhalten, machten es schwierig, ihn sowohl an Einzelunterricht als auch an Gruppenaktivitäten teilnehmen zu lassen. Und das bedeutete, dass er diese wichtigen Lernchancen nicht wahrnehmen konnte.

Bei Tyler wurde im selben Jahr eine Aufmerksamkeitsdefizit-/Hyperaktivitätsstörung (ADHS) diagnostiziert, und im nächsten Jahr bekam er ein Medikament, das die Aufmerksamkeit verbessern sollte. Cynthia berichtete, dass das Medikament einen kleinen Fortschritt bezüglich seines Verhaltens in der Schule gebracht habe, was als wichtig für seine soziale und schulische Entwicklung eingestuft wurde. Allerdings fiel es Tyler schwer, das Medikament einzunehmen – ihm war sowohl der Geschmack des Saftes als auch der Kautabletten zuwider. Sie versuchten es mit einem Pflaster, aber das fand Tyler störend und riss es bei der ersten Gelegenheit wieder ab. Daher war es schon allein ein Kampf, ihn zur Einnahme des Mittels zu bewegen. Außerdem ließ die positive Wirkung im Lauf des Tages nach, was die Abende zu einer Herausforderung für ihn und seine Mutter machte. Cynthia war alleinerziehend und als Anwaltssekretärin beruflich sehr eingespannt. Aber die Abende mit Tyler waren noch anstrengender. Am schlimmsten war es zur Schlafenszeit. Es konnte Stunden dauern, Tyler zur Ruhe zu bringen. Die Nächte, in denen er um Mitternacht schon schlief, waren kleine Triumphe. Und während Cynthia morgens erschöpft aufwachte, schien Tyler der Schlafmangel nichts anzuhaben.

In der ersten Klasse wurde Tylers Situation in den ersten drei Monaten noch schwieriger. Die Klasse kam beim Lesen- und Schreibenlernen voran, während Tylers mangelnde Aufmerksamkeit und Impulsivität seine Lernfortschritte verzögerte. Sein Verhalten war eine undurchdringliche Wand, die Tyler daran hinderte, gemeinsam mit seinen Mitschülern zu lernen, oder, wie Cynthia befürchtete, überhaupt etwas zu lernen. Ihre

Sorge war berechtigt und wird von einer steigenden Zahl von Eltern geteilt. Ein Kind, das sich nicht konzentrieren kann, kann nichts lernen, und ein Kind, das nichts lernt, kann im Leben nicht vorankommen.

Unser Ziel bei der Behandlung von Tyler bestand darin, ihn zu »verlangsamen«, ihm zu helfen, seinen Körper wahrzunehmen, Augenblicke der Ruhe zu erleben und zu genießen und zu lernen, wie er das auch ohne Unterstützung von außen erreichen konnte. Unser wissenschaftlicher Fokus liegt bei der Arbeit mit Kindern wie Tyler darauf herauszufinden, welche Schlüsse wir daraus in Bezug auf alle Kinder, nicht nur auf diejenigen mit Problemen in der kognitiven Domäne, ziehen können.[94]

Die Basis der kognitiven Domäne freilegen

»Kognition« ist ein Begriff, der in der Psychologie ein Riesengebiet abdeckt. Er bezieht sich auf alle mentalen Prozesse, die am Lernen beteiligt sind: Aufmerksamkeit, Wahrnehmung, Gedächtnis und Problemlösung. Tatsächlich deckt jeder dieser Begriffe für sich schon ein Riesengebiet ab. Die Selbstregulierung beansprucht einen viel kleineren, aber wichtigen Bereich davon für sich: Sie befasst sich mit den gemeinsamen Wurzeln dieser verschiedenen kognitiven Prozesse sowie mit der Frage, wie Einschränkungen bei diesen gemeinsamen Wurzeln zu Problemen bei einem der genannten Aspekte des Lernens führen können.

Die folgenden kognitiven Kompetenzen sind bei Kindern und Jugendlichen am häufigsten beeinträchtigt:

- Aufmerksamkeit
- Ignorieren von Ablenkungen
- Aufschieben von Belohnungen
- Kombinieren von Gedanken
- Strukturieren von Gedanken
- Frustrationstoleranz
- Lernen aus Fehlern
- Fokusverlagerung
- Erkennen des Zusammenhangs zwischen Ursache und Wirkung
- Abstraktes Denken

Wenn man auf Probleme in diesen Bereichen trifft, ist es naheliegend, sich auf das jeweilige Thema zu konzentrieren. Hat ein Kind beispielsweise Probleme mit der Aufmerksamkeit, könnte man meinen, dass es Übungen zur Stärkung dieser Fähigkeit braucht. Aber im Rahmen der Selbstregulierung fragen wir immer: Warum tritt dieses spezielle Problem auf? Welche Faktoren liegen ihm zugrunde? Was kann ich tun, um die *Wurzeln* der Kognition zu stärken?[95] Das ist nicht nur bei Kindern mit entsprechenden Problemen, sondern bei allen Kindern wichtig. Selbst bei Kindern, die gut lernen, treten neue Herausforderungen auf, wenn die schulischen Aufgaben komplexer werden und höhere Anforderungen an die Aufmerksamkeit gestellt werden. Der Erfolgsdruck in der Schule ist hoch, und durch die sozialen und emotionalen Anforderungen des Schülerdaseins kommen noch weitere Stressfaktoren hinzu.

Ein Wurzelsystem nimmt Wasser und Nährstoffe auf und verankert die Pflanze im Boden. Ein ähnliches Bild haben wir vor Augen, wenn wir von den »Wurzeln der Kognition« sprechen: Wir beziehen uns dabei auf die Aufnahme und Verarbeitung *interner* und *externer* Informationen sowie auf die »Verankerung« oder »Erdung« des Menschen im Sinne der Vermittlung eines Gefühls der Sicherheit, das erforderlich ist, um mit der Umwelt interagieren zu können. Wir sprechen sowohl von internen als auch von externen Signalen, weil wir nicht nur mit unseren fünf Sinnen (Sehen, Riechen, Schmecken, Tasten und Hören) Informationen aufnehmen, sondern auch mit unseren »inneren Sensoren«, durch die wir erfahren, was in unserem Körper vor sich geht (Positionierung von Oberkörper, Kopf, Gliedmaßen, Händen und Füßen, Temperatur- und Druckänderungen, intuitives Zeitgefühl).

Ein Kind, bei dem Einschränkungen im Bereich seines sensorischen Wurzelsystems vorliegen, zum Erwerb »höherer« oder »metakognitiver« Kompetenzen zu drängen, kann sowohl für das Kind als auch für seine Eltern und Lehrer sehr frustrierend sein. Tyler ist hierfür ein gutes Beispiel. In dem Bemühen, ihm zu helfen, ordnete die Schule wöchentliche Coaching-Sitzungen zur Stärkung seiner höheren Funktionen an. Der Begriff »höhere Funktionen« bezieht sich auf verschiedene am logischen Denken, Problemlösen, flexiblen Denken, Planen und Umsetzen sowie am effektiven Multitasking beteiligten Kompetenzen. Wenn Sie je beobachtet haben, wie ein Kind sich auf das Erlernen neuer Spielregeln konzentriert oder ein Lego-Modell baut (und deshalb Ihre Aufforderung, zum Essen zu kommen, ignoriert), dann haben Sie die höheren Funktionen in Aktion erlebt.

Beim Coaching zur Stärkung der höheren Funktionen werden Dinge wie Notizenmachen, Textlektüre und -analyse, Aufsatzplanung und Testvorbereitung oder Zeitmanagement geübt.[96] Solche Kompetenzen sind von großem Wert und haben sich für viele Kinder mit Lerndefiziten als äußerst hilfreich erwiesen, weil sie den mit dem Lernen, mit dem Schreiben von Aufsätzen oder mit Prüfungen verbundenen Stress verringern. Aber Tyler half das Training überhaupt nicht, obwohl Cynthia jeden Abend gewissenhaft seine Übungen mit ihm durchging. Von den Lektionen schien nie etwas hängen zu bleiben, und mit der Zeit graute beiden vor den abendlichen Sitzungen. Das Problem war, dass Tylers Schwierigkeiten im kognitiven Bereich viel grundlegender waren. Wie in allen Domänen der Selbstregulierung können wir auch in der kognitiven Domäne nicht auf einer höheren Ebene zu arbeiten beginnen, solange keine stabile Grundlage vorhanden ist. Bevor wir also über Tylers erhöhte Ablenkbarkeit und Impulsivität nachdenken konnten, mussten wir an seiner Fähigkeit arbeiten, verschiedene sensorische Informationen aufzunehmen und zu verarbeiten.

Die Aufmerksamkeitsprobleme eines Kindes können viele Gründe – biologischer, emotionaler, kognitiver, psychologischer und sozialer Art – haben.[97] Die Konzentration auf das Training der höheren Funktionen ist für manche Kinder hilfreich, aber ich höre oft von Pädagogen, dass viele Schüler nicht davon profitieren. Warum nicht? Der Hauptgrund ist, dass diese Übungen ein gewisses Maß an kognitiver Bereitschaft voraussetzen, das viele Kinder und sogar Teenager nicht mitbringen. Mit anderen Worten: Wir müssen die Wurzeln düngen, bevor wir uns über das Zurückschneiden der Äste Gedanken machen können.

Die Wurzeln der Kognition

Einer meiner Lieblingscartoons von Gary Larson vergleicht »Was wir zu Hunden sagen« mit »Was sie hören«. Der Cartoon zeigt einen Mann, der seinen Hund sehr wortreich und mit direkter

Ansprache schimpft, dass er sich vom Müll fernhalten soll. Was hört der Hund? »Bla bla BELLO! Bla bla bla bla bla! Bla bla bla bla bla! Bla bla bla BELLO? Bla bla bla bla bla bla ...!« Dieser Cartoon eignet sich hervorragend als Einstieg in die Beschäftigung mit den »Wurzeln der Kognition«.

Viele Kinder mit Aufmerksamkeitsproblemen hören wahrscheinlich nicht einmal »bla, bla, bla«, sondern eher »blablabla ...« – einen endlosen Strom von Lauten. So wird aus unserer einfachen Aufforderung, »Räum die Spielsachen auf, bevor du zum Spielen rausgehst« die unverständliche Mitteilung »räumdiespielsachnaufbevorduzumspielnrausgehst«. Vielleicht fällt es diesen Kindern schwer, kleine Silben wie die Endung »en« zu erkennen, bei der unsere Stimme meistens leiser wird. Oder sie verstehen nicht, ob wir »hatte«, »harte« oder »haarte« sagen. Die Schwierigkeiten der Kinder ähneln denen, die wir beim Unterscheiden von Lauten in einer Fremdsprache haben. Und das liegt nicht daran, dass wir nicht auf das achten, was Leute zu uns sagen (obwohl mit der Frustration die Wahrscheinlichkeit steigt, dass wir nicht mehr richtig hinhören). Unser Gehör ist völlig in Ordnung – nur das auditorische Zentrum in unserem Gehirn ist nicht mit den Lauten vertraut. Bei manchen Menschen bewirkt ein Defizit bei der Verarbeitung von Sprachlauten im Gehirn, dass sie selbst in ihrer Muttersprache Schwierigkeiten haben zu verstehen, was gesagt wird.

Tyler hatte ein (nicht seltenes) Problem mit seinen inneren Sensoren. Er tat sich sehr schwer mit Spielen wie »Alle Vögel fliegen hoch« und wollte deshalb schnell nicht mehr mitmachen, was den Anschein erweckte, als ob er ein Motivationsproblem habe und keine Lust, sich anzustrengen.[98] Aber als wir Tyler aufmerksam beobachteten, stellten wir fest, dass es ihm schwerfiel, die bei dem Spiel geforderten motorischen Abläufe nachzuvollziehen.

Cynthia kannte dieses Problem schon aus dem Alltag, hatte es aber bislang nicht als Teil eines Musters gesehen. Tyler war von klein auf so gewesen und hatte immer noch Schwierigkeiten damit, auf einem Bein zu stehen oder sich länger als einige Sekunden auf einem Wackelbrett zu halten. Er war beim Hinsetzen und Aufstehen unbeholfen und schien seine Körpersignale auch bei anderen einfachen Dingen nicht wahrzunehmen. Er konnte vor Kälte zittern, ohne von selbst auf die Idee zu kommen, einen Pullover anzuziehen. Cynthia musste ihn selbst dann zum Essen auffordern, wenn sie wusste, dass er hungrig war. Und er schien nie zu wissen, wann er erschöpft war, obwohl es für seine Mutter ganz offensichtlich war.

Jedem Kind, das an der Selbstregulierung zu arbeiten beginnt, müssen wir zunächst einmal helfen, sich in seiner eigenen Haut wohlzufühlen. Für Tyler bedeutete das, Spiele zu spielen, die ihm halfen, auf die Botschaften seiner Muskeln und Gelenke zu achten. Da er sich mit der Koordination von Handlungen und Sprache schwertat, spielte Cynthia Spiele mit ihm, die diese Art von Wahrnehmung förderten. Zeitlose Kinderspiele wie »Ochs am Berg« sind wirksam, weil sie Spaß machen. Gleichzeitig führen sie das Kind durch eine körperliche Erfahrung der kognitiven Prozesse, die es braucht, um Gedanken, Bewegungen und verbale Äußerungen in die richtige Reihenfolge zu bringen und sich sicher in seiner Umgebung zu bewegen. Spiele wie dieses arbeiten an den Wurzeln der Aufmerksamkeit statt an den Folgen der Unaufmerksamkeit.

Man sollte nie davon ausgehen, dass nur kleine Kinder dieses Training brauchen. Dass Ihr Hüne von einem Teenager kein

»Kind« mehr ist, heißt noch lange nicht, dass er nicht von der Stärkung dieser Verbindungen zwischen Gehirn und Körper profitieren würde. Und das gilt für uns alle. Manche Teenager haben ein subtiles Defizit bezüglich einer dieser Wurzeln, das nie entdeckt wurde – vielleicht, weil eine andere Fähigkeit, zum Beispiel das Gedächtnis, sehr stark war und das Defizit kompensieren konnte. Aber irgendwann werden die Anforderungen so hoch, dass das Gedächtnis sie nicht mehr bewältigen kann, und deshalb sind Teenager, die problemlos die Grundschule durchlaufen haben, aber in der weiterführenden Schule plötzlich ein Aufmerksamkeitsproblem entwickeln, keine Seltenheit.

Den kognitiven Motor auf Touren bringen

Neugeborene müssen lernen, die Flut von Informationen aus ihrem Innern und aus ihrer Umgebung (für sie völlig unbekannte Empfindungen) zu interpretieren. Biologisch bedingte Einschränkungen bei der Wahrnehmung oder Verarbeitung verschiedener Arten von Empfindungen oder schiere Erschöpfung machen es den Kindern noch schwerer, aus diesem Wirrwarr an Impulsen schlau zu werden.

Um die Schwierigkeiten eines Kindes an den Wurzeln der kognitiven Domäne zu verstehen, können wir uns vorstellen, wir müssten

- eine steile Treppe hinuntergehen, ohne uns am Geländer festzuhalten.
- mit der »falschen« Hand einen Brief schreiben oder Tennis spielen.

- mit so schlechtem Empfang telefonieren, dass wir nur einen Teil dessen, was der andere sagt, verstehen können.

Für manche Kinder ist das ein fester Bestandteil ihres täglichen Lebens, und die Auswirkungen zeigen sich oft in Aufmerksamkeitsstörungen. Wenn ein Kind sensorische Stimuli nicht wahrnimmt oder nicht verarbeiten kann, spürt es Angst aufsteigen, weil es seinen Sinnen nicht trauen kann und nicht weiß, was es erwartet.

Muster geben dem Kind Sicherheit

Muster machen die Welt vorhersehbarer und weniger erschreckend.[99] Je besser ein Baby Muster erkennen kann, desto weniger beängstigend ist die Welt und desto besser kann es sich auf sie einlassen. Babys halten ständig nach Mustern in ihrer Umgebung Ausschau. Beispielsweise beginnt ein Baby, nicht nur Laute, sondern auch die Pausen dazwischen und die Art und Weise, wie die Laute eingesetzt werden, zu erkennen. Es beginnt, die Wörter als voneinander abgegrenzte Laute (»Bleib« »vom« »Müll« »weg«) wahrzunehmen, und erkennt den Zusammenhang zwischen der lauten Stimme, dem tadelnden Finger und Papas Gesichtsausdruck, wenn er das sagt.

Mit der Mustererkennung geht die Fähigkeit einher zu wissen, was man fühlt, und willentlich auf die Umgebung einzuwirken. Das Kind kann dann anderen Personen mitteilen, was es will, oder seinen Körper so steuern, dass er tut, was es will – zum Beispiel essen, ein Spielzeug aufheben, gehen oder anhalten. Dieselben kognitiven »Wurzeln« befähigen das Kind, den

Zusammenhang zwischen Ursache und Wirkung oder zwischen Stimmungen und Verhaltensweisen bei sich selbst und seinen Eltern zu erkennen.

Die Fähigkeit, Muster zu erkennen, »verankert« das Kind und reduziert dadurch seine Stressbelastung. So kann es im »Lernmodus« – offen und voller Interesse für die Welt – bleiben. (Kinder wechseln schnell in den »Überlebensmodus«, wenn sie nicht verstehen, was sie erleben oder weshalb Menschen sich so verhalten, wie sie es tun, oder wenn einfach mehr geschieht, als sie verarbeiten können.) So ermöglichen die »Wurzeln der Kognition« nicht nur die Interpretation der Flut von inneren und äußeren Informationen, sondern schaffen auch die sichere Basis für die Suche nach komplexeren Mustern. Kinder, bei denen eines der oben beschriebenen kognitiven Probleme auftritt, verhalten sich oft so, weil ihnen die sichere Basis fehlt, von der aus sie sich auf die Außenwelt (und auch auf die Innenwelt) einlassen und sie erforschen könnten. Möglicherweise können sie nur durch das Ausblenden eines Großteils der Informationen, die ihre Sinne bombardieren, ein Minimum an Stabilität bewahren.

Aber diese »Wurzeln« entwickeln sich nicht von ganz allein, beispielsweise als Resultat eines festgelegten genetischen Programms. Wir helfen einem Kind, das sich damit schwertut, seine Gedanken in die richtige Reihenfolge zu bringen, instinktiv, indem wir seine Aufgaben vereinfachen und es bei der Problemlösung unterstützen. Dieses Lernkonzept, das sogenannte »Gerüstbauen«, ist für jede Art des Lernens wichtig, beginnt aber schon sehr früh mit der Förderung der Mustererkennung.

Bei einem Baby vermeiden wir eine sensorische Überlastung, so gut es geht, und führen es nach einem »Zusammenbruch« zurück in einen ruhigen, stabilen Zustand. Wir interpretieren seine Signale und passen die Intensität unserer eigenen Stimuli entsprechend an. Zum Beispiel verändern wir unsere Lautäußerungen, um die Tonhöhe und Lautstärke zu finden, die dem Baby am besten gefallen. Das ist die treibende Kraft hinter der »Babysprache« – der Art, wie Eltern in allen Kulturen unbewusst ihre Sprechweise gegenüber Säuglingen anpassen, um ihnen zu helfen, sprachliche Muster zu erkennen. Wir betonen die lautlichen Unterschiede zwischen »buh« und »puh« oder übertreiben die verschiedenen Mundformen, damit das Baby den Unterschied nicht nur hören, sondern auch sehen kann. Eine solche Kombination aus visuellen und akustischen Informationen ist für Kinder, bei denen eine Art der sensorischen Verarbeitung stark, die andere aber schwach ausgeprägt ist, besonders hilfreich.

Wir unterstützen unsere Kinder auf vielerlei Art, während sie sitzen oder gehen lernen. Wir küssen das »Aua«, das zum Laufenlernen dazugehört. Wir statten ihr Fahrrad mit Stützrädern aus, verwenden Schwimmflügel beim Schwimmenlernen und halten sie, während sie das Klettergerüst erklimmen. Die Annahme, dass Kinder allein – ohne unsere Hilfe – lernen müssen, aufmerksam zu sein, ist vielleicht der größte Fehler, den wir machen können. Alle Eltern wünschen sich, dass ihre Kinder still am Tisch sitzen und ihre Hausaufgaben machen. Aber manche Kinder brauchen viel Unterstützung von uns, um an diesen Punkt zu kommen.

Die Pfahlwurzel kognitiver Probleme

Erregungsregulierung ist nicht einfach nur eine *weitere* »Wurzel der Kognition«. Sie ist die Pfahlwurzel, die alle kleineren seitlichen Wurzeln mit Nahrung versorgt. Man muss sich nur vorstellen, wie viel Energie ein Säugling verbrennt, wenn er sich bemüht, seine Hände oder seinen Mund dazu zu bringen, das zu tun, was er will, oder wenn er gegen die Schwerkraft ankämpft, die ihm das Sitzen oder das Laufen so schwer macht. Er verbrennt genauso Energie beim Interpretieren unseres Verhaltens, angefangen bei der verwirrenden Fülle an Bewegungen und Geräuschen, die von unserem Gesicht ausgehen.

Bei jedem Kind sind einige Wurzeln schwächer als andere. Manche Kinder finden es schwierig, einem Vortrag zuzuhören oder ein Buch zu lesen, andere haben Probleme, neue mathematische Rechenwege oder Spiele zu verstehen. Wir alle schrecken vor Aktivitäten, durch die wir uns überfordert fühlen, zurück. Unsere »Schwächen« treten immer dann deutlicher zutage, wenn wir müde und gestresst sind. Dasselbe gilt für Kinder und Jugendliche. Ein Großteil ihrer kognitiven Probleme besteht vielleicht einfach nur aus Vermeidungsstrategien. Aber es gibt auch ein tiefer liegendes Problem: Je größer der Stress, dem ein Kind ausgesetzt ist, desto deutlicher zeigt sich ein Problem mit einer der Wurzeln. Als Folge davon erhöht sich der Gesamtstress des Kindes. Es gerät in einen Stresszyklus auf dieser elementaren kognitiven Ebene, bei dem ein Mustererkennungsproblem (zum Beispiel beim Lesen des einfachen Satzes) Stress verursachen kann, der den Energieschwund verstärkt, wodurch wiederum das Mustererkennungsdefizit verstärkt wird, und so weiter.

Vermehrter Stress dämpft oder reduziert auch die Sinneswahrnehmung. Selbst Kindern, die normalerweise kein Verarbeitungsproblem haben, kann es schwerfallen, sprachliche Äußerungen zu verstehen, wenn sie sehr gestresst sind. Und bei Kindern mit einer sensorischen Hypersensibilität oder einem

Problem beim Verarbeiten bestimmter Informationen kann Stress zu einer erheblichen Verringerung der Energiereserven führen. Wenn sie zu viel Energie für das Stillsitzen, die Unterdrückung eines Impulses oder die Interpretation visueller oder akustischer Eindrücke aufwenden müssen, ist nicht mehr genug für das strukturierte Bearbeiten einer Aufgabe vorhanden. Mir fiel einmal auf, dass ein Mädchen, mit dem ich an einer Matheaufgabe arbeitete, vom Geräusch der Lüftung an meinem Computer abgelenkt wurde. Sie konnte sich deshalb kaum auf das Matheproblem auf dem Blatt vor ihr konzentrieren. Sie löste die Aufgabe aber innerhalb weniger Minuten, nachdem ich den Computer ausgeschaltet hatte.

An den physischen Wurzeln der Aufmerksamkeit arbeiten

Bei vielen Kindern mit Aufmerksamkeitsproblemen fangen wir nicht mit Übungen zur Reduzierung der Ablenkbarkeit oder zur Verbesserung der Planungs- und Strukturierfähigkeiten an, sondern mit der Stärkung der Körperwahrnehmung, denn dort liegen die Wurzeln der Konzentrationsfähigkeit. Diese Form der Achtsamkeit kann durch verschiedene einfache Übungen und Spiele gefördert werden. Einige Beispiele: Tierimitationen (Stell dir vor, du bist ein Elefant und schwingst deinen langen Rüssel hin und her; oder stell dir vor, du bist eine Maus und rennst schnell in dein Mauseloch), Stimmmodulationen (Stell dir vor, du bist ein brüllender Löwe oder eine quiekende Maus) und Sprechmuster (Rede so schnell oder so langsam du kannst). Bei anderen Aktivitäten geht es um Handbewegungen (mit Sandpapier ein Stück Holz bearbeiten oder sanft ein Stofftier streicheln), Tastwahrnehmung (mit verbundenen Augen verschiedene Arten von Materialien erkennen), Geruchswahrnehmung (verschiedene Arten ätherischer Öle nur am Geruch erkennen) oder die Unterscheidung zwischen verschiedenen Geschmacksrichtungen (»Bertie Botts Bohnen aller Geschmacksrichtungen« – sicher der Favorit der meisten Kinder).

Der Sinn solcher Spiele besteht nicht einfach darin, den Kindern zu helfen, die verschiedenen Arten von Bewegungen oder Modulationen zu *beherrschen*. Vielmehr geht es darum, dass sie die Empfindungen beim Ausführen der Aufgaben *bewusst wahrnehmen*. Hier sind vier Möglichkeiten, die Aufmerksamkeit eines Kindes auf sein inneres Erleben zu lenken:

- Ihre Sprache, Unterhaltungen und Interaktion mit Ihrem Kind bei alltäglichen Dingen und besonders beim Erteilen von Anweisungen verlangsamen.
- Die Intensität bestimmter (zum Beispiel akustischer oder visueller) Stimuli verstärken, sodass Ihr Kind die Empfindung in vollem Umfang wahrnehmen kann, und die Intensität anderer Stimuli, die bei Ihrem Kind eine Alarmreaktion auslösen, reduzieren.
- Komplexe Abläufe oder Anweisungen in kleinere Schritte aufteilen, sodass sich Ihr Kind immer auf einen Schritt oder eine Information konzentrieren kann.
- Ihrem Kind helfen wahrzunehmen, wenn eine körperliche Aktivität oder ein Spiel ihm hilft, Anspannung abzubauen und sich ruhiger zu fühlen. Fragen Sie Ihr Kind anschließend, ob es sich wie ein Roboter oder wie eine Stoffpuppe fühlt.

Für Kinder mit Aufmerksamkeitsproblemen ist es besonders wichtig, dabei unterstützt zu werden, die sensorischen Informationen von ihren Propriozeptoren – den sensorischen Nervenenden in den Muskeln, Sehnen, Gelenken und im Innenohr, von denen sie Informationen über ihre Position und ihre Bewegungen erhalten – bewusst wahrzunehmen. Für diese Kinder müssen wir die Bewegungen, die sie üben sollen, so weit verlangsamen, bis sie die verschiedenen beteiligten Körperregionen und den Rhythmus ihrer Bewegungen spüren können. Und all das muss den Kindern Spaß machen, damit ihr Alarmsystem nicht ausgelöst wird.

Eine Kollegin erzählte mir einmal von einem Yogakurs, der ein perfektes Beispiel dafür war, wie die Verlangsamung von Bewegungen diese Art der »Körperwahrnehmung« fördert.[100] Die Übungsgeschwindigkeit im Kurs war extrem langsam, wobei der Schwerpunkt auf der korrekten Ausführung statt auf dem Erlernen neuer, schwieriger Haltungen lag. Die Anleitungen und Bewegungen konzentrierten sich insbesondere auf die Wahrnehmung des Gewichtes der Beine und ihrer sich während der Bewegung verändernden Position oder auf der Anspannung der Muskeln, die langsam gegen die Schwerkraft arbeiteten. Dabei werden die propriozeptiven Fähigkeiten, also die Fähigkeiten zur Wahrnehmung der körperlichen Lage und Bewegung im Raum, trainiert, deren Bedeutung für die kognitiven Funktionen leicht übersehen wird. Meine Kollegin berichtete, dass sie sich am Ende des Kurses immer ganz ruhig und leicht gefühlt habe.

Astronauten haben schon häufig beschrieben, wie schmerzhaft und anstrengend die Rückkehr zur Erde ist – und dass das erneute Erleben der Schwerkraft dem Schultern eines schweren Rucksacks oder dem Hinaufschieben eines Fahrrads auf einen steilen Berg gleicht. Wir sind so sehr daran gewöhnt, gegen die Schwerkraft anzukämpfen, dass wir nicht mehr wahrnehmen, wie viele Muskeln wir anspannen, um unsere aufrechte Körperhaltung beizubehalten.[101] Wir haben uns so sehr daran gewöhnt, den schweren Rucksack mit uns herumzuschleppen, dass wir ihn nicht einmal mehr bemerken. Selbst im Sitzen spannen wir Muskeln im Oberkörper, im oberen Rücken, in Schultern und Hals an, um uns aufrecht zu halten. Aber ein Baby, das gerade erst das Sitzen lernt, erlebt noch ganz unmittelbar, wie groß die damit verbundene Anstrengung ist. Dasselbe gilt für den schlecht gelaunten, müden Teenager, der morgens schwer zu kämpfen hat, um aus dem Bett zu kommen.

Zwei Jahrzehnte Forschung und eine jahrtausendealte Meditationstradition untermauern die Verbindung zwischen Achtsamkeit und den beruhigenden Veränderungen der Herzfrequenz und anderer Vitalwerte. Aber warum ist das so? Die Antwort liegt zum Teil in der wohltuenden Wirkung der Konzentration auf unseren Körper. Dabei wird der Neurotransmitter Acetylcholin freigesetzt, der nicht nur den Herzschlag verlangsamt und den REM-Schlaf fördert, sondern auch für die Aufmerksamkeit wichtig ist.[102]

Das heißt nicht, dass alle Kinder mit motorisch bedingten Aufmerksamkeitsproblemen Spaß an »Zeitlupen-Yoga« haben werden. Manche sind erst mit Begeisterung dabei, wenn wir Power-Yoga mit ihnen üben, und viele mögen Yoga überhaupt nicht. Dabei zeigt sich wieder einmal, wie wichtig es ist, individuelle Unterschiede zu erkennen. Es gibt keine magische Formel, die jedem Kind hilft, seine Körperwahrnehmung zu entwickeln, sondern Sie müssen gemeinsam herausfinden, was hilfreich ist.

Ängstlich, unkonzentriert und lernunfähig

Es ist seit Langem bekannt, dass Angst die Aufmerksamkeit eines Kindes stark beeinträchtigt. Aus der Perspektive der Selbstregulierung ist das durchaus nachvollziehbar: Die erhöhte Anspannung kostet so viel Energie, dass nur noch wenig für die Aufmerksamkeit übrig bleibt.

Aufmerksamkeit ist ein Ganzkörperphänomen, das die Muskeln ebenso sehr beansprucht wie den Geist.[103] Wenn man einige Minuten lang ein Kind beobachtet, das in ein Problem vertieft ist, sieht man, wie sein ganzer Körper vor Konzentration angespannt ist. Wir sprechen davon, dass ein Kind an einem Problem *arbeitet* – eine sehr bedeutsame Metapher, da das Kind bei der Problemlösung seine Muskeln ebenso sehr anstrengt wie seinen Geist. Ich habe einmal gehört, wie ein Mathematiklehrer seiner Klasse »schweres Heben« ankündigte, was ein sehr treffendes Bild war, wenn man beobachtete, wie die Schüler beim Rechnen die Zähne zusammenbissen und die Stirn in Falten legten.

Hinzu kommt, dass intensive Konzentration uns Angst machen kann. Und damit meine ich nicht nur die Angst davor, das Problem nicht lösen zu können, sondern die physiologischen Auswirkungen dieses »Ganzkörperphänomens«. Ob wir uns aufgrund eines emotionalen Problems oder aufgrund starker Konzentration in einem Zustand niedriger Energie und hoher Anspannung befinden – die Auswirkungen scheinen dieselben zu sein.

Bei unserer Selbstregulierungsarbeit in Schulen halten wir uns an die Grundregel, dass Kinder sich ungefähr so viele Minuten konzentrieren können, wie sie in Jahren alt sind. Natürlich gibt es immer Ausnahmen. Manche Kinder können sich nicht annähernd so lange konzentrieren, wie man es erwarten würde, während es bei anderen keine Grenze zu geben scheint. Aber allen Kindern ist gemeinsam, dass beim Überschreiten eines bestimmten Punkts (wo immer er liegen mag) dieselbe Art emotionaler und kognitiver Probleme auftritt wie bei Kindern mit einem übererregten limbischen System. Sie fangen an, unmotiviert zu wirken und desinteressiert an allem außer ihrem Videospiel, was von Erwachsenen oft als »Faulheit« eingestuft wird.

Der Zusammenhang zwischen Motivation und Energie

»Motivation« ist einer dieser unklaren Begriffe, der im Allgemeinen als »mentaler Akt, der Verhalten anregt, aktiviert und steuert« definiert wird. Das bedeutet im Grunde nur, dass Motivation das ist, was ein Kind zum Handeln anregt. Statt uns mit der sinnlosen Aufgabe aufzuhalten, »Motivation« zu definieren, können wir einfach festhalten, dass es für ein Kind schwierig ist, Energie in eine Aufgabe zu stecken, wenn es keine Energie hat.

Die Verbindung zwischen Energie und Motivation ist unauflöslich. Je mehr Benzin im Tank ist, desto motivierter ist ein Kind. Ein niedriger Energiepegel dämpft die Motivation. So einfach ist das. Je mehr Stressfaktoren auf ein Kind einwirken, desto mehr Energie verbraucht es, und desto geringer ist die Wahrscheinlichkeit, dass es an irgendeiner schwierigeren Aufgabe dranbleibt. Zu den physischen Stressfaktoren zählen Krankheit und Schlafmangel, eine schlechte Ernährung und Bewegungsmangel. Auch Probleme mit Freunden und andere soziale und emotionale Stressfaktoren können die Motivation untergraben. Und es gibt für diese Domäne spezifische »kognitive Stressfaktoren«.

Neben dem mit dem Nichterkennen von Mustern verbundenen Stress gibt es auch den häufigen kognitiven Stressfaktor, zur Lösung eines Problems aufgefordert zu werden, das noch nicht beherrschte Grundkompetenzen oder -kenntnisse voraussetzt. Man würde von einem Kind nicht erwarten, ein Buch zu lesen, bevor es das Alphabet gelernt hat, oder Zahlen zu multiplizieren oder dividieren, bevor es addieren und subtrahieren gelernt hat. In jeder Phase der kognitiven Entwicklung muss erst das »Gerüst« aufgebaut werden, damit ein Kind sich ruhig und sicher fühlt, während es sich einer Lernherausforderung stellt. Ein Kind mit kognitiven Anforderungen zu konfrontieren, bevor es entwicklungsmäßig dazu bereit ist, erzeugt garantiert Aufmerksamkeitsprobleme. Weitere kognitive Stressfaktoren sind die Überforderung durch zu viele Informationen oder zu viele Arbeitsschritte, das unklare oder vom Kind als uninteressant empfundene Präsentieren von Informationen oder das zu schnelle (oder zu langsame) Durcharbeiten von Material.

Wir stellen häufig fest, dass Kinder oder Jugendliche, denen es an Motivation fehlt, chronisch übererregt sind. Allzu oft wenden sie sich Dingen wie Videospielen oder Junkfood zu, um sich mit Energie aufzuladen, aber aus Gründen, die wir uns im Kapitel »Gelüste, Dopamin und Langeweile« näher ansehen werden, senkt das ihren Energiepegel und damit ihre Motivation nur noch weiter. Wenn wir mit diesen Kindern oder Jugendlichen Selbstregulierung praktizieren, bedeutet das nicht, dass sie plötzlich aus ihrer Lethargie zum Leben erwachen. Aber die Umdeutung des Verhaltens eines Kindes hat eine starke Wirkung auf seine Motivation, weil es unsere Gefühle ihm gegenüber spürt (auch wenn wir sie nicht aussprechen). Und viele Erwachsene neigen immer noch dazu, ein Kind, das nicht am Lernen interessiert zu sein scheint, als faul, undiszipliniert und leistungsschwach einzustufen.

Tyler war der klassische Fall eines Kindes, dessen Tank immer leer war und das seinen Motor mit den letzten Tropfen Benzin am Laufen halten musste. Daraus resultierten all seine Probleme – ob es um das Einschlafen, Stillsitzen oder Zuhören ging. Sein parasympathisches Nervensystem konnte die Anforderungen, die sein sympathisches Nervensystem ihm auferlegte, einfach nicht erfüllen. Aber als Cynthia anfing, mit Tyler Selbstregulierung zu praktizieren (und herauszufinden, warum er ständig Adrenalin ausschüttete), konnte sie viele der Stressfaktoren reduzieren, die seine Aufmerksamkeitsprobleme verstärkten, statt nur die Symptome anzugehen. Besonders wichtig für Tyler war die Reduzierung des »visuellen Lärms« in seiner Umgebung: Je übersichtlicher und einfacher die Wände zu Hause und in der Schule gestaltet waren, desto besser konnte er aufpassen.

Natürlich wird es immer Zeiten geben, in denen ein Kind unaufmerksam ist, weil es einfach keine Lust hat, sich zu konzentrieren. Wir müssen lernen, solche Situationen von denjenigen zu unterscheiden, in denen der Mangel an Aufmerksamkeit auf einen niedrigen Energiepegel zurückzuführen ist. Angst ist sicher eine Möglichkeit, Kinder und Jugendliche zu zwingen, sich auch bei leerem Tank mit einer Aufgabe zu beschäftigen, aber das fordert einen hohen Preis im Hinblick auf ihre geistige und körperliche Gesundheit. Angst führt dazu, dass sie ihre Reservespeicher anzapfen, was – wenn nicht sofort, dann später – all die negativen Folgen hat, mit denen wir uns in den vorherigen Kapiteln beschäftigt haben.

»Sitz gerade und konzentrier dich!«

Unsere spontane Reaktion auf ein leicht ablenkbares Kind ist, es dazu anzuhalten, *sich mehr anzustrengen,* obwohl das das genaue Gegenteil von dem sein kann, was es braucht. Das Mantra der Selbstkontrolle lautet: »Sitz still.« – »Hör auf herumzuzappeln.« – »Sei leise.« – »Pass auf.« In vielen Fällen sollten wir stattdessen sagen: »Beweg dich. Zapple noch ein bisschen mehr. Summe vor dich hin. Schließe die Augen.« Finde heraus, was dir hilft, dich zu konzentrieren – und tue es.

Dazu muss das Kind natürlich zuerst wissen, was ihm hilft, ruhig zu werden. Die Erholungsstrategien, von denen in den vorherigen Kapiteln die Rede war, gelten auch hier: genug Schlaf, gesunde Ernährung, ausreichend Bewegung und Reduzierung von Stressfaktoren in der Umgebung. Zusätzlich müssen wir »aktive« Erholungsstrategien in der kognitiven Domäne kennen lernen – dauerhafte Möglichkeiten, die Aufmerksamkeit zu fesseln, durch die gleichzeitig Stress reduziert wird. Das könnte Lesen nur zum Vergnügen, Musikhören, Kochen, Vogelbeobachtung oder Spazierengehen sein. Jedes Kind muss herausfinden, was ihm hilft, sich zu konzentrieren, und was Kindern dazu einfällt, ist manchmal genau das Gegenteil von dem, was sie unserer Meinung nach tun sollten.[104]

Wenn ein Kind bei den Hausaufgaben Radio hören muss, braucht es vielleicht die anregende Wirkung der Musik, um in den Zustand ruhiger Aufmerksamkeit und Konzentration zu kommen. Besteht ein Kind darauf, seine Hausaufgaben im Liegen auf dem Sofa zu machen, reduziert es dadurch vielleicht unbewusst den mit der aufrechten Haltung verbundenen Energieaufwand und kann so mehr Energie für die Konzentration einsetzen. Ein Kind, das die Vorhänge zuzieht und seine Hausaufgaben bei schwacher Beleuchtung machen will, findet vielleicht den »visuellen Lärm« zu anstrengend.

Wichtig ist, dass Sie als Eltern sich klarmachen, dass manche Ihrer Annahmen möglicherweise falsch sind – zum Beispiel, dass ein Kind bei den Hausaufgaben aufrecht sitzen muss oder viel Licht oder Stille braucht. Vielleicht funktioniert es so für Sie oder es wurde als Kind von Ihnen verlangt, aber für Ihr Kind funktioniert es so eben nicht. Es geht immer darum, was für das einzelne Kind richtig ist.

Wenn es Ihnen oder Ihrem Kind im Alltag aufgrund von Stressfaktoren schwerfällt, aufmerksam zu bleiben, genügt es manchmal schon, einige Minuten zu meditieren oder auf die eigene Atmung zu achten – wie die kalte Luft in die Nase einströmt und die warme Luft hinausströmt –, um die Konzentration wiederherzustellen. Ein Augenblick der Achtsamkeit ist eine kurze Erholungspause für Körper und Geist. Aber verlassen Sie sich nicht darauf, dass Ihr Kind von diesen Übungen profitieren wird, nur weil Sie gelesen haben, dass das bei vielen Kindern wirkt. Und kommen Sie nicht auf den Gedanken, dass Sie es andernfalls zwingen müssen still zu sitzen und mit dem Gezappel aufzuhören, damit es meditieren kann!

Die Rolle der Gehirnbrücke für Aufmerksamkeit und Lernen

Wie wir gesehen haben, spielt die Gehirnbrücke eine wichtige Rolle bei der Entwicklung der Kompetenz, Muster zu erkennen. Aber natürlich ist sie auch für die bereits erwähnten höheren

Funktionen, wie das Ignorieren von Ablenkungen oder für das Strukturieren von Gedanken, wichtig. Dabei ist zu beachten, dass die Gehirnbrücke für die Interaktionen eines Kindes mit allen wichtigen Erwachsenen und Gleichaltrigen in seinem Leben von Bedeutung ist, nicht nur für die Interaktion mit seinen Eltern. Eines der größten Probleme für Kinder mit Aufmerksamkeitsstörungen ist, dass die Gehirnbrücke – besonders in der Schule – ihre Schwierigkeiten oft noch verstärkt, statt sie abzumildern. Lehrer werden angespannt oder wütend. Trainer werden frustriert. Andere Kinder werden ungeduldig oder verlieren einfach das Interesse an dem Mitschüler, der nicht ungezwungen mit ihnen spielen oder an Klassenaktivitäten teilnehmen kann.

Je ängstlicher oder frustrierter das Kind wird, desto irritierter werden meistens auch seine Mitmenschen. So erlebt das Kind einen eskalierenden Energieschwund, während andere seine Stressbelastung weiter erhöhen, statt ihm als Eltern, Lehrer, Trainer oder Freunde zu helfen, mit dem Stress umzugehen. *Die Fähigkeit, aufmerksam zu sein, ist ebenso eine Funktion der Gehirnbrücke wie die Fähigkeit, Gefühle zu regulieren. Unsere Reaktionen sind deshalb auch für die Fähigkeit eines Kindes, aufmerksam zu sein, von großer Bedeutung.*

Dabei geht es nicht nur darum, sich zusätzliche Zeit zu nehmen, um ein Kind beim Erwerb metakognitiver Kompetenzen, also der Fähigkeit, sich mit den eigenen kognitiven Prozessen auseinanderzusetzen, zu unterstützen.[105] Vielmehr kommt es darauf an, den Stress eines Kindes und die Belastung seiner Sinne zu reduzieren, um die Balance von Energie und Anspannung in Richtung Energie zu verschieben. Dafür müssen wir uns in das Kind hineinversetzen und verstehen, wie es sich fühlt.

Zum Beispiel hat man kürzlich herausgefunden, dass bei vielen Kindern mit ADHS die Teile des Gehirns, die die Konzentration unterstützen, langsamer wachsen. Wir sind noch weit davon entfernt, Ursache und Wirkung zu verstehen, aber die Forschungsergebnisse zeigen uns, dass wir die Stressbelastung erhöhen, wenn wir diesen Kindern dieselben kognitiven Leistungen wie sich normal entwickelnden Kindern abverlangen.

Man hat auch herausgefunden, dass für Kinder mit Aufmerksamkeitsdefiziten alles schneller abläuft als für andere Kinder.[106] Eine Freundin mit ADHS erzählte mir, sie habe, als sie als Erwachsene angefangen habe, ADHS-Medikamente zu nehmen, plötzlich das Gefühl gehabt, dass sich alles verlangsame. Zum ersten Mal in ihrem Leben sei sie »mit dem Rest der Welt synchron« und viel weniger gestresst gewesen.

Vielleicht ist es nicht möglich, alle Nuancen der kognitiven Voraussetzungen eines Kindes zu entschlüsseln. So bin ich mir immer noch nicht sicher, ob ich Tylers Bedürfnisse vollkommen verstehe. Was ich verstanden habe, ist, wie gestresst er sich fühlte, was der Grund für seine Flucht in die Videospiele war. Um ihm zu helfen, erarbeiteten wir mit seiner Mutter und seinen Lehrern beruhigende Rituale. So erstaunlich es klingen mag: Manchmal genügte eine beruhigende Stimme oder ein freundlicher Blick, damit Tyler ruhig bleiben konnte – was seinen Lehrern leichter fiel, nachdem sie die Wirkung bei ihm gesehen und verstanden hatten. Für Tyler bedeutete das, dass er nicht allein war, dass ein fürsorglicher Erwachsener da war, der ihn bei Bedarf unterstützen konnte.

Aber wie ich schon einige Male betont habe, liegt bei der Selbstregulierung die Betonung auf dem *»Selbst«*. Tylers Mutter und seine Lehrer entwickelten für ihn verschiedene wirksame Regulierungstechniken. Aber wie konnten sie ihm helfen, das selbst zu tun? Diese Frage stellt sich letztlich allen Eltern, insbesondere im Zusammenhang mit den Hausaufgaben: Wie bringen wir unsere Kinder dazu, still am Schreibtisch zu sitzen und ihre Hausaufgaben zu erledigen, ohne dass wir danebenstehen und sie überwachen müssen? Sich den Herausforderungen zu stellen, die im Laufe ihrer Schulzeit und weiteren Ausbildung immer größer werden? Den Versuchungen und Ablenkungen zu widerstehen, die ihre Aufmerksamkeit in Beschlag nehmen auf Kosten ihrer aktiven Konzentrationsfähigkeit?

Der Unterschied zwischen Stillsein und Ruhigsein

Kinder mit Aufmerksamkeitsproblemen müssen vor allen Dingen lernen, das wahrzunehmen, was in ihnen und um sie herum vor sich geht: Fühlen sie sich hungrig, durstig oder müde, ist ihnen heiß oder kalt? Sie müssen auch darauf achten, wann und warum es sie beispielsweise so stark zu Videospielen hinzieht. Und sie müssen sich bewusst machen, wie sie sich fühlen, wenn sie das Spiel beenden – und wie sie sich im Gegensatz dazu nach belebenden, Energie aufladenden Aktivitäten fühlen.

Es gibt viele Arten der Wahrnehmung: Körperwahrnehmung, Wahrnehmung von Gefühlen, optisch-räumliche Wahrnehmung, Zeitwahrnehmung, aktivitätsbezogene und sensomotorische Wahrnehmung. Wichtig ist, die Dinge zu verlangsamen, sodass Kinder auf das Gefühl, den Gedanken, auf Ursache und Wirkung achten können. Aber die wichtigste Art der Wahrnehmung, die ein Kind entwickeln muss, ist die *Wahrnehmung des Gefühls der inneren Ruhe.* Wie wir im vorherigen Kapitel gesehen haben, sind »ruhig« und »still« zwei völlig unterschiedliche biologische Zustände, aber Kinder verstehen die Aufforderung, sich zu beruhigen, oft als Aufforderung, still zu sitzen und leise zu sein (was von frustrierten Eltern und Lehrern auch oft so gemeint sein mag). Aber die beiden Zustände sind keineswegs identisch. Ein Kind kann sich zwingen, still zu sein, obwohl es innerlich völlig aufgewühlt ist. Innere Ruhe resultiert aus dem angenehmen Gefühl sich lösender körperlicher und seelischer Anspannung und der bewussten Wahrnehmung dieses Vorgangs. Diese Kombination aus körperlicher, emotionaler und kognitiver Ruhe fördert Erholung und Entwicklung, was wiederum das Denken und Lernen unterstützt.

Eine der positiven Wirkungen von Achtsamkeitsübungen besteht darin, dass sie die Konzentration auf Empfindungen fördern, die wir normalerweise ausblenden: zum Beispiel das Gefühl des Bodens unter unseren Füßen, die Atmosphäre im Raum oder unsere eigenen Emotionen. Normalerweise nehmen wir die Welt in uns und um uns herum ebenso wenig wahr wie den Schwerkraftrucksack auf unseren Schultern. Kinder mit Aufmerksamkeitsproblemen wissen meistens nicht, was in ihnen und in ihrer Umgebung geschieht, weil sie als Babys die Fähigkeit zum Erkennen von Mustern – die Fähigkeit, Ordnung in das Chaos zu bringen – nicht vollständig entwickelt haben. Kinder mit erheblichen Aufmerksamkeitsproblemen haben vielleicht inmitten des permanenten Informationsflusses von den verschiedenen Rezeptoren noch nie ein Gefühl der Ruhe erlebt. Stattdessen haben sie sich an das innere Chaos als Normalzustand gewöhnt, und das spiegelt sich in ihrem Verhalten wider.

Bevor sie den Zustand der inneren Ruhe nicht selbst erlebt haben, können sie nicht wissen, was darunter zu verstehen ist. Sobald sie ihn erlebt haben, besteht der nächste Schritt darin, ihnen zu helfen, die nötige Selbstwahrnehmung zu entwickeln, um von sich aus zu erkennen, wann sie sich beruhigen müssen und wie sie das erreichen können.

Bei unserer klinischen Arbeit mit Kindern sowie bei der Präsentation der Methode der Selbstregulierung für Eltern und Kinder an Schulen und im Rahmen kommunaler Programme wurde uns sehr schnell klar, dass der größte Fehler, den wir dabei machen konnten, darin bestand, zu viele abstrakte Begriffe zu verwenden. Man muss bei Kindern mit sehr einfachen Worten und Bildern beginnen, zu denen sie einen Bezug haben (ein leerer oder voller Benzintank, ein Computer, der abstürzt, wenn man zu viele Programme gleichzeitig ausführt). Oder man kann Requisiten wie eine Stoffpuppe und eine Legofigur verwenden und die Kinder dann fragen, ob sie sich weich und biegsam wie die Stoffpuppe oder steif wie die Legofigur fühlen. Eine weitere wichtige Erkenntnis: Oft müssen sich Kinder erst ein wenig beruhigen, bevor sie die Bauchschmerzen oder das Kribbeln in ihren Armen und Beinen bemerken. Wenn Sie ein Kind, das sich in einem Zustand der Überreizung befindet, fragen, was es in seinem Körper fühlt, bekommen Sie meistens die Antwort: »nichts«. Dasselbe gilt überraschenderweise auch für ältere Kinder und Jugendliche. Wenn sie sich etwas beruhigt haben, erzählen sie plötzlich von Dingen wie einem Knoten im Magen, »der schon ewig da ist«.

Bei der Selbstregulierung probieren Sie verschiedene Techniken aus und beobachten dabei das Gesicht und den Körper Ihres Kindes, um festzustellen, was eine beruhigende Wirkung hat. Tyler entdeckte, dass ihn die taktile Wahrnehmung beruhigte, wenn ihn seine Mutter fest am Rücken kratzte oder ihm den Kopf massierte. (Er hasste dagegen zarte, leichte Berührungen.) Am wichtigsten war dabei, dass er die Wirkung der Massage auf die Anspannung in seinem Hals, seinen Schultern, seinem Oberkörper und seinen Beinen spürte. Ohne diese Körperwahrnehmung hätte Tyler die letzte Phase der Selbstregulierung nicht erreichen können, bei der es darum geht zu wissen, wann man Ruhe und Erholung braucht und wie man sie sich verschafft.

Während Tyler und seine Mutter gemeinsam Stressauslöser ermittelten, Stressfaktoren so weit wie möglich reduzierten und Tyler lernte, eine aktive Wahl zu treffen, ließ auch seine Fixierung auf seine Spielkonsole nach.

Es ist wichtig, sich sicher zu fühlen

Die wichtigste Voraussetzung für das Umschalten vom »Überlebensmodus« in den »Lernmodus« ist sowohl bei Kindern als auch bei Jugendlichen das Gefühl der Sicherheit – körperlich, emotional und als Lernender.[107]

Ich bin ein großer Befürworter der Idee, dass Kinder viel Zeit in der freien Natur verbringen sollten, weil sie in diesem Umfeld viel lernen können.[108] Aber als ich einmal mit einer Gruppe von Teenagern durch die Wälder wanderte, in denen ich viel Zeit mit meinen eigenen Kindern verbracht habe, wurde mir klar, wie viel Hilfe manche Kinder brauchen, um sich in der Natur sicher zu fühlen. Die Jugendlichen (Jungen und Mädchen), mit denen ich unterwegs war, erschraken über Dinge, die meinen Kindern überhaupt nichts ausgemacht hätten, wie beispielsweise das Keckern eines Eichhörnchens, das Rascheln eines Vogels im Laub oder summende Insekten. Diese Teenager empfanden die Natur als fremd und bedrohlich. Sie bewegten sich vorsichtig über Gelände, über das meine Kinder normalerweise hinwegrannten. Aber meine Kinder waren auch in diesen Wäldern aufgewachsen. Wie oft waren sie gestolpert und hingefallen und dann zu mir gekommen, um auf den Schultern getragen zu werden. Aber so lernten sie aus eigener Erfahrung (ohne Anweisungen von außen), ihre Füße und Beine zu spüren und ihre Bewegungen besser zu koordinieren.

Die Teenager empfanden es jedoch als beängstigend, über einen Baumstamm zu klettern, von einem Felsbrocken hinunterzusteigen oder durch kniehohes Gras zu gehen, wo sie den Boden nicht sehen konnten. Sie hatten das Gefühl, keinen sicheren Halt zu haben, und erschraken deshalb häufig. Sie schafften es nicht, aus dem »Überlebensmodus« herauszukommen, und atmeten erleichtert auf, als wir endlich wieder beim Parkplatz ankamen. Der Spaziergang war für sie nicht erholsam gewesen, sondern eine Tortur. Als sie wieder in der Stadt waren, zogen sie sich sofort wieder in ihre gewohnte enge Umgebung zurück, in der sie sich sicher fühlten – eine Welt voller künstlicher Stimulation und fast ohne körperliche Aktivität.

Tiere können sich in ihren Höhlen ausruhen und erholen, weil sie sich dort am sichersten fühlen. Da Kinder dasselbe Bedürfnis nach Sicherheit haben, war dies vielleicht die wichtigste Lektion, die wir von Tyler lernten: Er hatte keine Höhle! Das lag nicht daran, dass seine Schule kein sicherer Ort war, oder dass er sich zu Hause nirgends zurückziehen konnte, sondern vor allem daran, *dass er sich in seinem eigenen Körper nicht sicher fühlte.*

Tyler macht Fortschritte

Um Tyler zu helfen, begannen seine Mutter und Lehrer daher mit den bereits erwähnten einfachen Spielen und Übungen. Manchmal half etwas noch Einfacheres: ihn beispielsweise den Stuhl spüren zu lassen, auf dem er saß, oder den Boden unter seinen Füßen, wenn er aufstand. Das Ziel war, Tyler die Informationen bewusst zu machen, die er von seinen Propriozeptoren erhielt, sodass er »geerdet« war und sich da, wo er saß oder stand, sicher fühlte.

Atemübungen zur Förderung der Selbstregulierung schienen ein guter Ausgangspunkt für Tyler zu sein. Sie sind einfach auszuführen und viele Lehrer streuen diese beruhigenden Pausen mit guten Ergebnissen in den Schultag ein. Doch die Konzentration auf die eigene Atmung beim Sitzen im Lotussitz machte Tyler nur noch unruhiger.

Cynthia und Tylers Lehrer ergriffen Maßnahmen zur Beseitigung externer visueller Ablenkungen und Geräusche, die die meisten von uns wahrscheinlich nicht wahrnehmen würden, die aber bei Tyler eine Alarmreaktion auslösten. Letztlich musste Tyler jedoch seine eigene innere Motivation zur Weiterentwicklung seiner Selbstwahrnehmung aufbauen. Er musste lernen, nicht nur auf Vogelstimmen oder soziale Signale zu achten, sondern auf seine eigenen körperlichen Zustände und Bedürfnisse.

Schließlich entdeckten Tylers Lehrer, dass er das Tanzen liebte. Wenn Tylers Aufmerksamkeit bei den Hausaufgaben nachließ, legte seine Mutter eine »Spielpause« ein mit Bewegung, sensorischen Spielen – und Salsatanzen!

Durch das Einüben von Tanzschritten lernen die Kinder, auf ihre Empfindungen beim Ausführen der Schritte und Drehungen zu achten. Schritt für Schritt auszuführende Bastelarbeiten mit den Eltern am Küchentisch haben dieselbe Wirkung auf die Wurzeln der Aufmerksamkeit. Bilder aus Zeitschriften herauszureißen und sie zu einer Collage zusammenzufügen oder Plätzchenteig herzustellen (das Abmessen, Mischen, Kneten und Formen) ist nicht einfach nur eine kreative Tätigkeit, sondern wir sehen hier die Wissenschaft der Selbstregulierung in Aktion: Die Aktivität trägt dazu bei, die Wahrnehmung des Kindes auf die inneren sensorischen Informationen zu lenken, die ihre Bewegungskoordination und Positionierung unterstützen.

Wie beim Achtsamkeitsyoga geht es darum, die Bewegungen, die das Kind üben soll, zu verlangsamen und zu betonen – so wie man für Kinder mit Sprachproblemen sprachliche Laute betonen würde. Die Abläufe müssen wirklich stark verlangsamt werden, bis das Kind die verschiedenen beteiligten Körperteile und den Rhythmus der einzelnen Bewegungen spüren kann.

Natürlich war Tyler ein besonderer Fall: Er war ein Kind mit einer Reihe sensomotorischer Probleme, die ihm die Teilnahme an die Körperwahrnehmung fördernden Aktivitäten erschwerten, die jedes Kind auf natürliche Weise durchläuft. Aber eine ganz wichtige Lektion, die Tyler uns lehrte, ist, dass jedes Kind nicht nur sicheren Boden unter den Füßen, sondern auch ein sicheres Gefühl für das haben muss, was mit ihm und in seinem Inneren geschieht. Je sicherer sich ein Kind in neuen Umgebungen fühlt, desto mehr achtet es auf die inneren und äußeren Vorgänge.

Das Erwachen der Wahrnehmung

Mit zwölf Jahren hatte Tyler so große Fortschritte in puncto Selbstregulierung und Aufmerksamkeit gemacht, dass er seine ADHS-Medikamente absetzen konnte. Das Absetzen der Medikamente war nie unser Ziel gewesen,[109] aber Tyler hatte ihre

Wirkungen immer gehasst und war nun alt genug (und hatte die erforderlichen Kompetenzen entwickelt), um seine Erregungszustände selbst zu überwachen und zu erkennen, wann er Maßnahmen ergreifen musste, um sich zu beruhigen.

Ich hatte allerdings noch eine weitere wichtige Lektion von Tyler zu lernen, vielleicht die wichtigste von allen.

Bei einer unserer letzten Sitzungen ging Tyler unruhig im Raum hin und her, während ich redete, und ich muss gestehen, dass ich etwas ungehalten wurde und herausplatzte: »Was hat es für einen Sinn, das alles zu erklären, wenn du mich nicht einmal ansiehst?« Daraufhin wiederholte Tyler Wort für Wort alles, was ich gesagt hatte. Dazu wäre er am Anfang unserer gemeinsamen Arbeit nicht in der Lage gewesen, aber jetzt nahm er die Außenwelt wahr – nur eben nicht so, wie ich es von einem 13-Jährigen erwartet hätte.

Je besser ich Tyler kennen lernte, desto klarer wurde mir, dass wir nie aufhören dürfen weiterzuforschen, wenn wir ein Kind – oder uns selbst! – verstehen wollen. Das gilt für unsere Interaktion mit allen Kindern. Wir gehen automatisch davon aus, dass Kinder die Welt mit unseren Augen sehen – dass sie nicht nur dieselben Details wahrnehmen, sondern dieselben Urteile fällen und dieselben Einstellungen haben. Wenn wir ihnen aber die Chance geben, ihre eigenen Erfahrungen zu beschreiben, und ihnen zuhören, stellen wir möglicherweise fest, dass sie einen völlig anderen Blickwinkel haben als wir. Vielleicht erkennen wir überrascht, wie viel wir lernen können, wenn wir auch einmal ihre Perspektive einnehmen, statt ihnen unsere Wahrnehmung aufzuzwingen. Aber am wichtigsten ist, dass wir unsere Kinder als das sehen und wertschätzen, was sie sind, statt sie an irgendeiner persönlichen oder gesellschaftlichen Norm zu messen.

Tatsächlich sieht Tyler anders aus als andere Kinder seines Alters und verhält sich auch anders. Er geht mit leicht nach innen gedrehten Fußspitzen, trägt seine Hosen ein bisschen zu weit hochgezogen, zieht jeden Tag dasselbe Hemd an und hat immer eine komische Mütze auf, über die sich die anderen Kinder lustig machen, die er selbst aber unglaublich cool findet. Er stellt manchmal Fragen, die auf den ersten Blick sehr merkwürdig klingen – bis man darüber nachdenkt. Er mag die Dinge, die die meisten seiner Altersgenossen mögen, nicht besonders. Er hat ein paar Freunde, wenn auch nicht viele, und die scheinen ebenso schrullig zu sein wie er. Neue Menschen kennen zu lernen ist für Tyler stressig. Er ist sehr freundlich und offen, wenn er jemanden gut kennt, aber gerät leicht in Stress, wenn das nicht der Fall ist.

Je mehr ich über diesen Jungen nachdachte, desto öfter fragte ich mich, was wir bei ihm eigentlich zu erreichen versuchten. Sicherlich konnte es nicht darum gehen, Tyler den anderen Kindern anzugleichen, ihn zu verändern und »normaler« zu machen.[110] Nein, wir wollten ihm die Erfahrung ermöglichen, ruhig, wach und lernbereit zu sein. Zu wissen, wann er angespannt war und keine Energiereserven mehr hatte und wie er sich erholen konnte. Zu erkennen, wann sein Alarm ertönte und wie er ihn selbst ausschalten konnte. Allzu oft verwechseln wir unsere eigenen Bedürfnisse mit denen des Kindes: *Wir versuchen, Kinder wie Tyler steuerbarer zu machen, statt sie in die Lage zu versetzen, sich selbst zu steuern.*

Ich sehe Tyler immer noch als einen Kolibri voll rastloser Energie. Seine »Anfälle« – plötzliche Obsessionen, die zwischen einer Woche und mehreren Monaten andauern können – lassen auf ein lernbegieriges und lernfähiges Kind schließen. Er ist das, was ich als einen »intellektuellen Allesfresser« bezeichnen würde, und entdeckt ständig neue Interessengebiete. Gleichzeitig ist Tyler inzwischen in der Lage, sich die Erholung zu verschaffen, die er braucht, und ist als Folge davon ausgeglichener und fröhlicher.

Ja, er hat seine Hochs und Tiefs (inzwischen aber viel mehr »Hochs« als »Tiefs«) und findet bestimmte interaktive Situationen immer noch schwierig. Aber heute spürt er es, wenn er unruhig wird, und weiß, was er tun kann, um sich zu beruhigen.

Entscheidend für diese positive Entwicklung war die Selbstregulierung, die Tylers Mutter zu Hause mit ihm praktiziert hat. Sie machte regelmäßig Selbstwahrnehmungsübungen mit ihm und hatte anfangs ziemliche Mühe damit, ihm spüren zu helfen, wann er müde oder hungrig war, fror oder gar krank war. Cynthia hatte dabei manchmal das Gefühl, als ob sie es wieder mit einem Säugling zu tun habe. Und genau darum ging es wahrscheinlich. Vielleicht hatte Tyler diese wichtigen Aspekte der Wahrnehmung nie wirklich erlernt oder er hatte sie wieder vergessen. Vielleicht war das, was er als Kleinkind gelernt hatte, durch seine übermäßige Stressbelastung auch nur »verschüttet« worden. Vielleicht musste er von uns nur als das, was er war, wahrgenommen und unterstützt werden, statt für das, was er nicht war, kritisiert und bestraft zu werden.

Vor noch nicht allzu langer Zeit wurden bei Kindern Lernstörungen diagnostiziert, obwohl sie in Wirklichkeit einfach nur die Lehrerin nicht hören oder den Tafelanschrieb nicht sehen konnten. Natürlich schweiften sie deshalb mit ihrer Aufmerksamkeit ab. Natürlich konnten sie nicht auf dieselbe Weise lernen wie ihre Mitschüler. Durch schulische Niederlagen frustriert wurden sie verhaltensauffällig. Bei ihnen brachte eine korrekte

Diagnose, die zur Verordnung einer Brille oder eines Hörgeräts führte, die entscheidende Veränderung. In der Rückschau wirkt der strengere Umgang mit solchen Kindern oder ihre völlige Nichtbeachtung unmenschlich. Und doch gehen wir heute mit Kindern, die aufgrund von Einschränkungen bei den Wurzeln der Aufmerksamkeit leicht ablenkbar oder sehr impulsiv sind, oft nicht anders um.

EIN NEUER BLICK AUF DIE SOZIALE ENTWICKLUNG:

Die soziale Domäne

Es war eine Vorschulklasse wie all die anderen, die ich schon besucht hatte: geräuschvoll, fröhlich, überschäumend. Und es gab ein paar Kinder, die faszinierend zu beobachten waren. Ich wusste sofort, dass mir jedes dieser Kinder durch sein Verhalten etwas Wichtiges mitteilte. Es dauerte nur eine Weile, bis ich herausfand, was es war.

Das erste dieser Kinder war ein kleiner Junge, der im Klassenraum nie den Rockzipfel seiner Lehrerin losließ. Er folgte ihr, wo immer sie hinging, und sie schien seine Anwesenheit nicht einmal mehr zu bemerken. Als ich diesen Umstand anschließend erwähnte, war sie überrascht – der Junge war ein solcher Fixpunkt an ihrer Seite, dass sie ihn kaum noch wahrnahm.

Das zweite Kind war ein dominanter kleiner Junge, der sich selbst zum Vizekommandanten der Klasse ernannt hatte. Ich beobachtete, wie er anderen Kindern sagte, dass sie mit den falschen Farben malten oder wie sie ihren Stift halten sollten oder wann sie mit dem Malen aufhören sollten. Er schien nie lockerzulassen und damit zufrieden zu sein, still seinen eigenen Beschäftigungen nachzugehen.

Das dritte Kind war ein kleines Mädchen, das allein in einer Ecke saß und so tat, als ob es ein Buch lese, und dabei sagte, was ihm in den Sinn kam, während es die Seiten durchblätterte. Ich beobachtete, wie eine Lehrassistentin zu dem Mädchen trat und fragte, worum es in dem Buch gehe. Das Mädchen zeigte einen Anflug von Panik und vergrub sich wieder im Buch.

Es war faszinierend, diese völlig unterschiedlichen Kinder zu beobachten – eines, das so sehr die Nähe eines Erwachsenen brauchte, eines, das selbst die Rolle des Erwachsenen übernahm, und eines, das den Kontakt zu Erwachsenen mied. Ich beobachtete die Kinder so diskret wie möglich den ganzen Vormittag. Eine der interessantesten Beobachtungen machte ich, als alle Kinder zum gemeinsamen Singen zusammenkamen. Die Lehrerin verwendete ein interaktives Whiteboard zum Anzeigen des Liedtextes, sodass die Kinder nicht nur in physiologischer Hinsicht vom Singen profitierten, sondern sich auch im Lesen übten. Die Kinder waren mit Begeisterung bei der Sache und riefen durcheinander, welches ihrer Lieblingslieder sie als nächstes singen wollten. Mit Ausnahme der drei erwähnten Kinder.

Ich war mir nicht sicher, ob das Problem darin bestand, dass sie nicht lesen konnten oder dass es zu laut für sie war oder dass sie einfach nicht mit dem Tempo der anderen mithalten konnten. Klar war jedoch, dass alle drei die Situation sehr stressig fanden. Ich beobachtete, wie die beiden kleinen Jungen Wörter vor sich hin murmelten und ab und zu das richtige trafen – ungefähr so, wie es mir ergeht, wenn ich die kanadische Nationalhymne auf Französisch singe und nicht will, dass die Leute um mich herum merken, dass ich nicht den vollständigen Text kenne. Das kleine Mädchen drückte sich währenddessen in eine Ecke und versuchte, sich unsichtbar zu machen. Sie saß die ganze Zeit nur da, starrte angestrengt auf den Bildschirm und gab keinen Laut von sich.

In der Pause gingen die drei Kinder mit den anderen, aber ohne deren Begeisterung, nach draußen. Der kleine Junge, der sonst seiner Lehrerin nicht von der Seite wich, versuchte, sich einer Gruppe von Kindern anzuschließen, die mit einer am Boden liegenden schmutzigen Socke spielten. Soweit ich erkennen konnte, ging es darum, wer mutig genug war, die Socke zu berühren. Eines nach dem anderen näherte sich der Socke, um dann schreiend wieder zurückzuweichen. Der kleine Junge wollte zeigen, dass er genauso viel Spaß wie die anderen hatte, verstand aber genauso wenig wie ich, worum es eigentlich ging. Die anderen waren albern, aber er wirkte einfach nur hilflos. Am schmerzlichsten war es zu beobachten, dass ihm die anderen Kinder keinerlei Beachtung schenkten. Es war nicht schwer zu erkennen, warum er so oft wie möglich am Rockzipfel seiner Lehrerin hing. Sein sozialer Stress muss unglaublich hoch gewesen sein.

Der zweite kleine Junge ging direkt zu dem Bereich des Spielplatzes, wo die Vier- bis Fünfjährigen spielten. Sie bauten zusammen eine Burg. Genauer gesagt bauten die kleineren Kinder eine Burg und der Junge erteilte Anweisungen.

Das kleine Mädchen ging allein zu einer der Schaukeln und schwang mit gesenktem Kopf langsam hin und her. Eine der Lehrerinnen sah das, ging zu ihr und führte sie an der Hand zu einer Gruppe von Kindern, die Fangen spielten. Aber sobald sich die Lehrerin wieder anderen Kindern zuwandte, ging das Mädchen zurück zur Schaukel. Soweit ich erkennen konnte, sprach sie während der ganzen Pause mit keinem anderen Kind und ging am Ende still ins Klassenzimmer zurück. Ihre Reaktion auf den Sozialstress, den sie empfand, bestand darin, sich in sich selbst zurückzuziehen und auf die Unterstützung, die sie von den Erwachsenen in ihrer Umgebung hätte bekommen können, zu verzichten.

Alle drei Kinder taten sich schwer, mit den sozialen Anforderungen in der Vorschule umzugehen. Alle Eltern machen sich

Sorgen wegen der sozialen Kompetenzen ihrer Kinder: Können sie interpretieren, was andere fühlen und denken? Können sie Freundschaften schließen? Wissen sie, wann sie sich bei ihnen oder bei Lehrern Unterstützung holen können? Noch bevor sie laufen können, gehen wir mit unseren Kindern auf den Spielplatz oder in Mutter-Kind-Gruppen, um ihnen diese Kompetenzen zu vermitteln. Aber beim Beobachten dieser drei Kinder war deutlich zu erkennen, dass es um etwas viel Grundlegenderes ging.

Manche Kinder erwerben soziale Fähigkeiten viel leichter als andere. Das ist verblüffend, wenn man bedenkt, dass das menschliche Gehirn – wie uns die Gehirnbrücke zeigt – von Natur aus dafür ausgestattet ist, sich mit anderen Gehirnen zu verbinden. Aber manche Kinder schaffen das nur mit ihren Eltern, nicht mit anderen Kindern. Andere können es nur mit Kindern, die sie gut kennen, und manche sind überhaupt nicht dazu in der Lage. Natürlich wollte ich verstehen, warum das bei diesen drei Kindern der Fall war, und vor allem, wie wir ihnen helfen konnten. Den beiden kleinen Jungen einfach nur zu sagen, wie wichtig es ist, anderen Kindern zuzusehen und zuzuhören, würde ihnen nicht helfen, sich in die Gruppe einzufügen. Und das kleine Mädchen zu zwingen, bei einem Gruppenspiel mitzumachen, würde ihre Bereitschaft, das von sich aus zu tun, nicht erhöhen.

Der soziale Klebstoff: Neurozeption

Wir brauchen andere Menschen. Unser Gehirn braucht andere Gehirne. Und das nicht nur, solange wir Babys sind, sondern unser ganzes Leben lang. Aber aus demselben Grund können andere Gehirne uns enormen Stress verursachen. Wie kann ein und dasselbe Phänomen so gegenteilige Wirkungen haben? Die Antwort liegt in etwas begründet, das der amerikanische Physiologe Steve Porges als *»Neurozeption«* bezeichnet hat: einem tief im Gehirn liegenden System, das überwacht, ob Menschen und Situationen sicher oder potenziell gefährlich sind.[111]

Ich verwende ein Video, das Steve mir geschickt hat, um Eltern und Lehrern zu verdeutlichen, wie Neurozeption in Aktion aussieht. Der acht Monate alte Emerson beobachtet seine Mutter intensiv. Er lächelt zufrieden und gibt leise Gluckslaute von sich, als sich seine Mutter plötzlich schnäuzt. Sofort ist er alarmiert. Aber das dauert nur einen Augenblick. Mama reagiert mit beruhigenden Lauten und einem breiten Lächeln, sodass er auch wieder zum Lächeln und Glucksen zurückkehrt. Aber als sie sich erneut die Nase putzt, wiederholt sich das Szenario. Wir sehen dieselbe Abfolge viermal, und dann schnäuzt sich seine Mutter sehr kräftig, und Emerson zeigt eine Reaktion, die ihre erheiternde Wirkung nie verfehlt: eine Mischung aus großem Erstaunen und Angst. Er fährt so heftig zurück, dass er aus seinem Hochstuhl gefallen wäre, wenn er nicht angeschnallt gewesen wäre. Das ist ein gutes Beispiel dafür, wie stark die Kampf-oder-Flucht-Reaktion schon bei einem Baby, das noch nicht laufen kann, ausgeprägt ist.

Wir erleben diese Art von Abfolge ständig bei unseren Babys. Dabei findet keine bewusste Einschätzung der Situation statt – die Reaktion des Babys ist ein Automatismus, der von einem in der Mitte seines Gehirns sitzenden Alarmsystem gesteuerter wird. Wenn dieses System Gefahr »wittert«, setzt es all die internen Prozesse, die wir im Kapitel »Die Kraft der Selbstregulierung« gesehen haben, sowie externe Prozesse in Gang: Augen und Mund öffnen sich weit, die Augenbrauen werden hochgezogen, der Oberkörper wird angespannt und die Arme und Beine rudern herum. Erkennt das Alarmsystem, dass die Lage wieder sicher ist, sendet es die Botschaft zur Kontraktion der Augen- und Wangenmuskeln, der Körper entspannt sich und das Baby lächelt wieder.

Das Ausschalten des Alarms ist eine wichtige Funktion der Gehirnbrücke. Die frontalen Gehirnregionen des Babys, die in den ersten Lebensjahren am stärksten wachsen, beherbergen die Systeme, die für die Selbstberuhigung verantwortlich sind – für die Fähigkeit, uns nach dem vierten Schnäuzen zu sagen, dass Mama nur verschnupft ist. In den ersten Lebensjahren muss die Bezugsperson – das externe Gehirn – die Aufgabe der Alarmdeaktivierung übernehmen. Je effektiver und verlässlicher sie das tut, desto aktiver bleibt das »Lerngehirn« des Babys, sodass es Dinge wie Sprache und die Bedeutung von Mimik, ganz zu schweigen von Erkältungen, begreifen kann.

Aber Neurozeption wirkt in beide Richtungen: Nicht nur die Mimik und die Bewegungen des Babys laufen dabei automatisch ab, sondern auch die der Mutter. Wenn ich Studenten das Prinzip der Co-Regulierung erkläre, verwende ich ein Video, das eine mit ihrem Baby spielende Mutter zeigt. Gesten, Mimik und Gefühle der beiden sind eng aufeinander abgestimmt. Aber dann haut das Baby die Mutter zu fest, und sie reagiert wütend und zieht sich aus der Interaktion zurück. Das Baby sieht sofort ängstlich aus und spannt seinen Körper an. Die Mutter sieht das und wirkt sehr besorgt. Dann wird ihr Gesichtsausdruck wieder weicher und sie wendet sich wieder zu ihrem Baby. Das Baby reagiert auf dieselbe Weise: Es entspannt sich sichtbar, und sein Lächeln kehrt zurück.

Mamas Mimik ist in dieser Szene ebenso automatisiert wie die des Babys. Anfangs wirken beide sehr zufrieden – sie lächeln und ihre Augen leuchten. Strahlende Augen, Rhythmus und Tonhöhe der Sprache sowie Liebkosungen der Bezugsperson dienen als wichtige Erregungsquellen, die das Baby für die Nahrungsaufnahme, Spielen und Lernen »hochregulieren«. Aber dann weiten sich Mamas Nasenflügel, und ihre Stirn legt sich in Falten; das Baby reißt Augen und Mund auf und hebt die Augenbrauen; Mamas Augenbrauen ziehen sich zusammen, und ihre Augen verengen sich; und dann kehren beide zum zufriedenen Gesichtsausdruck – mit leuchtenden Augen und Lächeln – zurück. Dieser bemerkenswerte, fein abgestimmte »Tanz« spielt sich innerhalb weniger Sekunden auf ihren Gesichtern ab, während sie die verschiedenen Gefühlszustände (Erregung, Zorn, Angst, Besorgnis und schließlich wieder Zufriedenheit) durchlaufen.[112]

Durch Mimik, Gesten, Bewegungen, Körperhaltung und Lautäußerungen signalisieren sie sich nicht nur wechselseitig ihre Gefühle, sondern lösen sie auch aus. Anfangs sehen wir ein gemeinsames Gefühl: Beide sind zufrieden und fröhlich. Dann findet eine Verschiebung zu disharmonischen Gefühlszuständen statt: Mama ist wütend, das Baby verängstigt. Dann wird das Baby wütend, was Mama beängstigend findet. Und schließlich kehren sie zu einem gemeinsamen Zustand freudiger Erleichterung zurück. Physiologisch betrachtet finden Übergänge von optimaler Erregung zur temporären Übererregung und wieder zurück zur Ruhe statt.

Was hier vor sich geht, lässt sich schwerlich auf der Basis eines »gemeinsamen Verständnisses« beschreiben, denn es handelt sich um einen viel primitiveren Co-Regulierungsprozess, bei dem die Beteiligten sowohl hinsichtlich ihres äußeren Verhaltens als auch ihrer inneren Vorgänge automatisch auf die Gefühle des anderen reagieren. Genau genommen ist das die Grundlage des »Gedankenlesens« – der Fähigkeit, das, was andere denken oder fühlen, an ihrer Körpersprache zu erkennen.[113]

Neurozeption ist der Klebstoff, der nicht nur zwei Individuen, sondern unsere ganze Spezies verbindet. Dieses System unterstützt Co-Regulierung und Sicherheit – *sowohl für einen selbst als auch für andere.* Es aktiviert innere Prozesse für den Umgang mit Bedrohungen und äußere Verhaltensweisen, die signalisieren, dass man gestresst ist. Außerdem aktiviert das System innere Reaktionen, wenn wir wahrnehmen, dass ein anderer Mensch sich schlecht fühlt (es entsteht eine Resonanz zwischen unserem limbischen System und seinem), sowie externe Reaktionen, die dazu dienen, den anderen zu beruhigen (Lächeln, tröstende Blicke und Gesten). Wenn dieses Kernsystem reibungslos funktioniert, bestehen sichere Bindungen oder Freundschaften. Wenn es blockiert ist oder zu viele Funktionsstörungen hat, kann dies gravierende Auswirkungen auf die soziale Entwicklung eines Kindes haben.

Soziale Interaktion beginnt beim »stummen Gesicht«

Videos vom »Still Face«-Experiment haben eine ähnliche Wirkung wie das Video, in dem der kleine Emerson heftig auf das Schnäuzen seiner Mutter reagiert. Das Experiment »Stummes Gesicht«, bei dem die Mutter unvermittelt einen ausdruckslosen Gesichtsausdruck zeigt, ist für Babys sehr hart, aber Dr. Edward Tronick hat gezeigt, dass es für ältere Kinder und auch für die Mutter genauso stressig ist. Eine von Tronicks Forschungsassistentinnen führte eine Variation des Experiments durch, bei der sie Collegestudenten die Rolle des Babys oder der Bezugsperson spielen ließ.[114] Die Studenten, die die Rolle des Babys übernommen hatten, berichteten, dass sie sich dabei ängstlich und frustriert gefühlt hätten und sogar in Panik geraten seien, während die Studenten, die die Rolle der ausdruckslosen Mutter gespielt hatten, sich gestresst, ängstlich und sogar beschämt fühlten.

Aber man muss kein Experiment im Labor durchführen, um zu verstehen, wie es diesen Studenten erging. Wie viele von uns haben nicht schon in der Erwartung eines Lobes für ihre gute Arbeit das Büro des Chefs betreten und wurden stattdessen mit einem Stirnrunzeln begrüßt? Unser Gehirn löst in solchen Situationen Alarmstufe Rot aus, und wir gehen sofort in den Kampf-oder-Flucht-Modus über. Oder stellen wir uns eine Situation vor, in der wir über einen Geschäftsabschluss verhandeln wollen, aber unser Gegenüber kein Wort sagt. Das ist eine häufig angewendete Verhandlungstaktik: Verunsichere den anderen, und er wird anfangen, zu viel zu reden oder zu viel zu verraten. Es gibt sogar »Dating-Anleitungen«, in denen der Möchtergern-Casanova erfährt, wie er beim Date die Kontrolle übernehmen kann, indem er wenig Reaktion zeigt oder gar feindselig wirkt. Aber warum verunsichert uns ein wütendes oder ausdrucksloses Gesicht oder lässt uns die Beherrschung verlieren?

Natürlich reagieren nicht alle Menschen gleich auf diese Art »sozialer Bedrohung«. Manche gehen vielleicht einfach lachend darüber hinweg, während andere Beistand suchen oder sich in eine Ecke zurückziehen. Unsere individuellen Reaktionen sind das Produkt unseres biologisch bedingten Temperaments sowie der Geschichte unserer sozialen Interaktionen seit dem Babyalter.

Wir haben es hier mit der Wirkung *sozialer Erregung* zu tun.[115] Manche Erwachsene finden die Interaktion mit anderen generell so stressig, dass sie vor jeder geselligen Zusammenkunft, selbst mit Angehörigen oder Freunden, zurückschrecken. Andere brauchen geradezu die Energie, die sie nur im Zusammensein mit anderen spüren. Aber unabhängig davon, wie die »Messuhr unserer sozialen Erregbarkeit« eingestellt ist, sucht unser neurozeptives System ständig nach Sicherheit. Wenn es Sicherheit wahrnimmt, fühlen wir uns ruhig und – je nach Bedarf – aufmerksam oder entspannt. Wenn das System eine Bedrohung wahrnimmt, fühlen wir uns angespannt, unruhig oder energielos. Dann verhalten wir uns möglicherweise wie das Baby angesichts des ausdruckslosen Gesichts der Mutter und versuchen, einen nicht reagierenden oder verstörenden Gesprächspartner wieder in die Interaktion zurückzuholen. Wenn uns das nicht gelingt, werden wir apathisch und unstrukturiert, oder es fällt uns schwer, das Gegenüber anzuschauen oder mit ihm zu kommunizieren.

Das Faszinierendste an unserem neurozeptiven System ist die Art und Weise, wie es die Körpersprache – Tonfall, Gestik, Mimik – *unterhalb der Schwelle der bewussten Wahrnehmung* überwacht.[116] Diese sozialen Signale kommen gewissermaßen »unterhalb unseres Radars« herein. Tatsächlich ist die unbewusste Überwachung für den Verlauf einer Interaktion viel wichtiger als der verbale Austausch. Als ich einmal ein Gespräch mit einer Schulleiterin führte, die mit ihrer Schule an unserem Selbstregulierungsprogramm teilnehmen wollte, wurde die neunjährige Rachel in ihr Büro gebracht, weil sie den Unterricht gestört hatte. Anscheinend gab es diese Probleme mit Rachel häufiger: Sie machte Theater und versuchte, die anderen Kinder an ihrem Tisch ebenfalls dazu zu animieren. Sie war deshalb schon häufig ermahnt und auch mehrfach umgesetzt worden und wurde nun zum zweiten Mal zur Rektorin geschickt.

Es folgte ein faszinierendes Beispiel der Neurozeption in Aktion. Die Rektorin, die sich meiner Anwesenheit bewusst war (sie stellte mich dem Mädchen als einen auf ihre Probleme spezialisierten

Arzt vor), sagte genau die richtigen Dinge: Dass sie Rachel helfen wolle, dieses störende Verhalten zu überwinden, ein neues Kapitel aufzuschlagen und die Art von Schülerin zu werden, auf die ihre Eltern stolz sein könnten. Sie sprach sogar von Übererregung und davon, dass Rachel lernen müsse zu erkennen, wann sie überreizt sei, und was sie tun könne, um sich zu beruhigen. Das Problem dabei war, dass sie durch ihre Körpersprache eine völlig andere Botschaft sendete. Sie runzelte die Stirn, sprach mit harter Stimme und trommelte mit den Fingern auf ihrem Schreibtisch. Ich konnte sehen, wie Rachel unter dieser nonverbalen Attacke in sich zusammensank und schließlich erstarrte. Es war offenkundig, dass sie nicht viel von dem aufgenommen hatte, was zu ihr gesagt worden war. Sie war blass geworden und musste am Ende dazu aufgefordert werden, Besserung zu geloben.

Nachdem das Mädchen gegangen oder, besser gesagt, aus dem Büro geflohen war, fragte mich die Rektorin mit bekümmertem Blick: »Was soll ich nur mit so einem Kind machen?« Ich erklärte ihr, dass das Mädchen offenbar besonders empfindlich in Bezug auf Tonfall, Mimik und Gesten sei und wie wichtig es sei, bei Rachel zunächst einen Zustand ruhiger Aufmerksamkeit herbeizuführen, bevor sie aufnehmen könne, was die Schulleiterin ihr sagen möchte. Und wir beschäftigten uns mit der Suche nach den Ursachen von Rachels Problem – das, wie uns bald klar wurde, nicht nur eine Folge schlechter sozialer Wahrnehmung und fehlender zwischenmenschlicher Kompetenzen war, sondern auch mit ihren Problemen in Bezug auf körperliche und emotionale Erregung zusammenhing. Was uns jedoch am meisten beschäftigte, war die Frage, wie man dem Mädchen helfen konnte, sich in der sozialen Interaktion sicher zu fühlen.

Besagte Schulleiterin war ein verblüffendes Beispiel dafür, wie schnell sich unsere Körpersprache verändert, sobald uns unser zuvor unbewusstes Verhalten bewusst wird. Die Interaktion der Rektorin mit Rachel veränderte sich von einem Tag auf den anderen. Aber nicht, weil die Schulleiterin eine bewusste Anstrengung unternahm, ihre Hände im Schoß liegen zu lassen, sondern *weil sie Rachel plötzlich in einem völlig anderen Licht sah.* Hatte sie das Verhalten des Mädchens zuvor nur irritierend gefunden, erkannte sie jetzt, wie gestresst das Kind war, und senkte im Gespräch mit ihr sofort ihre Stimme und ihren Blick.

»Soziale Wesen« brauchen Interaktion – und fürchten sie manchmal

Es gibt Menschen, die das Unbehagen, das wir bei Kommunikationsverweigerung spüren, taktisch ausnutzen. Sie empfinden dabei ein Gefühl von Macht und Kontrolle. Aber weshalb sollten sie einen so extrem egozentrischen Impuls verspüren, der dem grundlegenden Bedürfnis der sozialen Interaktion zuwiderläuft? Die Antwort darauf ist komplex und führt uns im folgenden Kapitel tief in die prosoziale Domäne. Aber der Ausgangspunkt liegt bei der Neurozeption – bei einem auf »Kampf« gepolten Stressreaktionssystem.

Das dominante Individuum sieht andere Menschen als Bedrohung: Der Mitarbeiter, der gute Arbeit leistet, wird dafür eine Gehaltserhöhung von ihm wollen; die Geschäftsfrau, mit der er verhandelt, wird seine Schwächen auszunutzen versuchen; die attraktive Frau an der Bar wird ihn abblitzen lassen. Und wie ein acht Monate altes Baby, das wütend auf das ausdruckslose

Gesicht der Mutter reagiert, werden diese Menschen deshalb aggressiv. Ihr dominantes Verhalten ist der Versuch, mit der Angst umzugehen, die sie bei der sozialen Interaktion empfinden.

Umgekehrt ist der nachgiebige oder vor allen Begegnungen zurückschreckende Erwachsene nicht deshalb so, weil er passiv geboren wurde oder »von Natur aus schüchtern« ist. Aus irgendeinem Grund verursacht die Interaktion mit Fremden bei ihm einen Adrenalinschub, der eine Fluchtreaktion auslöst, die leicht in Erstarrung umschlagen kann. Sein Rückzugsbedürfnis ist nicht nur emotionaler, sondern auch physiologischer Natur – ein Verteidigungsmechanismus zur Unterstützung parasympathischer Funktionen.

Diese Muster sind oft schwer zu durchbrechen, weil sie so tief einprogrammiert sind.[117] Der diktatorische kleine Junge, den ich in der Vorschule beobachtet hatte, war nicht so auf die Welt gekommen. Ich glaube auch nicht, dass er nur etwas nachspielte, was er zu Hause erlebt hatte (obwohl das durchaus ein Faktor hätte sein können). Vielmehr verunsicherten ihn wohl die unterschwelligen emotionalen Strömungen, die ihn umgaben. Und je unsicherer er wurde, desto dominanter wurde er. Das kleine Mädchen, das allein in einer Ecke saß, litt nicht nur unter »sozialen Ängsten«, sondern versuchte, auf die einzige Art, die es kannte, seinen Stress zu reduzieren.

Das ist ein Phänomen, das uns hilft, die Paradoxie der sozialen Interaktion zu verstehen. Wir sind in der Tat soziale Wesen: Wir kommen mit einem Gehirn auf die Welt, das nicht nur empfänglich für andere Gehirne ist, sondern sie sogar braucht, um sich sicher zu fühlen. Das Baby sendet Signale aus, die Hilfsbedürftigkeit übermitteln. Die Betreuungsperson antwortet mit Signalen, die das Eintreffen dieser Hilfe vermitteln. Wenn eine Bezugsperson diese Signale nicht senden kann (vielleicht, weil sie die Signale des Babys nicht versteht), führt dies bei dem Baby wahrscheinlich zu einer Übererregung in verschiedenen Domänen (der biologischen, emotionalen, kognitiven und sozialen Domäne).

Ein junges Elternpaar berichtete mir einmal von seinem Schrecken, als ihr neun Monate alter Sohn Zack auf das Weinen der Mutter mit Lachen reagiert hatte. »Bedeutet das, dass er eine sadistische Ader hat?«, fragte der Vater. Ich erklärte den beiden so vorsichtig wie möglich, dass es sich nur um eine automatische Reaktion gehandelt habe, die von Zacks Alarmsystem ausgelöst worden sei. Genau genommen handelte es sich um eine Angstreaktion, und Zack würde erst in einigen Jahren in der Lage sein, seine emotionalen Reaktionen zu regulieren. Ich spürte förmlich, wie sich die Anspannung der Eltern löste, als sie verstanden, worum es ging. Dasselbe gilt auch für andere automatische Reaktionen, wie zum Beispiel Wut, auch wenn viele Eltern viel schwerer nachvollziehen können, dass es sich auch hier nur um eine primitive Reaktion auf eine vermeintliche Bedrohung handelt. Ich erinnere mich insbesondere an eine Mutter, die sich schrecklich darüber aufregte, wenn ihre kleine Tochter zornig wurde. Wir mussten ihr helfen zu verstehen, dass sie dann selbst ruhig bleiben und sanfter reagieren musste. Das Problem ist nämlich, dass sich durch die wütende Reaktion der Mutter auf die Zornesausbrüche des Babys dessen neurozeptives Bedrohungsgefühl noch verstärkt.

Im Angesicht der sozialen Bedrohung

Wenn diese Art der Fehlkommunikation zur Gewohnheit wird, beginnt das Baby, vor dem zurückzuschrecken, was es am dringendsten braucht, wenn es verängstigt ist: der beruhigenden

Gegenwart einer Bezugsperson (bei etwas älteren Kindern der Gegenwart anderer Kinder und Erwachsener). Es zieht sich in sich selbst zurück. Darum geht es bei der Kampf-oder-Flucht-Reaktion: Das Gehirn schaltet vom neuesten Anpassungsmechanismus in der menschlichen Evolution, der sozialen Interaktion, in einen primitiveren Mechanismus, den sogenannten »Überlebensmodus«, der dafür ausgelegt war, ein von der Herde isoliertes Tier zu schützen.[118]

Genauso fühlt es sich an, im Kampf-oder-Flucht-Modus zu sein: allein und verzweifelt bemüht zu entkommen. Es ist für Kinder extrem schwierig, es mit Worten zu beschreiben, wenn sie sich so fühlen, aber wir können ihnen helfen, indem wir eine nonverbale Möglichkeit für sie finden, es uns zu zeigen. Ich erinnere mich an ein kleines Mädchen mit dem schönen Namen Juniper (von allen »Junebug« – Junikäfer – genannt), das seinen Eltern zeigte, wenn es sich überfordert fühlte, indem es eine seiner Puppen ganz allein in eine Ecke des Puppenhauses setzte.

Im Kampf-oder-Flucht-Modus kann selbst die harmloseste soziale Handlung als Bedrohung interpretiert werden. Erinnern Sie sich an Rosie mit ihren abendlichen Wutausbrüchen? Rosie erklärte mir (sogar mehrmals), dass ihre Mutter aufhören müsse, sie anzuschreien. Ich hatte aber eine Situation miterlebt, in der Rosie sich aufgeregt, aber ihre Mutter nicht einmal die Stimme erhoben, geschweige denn geschrien hatte. Trotzdem hatte es sich für Rosie so angefühlt! Und als sie ihrer Mutter wütend erklärte, dass sie aufhören solle zu schreien, sprach Marie tatsächlich mit lauterer Stimme, weil sie so frustriert und durch Rosies ungerechtfertigte Beschuldigung gekränkt war.

Statt zu versuchen, mit Kindern, die gerade so negativ gepolt sind, vernünftig zu reden, oder schlimmer noch, sie zu bestrafen, müssen wir sie *in die Welt der sozialen Interaktion zurückholen.* Und damit das möglich ist, müssen wir ihnen wieder ein Gefühl der Sicherheit vermitteln. Die Hauptaufgabe der Gehirnbrücke besteht darin, einem Kind *ein Gefühl der Sicherheit zu geben.* Und wie ich nur immer wieder betonen kann, ist das lange Zeit so. Wenn es nur darum ginge, dass es angenehmer ist, sich bei sozialen Interaktionen sicher zu fühlen, könnten wir es dabei bewenden lassen, dass man sich eben manchmal gut fühlt und manchmal nicht – so ist das Leben. Aber wie wir schon gesehen haben, geht es um viel mehr als nur eine subjektive Empfindung: Soziale Erregung hat starke Auswirkungen auf alle anderen Domänen der Selbstregulierung. Wenn ein Kind sich bedroht fühlt, kann daraus eine sympathische Überflutung (Zorn und Aggression oder Flucht) oder eine parasympathische Überflutung (Rückzug, Lähmung) entstehen. Eine solche Fehlregulierung kann eine tiefgreifende Wirkung auf den Grad der Anspannung, auf die Gefühle und Selbstwahrnehmung haben.

Die Erholung, die das Kind spürt, wenn es sich wieder sicher fühlt, ist nicht einfach nur angenehm, sondern sie ist der Zustand, in dem Lernen und Entwicklung möglich sind. In diesem Fall handelt es sich um die soziale Entwicklung.

Anthropologen auf dem Mars

Bislang haben wir uns damit beschäftigt, wie wichtig ein Zustand ruhiger Konzentration und Aufmerksamkeit für die Prozesse der biologischen, emotionalen und kognitiven Erholung und Entwicklung ist. Wie sich herausgestellt hat, ist er für die Prozesse der sozialen Entwicklung ebenso wichtig. Man könnte es mit der

Erholungsphase vergleichen, die wir nach einer großen sportlichen Anstrengung brauchen. Jeder Fitnessjunkie weiß, dass die wichtigste Phase eines Workouts die Erholungsphase danach ist. Muskeln wachsen nur, wenn sie über ihre Komfortzone hinaus gefordert werden und anschließend die Chance zur Regeneration bekommen. Ähnliches gilt für soziale Entwicklung: Wir brauchen die Möglichkeit, über soziale Situationen, die uns gefordert haben, nachzudenken. Doch allzu viele Teenager haben das Gefühl, dass sie aufgrund der sozialen Medien immer online sein müssen, sodass sie nicht genügend Offline-Zeiten haben, in denen sie darüber nachdenken können, wann und warum sie sich gestresst oder bedroht gefühlt haben, was aber für ihre soziale Entwicklung wichtig wäre. In dem Maße, wie sich ihre sozialen Kontakte auf Texte und Bildschirme beschränken, fehlen ihnen auch wichtige Aspekte der direkten persönlichen Interaktion – die Nuancen von Körpersprache und Mimik, der Tonfall, der Rhythmus eines verbalen Austauschs und der physische Kontext –, die so wichtig für Kommunikation sowie soziales Lernen und Weiterentwicklung sind.

Eigentlich ist es sogar etwas irreführend, zwischen »biologischer«, »emotionaler«, »kognitiver« und »sozialer« Entwicklung zu unterscheiden, da alle unauflöslich miteinander verbunden sind und einfach verschiedene Aspekte der Selbstregulierung darstellen. Wenn sich ein Kind sicher fühlt, genießt es die Interaktion und kann sich längere Zeit mit seiner Bezugsperson oder anderen Menschen beschäftigen. Je aufmerksamer es ist, desto besser kann es soziale Muster erkennen. Diese Mustererkennung wird buchstäblich in sein Gehirn »einprogrammiert«, wodurch das Kind in der Lage ist, anhand eines Gesichtsausdrucks, einer Lautäußerung oder einer Geste vorauszusehen, was jemand tun wird. Außerdem wird es dadurch befähigt, seine eigenen Wünsche und Bedürfnisse auszudrücken, die aufgrund dieser kommunikativen Entwicklung komplexer werden.

Ein weiteres eindrucksvolles Video, das wir im Unterricht einsetzen, zeigt einen der Väter, mit denen wir gearbeitet haben, der mit seinem kleinen Sohn auf dem Bett liegt. Die beiden spielen das zeitlose Spiel des Grimassenschneidens. Beide haben große Freude an diesem Spiel, aber nach weniger als einer Minute ermüdet das Baby und dreht den Kopf weg. Der Vater erkennt das Bedürfnis seines Sohnes nach einer Pause, entspannt sich und wartet geduldig darauf, dass das Baby sich wieder in die Interaktion »einklinkt«, was es nach kaum dreißig Sekunden auch tut. Dann machen die beiden weiter und kreischen vor Vergnügen über ihre Kapriolen.

Diesem wunderbaren *Pas de deux* stellen wir ein Video gegenüber, das nur zwei Monate vorher aufgenommen wurde, als die beiden zum ersten Mal zu uns kamen. Dieses Video zeigt sie bei demselben Spiel. Aber dieses Mal drängt sich der Vater auf, als sich sein Sohn abwendet. Er will die Interaktion trotz der klaren Botschaft des Babys, dass es eine Pause braucht, unbedingt aufrechterhalten. Wir sehen, wie das Baby immer aufgeregter wird. Aber am eindringlichsten bei der ganzen Sequenz ist vielleicht der Ausdruck in Papas Gesicht, an dem man deutlich das Gefühl der Zurückweisung ablesen kann.

Als die beiden zu uns kamen, hatten sie große Schwierigkeiten damit, sich aufeinander einzustimmen, was für beide sehr schwer auszuhalten war. Wir mussten ihnen helfen, sich zu synchronisieren, weil es für die Programmierung des »sozialen Gehirns« des Babys wichtig war. Mit zunehmender Gehirnreifung kann das Baby nicht nur längere Episoden dieser Art von Interaktion aushalten, sondern braucht sie sogar dringend. Indem der Vater von nun an die Stresssignale seines Sohnes beachtete und den Grad der Stimulation an dessen Komfortzone anpasste, tat er viel mehr, als nur ein paar schöne Augenblicke mit seinem Sohn zu verbringen.

Der oben beschriebene fein abgestimmte gemeinsame »Tanz« wird mit der Zeit immer komplexer. Dabei geht es nicht nur um Reifung oder Programmierung, sondern auch um erlerntes Verhalten – als Folge längerer, komplexerer Interaktionen. Das Kind lernt, was sich hinter bestimmten Gesichtsausdrücken, Lautäußerungen, Gesten und Worten verbirgt. Es schreitet – um beim Bild des Tanzens zu bleiben – vom Discofox zum Tango voran, und die Fähigkeiten, die es dabei erwirbt (zum Beispiel Interpretation, Ausdruck und sprachliche Kompetenzen), befähigen es, mit immer mehr Partnern zu tanzen.

Die Neurozeption schafft die Sicherheitszone, in der die soziale Entwicklung möglich ist. Der Prozess, der hier im Gange ist, ähnelt der emotionalen Entwicklung des Kindes und ist untrennbar mit ihr verbunden.

Wenn ein Kind aus irgendeinem Grund Schwierigkeiten mit sozialer Interaktion hat, wird dieser Lernprozess dadurch beeinträchtigt.[119] Das Kind fühlt sich von Situationen, die seine sozialen Kompetenzen überschreiten, überfordert und wird auf solche Situationen wahrscheinlich aggressiv reagieren oder sich aus ihnen zurückziehen. Eine derartige Reaktion verstärkt wiederum seine sozialen Defizite, denn es muss sich auf komplexere soziale Interaktionen einlassen, um seine Interpretations- und Ausdrucksfähigkeit zu verbessern.

Ein solches Kind hat das Problem, dass es mit den exponentiell wachsenden sozialen Erwartungen, mit denen es konfrontiert ist, nicht Schritt halten kann. Es kann die Gefühle fremder Menschen nicht an ihrem Gesicht »ablesen« oder hat Schwierigkeiten, den Wendungen einer Unterhaltung zu folgen. Es versteht nicht, warum seine Äußerungen oder Handlungen bei der Person, mit der es interagiert, Angst oder Wut auslösen. Alle in der Gruppe – außer ihm – scheinen zu wissen, worum es gerade geht. Alle – außer ihm – lachen über den Witz. Das ist die Welt, die Temple Grandin beschrieb, als sie sich selbst als »Anthropologin auf dem Mars« bezeichnete.[120] Es ist ein Gefühl, das viele Kinder kennen, und statt von den Erwachsenen sanft bei der Entwicklung ihrer sozialen Kompetenzen begleitet zu werden, ernten diese Kinder von ihnen strenge oder gar strafende Reaktionen, durch die sie in verstärkte soziale Angst versetzt werden.

Genauso erging es Rachel, dem Mädchen, das ich im Büro der Rektorin traf. Ihr fiel es schwer, die subtilen emotionalen Strömungen zu verstehen, die in der Klasse herrschten. Manchmal sagte die Lehrerin etwas, worüber alle außer Rachel lachten. Um das zu überdecken, spielte Rachel vor den anderen den Clown. Sie hatte gelernt, dass sie durch Herumalbern andere Kinder auch zum Herumalbern animieren und sich dann als Teil der Gruppe fühlen konnte. Aber ihr war anzumerken, dass sie sich in einem Zustand permanenter sozialer Erregung befand, was noch dadurch verschärft wurde, dass sie ständig Ärger mit den Lehrern bekam.

Viele Kinder – und Erwachsene – gewöhnen sich an diesen Zustand. Oft entwickeln die Kinder Bewältigungsstrategien und zeigen sogar in bestimmten Bereichen herausragende Leistungen (was als eigene Bewältigungsstrategie dienen kann). Das ist der Grund dafür, dass viele Erwachsene, die unter chronischer sozialer Erregung leiden, berufliche Höchstleistungen bringen: Es ist eine Möglichkeit, in einer Umgebung, in der man sich unbehaglich fühlt, erfolgreich zu funktionieren. Aber die Angst ist immer da, wie ein konstantes Hintergrundgeräusch. Und die Auswirkungen chronischer sozialer Erregung sind offenkundig: Schlaf- oder Essprobleme, körperliche Beschwerden ohne klare Ursache, Beziehungsprobleme, ein allgemeines Unbehagen oder Schlimmeres.

James: Entwicklung in der sozialen Domäne

James ist jemand, den man vom ersten Augenblick an mag. Er ist ein attraktiver 16-Jähriger – 1,80 Meter groß, dichtes braunes Haar und braune Augen, schlank und muskulös – und scheint sich »wohl in seiner Haut« zu fühlen. Er schaut einem in die Augen, hat einen festen Händedruck, bringt seine Freude darüber zum Ausdruck, einen kennen zu lernen, und hört aufmerksam zu. Er ist die Art von Mensch, in dessen Nähe man sich sofort wohlfühlt, der Sicherheit vermittelt. Man würde in ihm nicht den quengligen, unruhigen kleinen James wiedererkennen, der im Kindergarten nicht zurechtkam, oder den hyperaktiven Schuljungen, der keine Freunde fand, sich nicht unter Kontrolle hatte, wenn er frustriert war, und ständig Ärger bekam.

Von klein an wünschte sich James Spielkameraden, wusste aber nicht, wie er sich anderen Kindern gegenüber verhalten sollte. Seine Mutter erzählte, wie sie versucht hatte, zunächst Spielverabredungen mit nur einem Kind zu arrangieren, und dazu beispielsweise eine Freundin mit ihrem Sohn eingeladen hatte. Aber die Verabredung endete damit, dass der damals dreijährige James das andere Kind ziemlich fest auf den Rücken schlug und Mutter und Sohn daraufhin fluchtartig das Haus verließen, wonach James stundenlang untröstlich war.

In James' frühen Jahren gab es viele Zwischenfälle dieser Art. Seine Mutter versuchte es mit den Pfadfindern, aber nach dem dritten Treffen forderte der Sippenleiter sie auf, James noch ein oder zwei Jahre zu Hause zu lassen, weil er »noch nicht reif dafür sei«. Dasselbe passierte beim YMCA-Sommerlager und sogar bei einer der fortschrittlichsten Vorschulen der Stadt, obwohl er dort immerhin einen Monat durchhielt, bevor die Leiterin seiner Mutter nahelegte, dass James »Hilfe brauche«. Laut James' Mutter war der Kindergarten »von Anfang an ein Fiasko«.

Allein konnte James ein nettes Kind sein, das andern gern eine Freude machte und auf Erwachsene hörte (außer wenn es darum ging, den Fernseher auszuschalten!). Sobald er jedoch mit anderen Kindern zusammentraf, war er völlig überfordert. Innerhalb von Minuten fing er an zu brüllen und die anderen Kinder herumzuschubsen oder Schlimmeres. Leider zeigten die zuständigen Erwachsenen immer wieder dieselbe Reaktion: Verärgerung. James wurde von gemeinsamen Aktivitäten ausgeschlossen, wodurch ihm die Erfahrungen genommen wurden, die er am dringendsten brauchte, um sich in dieser Domäne weiterzuentwickeln. Die Ereignisse in der dritten Klasse führten schließlich dazu, dass die Familie bei uns Hilfe suchte. James war wegen eines Streits auf dem Spielplatz, den er offenbar ohne jeden Grund angezettelt hatte, zur Schulpsychologin geschickt worden. Es war schon das dritte Mal in dem betreffenden Monat, und die Psychologin war der Meinung, dass dieses Verhalten (sofern ihm nicht Einhalt geboten würde) zu einer »ausgewachsenen Verhaltensstörung« führen könne.

Das Erste, was Sharon und Dave nach dieser Besprechung taten, war, nach Hause zu fahren und im Internet so viel wie möglich über »Verhaltensstörungen« zu recherchieren. Je mehr sie lasen (beispielsweise über das erhöhte Risiko solcher Kinder, die Schule abzubrechen, Drogen zu nehmen, im Gefängnis zu landen, psychisch krank zu werden), desto besorgter wurden sie. Sie vereinbarten einen Termin mit unserem Klinikteam – in der Hoffnung, dass wir vielleicht »eine Möglichkeit finden könnten, ihm eine andere Zukunft zu eröffnen«, wie Dave düster anmerkte.

Das Einzige, was uns auffiel, war, dass James sich sehr schwer damit tat, nonverbale Signale zu interpretieren. Wir konnten keine Verarbeitungsprobleme erkennen – nur einen Neunjährigen, der die subtilen Botschaften, die wir einander durch Gesten oder Tonfall zukommen lassen, nicht wahrzunehmen schien. Das hätte sicherlich erklärt, weshalb James soziale Interaktion stressig fand. Das wäre so, als würde man sich in einem fremden Land aufhalten, in dem man weder die gesprochene Sprache noch die Körpersprache der Menschen verstünde. Man wüsste nicht, welche Absichten sie haben, wäre nicht synchron mit dem, was um einen herum geschähe, und befände sich wahrscheinlich in einer Art Alarmzustand.

James hatte offenkundig Probleme damit, die Absichten anderer Kinder zu verstehen, und war deshalb in ihrer Nähe oft angespannt. Manche Kinder ziehen sich in einer solchen Situation völlig zurück, reagieren gar nicht mehr. Manche fliehen vor sozialer Interaktion, andere werden hyperaktiv oder hyperreaktiv. Wieder andere werden zum »Entertainer«, der die anderen Kinder unterhält, ohne wirklich mit ihnen zu interagieren. Oder sie wenden, wie James, alle diese Strategien im Wechsel an.

In der Schule tat sich James besonders schwer, was kaum überrascht, da dies eine Umgebung mit besonders intensiver sozialer Interaktion ist. James neigte dazu, sich im Unterricht zurückzuziehen und auf dem Pausenhof aggressiv zu werden, was vermutlich darauf zurückzuführen war, dass er gnadenlos gehänselt wurde. Die anderen Kinder hatten herausgefunden, dass sie ihn ganz leicht dazu bringen konnten, einen Wutanfall zu bekommen, und dann zusehen konnten, wie er Ärger bekam. Manchmal ergriff James die Flucht, was zur Folge hatte, dass die Schulleiterin eines Tages bei seinen Eltern anrief und ihnen zu verstehen gab, dass sie nicht genügend Personal habe, um James zu beaufsichtigen. Wie James' Mutter Sharon mir berichtete, war es kein freundlicher oder besorgter Anruf. Die Rektorin war ungehalten wegen dieses Kindes, das »sich nicht unter Kontrolle hat«. Ihr ärgerlicher Tonfall gab Sharon das Gefühl, versagt zu haben. »Ich kam mir vor, als ob ich dafür beschimpft würde, eine so schlechte Mutter zu sein.«

In privaten Videos von James als Baby konnten wir etwas von dem Verhaltensspektrum sehen, das seine Eltern erlebten. Und wir sahen zwei völlig verschiedene Kinder: ein Kind, das beim Spielen mit seinen Eltern ruhig war, und ein anderes, das bei geselligen Anlässen, wie einer Geburtstags- oder Erntedankfeier, völlig überfordert wirkte und alle Mühe hatte, an der allgemeinen Fröhlichkeit teilzuhaben. Besonders interessant war, wie Sharon und Dave in meiner Praxis mit James interagierten: Sie sprachen leise und langsam, gestikulierten und lächelten nicht zu viel und warteten geduldig, wenn er eine Pause einlegte, bevor er eine Frage beantwortete. Die drei schienen sehr gut aufeinander eingespielt zu sein, was mich an den Rhythmus eines Walzers erinnerte. Offensichtlich hatten Sharon und Dave schon, bevor sie zu uns gekommen waren, intuitiv gelernt, ihre nonverbalen Signale zu dämpfen, um die Interaktion mit James aufrechtzuerhalten. Ich beobachtete, dass James schnell überfordert war, wenn einer unserer Mitarbeiter zu lebhaft mit ihm sprach. Und genau das war wahrscheinlich das Problem in der Schule. Zu viele Kinder, zu viele emotionale Strömungen und Interaktionen zwischen mehreren Personen, die zu schnell abliefen, um sie verarbeiten zu können – geschweige denn, um verstehen zu können, welche Auswirkungen seine unbeholfenen Versuche mitzumachen hatten. Eine besonders schwierige »Bedrohung«, mit der Kinder umgehen müssen, besteht darin, nicht zu wissen, was jemand als Nächstes tun wird, was von einem selbst als Nächstes erwartet wird oder warum alle lachen. Das war vermutlich der Grund dafür, dass James oft mit anderen in Streit geriet. In solchen Situationen hatte es keinen Sinn, vernünftig mit ihm reden zu wollen. Er behauptete meistens, dass das andere Kind angefangen und ihn zuerst geschlagen habe. Der Lehrer, der genau gesehen hatte, was passiert war, reagierte darauf natürlich verärgert. So wurde James zu allem Überfluss auch noch ständig beschuldigt zu lügen, um sich Ärger zu ersparen.

Zweifellos steckte darin ein Körnchen Wahrheit, was letztlich auch verständlich wäre. Aber was noch nie jemand in Erwägung gezogen hatte, war, dass James genau das beschrieb, was er wahrgenommen hatte! Vielleicht erfand er nicht etwas, um sich Ärger zu ersparen, sondern schilderte die Situation genau so, wie er sie erlebt hatte. Das Problematische an durch eine negative Polung verursachten Fehldarstellungen ist, dass die von einem Kind geschilderte Version der Ereignisse wenig mit der Realität zu tun hat, aber dennoch seiner Wahrnehmung entspricht. Bei einem Überwachungssystem mit niedriger Alarmschwelle wird auch das harmloseste Verhalten vom Kind als Bedrohung wahrgenommen. Ein Kind schubst das andere spielerisch, und das übererregte Kind schlägt heftig zurück, weil es die Berührung als Angriff wahrgenommen hat. Oder es wird von einem Lehrer angewiesen zu warten, bis es an der Reihe ist, und beginnt zu weinen, weil es in seiner Wahrnehmung gerade angebrüllt wurde und von seinem Lehrer anscheinend gehasst wird.

Von all den Problemen, mit denen der kleine James zu kämpfen hatte, war sein größtes, dass er in der Schule ständig Ärger bekam. Er musste regelmäßig in der Pause nachsitzen. Einige Male wurde er vorübergehend der Schule verwiesen, in der dritten Klasse sogar für zwei Tage. Es sprach sich herum, dass er ein Störenfried war, und das beeinflusste die Wahrnehmungen und Erwartungen seiner Lehrer. Ohne sich dessen bewusst zu sein, schauten sie streng, wenn sie ihn sahen – egal, was er gerade tat. Sobald es irgendeine Art von Unruhe in der Klasse gab, wurde James als Erster ins Visier genommen. Es wurde jedes Jahr schlimmer, aber erst in der fünften Klasse gerieten die Dinge wirklich außer Kontrolle. Es verging kaum ein Tag, an dem James nicht auf den Flur hinaus oder zur Rektorin geschickt wurde. Ihm graute morgens davor, in die Schule zu gehen, und nachmittags kam er emotional völlig zerrüttet nach Hause. Deshalb beschlossen seine Eltern, einen mutigen Schritt zu gehen, und meldeten ihn bei einer der Schulen an, die an der »Kanadischen Selbstregulierungsinitiative« teilnahmen. Ziel dieses landesweiten Programms war es, das Konzept der Selbstregulierung – für Kinder, Lehrer, Verwaltungskräfte und Eltern – in allen Bereichen der Erziehung zu integrieren. An der neuen Schule fand James eine Gemeinschaft von Kindern und Lehrern und eine einfühlsame Rektorin, die entschlossen war, diesem kleinen Jungen zu helfen, und ihn intuitiv zu verstehen schien. Sie schlug vor, ihn von einem pädagogischen Assistenten begleiten zu lassen, und was sich in James' sechstem Schuljahr ereignete, war wirklich erstaunlich. Der ihm zugewiesene pädagogische Assistent, Mr Tela, war einer der sanftmütigsten und geduldigsten Menschen, die mir je begegnet sind. Er brachte von Anfang an zum Ausdruck, dass er James in dem von ihm gewünschten Tempo beim Lernen helfen würde, und dazu musste James ihm vertrauen. Mr Tela wurde niemals laut, übte niemals Druck aus, und die Grenzen, die es gab, wurden auf eine Weise vermittelt und durchgesetzt, die James verstand. Am wichtigsten war vielleicht, dass Mr Tela eine ganz ähnliche Art wie Sharon und Dave hatte: Er sprach ruhig und langsam, gestikulierte und bewegte sich nicht zu viel, hatte große Geduld.

Die Lehrer waren alle darüber informiert, was vor sich ging, und es wurde vereinbart, dass James das Klassenzimmer verlassen durfte, sobald Mr Tela es für nötig hielt. Anfangs passierte es regelmäßig: James und Mr Tela standen ruhig auf, gingen hinaus und spazierten durch die Schule. Sie entspannten sich, bis James bereit war, wieder am Unterricht teilzunehmen. Schon allein das Wissen, dass er diese Freiheit hatte, übte eine wunderbar beruhigende Wirkung auf ihn aus, und sein Bedürfnis, das Klassenzimmer zu verlassen, ließ immer mehr nach und war bis Weihnachten ganz verschwunden. Dasselbe galt für die Anfälle von Aufsässigkeit gegenüber seinen Lehrern.

Bei ihrer gemeinsamen Arbeit versuchte Mr Tela zunächst herauszufinden, was James wirklich interessierte, und es stellte sich heraus, dass es der Zweite Weltkrieg war. Innerhalb kürzester Zeit verschlang James historische Bücher zu diesem Thema. Als Nächstes kam die große Herausforderung: Mathematik. Bei verschiedenen Mathespielen stellte sich heraus, dass James' Ängste der Grund für seine Matheprobleme waren: Seiner Meinung nach war es besser, es gar nicht erst zu versuchen, als zu scheitern. Aber bald war James auch in der Lage, es mit Mathe aufzunehmen. Sein Selbstvertrauen wuchs rasant. Innerhalb einer bemerkenswert kurzen Zeit erreichte er das Klassenniveau und begann sogar, herausragende Leistungen zu zeigen. Wie war all das möglich?

Die Antwort war, dass Mr Tela James ein Gefühl der Sicherheit vermittelte, und je sicherer er sich fühlte, desto besser konnte er im Unterricht aufpassen. Aber bald geschah etwas noch Erstaunlicheres: James fing an, Beziehungen aufzubauen. Er integrierte sich in die Klassengemeinschaft und arbeitete gut mit anderen Kindern zusammen. Was wie mangelnde soziale Kompetenz gewirkt hatte, erwies sich als übergeordnetes neurozeptives Problem. Mit seinen früheren Lehrern hatte James nur selten die unterstützende soziale Interaktion wie mit seinen Eltern erlebt, und die erhöhte Anspannung, die er in der Schule empfand, bewirkte, dass er Bedrohungen wahrnahm, wo es keine gab.

In seiner vorherigen Schule war er zu oft angeschrien worden, hatte zu oft Ärger bekommen und war gezwungen worden, sich für Dinge zu entschuldigen oder sich irgendeines Vergehens schuldig zu bekennen, ohne wirklich zu verstehen, was er falsch gemacht hatte. Was James gelernt hatte, war, dass er mit den Worten »Tut mir leid« oder »Ich tu's nicht wieder« den Angriff beenden konnte, was in den Augen der Lehrer jedoch seine Schuld bestätigte. Aber James verstand wirklich nicht, warum sich die Menschen so über ihn aufregten. So war James und sein Umfeld in einem Teufelskreis gefangen, und das war der eigentliche Grund dafür, dass er auf eine Verhaltensstörung zugesteuert war: Nicht, weil er nicht in der Lage gewesen wäre, soziale Kompetenzen zu erwerben, sondern weil er ständig so behandelt wurde, als ob er sich weigere, sich zu bemühen, sein Verhalten unter Kontrolle zu bekommen.

Mr Tela rief mich eines Tages an, und wir überlegten gemeinsam, wie wir James' soziale Entwicklung noch weiter fördern könnten. Wir beschlossen, dass Mr Tela James zum Basketballtraining begleiten und dabei als Hilfstrainer mit auf das Spielfeld gehen würde. Er würde auch in der Pause in James' Nähe bleiben und verfügbar sein, wenn er gebraucht würde, sich aber nicht aufdrängen. Ich ging selbst hin, um zu schauen, wie es lief, und was ich sah, führte mich gedanklich wieder zu den drei Kindern aus der Vorschule zurück. Eine Gruppe von Jungs spielte ein Spiel, das sie selbst erfunden hatten: eine Kombination aus Baseball, Fußball und Rugby. James verstand die Regeln sicher genauso wenig wie ich, und nach einer Weile gab er auf. Wenn er sich als kleiner Junge in einer solchen Situation befunden hatte, hatte er sich an den Rand des Spielplatzes zurückgezogen und sich mit einem

Insekt oder einem Stein beschäftigt. Aber dieses Mal sah ich, wie er zu Mr Tela ging, ihm etwas sagte und dann wieder wegging. Während der ganzen Pause beobachtete ich immer wieder, wie er zwischen Mr Tela und einer Gruppe Kinder hin- und herlief. Mir wurde klar, dass ich hier dasselbe beobachtete wie bei dem kleinen Jungen, der sich an den Rockzipfel seiner Lehrerin klammerte.

Je öfter er die beruhigende Wirkung der sozialen Interaktion mit Mr Tela spürte, wenn er sie brauchte (im Unterricht und in der Pause), desto besser konnte James seine Aufmerksamkeit auf andere Kinder und auf den Lehrer richten. Er begann die sozialen Kompetenzen zu erwerben, die jenseits seiner Möglichkeiten gelegen zu haben schienen. Alle – seine Eltern, seine Lehrer und seine Mitschüler – bemerkten diese Veränderungen. Sie geschahen nicht über Nacht. Es gab keinen »magischen Moment«, in dem James plötzlich wie alle anderen Kinder wurde. Doch langsam, aber sicher traten Veränderungen ein, und die schlimmen Phasen, in denen Sharon und Dave fürchteten, dass er eines Tages doch noch einer »Verhaltensstörung« anheimfallen könne, wurden immer seltener.

Wir fragten sie, ob es einen Augenblick gegeben habe, in dem ihnen plötzlich klar geworden sei, welche Art von Erwachsener James – entgegen der düsteren Prognosen – werden könne. Die Antwort kam sofort: Es war seine Ernennung zum Kapitän des Basketballteams im ersten Highschool-Jahr. Sie war ein großer Erfolg im Hinblick auf seine sportlichen Leistungen, aber noch wichtiger war, dass er zum ersten Mal von einem Erwachsenen außerhalb der Familie eine positive Bestätigung bekommen hatte. Es war auch etwas, das von allen Schülern im Team respektiert wurde, was für James' schwaches Selbstwertgefühl enorm wichtig war.

Der Sport half James, seine negative Polung zu überwinden. Er liebte einfach alles an dem Spiel – die Herausforderung, die Trainingsmoral, die Kameradschaft und die Ergebnisse. Er ging mit einem Ball dribbelnd die Straße entlang und übte stundenlang in der Einfahrt seinen Korbwurf. Einen Sommer lang trug er seine rechte Hand in einer Bandage, um sich zu zwingen, die linke Hand zu verwenden und dadurch zu trainieren. Inzwischen träumt James davon, als Profi zu spielen, und vielleicht bietet sich ihm eine Chance, wer weiß? Welche berufliche Laufbahn er auch später einschlagen mag – James ist ein so kontaktfreudiger, gut integrierter, vielseitiger Jugendlicher, dass er beste Voraussetzungen für ein erfolgreiches Leben mitbringt.

Die natürlichen Interessen eines Kindes weisen oft den Weg zur inneren Motivation, die die Entwicklung der Selbstregulierung in allen Domänen fördert. Basketball hatte für James in allen fünf Domänen eine regulierende Wirkung. Eine Mannschaft gewinnt nur, wenn sie Co-Regulierung praktiziert, und je weiter sich seine sportlichen Fähigkeiten entwickelten, desto mehr Aufmerksamkeit schenkte James dem, was alle anderen taten – nicht nur auf dem Spielfeld, sondern auch außerhalb. Er wurde immer besser darin, reibungslose soziale Interaktionen einzugehen und aufrechtzuerhalten. Nach meinem Eindruck war das zu einem großen Teil auf das soziale Training zurückzuführen, das er in der Umkleidekabine, bei gemeinsamen Restaurantbesuchen, bei Reisen im Teambus und beim geselligen Beisammensein zwischen den Spielen bei Turnieren absolvierte.

James' Geschichte weist auf die systemische Verknüpfung der fünf Domänen hin und darauf, dass wir uns jede einzeln und alle zusammen anschauen müssen, wenn wir am Verhalten in einer bestimmten Domäne arbeiten. Während James' soziale Kompetenz zunahm, verbesserte sich auch seine emotionale Regulierung. Je weniger Anspannung er bei sozialen Interaktionen empfand, desto mehr wuchs seine soziale Kompetenz. Je besser er soziale Signale lesen konnte, desto weniger anstrengend fand er soziale Interaktion. Je weniger Anspannung er spürte, desto aufmerksamer war er – sowohl in Bezug auf seine inneren als auch auf die äußeren Vorgänge. Sogar seine Selbstdisziplin verbesserte sich. Sharon erzählte mir, dass James bei einem Turnier abends nicht mit den anderen Jugendlichen zum Hotel-Swimmingpool gegangen war, weil er für das Spiel am nächsten Tag gut ausgeruht sein wollte. Das mag nicht besonders erwähnenswert erscheinen, aber bei einem Jungen, der in seiner Kindheit extrem überreizt war, sobald er sich in Gesellschaft anderer übererregter Kinder befand, ist es schon etwas Besonderes. Für James war es ein großer Schritt nach vorn, die Fähigkeit zur Selbstwahrnehmung und Selbstregulierung zu besitzen, sodass er wusste, was am besten für ihn war, und entsprechend handelte.

Selbstregulierung als Gerüst für ein entspanntes Miteinander

Bei der Selbstregulierung in der sozialen Domäne geht es in erster Linie um Neurozeption und die Entwicklung des für soziale Interaktion zuständigen Systems. Das Problem: Soziale Interaktion kann ein eigenständiger Stressfaktor sein, obwohl sie gleichzeitig die erste Verteidigungslinie beim Umgang mit Stress darstellt. Selbstregulierung zeigt uns, wie Eltern – und später auch Lehrer – einem Kind helfen können, einen Weg aus seiner Anspannung zu finden.

Die Grundeinheit der frühkindlichen Entwicklung ist die Zweierbeziehung aus Bezugsperson (in der Regel Mutter bzw. Vater) und Kind sowie die Gehirnbrücke zwischen ihnen. Und das gilt für alle Aspekte der Kindesentwicklung und für einen deutlich längeren Zeitraum, als wir uns je hätten träumen lassen. Wir sprechen hier nicht von Wochen oder Monaten, sondern von Jahrzehnten, und wir sprechen von einem Entwicklungsprozess, der Schritt für Schritt – mit vielen Pausen und Rückschritten – verläuft. Die Bahn, auf der sich ein Kind durchs Leben bewegt, wird davon geprägt, wie wir (die »übergeordneten Gehirne« im Leben des Kindes) auf seine Bedürfnisse reagieren.

Erinnern wir uns an die Diskrepanz zwischen der Art von Interaktion, die Tyler zur Entwicklung seiner höheren Funktionen benötigt hätte, und der Art von Interaktion, die er in der Schule erlebte. Er brauchte beruhigende Reaktionen von seinen Mitmenschen – keine Ermahnungen still zu sitzen oder sich mehr anzustrengen, da er dies als Bedrohung wahrnahm. Dasselbe galt für James. *Er brauchte nicht soziale Kompetenzen, um soziale Interaktionen zu entwickeln, sondern soziale Interaktionen, um soziale Kompetenzen zu entwickeln.*

Wir alle wünschen uns für unsere Kinder erfolgreiche soziale Kontakte. Dazu müssen sie in der Lage sein, nonverbale Signale zu verstehen, und manche Kinder brauchen in dieser Hinsicht etwas mehr Hilfe – und endlose Geduld! Letztlich können alle Kinder lernen, soziale Signale und das soziale Umfeld zu verstehen. Es ist nie zu spät, um das »Gedankenlesen« zu erlernen, wenn die Kinder ruhig und aufmerksam sind. Darum müssen wir die Anzeichen starker sozialer Erregung (wie das Festklammern am Rockzipfel der Erzieherin) erkennen, merken, wann bei einem Kind die Alarmglocken schrillen, und dann seine Erregung dämpfen, indem wir das Tempo der Interaktion auf seine »Komfortgeschwindigkeit« drosseln. Außerdem müssen wir dem Kind helfen, selbst zu erkennen, wann es sich bei der sozialen Interaktion gestresst zu fühlen beginnt, und Selbstregulierungsstrategien zu entwickeln, die es ihm ermöglichen, weiterhin an der sozialen Interaktion teilzunehmen. Denn Kinder können die nötigen Fähigkeiten des Signallesens nur im Rahmen der natürlichen Interaktion erwerben; und an dieser Art der Interaktion können sie nur teilnehmen, wenn sie sich sicher fühlen.

DAS BESSERE ICH:
Die prosoziale Domäne

Das Hockeyteam meines damals elfjährigen Sohnes Sasha war in einer schon von vielen Siegen gekrönten Saison auf dem Weg zum nächsten Triumph, und Sasha war der Haupttorschütze. In den letzten Sekunden des laufenden Spiels hatte er die Chance, das Match mit einem letzten Abstauber glorreich zu beenden, spielte aber stattdessen den Ball einem hinterherlaufenden Teamkameraden zu, um ihn einzubeziehen. Wie konnte sich Sasha diese Chance auf ein elegantes, müheloses Siegtor entgehen lassen? Ich fragte ihn auf der Heimfahrt (wahrscheinlich mit einer gewissen Verärgerung in der Stimme) danach, und seine in etwas scharfem Ton ausgesprochene Antwort klingt mir noch heute in den Ohren: »Wie die Mannschaft spielt, ist wichtiger, als wie ich spiele, Papa.«

Jedes Kind wird mit dieser Fähigkeit zu selbstlosem Verhalten und zur Rücksichtnahme auf die Bedürfnisse anderer geboren – genauer gesagt, im Mutterleib schon darauf programmiert. Das zeigt sich bereits bei den Kleinsten in spontanem fürsorglichem Verhalten – einer Umarmung, einer Berührung, einem geteilten Spielzeug. Die Forschung hat gezeigt, dass selbst Säuglinge schon den Kummer eines anderen Menschen wahrnehmen und darauf reagieren können. Wenn die Kinder heranwachsen, hoffen wir als Eltern, dass unser Kind dasjenige sein wird, das mit anderen teilt, einen Freund tröstet oder das neue Kind willkommen heißt. Das über seinen eigenen Tellerrand hinaussieht und anderen hilft. Dieses Verhalten mag naheliegend erscheinen, aber die Erfahrung zeigt, dass es im Augenblick der Entscheidung nicht immer einfach ist.

»Prosozial« ist einer dieser Fachbegriffe, die Sozialwissenschaftler so gerne kreieren. Experten streiten sich über seine Bedeutung, und als Eltern können Sie ein Leben lang ohne ihn auskommen. Aber als Gegensatzwort von »antisozial« steht »prosozial« für wichtige Aspekte des Menschseins und eines guten Charakters: Empathie, Großzügigkeit, Fürsorge, Selbstlosigkeit. Wir wollen, dass diese Kerneigenschaften bei unseren Kindern tief verankert sind, und machen uns Sorgen, wenn wir Anzeichen dafür erkennen, dass dies nicht der Fall ist. Es gibt wohl kaum Eltern, die sich wünschen, dass ihre Kinder zu rücksichtslosen, ausbeuterischen oder egoistischen Menschen heranwachsen.

Das breite Spektrum der antisozialen Verhaltensweisen bei Kindern ist beängstigend, insbesondere wenn wir an die tragischen Folgen von Extremfällen wie Amokläufen oder Cybermobbing denken. Aber im Alltag sind auch die verbreiteteren Formen sozialer Grausamkeit oder mangelnder Achtung für andere verstörend: Aggression und Mobbing, Narzissmus und manipulatives Verhalten, das zwar nicht mit unmittelbarer Gewalt verbunden ist, aber dennoch von erschreckender Skrupellosigkeit zeugt.

Diese Ängste in Bezug auf Charakter und Gewissen sind für die Entwicklung eines Kindes von besonderer Tragweite. Keine andere Entwicklungsdomäne ist so unklar definiert und so sehr mit moralischen Implikationen behaftet. Die meisten Eltern kommen mit den sozialen oder emotionalen Problemen oder den Lernproblemen ihres Kindes irgendwie zurecht, aber wenn es um Charakterfragen geht, zeigen sie eine stärkere, instinktivere Reaktion. Aus neueren neurowissenschaftlichen Forschungsergebnissen geht allerdings hervor, dass bei Kindern, denen »charakterliche Probleme« (von unsensiblem, verletzendem Verhalten bis hin zum Lügen, Betrügen oder Stehlen) zugeschrieben werden, oft eine schlechte Erregungsregulierung, insbesondere in der emotionalen Domäne, vorliegt. Die Auswirkungen von Impulsivität, schlecht gesteuerten negativen Emotionen, Unaufmerksamkeit und fehlender sozialer Intelligenz spielen in der prosozialen Domäne eine Hauptrolle.

Marshmallows: einer oder alle?

Die prosoziale Domäne ist – mehr als jede andere – für Kinder stressbehaftet, weil sie unweigerlich Konflikte zwischen dem, was das Kind fühlt oder will, und den Gefühlen oder Wünschen eines anderen Kindes oder einer Gruppe mit sich bringt. Nach althergebrachter Auffassung, wie sie von manchen noch heute vertreten wird, können Kinder den Übergang von Eigennutz zu Empathie und Rücksichtnahme nur unter äußerem Zwang vollziehen und müssen darauf trainiert werden, egoistische Impulse durch Willenskraft und Selbstkontrolle zu überwinden. Aber heißt das, dass es bei der fünften und letzten Domäne innerhalb des Selbstregulierungsmodells nun doch um Selbstkontrolle geht?

Statt diese fünfte Domäne im Kontext der Selbstkontrolle zu sehen, geht man im Rahmen der Selbstregulierung davon aus, dass die prosoziale Entwicklung die Ausbildung von Fähigkeiten zur empathischen Verbindung beinhaltet, die bei jedem Kind von Geburt an angelegt sind. Wie wir im vorherigen Kapitel zur sozialen Domäne gesehen haben, sind wir eine Spezies, die von Geburt an nach sozialer Verbundenheit strebt. Wir brauchen sie zum Überleben, und wir brauchen die prosoziale Ebene für eine gesunde Entwicklung.

Statt uns zu fragen, *wie wir aus unserem Kind einen anständigen Menschen machen können,* sollten wir uns daher fragen, *wie wir seine natürliche Neigung zu Fürsorge und Mitgefühl fördern können.*[121] Sicherlich gibt es Kinder, die (auch schon in einem sehr jungen Alter) Verhaltensweisen zeigen, die dieser natürlichen Neigung zu widersprechen scheinen. Die Selbstregulierung hilft uns zu verstehen, wann und warum das geschieht, und vor allem auch, was wir dagegen tun können.

Soziale Wesen mit einem Hang zur Fürsorge

Die Vorstellung, dass Kinder – notfalls unter Zwang – lernen müssen, ihre »niederen Instinkte« zu unterdrücken, um sich zu anständigen Menschen zu entwickeln, vertrat der englische Philosoph Thomas Hobbes. Im 17. Jahrhundert schrieb er, dass es – würde man zulassen, dass der Mensch seinen natürlichen Instinkten folge – »weder Künste noch Literatur noch gesellschaftliche Verbindungen gäbe«, sondern nur die »ständige Furcht und die drohende Gefahr eines gewaltsamen Todes«; das menschliche Leben sei »einsam, arm, kümmerlich, roh und kurz«.[122] Um angesichts ihrer eigenen rohen Natur eine Überlebenschance zu haben, müssten sich die Menschen, so Hobbes weiter, unter Anwendung eines gesetzlichen Regelwerks zusammenschließen und diejenigen, die gegen diese Gesetze verstoßen, entweder zur Einhaltung zwingen oder aus der Gemeinschaft ausstoßen oder ins Gefängnis werfen. Doch Zwang führt nur zu Angst, nicht zu Empathie. Empathie *ist* unserer Spezies angeboren und kann sich nur auf natürliche Weise – als Funktion des beiderseitigen empathischen Austauschs über die Gehirnbrücke – entwickeln.

Die Krux der Selbstregulierung liegt darin, dass wir soziale Wesen sind und als solche mit einem Gehirn, das Empathie *verlangt*, geboren werden.[123] Die Arbeit der Evolutionsbiologen zeigt uns, dass Empathie bei allen höheren Primaten zu finden ist.[124] Sie gehört zum Kern unseres biologischen Erbes. Immer mehr Forschungsergebnisse im Zusammenhang mit der Empathiefähigkeit kleiner Kinder zeigen das deutlich, und die meisten Eltern und Betreuungspersonen beobachten zu Hause schon bei ganz kleinen Kindern die eine oder andere Form einer einfühlsamen, fürsorglichen Reaktion. Auch in unserem Labor und in unserer Klinik sehen wir diese Art der Reaktion regelmäßig bei der Interaktion zwischen Kleinkindern (und Säuglingen) und ihren Eltern.

Sicherlich gibt es biologische und soziale Gründe dafür, wenn sich die natürliche Empathiefähigkeit eines Kindes nicht weiterentwickelt und sich bei ihm stattdessen unsoziale Tendenzen zeigen – Verhaltensweisen, die wir als gierig, egoistisch, gefühllos oder bösartig interpretieren. Aber ebenso sicher ist, dass biologische Mechanismen unter den richtigen Umständen zur Entwicklung einer Persönlichkeit führen können, die sich durch Moral, Integrität, Mitgefühl und die Fähigkeit, die eigenen Bedürfnisse denen anderer unterzuordnen, auszeichnet – zur Entwicklung des »besseren Ichs«, das die meisten von uns anstreben. Tatsächlich deutet alles darauf hin, dass unsoziales Verhalten die *Ausnahme,* nicht die Regel darstellt. Sonst hätte unsere Spezies niemals bis heute überlebt.

Ein neuer Blick auf Empathie

Prosoziale Entwicklung beruht vor allen Dingen auf der Erfahrung der Empathie.[125] Wie ein Kind durch externe Regulierung Selbstregulierung lernt, so lernt es Empathie durch erlebte Empathie. Das Einfühlungsvermögen ist uns allen angeboren, aber es entfaltet sich erst durch die Erfahrung von Empathie. Auch dann geliebt zu werden, wenn man sich nicht liebenswert benimmt, ist ein so entscheidender Punkt, dass diese Erfahrung zu den wichtigsten Prinzipien der Selbstregulierung gehört.

Rachel war zur Rektorin geschickt worden, weil sie den Unterricht gestört hatte, und erstarrte vor Angst, als sie von der Schulleiterin getadelt wurde. Somit war Angst die einzige Lektion, die Rachel aus der Begegnung mit der Rektorin mitnahm. Und damit hatte sie nicht nur eine Chance verpasst, etwas Konstruktiveres zu lernen, sondern auch, eine empathische Reaktion zu erleben, die ihr die Möglichkeit gegeben hätte, die Fähigkeit zur Selbstwahrnehmung und zur Wahrnehmung der Bedürfnisse anderer zu entwickeln.

Echte Empathie umfasst viel mehr als nur eine mitfühlende Reaktion auf den Kummer eines Kindes. Sie beinhaltet ein tieferes Verständnis, das auf emotionaler, nicht nur auf rationaler Ebene stattfinden muss. Der Erwachsene muss dazu auf seine eigene Erfahrung ähnlicher Gefühlszustände zurückgreifen und dann herausfinden, warum das Kind gestresst ist und wie er ihm helfen kann. Dem Kind selbst wird selten bewusst sein, dass es gerade völlig auf sich konzentriert ist. Und es wird erst recht nicht in der Lage sein, die Gründe dafür zu nennen, warum es sich so verhält. Das herauszufinden ist unsere Aufgabe.

Wir müssen aufhören, Empathie nur im Sinne der charakter- oder temperamentbedingten inneren Vorgänge des Kindes zu betrachten. *Echte Empathie ist ein wechselseitiges Phänomen.* Die Gehirnbrücke verknüpft das Erleben der beiden Beteiligten und muss ihre *gemeinsamen* emotionalen Zustände regulieren. Wenn ein Kind Kummer hat, fühlen wir uns auch bekümmert, und unser »übergeordnetes« Gehirn muss die Ursachen herausfinden und bekämpfen.

Von der Hilflosigkeit zur Hilfsbereitschaft

Ende des 15. Jahrhunderts war das Moralstück *Von dem sterbenden reichen Menschen, Hekastus genannt,* auf dem *Jedermann* von Hugo von Hofmannsthal basiert, ein echter Blockbuster, der von der Reise erzählte, die wir alle im Laufe unseres Lebens unternehmen, während wir gegen die verschiedenen Versuchungen, die uns dabei begegnen, ankämpfen. Diese Reise (und der damit verbundene Kampf) ist mit der Reise vergleichbar, die »Jedeskind« unternimmt, während es von einem Pol der Gehirnbrücke zum anderen wandert und vom behüteten Kleinkind, dessen Bedürfnisse von anderen erfüllt werden und das *von außen reguliert* wird, zum fürsorglichen Freund und späteren Elternteil heranwächst, der die Bedürfnisse anderer erfüllt und selbst *zur regulierenden Kraft* wird.

Diese Reise über die Gehirnbrücke, über die Felsen und Schluchten der Zwänge und Impulse, die uns zu ungezügeltem Egoismus verführen können, kann anstrengend sein und führt nicht geradeaus. Kinder können in einem Augenblick mitfühlend und im nächsten egoistisch sein. Der Weg ist kurvenreich und hat viele Umleitungen und Stellen, an denen Rutschgefahr besteht. Wir müssen uns deshalb klarmachen, dass es natürlich ist, wenn Kinder – besonders unter großem Stress – in eine egoistische Haltung zurückfallen. Dies ist charakteristisch für unseren primitiven Verteidigungsmechanismus.

Als Eltern haben Sie diese holprige Reise sicher selbst erlebt. Sie wissen, wie schwierig und zugleich zutiefst beglückend die Betreuung eines Säuglings sein kann. Das ist das Wesen der Elternschaft. Eltern und andere Betreuungspersonen werden in der Rolle des regulierenden »externen Gehirns« für ihre Anstrengungen durch die Freisetzung von Neurotransmittern belohnt, die Gefühle der Freude, Ruhe und Energie auslösen. 2006 fanden Wissenschaftler heraus, dass der Akt des Gebens denselben Teil des Gehirns aktiviert, das diese Wohlfühl-Neurotransmitter ausschüttet – ein Phänomen, das als »Helper's High« (Glücksgefühl des Helfers) bezeichnet wird. Andere Forschungsarbeiten haben gezeigt, dass dieses Glücksgefühl dem Helfer auch gesundheitliche Vorteile bringt. Es hat sich herausgestellt, dass »Gebende« viel glücklicher und gesünder als »Nicht-Gebende« sind, und zwar nicht nur aus psychologischen, sondern auch aus biologischen Gründen. Diese positiven Gefühle kommen aus dem mesolimbischen System, das dafür konzipiert zu sein scheint, uns für prosoziales Verhalten zu belohnen und uns dazu zu motivieren. Das heißt, wir haben ein Gehirn, das nicht nur Empathie »fordert«, sondern das darauf ausgelegt ist, anderen Menschen Gutes zu tun und von dieser gegenseitigen Unterstützung zu profitieren.

Die umfangreiche wissenschaftliche Literatur, die sich mit »sozialer Unterstützung« befasst, zeigt eindeutig, dass es um unsere geistige und körperliche Gesundheit umso besser bestellt ist, je stärker wir sozial eingebunden sind.[126] Daran sind eine Reihe von psychologischen und biologischen Faktoren beteiligt. Besonders beachtenswert ist, dass soziale Unterstützung nachweislich den Blutdruck und die Herzfrequenz sowie den Spiegel des Stresshormons Kortisol senkt und die Arbeit des Immunsystems verbessert.[127] Es wurde sogar nachgewiesen, dass Menschen mit einem starken sozialen Rückhalt weniger anfällig für Erkältungen sind.

Wenn uns Helfen glücklicher und gesünder macht, was könnte dann jemanden davon abhalten, anderen hilfsbereit und fürsorglich zu begegnen? Nehmen wir das Beispiel einer überforderten Betreuungsperson: Warum vernachlässigen oder verletzen manche Eltern ihr Baby? Die Antwort darauf ist dieselbe, die wir auch schon in den vorherigen Kapiteln dieses Buches gefunden haben: Das Problem ist eine zu hohe Stressbelastung. Eine Betreuungsperson, die mit ihrem eigenen Stress nicht umgehen kann, findet den Stress ihres Babys unerträglich und vor allem auch unverständlich. Oxytocin allein reicht nicht aus, um zu verhindern, dass sie in den Kampf-oder-Flucht-Modus umschaltet.

Wie eine extrem gestresste Betreuungsperson von ihrem Baby überfordert sein kann, so können auch manche Kinder vom Stress anderer Menschen überfordert sein. Das unterstreicht die grundlegende Frage, die wir uns im Kontext der Selbstregulierung in der prosozialen Domäne stellen müssen: Weshalb ist die empathische soziale Verbindung für manche Kinder angenehm, für andere hingegen schwierig und für einige sogar so problematisch, dass sie die Verbindung abbrechen?

Stress und die Auflösung des »sozialen Gehirns«

Für Kinder kann diese Entwicklungsreise aus vielen Gründen beschwerlich sein. Manche Kinder werden mit biologischen Voraussetzungen geboren, die zu einer schnellen Erschöpfung der Energievorräte und einer größeren Empfänglichkeit für limbische Erregung führen. Bei anderen gibt es Ereignisse (frühkindliche Erlebnisse oder die wiederkehrende Ablehnung durch eine bestimmte Person), die ihre Alarmschwelle herabgesetzt haben. In beiden Fällen sind sie chronisch übererregt, und in diesem Zustand verstärken sich Wünsche und Impulse, während die soziale Wahrnehmung und die Selbstwahrnehmung abnehmen. Dann ist es den Kindern nicht mehr möglich zu teilen oder Mitgefühl zu empfinden oder auch nur mit anderen Menschen zu kommunizieren. Sie können so sensibel werden, dass interne und externe Signale für sie unerträglich sind, oder so abgestumpft, dass sie ihre eigenen körperlichen Signale nicht mehr wahrnehmen und vom Verhalten ihrer Mitmenschen verunsichert werden, weil sie es nicht verstehen. In diesem Zustand kann die Erregung eines anderen Menschen so stressig für das betroffene Kind sein, dass sie bei ihm die Kampf-oder-Flucht-Reaktion auslöst.

Mit anderen Worten: Zusätzliche, für die prosoziale Domäne spezifische Stressfaktoren erweitern die Liste der (biologischen, emotionalen, kognitiven und sozialen) Stressfaktoren, mit denen wir uns in den vorherigen Kapiteln beschäftigt haben. *Dem Stress anderer Menschen ausgesetzt zu sein oder mit der Erwartung konfrontiert zu werden, den Bedürfnissen anderer Vorrang vor den eigenen zu geben, ist ein – manchmal akuter – Stressfaktor.*[128] Es überrascht wohl kaum, dass ein Kind, das sich in einem chronischen Zustand der Überreizung befindet, diese spezielle Quelle innerer Anspannung so anstrengend findet. Wie der Kampf-oder-Flucht-Modus die Funktion unseres Stoffwechsel- und Immunsystems einschränkt und die Systeme im »sozialen Gehirn« beeinträchtigt, so bringt er auch die Systeme zum Erliegen, die uns in die Lage versetzen, Mitgefühl zu empfinden. (Und damit meine ich nicht nur das Mitfühlen dessen, was ein anderer empfindet, sondern auch die Wahrnehmung dieser Gefühle bei uns selbst.) In diesem Zustand übernehmen uralte Systeme die Regie. Bei gestressten Eltern können diese primitiven Systeme, die älter als das soziale Gehirn sind, ein schreiendes Baby oder ein Kind, dessen liebloses Verhalten die Eltern verärgert, als Bedrohung einstufen.

Das »lieblose« Kind ist im selben stressbedingten Zyklus gefangen und reagiert auf die scheinbare »Bedrohung« durch ein anderes Kind sowie auf die zusätzliche Bedrohung durch die wütende Reaktion des Erwachsenen. Sein Verhalten ist die Folge der doppelten Wirkung exzessiven Stresses: Zum einen löst der hohe Stress negative limbische Impulse und damit den Kampf-oder-Flucht-Modus aus. Zum anderen schränkt er die präfrontalen Hemmfunktionen und die Empathie ein. Das Kind ist dann nicht nur taub für jede Art von Belehrung, sondern sein im Überlebensmodus funktionierendes Gehirn fährt auch diese anderen Systeme herunter. Im Kampf-oder-Flucht-Modus scheuen wir alle instinktiv vor Unterstützung von außen zurück und verkriechen uns in irgendeiner »Höhle«, wo wir uns alleine wieder zu erholen versuchen.

Selbstregulierungsprobleme in der prosozialen Domäne zeigen sich oft darin, dass ein Kind sich sowohl mit Eins-zu-eins- als auch mit Gruppeninteraktionen schwertut oder sich zu einer Gruppe hingezogen fühlt, die unerwünschte Eigenschaften kultiviert. Probleme in der prosozialen Domäne sind häufig ein Zeichen für Probleme in einer anderen Domäne. Somit kommen wir zum alle fünf Domänen umfassenden Stresszyklus:

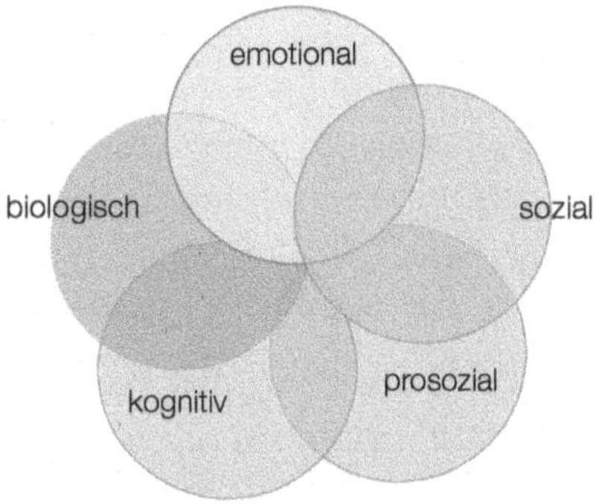

Verstärkungseffekt: Der Fünf-Domänen-Stresszyklus

Für »Jedeskind« ist die Reise vom »ich« zum »wir« über die Gehirnbrücke nicht rein kognitiver Natur – es geht nicht nur darum zu verstehen, was andere Menschen denken und fühlen, oder zu begreifen, dass mangelnde Impulskontrolle zum Ausschluss aus der Gruppe führt. Vielmehr setzt die Entwicklung echter Empathie in erster Linie Selbstregulierung voraus: Man muss lernen, angesichts des Stresses anderer Menschen ruhig zu bleiben. Das heißt, damit sich die Gehirnbrücke vertiefen und weiterentwickeln kann, *muss ein Kind lernen, wie es im Gleichgewicht bleibt, wenn es dem Stress anderer Personen ausgesetzt ist.*

Es gehören zwei dazu

Die Fähigkeit, Empathie zu empfinden, ist Kindern zwar angeboren, entwickelt sich aber nicht von allein weiter. Dazu ist die Gehirnbrücke erforderlich. Lange bevor sich die Beziehungswelt eines Kindes erweitert, lernt es seine ersten Lektionen in Empathie durch die Interaktion mit seinen Eltern oder anderen Bezugspersonen. Deshalb kommt unserer Reaktion auf seine fehlende Empathie eine große Bedeutung zu, vor allem, wenn die Überforderung des Kindes in aggressivem Verhalten oder dem Drang zur (mentalen oder physischen) Flucht zum Ausdruck kommt.

Eltern reagieren oft spontan ärgerlich auf das Verhalten ihres Kindes: Diese uralte Reaktion ist in einem Teil des Gehirns angesiedelt, der nicht zwischen *meinem Kind* und *einem Fremden* unterscheidet. Das Problem ist, dass das Gehirn des Kindes dasselbe tut – es interpretiert unsere ärgerliche oder negative Reaktion als Bedrohung. Und dass ein Elternteil oder Lehrer, dem es eigentlich vertraut, als Bedrohung wahrgenommen wird, macht die Sache noch schlimmer. Wenn Eltern oder andere Erwachsene einem Kind ständig mangelnde Empathie vorhalten, laut werden, wenn sie es beruhigen sollten, und eskalieren, wenn sie herunterregulieren sollten, kann das im Laufe der Zeit dazu führen, dass das Kind sein fürsorgliches Verhalten aufgibt und beginnt, sich unsozial zu verhalten. Diese negative Prägung kann schon sehr früh beginnen, in manchen Fällen schon, bevor ein Kind laufen kann.

Ein Zyklus aus negativen Interaktionen und Erwartungen war auch bei James ein Problem. Er konnte schrecklich unsensibel und egoistisch sein, sich nicht um die Gefühle und Gedanken anderer scheren und sich weigern, Verantwortung für seine Handlungen zu übernehmen. Als Kind, das nicht mit anderen klarkam, hatte er keine Freunde. Es stellte sich heraus, dass die anderen Jungs James gnadenlos hänselten und dass er sich zu allem Überfluss vom Lehrassistenten schikaniert fühlte. Natürlich hätte niemand an der Schule das Verhalten des Lehrassistenten als »Schikane« eingestuft, sondern als das Durchsetzen von Konsequenzen, die zuvor klar und deutlich angekündigt worden waren. Aber hier ist von einem Elfjährigen die Rede, der eine lange Vorgeschichte im Hinblick auf »disziplinarische Maßnahmen« hatte und der von anderen Kindern ausgeschlossen wurde, weil er »anders« war. Vor allem waren seine Energiereserven aufgrund einer Reihe von Überempfindlichkeiten chronisch erschöpft. Da die Reaktionsschwelle seines Alarmsystems sehr niedrig war, befand James sich ständig im Kampf-oder-Flucht-Modus und reagierte auf Ermahnungen (alles, was mit lauter Stimme an ihn herangetragen wurde) wie ein verängstigtes Tier, das sich in die Enge getrieben fühlt.

Frieden und Sicherheit
Grundvoraussetzungen für Selbstregulierung

Unsere Sprache und die Grundlagen unserer alltäglichen Kommunikation sind Merkmale des sozialen – und prosozialen – Charakters unserer Spezies. In der Art, wie wir jemanden grüßen, zum Beispiel mit einem freundlichen »Hallo«, einem Lächeln oder einer Umarmung, kommt unsere friedliche Absicht zum Ausdruck und der Wunsch, dasselbe Gefühl – *ein gemeinsames Gefühl der Sicherheit* – beim Gegenüber zu erzeugen. Solche Sicherheit oder Bedrohung signalisierenden sozialen Konventionen gibt es nicht nur beim Menschen, doch sie erinnern an das menschliche Bedürfnis nach einem gemeinsamen Sicherheitsgefühl und nach der Empathie, die das ermöglicht.

Gemäß der Hobbes'schen Vorstellung von der rohen Natur des Menschen ist Empathie etwas, das Neurowissenschaftler als »erfahrungsabhängiges Phänomen« bezeichnen würden. Dahinter steht der Gedanke, dass ein Kind von Natur aus völlig egoistisch ist und dass nur durch Förderung und Disziplinierung die natürliche Verschaltung im Gehirn in der gesellschaftlich wünschenswerten Weise verändert werden kann. Ein rein egoistisch konzipiertes Gehirn wird gewissermaßen mit prosozialen Schaltkreisen überlagert. Im Kontext der Selbstregulierung wird Empathie dagegen als ein Merkmal gesehen, das Neurowissenschaftler als »erfahrungserwartend« beschreiben. Das heißt, im Gehirn eines Kindes ist die Fähigkeit zu Empathie angelegt, die sich allerdings erst durch fürsorgliche Kindererziehung, die im Laufe der menschlichen Evolution von Generation zu Generation weitergegeben wurde, vollständig entfaltet.

Die Verbindung zwischen Empathie und Selbstregulierung geht sogar noch tiefer. Ein Kind hat nicht nur die biologische Veranlagung zur Empathie, sondern *muss* empathisch sein, um zur Selbstregulierung fähig zu sein. Das impliziert nicht nur ein Bedürfnis nach anderen Menschen, die seinen Stress erkennen und darauf reagieren, sondern ein ebenso großes Bedürfnis, anderen zu helfen. Aber manchmal wird unser Bedürfnis nach Empathie seitens anderer Menschen so groß, dass es unsere Hilfsbereitschaft einschränkt oder völlig außer Kraft setzt. Das ist beispielsweise bei der beschriebenen überforderten Betreuungsperson der Fall, der es nicht gelingt, sich selbst ausreichend zu beruhigen, um empathisch auf ein weinendes Baby reagieren zu können.

Unser Bedürfnis nach Sicherheit in Gegenwart anderer Menschen ist so groß, dass es sogar unsere Reaktionen auf unsere eigenen Kinder – selbst im Babyalter – beherrscht. Ich habe erlebt, wie Eltern wütend auf einen Säugling reagierten, der plötzlich wütend auf sie geworden war. Das ist eine automatische, instinktive Reaktion, ein völlig irrationaler Ausbruch, bei dem der Elternteil sich gegenüber dem Kind verschließt, aus dem Zimmer stürmt, brüllt oder in Extremfällen das Kind verletzt. In solchen Fällen gewinnt bei Eltern eine Haltung die Oberhand, in der sie dem Kind die Schuld zuweisen und der Meinung sind, dass es mehr Selbstkontrolle hätte zeigen müssen oder dass es extrem egoistisch oder verwöhnt sei und dass ihr eigenes Verhalten nur zum Besten des Kindes diene.

Das Problem beruht zum großen Teil darauf, dass unsere Amygdala durch die Wut oder das gestresste Verhalten eines anderen automatisch angeregt wird.[129] Wir reagieren aber nicht nur wegen unserer angeregten Amygdala so, sondern auch weil unser soziales Gehirn – und das wachsende prosoziale Gehirn des Kindes – Sicherheitssignale von anderen *braucht*.

Während seiner Reise über die Gehirnbrücke lernt ein Mensch, mit den Angstgefühlen umzugehen, die andere in ihm wecken, das heißt, er lernt, ebenso mit seinen eigenen Ängsten wie mit den Ängsten anderer Menschen fertigzuwerden – zu lächeln, wenn ein Fremder grimmig dreinblickt, ein Kind zu trösten, wenn es schreit, und regulierend einzugreifen, wenn es sich beruhigen muss. Bei einem plötzlichen Wutausbruch fallen wir in einen egoistischen Zustand zurück, in dem die Empathie außer Kraft gesetzt ist. Wir nehmen dann nur noch unseren eigenen Stress, unsere eigenen Bedürfnisse wahr.

Als meine Kinder noch klein waren, brach ich oft in eine Flut elterlicher Beschimpfungen aus, wenn sie etwas besonders Verletzendes getan oder gesagt hatten: »Wie konntest du nur so etwas sagen?« – »Warum hast du das nur getan?« Ich machte immer weiter, bis meine Frau mich sanft (oder auch weniger sanft) dazu aufforderte, in ein anderes Zimmer zu gehen und mich zu beruhigen. Dort saß ich dann und schmorte in meinem eigenen Zorn, bis mein präfrontaler Cortex wieder online ging und ich anfangen konnte, darüber nachzudenken, worum es eigentlich ging. Sobald ich mich beruhigt hatte, konnte ich wieder zurückgehen und mich liebevoll mit meinen Kindern beschäftigen, die an diesem Punkt bereits emotional völlig »überflutet« waren und körperlich und mimisch Wut oder Angst ausdrückten als Zeichen dafür, dass die soziale Interaktion völlig zusammengebrochen war.

Wie wir in vorherigen Kapiteln bei der Geschichte von Marie und ihrer Tochter Rosie gesehen haben, brauchte Rosie zur Beruhigung die zärtliche Berührung ihrer Mutter, also eine rein empathische Reaktion. Nicht so sehr Worte, oft überhaupt keine Worte. Stattdessen ein Arm um die Schulter, eine sanfte Berührung oder ein Reiben über den Rücken – einfache beruhigende Zuwendung. Das ist der absolute Kern der Empathie – pure Rechtshirn-zu-Rechtshirn-Kommunikation, bei der wir unser Kind *spüren* lassen, dass wir es in seiner Not nicht alleinlassen. Dabei aktivieren wir tief in seinem limbischen System gespeicherte positive Erinnerungen an Situationen, in denen ihm als Baby Mamas oder Papas beruhigende Berührung oder Stimme die Angst genommen hat. Ein Kind beruhigt sich auf diese Weise nicht nur, sondern sucht anschließend auch wieder die Interaktion.

Empathie braucht eine empathische Umgebung

Bei dem kleinen Jungen, den ich in der Einleitung zu diesem Buch erwähnt habe (dessen Vater und Großvater als »von Grund auf schlecht« beschrieben worden waren) deutete einiges darauf hin, dass er die Familientradition der Probleme in der prosozialen Domäne fortsetzen würde. Er war schon zwei Mal vom Kindergarten ausgeschlossen worden, weil er andere Kinder geschlagen hatte. Er war ein großer Junge, der seine Erzieherinnen genauso einschüchtern konnte wie seine Spielkameraden. Aus offensichtlichen Gründen gab es Anlass zur Sorge.

Ich hörte mir einmal einen Vortrag an, bei dem der Referent diese Vorstellung der genetischen Veranlagung zu beweisen versuchte. Er zeigte ein Video, in dem ein Dreijähriger seinen kleinen Bruder heftig schlug. Das war natürlich genau das Verhalten, das einem das Gefühl gab, dass zumindest manche Kinder »von Geburt an böse« sind und dass ihr Lebensweg unweigerlich ins Asoziale führt, wenn wir ihnen diese Neigung nicht frühzeitig austreiben. Doch diese Reaktion ist gefährlich, weil sie zu genau dem Ergebnis führt, das verhindert werden soll.

Während ich mir das Video ansah, fragte ich mich, was zu der Attacke geführt haben mochte. War es etwas so Einfaches wie Wut darüber, dass der kleine Bruder so viel Aufmerksamkeit bekam? Vielleicht war das Baby auch in den persönlichen Raum seines Bruders eingedrungen, und weil diesem die sprachlichen Ausdrucksmöglichkeiten fehlten, hatte er zugeschlagen. Wie wir gesehen haben, können auch Stress und Angst aus anderen Quellen diese Art von Verhalten auslösen. Oder war der Junge nur übererregt?

Am Ende blieben also Fragen offen. Sehr viele Fragen. Einer Sache war ich mir jedoch aufgrund meiner Forschungsarbeit und meiner klinischen Erfahrung sicher: dass es keinen angeborenen, atavistischen Drang gibt, andere zu verletzen.[130] Leider kann ein solcher Drang – in Abhängigkeit davon, wie andere (vor allem Erwachsene) auf die Ausbrüche eines Kindes reagieren – entstehen. Wenn ein Kind ständig bedroht oder, schlimmer noch, körperlich oder emotional verletzt wird, kann es lernen, Gefühle der Freude zu empfinden, wenn es dasselbe einem Schwächeren antut. Einige Forschungsergebnisse deuten darauf hin, dass chronisch aggressives Verhalten mit einer Dopamin-Desensibilisierung einhergehen kann, sodass immer aggressivere Handlungen begangen werden, um dieselbe neurochemische »Belohnung« zu erhalten. Gewaltbetonte Videospiele sind (ebenso wie Pornographie) aus diesem Grund suchtgefährdend, weil der Neuigkeitsfaktor immer weiter nach oben verlagert werden muss, um die Dopaminausschüttung anzukurbeln.

Mobbing gibt zu Recht Anlass zur Sorge, und Schulen in den USA und Kanada haben mit Programmen wie »Sichere Schule« reagiert. In Deutschland gibt es eine bundesweite Antimobbing-Initiative an Schulen namens »fairplayer«. Unschuldige vor physischen und psychischen Übergriffen zu schützen ist nicht nur eine natürliche menschliche Reaktion, sondern auch eine notwendige Reaktion, denn Mobbing schadet allen, nicht nur dem Opfer, sondern auch dem Mobber und den Zeugen. Eine in erster Linie strafende »Null Toleranz«-Haltung in Schulen und Gemeinschaften geht jedoch nicht an die Wurzeln des Problems, sondern führt nur zur Stigmatisierung und Isolierung des Urhebers, statt ein auf Empathie und der Chance zur Weiterentwicklung basierendes Klima zu schaffen – von dem jedes Kind profitieren würde, der Mobber ebenso wie das Mobbing-Opfer.

Der kanadische Fernsehsender CBC hat 2004 einen hervorragenden Dokumentarfilm mit dem Titel *Children Full of Life* (Kinder voller Leben) produziert, der zeigt, wie ein vor Mobbing schützendes Klima aussehen sollte. Er erzählt die Geschichte von Toshiro Kanamori, einem japanischen Lehrer, der seinen Viertklässlern hilft, unterdrückte Gefühle auszudrücken und sich bei diesem manchmal schmerzhaften Prozess gegenseitig zu unterstützen. Es ist eine sehr bewegende Darstellung der Kraft der Gruppenempathie und zeigt, dass ein Erwachsener das Klima schaffen muss, in dem Kinder einander helfen können, sich emotional und physisch sicher zu fühlen. Was bei dieser vierten Klasse besonders auffällt und was sich auch bei unseren Selbstregulierungsprogrammen in Schulen bestätigt hat, ist, dass *jedes Kind* diese Erfahrung braucht – nicht nur diejenigen, bei denen emotionale Probleme erkennbar sind.

Der Sinn des Ganzen

Wie bei allen anderen Domänen geht es auch in der prosozialen Domäne um Weiterentwicklung. In der prosozialen Domäne verstehen wir darunter die Kultivierung innerer moralischer

Qualitäten. Aber um eine solche Entwicklung zu ermöglichen, muss die Gehirnbrücke wachsen, und das bedeutet, dass sich das Kind innerhalb einer immer größeren Gruppe Gleichaltriger und Erwachsener sicher fühlen muss.

Die Entwicklungsreise eines Kindes schreitet von der abgeschlossenen und behüteten familiären Umgebung in die weitere Sphäre menschlicher Interaktion voran, die Freunde, Mitschüler, Gemeinde, Gesellschaft und heute auch – als Folge der technologischen Vernetzung – das »globale Dorf« umfasst. Aber die Gehirnbrücke kann nur wachsen, wenn ein Kind sich in diesen größeren und komplexeren Interaktionskontexten sicher fühlt. Das bedeutet, vertrauensvolle und stützende Beziehungen zu anderen Menschen aufzubauen. Es bedeutet, die Hoffnungen und Sorgen anderer zu erkennen und darauf zu reagieren, und es bedeutet, allen Mitgliedern der Gruppe, der man angehört (wie groß sie auch sein mag), Beachtung zu schenken, nicht nur dem, was man vor sich auf dem Teller hat.

Selbstregulierung ist das Hilfsmittel, mit dem ein Kind den Übergang von der ich-zentrierten zur wir-zentrierten Perspektive schafft. In ruhigem, aufmerksamem Zustand kann es leichter mit anderen interagieren, ihre Signale lesen, ihre Bedürfnisse erkennen und bei Bedarf die Befriedigung eigener Wünsche nicht nur aufschieben, sondern ganz auf sie verzichten, um auf die Bedürfnisse anderer einzugehen. Das ist die wichtigere Marshmallow-Aufgabe: auf die angebotene Belohnung zu verzichten, damit ein anderer sie haben kann. Und bemerkenswerterweise hat sich in Experimenten gezeigt, dass sogar Ratten und Affen diesen Test bestehen können.

Wenn ein Kind jedoch mit physischen Ablenkungen zu kämpfen hat, Angst vor der Schule oder Stress zu Hause hat, wegen eines Streits mit einem Freund unglücklich ist oder sich von den schulischen Anforderungen überfordert fühlt, fällt es ihm schwer, sich auf das große Ganze und auf die Bedürfnisse anderer zu konzentrieren. Ist ein Kind erschöpft und aus diesem Grund leicht reizbar und »reizt« es auch andere, dann braucht es Ruhe und Erholung, nicht Vorwürfe und Strafen. Dasselbe gilt für unsoziales Verhalten. Ja, man muss ihm sagen, dass und warum es etwas falsch gemacht hat; aber das muss mit Geduld und vor allem zu einem Zeitpunkt geschehen, *zu dem es dafür empfänglich ist.*

Meistens bedeutet das, dass das Kind in eine ruhige Umgebung gebracht werden muss, wo es sich herunterregulieren kann. Und damit meine ich keine »Auszeit« vor der Tür, sondern Erholung an einem Ort, an dem es sich sicher fühlt, denn nur dann kann es sich herunterregulieren. Und in Bezug auf das Reden sollte man nichts überstürzen. Manchmal muss man 24 Stunden warten, bis das Kind dazu bereit ist. Außerdem sollte man sich klarmachen, dass es für ein Kind sehr schwierig sein kann zu verstehen und erst recht selbst zu erklären, »was passiert ist«.

Je besser einem Kind die Selbstregulierung in den anderen Domänen gelingt, desto erfolgreicher wird es auch bei der Co-Regulierung mit anderen Kindern, desto besser kann es deren Bedürfnisse verstehen und darauf reagieren und desto mehr Energie kann es dafür aufwenden, über sich selbst hinaus und an die Gruppe zu denken. Kinder brauchen dazu keine endlosen Belehrungen. Sie brauchen Erfahrung und Übung darin, anderen zuzuhören, Ideen beizusteuern, anderen zu helfen und sie zu respektieren. Auch zu Hause lernen Kinder auf diese Weise, dass eine Idee, eine Vorstellung, wichtig ist, dass sie im realen Leben existiert. In diesem Fall ist die Vorstellung, auf die es ankommt, die Empathie und die Frage, wie wir andere Menschen behandeln. Das kann sich auf Freunde, Angehörige, neue Kinder in der Schule, Lehrer oder Fremde, die uns im Alltag begegnen, beziehen. Echte Empathie schließt alle ein. Jeder zählt, und es gibt niemanden, der keine Empathie verdient hätte.

Als Eltern können Sie Ihrem Kind die Sprache dafür geben. Sie können Vorbild sein, Empathie vorleben und als einen Wert darstellen, der Ihnen wichtig ist. Und dass wir uns nicht falsch verstehen: Prosoziale Entwicklung basiert auf verinnerlichten Werten und hat beispielsweise nichts mit eigennützigen Akten strategischer Hilfsbereitschaft zu tun, mit denen man seinen Lebenslauf schmücken möchte. Nichts macht einen Jugendlichen schneller zum Zyniker als die Heuchelei gemeinnütziger Dienste, die nur geleistet werden, um sich zu profilieren. Kinder lassen sich nichts vormachen, sind aber immer offen für die echte Erfahrung von Empathie, die in jedem Alter einen tiefen Eindruck hinterlässt.

Gewinnen um jeden Preis?

Die Episode beim Hockeyspiel, von der ich am Anfang dieses Kapitels berichtet habe (als ich verärgert war, weil Sasha sich die Chance auf ein einfaches Tor entgehen ließ), beschäftigte mich noch eine ganze Weile. Wie konnte ich die Sache so falsch bewerten? Es wäre eine billige Ausrede, sich nur darauf zu berufen, dass ich mich – wie so viele andere Hockey-Eltern – vom Spiel hatte mitreißen lassen. Die Frage ist: *Warum? Warum steigern wir uns so in das Leistungsdenken hinein, dass wir damit sogar die prosoziale Entwicklung unserer Kinder behindern?*

Ein großer Teil des Lebens unserer Kinder ist von Konkurrenzdruck geprägt. Sie konkurrieren bei allem, was sie tun, miteinander: in der Schule, beim Sport, beim Musizieren, bei künstlerischen Aktivitäten, im Hinblick auf ihren sozialen Status – online und offline. Immer wieder hören sie die Botschaft, dass sie nur erfolgreich sein können, indem sie andere aus dem Feld schlagen. Und der Wettbewerb beginnt unglaublich früh – die hochgesteckten Erwartungen der Eltern begleiten die Kinder oft schon in den Kindergarten. Die negativen Folgen dieses chronischen Konkurrenzdrucks sind besorgniserregend: Neuere Forschungsergebnisse zeigen, dass ein exzessiver Fokus auf Leistungs- und Statusoptimierung die Entwicklung von Empathie und das prosoziale Wachstum beeinträchtigen kann. Insbesondere bei privilegierten, aber unter großem Druck stehenden Jugendlichen, die – ohne den Kontext liebevoller, unterstützender Eltern, die ihnen Empathie und prosoziale Werte vorleben – Leistung als den zentralen Wert verinnerlichen, besteht ein höheres Risiko depressiver Störungen und anderer psychischer Probleme, des Drogen- und Alkoholmissbrauchs sowie des unsozialen Verhaltens.

Im Laufe unserer Evolution haben die Eltern und die Gemeinschaft die meiste Zeit als »Puffer« gegenüber den von Kindern und Jugendlichen erlebten Stressfaktoren gedient. Eltern sind auch weiterhin der erste und wichtigste Partner ihrer Kinder beim Übergang von der Eltern-Kind-Beziehung zur expandierenden, auf ein kollektives »Wir« ausgerichteten Gehirnbrücke. Hat aber das Verhalten der Eltern die gegenteilige Wirkung und erhöht es die Stressbelastung des Kindes deutlich, wird eine gesunde soziale und prosoziale Interaktion für das Kind zu einer noch größeren Herausforderung. Wenn es dann diese Schwierigkeiten durch problematisches Verhalten zum Ausdruck bringt, wir dies aber falsch interpretieren und auf einen schlechten Charakter oder schlechte Gene schließen, überlassen wir das Kind der Isolation und dem Leid, vor denen wir es eigentlich bewahren wollten.

Es gibt im Gehirn eine Art »Selbstregulierungsschalter«, der ein Umschalten von Grübelei oder Ablenkung zur vollen Wahrnehmung der Vorgänge in unserem Körper bewirkt. Man kann üben, diesen Schalter bewusst umzulegen, um in Momenten großen Stresses die Anspannung in unserer Muskulatur, in der Atmung und in unseren Reaktionen wahrzunehmen. Es ist bemerkenswert, wie viel ruhiger man sich nach diesem Umschalten fühlt. Am Abend meines autoritären Verhaltens nach dem Hockeyspiel brachte mich der Kommentar meines Sohnes ins Grübeln. Als ich über meine seelische Verfassung während des Spiels nachdachte, wurde mir klar, dass ich unter starkem Stress gestanden hatte, was wahrscheinlich einer der Gründe dafür war, dass ich meine Bedürfnisse auf meinen Sohn auf dem Eis projizierte und seine eigenen Bedürfnisse völlig aus dem Blick verlor. Aber auch im Eifer des (konkurrenzorientierten) Gefechts hat Empathie ihren Platz. Mein Sohn wusste das. Ich hatte es vergessen.

Wir lernen von unseren Kindern und sie von uns

In unseren Gedanken und Gesprächen über unsere Kinder landen wir oft bei den Dingen, die uns Sorgen oder Probleme bereiten. Aber wenn ich Eltern auffordere, sich an Augenblicke zu erinnern, in denen sie dank ihres Kindes die Welt mit ganz neuen Augen gesehen haben, können viele von solchen Erfahrungen erzählen – bei einer ruhigen Unterhaltung vor dem Zubettgehen, bei einem Spaziergang oder in einer Situation, in der ihr Kind ihnen half, aus einem alten, wenig hilfreichen Muster auszubrechen und neue Möglichkeiten zu entdecken. Kinder sind wie eine Windharfe – sie greifen die subtilsten emotionalen Strömungen auf, die sie bei uns wahrnehmen.

Ich ging einmal mit meiner damals sechsjährigen Tochter Sammi die Straße entlang, als ein Bettler an uns herantrat und nach ein paar Münzen fragte, mit denen er sich etwas zu essen kaufen könne. Ich lächelte ihm zu, schüttelte aber den Kopf, murmelte »nein« und ging weiter. Wir waren noch keine zehn Schritte weit gekommen, als meine Tochter sich vor mir aufbaute und fragte: »Warum hast du nein gesagt, Papa? Du weißt doch, dass du viel Wechselgeld in den Taschen hast.« Ich erklärte ihr, dass er meine Almosen doch nur für Alkohol ausgeben würde und ich nicht dafür verantwortlich sein wolle, dass er sich noch mehr Schaden zufüge. »Aber Papa«, wandte meine Tochter ein, »hast du Luke Bryan ganz vergessen?«

In diesem Sommer hatten wir beide Bryans neues Album *Tailgates & Tanlines* gehört. Unser Lieblingssong darauf hieß »You don't know Jack« (Du kennst Jack nicht). Der Titel spielt darauf an, dass wir oft nicht die leiseste Ahnung vom Leben anderer Menschen haben und sie viel zu schnell in eine Schublade stecken. Der Song erzählt vom elenden, scham- und schmerzerfüllten Leben eines Bettlers, der von seiner Frau und seinen Kindern wegen seiner Trunksucht verlassen wurde und der sich von anderen Menschen, die an ihm vorbeigehen, verurteilt fühlt. Menschen wie ich.

Als wir an dem Bettler an unserer eigenen Straßenecke vorbeigingen, dessen Hut für Almosen auf dem Bürgersteig lag (mein gemurmeltes »Nein« hing noch in der Luft), sagte meine Tochter: *»Du kennst Jack nicht,* Papa. Vielleicht will er sich wirklich nur einen Burger holen.« Diese Bemerkung machte mich sprachlos. Ob sie recht hatte oder nicht – die Lektion, die sie *durch mein eigenes Verhalten* lernen würde, würde so viel tiefer gehen als alles, was ich ihr über die Bedeutung von Empathie predigen könnte, und alle Programme, die die menschliche Entwicklung von Kindern fördern sollen. Also gab ich ihr einen Fünf-Dollar-Schein und sagte ihr, sie solle ihn in den Hut legen. Sie wartete, bis der Bettler nicht hinsah, steckte dann den Geldschein in das Hutband und rannte weg, bevor er es auch nur bemerkt hatte.

Unsere Kinder geben uns die Möglichkeit, die höchsten Stufen der menschlichen Entwicklung zu erreichen. Durch sie können wir unsere emotionalen und rationalen Fähigkeiten erheblich erweitern. Und dabei geht es nicht nur darum, für sie zu sorgen oder sie zu beschützen. Durch ihre Augen können wir die Bereiche erkennen, in denen wir uns selbst noch weiterentwickeln müssen. Wenn wir daher von der Bedeutung der prosozialen Entwicklung sprechen, schließt dies unsere eigene ebenso sehr ein wie die unserer Kinder – tatsächlich sind die beiden eng miteinander verbunden. Wir helfen uns gegenseitig, die nächsten Stufen der menschlichen Entwicklung zu nehmen. Sie lernen von uns etwas über Mitgefühl, Großzügigkeit und Güte und wir von ihnen.

Alle für einen und einer für alle?

Wir hätten leicht dieses ganze Kapitel darauf verwenden können, mit der Definition von »prosozial« zu ringen. Genau das haben Philosophen in den letzten 2000 Jahren getan, und

Wissenschaftler tun es bis heute. Aber intuitiv wissen wir alle, was »prosozial« bedeutet[131], und wir wollen unseren Kindern helfen, dieses empathische »innere Ich« zu kultivieren. Die ersten vier Domänen sind ohne dieses Puzzleteil unvollständig. Ruhig zu sein bedeutet nicht nur, entspannt und wach zu sein und diesen Zustand zu genießen. Das fünfte, prosoziale Element ist vielleicht das wichtigste.

Eine Lehrerin erzählte mir einmal eine Anekdote im Zusammenhang mit dem Marshmallow-Test, den sie mit ihrer zweiten Klasse im Rahmen des Selbstregulierungsprogramms durchführen wollte. Die Lehrerin hatte die Marshmallows schon herausgeholt und war im Begriff, das Experiment vorzubereiten, als sie plötzlich ins Büro des Schulleiters gerufen wurde. Sie stellte den Teller mit den Marshmallows in die Mitte eines Tischs und wies die Kinder an, sie während ihrer Abwesenheit nicht anzurühren. Die Kinder versammelten sich um den Tisch und starrten wie gebannt auf die verlockenden Süßigkeiten. Aber statt danach zu greifen, fingen sie an, einander zu helfen, der Versuchung zu widerstehen. Ein Junge fand es zu schwierig und versuchte verzweifelt, nach dem Teller zu greifen. Die anderen Kinder ließen zwar nicht zu, dass er sich einen Marshmallow nahm, aber sie attackierten den Jungen nicht wegen seines Versuches. Sie ermutigten ihn stattdessen durchzuhalten, lenkten ihn ab und – was am bemerkenswertesten war – feuerten ihn an, wenn er den begehrten Süßigkeiten eine Weile widerstanden hatte. Als die Lehrerin ins Klassenzimmer zurückkam, fand sie den Teller voller Marshmallows unangetastet vor, dazu eine Gruppe strahlender Kinder und einen aufgeregten Jungen, der es kaum erwarten konnte, ihr seine Selbstregulierungserfolgsgeschichte zu erzählen. Wichtig im Hinblick auf prosoziales Verhalten war die Tatsache, dass die Kinder sich gegenseitig dabei unterstützt hatten, ein gemeinsames Ziel zu erreichen, und dem einen unter ihnen, der am meisten Hilfe brauchte, besonders intensiv beigestanden hatten.

Das ist vielleicht der wichtigste Perspektivwechsel beim Blick auf prosoziales Verhalten im Kontext der Selbstregulierung: Bei der Reise, die ein Kind unternehmen muss, geht es nicht darum zu lernen, »seine eigene Natur unter Kontrolle zu bekommen«, sondern darum zu lernen, wie es seine eigenen inneren Bedürfnisse erfüllen kann – auch indem es die Bedürfnisse anderer Menschen erfüllt. Die Forschungsergebnisse im Bereich der sozialen Unterstützung sind eindeutig: Wir regenerieren uns am besten von Stress und Anspannung, wenn wir stabile soziale Kontakte haben. Wir kommen zur Ruhe und erholen uns in Gesellschaft anderer Menschen, die wiederum in unserer Gegenwart Frieden finden. Darum ist es auch so wichtig, Kindern zu helfen, den Wunsch nach engen, tragfähigen Freundschaften zu entwickeln und die dafür erforderlichen emotionalen und prosozialen Fähigkeiten zu erwerben. Die Vorteile zeigen sich im Hier und Jetzt – für uns selbst und für andere, für den Einzelnen und die Gruppe.

Teil 3

Teenager, Versuchungen und Eltern unter Druck

Chancen und Risiken der Pubertät

Meine Gastgeber wollten mir Gelegenheit geben, etwas typisch Texanisches zu erleben, und hatten daher für den Freitagabend, nach meinem letzten Masterkurs der Woche, einen Besuch bei einem Highschool-Footballspiel eingeplant. Die David-W.-Carter-Schule spielte in Dallas gegen die Justin-F.-Kimball-Schule – ein Match, so wurde mir erzählt, zu dem Menschen aus der ganzen Umgebung anreisten. Ich war fasziniert: Hier spielten schnelle, starke, disziplinierte, extrem fitte Teenager gegeneinander. Natürlich waren auch Erwachsene dabei, die sie auf dem Spielfeld und vom Spielfeldrand aus anleiteten (und anbrüllten). Aber die Erwachsenen waren von den Spielern, die sie betreuten, sowohl physisch als auch symbolisch abgegrenzt. Sie trugen Polohemden statt der Mannschaftstrikots und verfolgten das Spiel von der relativ sicheren Seitenlinie aus.

Die Spieler gingen hohe Risiken ein und zeigten für ihr Alter erstaunliche Fähigkeiten. Sie agierten größtenteils impulsiv – sicherlich auf der Basis vieler Trainingsstunden, aber dennoch impulsiv. Sie trieben sich selbst zu körperlichen Leistungen an, die weit über das hinausgingen, wozu jeder von ihnen allein fähig gewesen wäre, und schafften es (weitgehend), all diese körperliche Aggression regelkonform zu kanalisieren.

Die Jungs einer Mannschaft bildeten eine totale Einheit und waren völlig auf das gemeinsame Ziel konzentriert, das Spiel zu gewinnen. Und auf etwas Subtileres: Wenn einer von ihnen einen Fehler machte, versuchte ein anderer, es wieder auszubügeln. Als einmal ein Spieler einen Spielzug falsch einschätzte und sein Fehler zu einem Touchdown für die gegnerische Mannschaft führte, klopften ihm seine Teamkameraden auf den Rücken und den Helm und sprachen ihm Mut zu. Mit anderen Worte: Ihre intuitive Reaktion bestand darin, ihn zu einer neuerlichen Anstrengung anzufeuern, statt ihn zu kritisieren.

Ebenso faszinierend war die Darbietung in der Pause. Die Marschkapelle der David-W.-Carter-Schule nahm auf dem Spielfeld Aufstellung, und die Cheerleader führten mit eindrucksvollem Können und Enthusiasmus eine Reihe von Tänzen auf. Sie demonstrierten bei ihrer eigenen Teamarbeit dasselbe Maß an Energie und Präzision wie die Mannschaften auf dem Feld. Die Wirkung war ansteckende Begeisterung – sowohl bei den Zuschauern auf den Tribünen als auch bei den Spielern.

Und es war auch spannend zu beobachten, wie Erwachsene und Klassenkameraden die Spieler anfeuerten und dabei ebenso sehr wie die Teenager auf dem Spielfeld auf den Sieg fixiert waren und ihren eigenen Teil zur Hochregulierung ihrer Helden (und sich selbst) beitrugen. Das war nicht nur ein Footballspiel – es hatte etwas Archaisches.

Es gibt kein symbolträchtigeres modernes Spektakel als ein Highschool-Footballspiel. Aber so typisch es auch für unsere heutige Zeit sein mag, so gibt es doch auch einen Einblick in etwas sehr viel Älteres. Wie ich in diesem Kapitel erläutern werde, ist die Pubertät in vielerlei Hinsicht ein evolutionäres Rätsel, eine Zeit der biologischen und sozialen Verwandlung und der Instabilität.[132] Wenn Sie Eltern eines Teenagers sind, denken Sie vielleicht manchmal, dass die Pubertät nur erfunden wurde, um Ihre Belastbarkeit zu testen. Aber da die Natur an diesem Experiment schon seit Jahrtausenden festhält, muss an dieser einzigartigen Phase der menschlichen Entwicklung noch mehr dran sein.

Überall auf der Welt motivieren, unterstützen und fördern sich Jugendliche gegenseitig, wenn sie ein gemeinsames Ziel haben. Das deutet darauf hin, dass die Pubertät – evolutionstechnisch betrachtet – einen bestimmten Zweck erfüllt haben muss. Laut einigen Primatenforschern fiel die große urzeitliche Migrationsbewegung nach Asien und Europa, der mit dem *Homo erectus* beginnende sogenannte »Exodus aus Afrika«, zeitlich mit den ersten fossilen Zeugnissen der Pubertät zusammen. Einer Argumentation zufolge waren die beiden Ereignisse eng miteinander verbunden: Von ihrer biologisch bedingten Ruhelosigkeit, ihrer großen körperlichen Belastbarkeit und ihrer hohen Risikobereitschaft angetriebene Jugendliche bildeten dabei die Vorhut. Vielleicht feuerten ihre Eltern sie an wie die Eltern beim Footballspiel Carter gegen Kimball.

Jugendliche und Erwachsene unterscheiden sich sehr deutlich in ihrer Einschätzung der Risiken und der Vorteile, die mit einer Aktivität verbunden sind. Man kann sich leicht vorstellen, dass die Homo-erectus-Eltern sich gegen die Migration sträubten und trotz schwindender Nahrungsvorräte lieber im vertrauten Umfeld das Beste aus den verfügbaren Ressourcen gemacht hätten. Waren also, wie einige Paläoanthropologen vermuten, die Teenager die kühnen Abenteurer, die nach neuen Territorien suchten? Die mit neuen Nahrungsmitteln experimentierten und neue Werkzeuge zur Gewinnung dieser Nahrungsmittel entwickelten? Die Wache hielten, während ihre Eltern schliefen?

Wie immer man es betrachtet – die Pubertät stellt eine einzigartige Phase der menschlichen Entwicklung dar, die sich dramatisch von der ihr vorausgehenden, von Abhängigkeit geprägten Kindheit und dem sich anschließenden, meist geregelteren Erwachsenenleben unterscheidet. Diese Zeit ist unvergleichlich reich an Erfahrungen und an Risiken. Und gerade diese dunklere Seite der Pubertät hat in den letzten Jahren Anlass zur Sorge gegeben und gerade hier kann die Selbstregulierung eine wichtige Rolle spielen.

Eine Zeit der Qualen und des Aufruhrs: Wozu?

Angie saß zusammengesunken auf einem Stuhl und sagte kaum etwas. Sie war klein für ihr Alter (14), und trotz ihrer schlechten Haltung war sie hübsch gekleidet und legte offenkundig Wert auf ihr Äußeres. Ihre schulische und familiäre Vorgeschichte ließ darauf schließen, dass Angie einiges auf der Plusseite für sich verbuchen konnte. Sie war ein intelligentes Mädchen aus einer stabilen, liebevollen Familie – die Art von Kind, von dem man annehmen würde, dass es sich dem Alltag mit einem gewissen Selbstvertrauen und Optimismus stellt. Leider war dem nicht so. In die Praxis zu kommen hatte Angie enorme Anstrengung gekostet. Es fiel ihr nicht nur schwer, zur Beratung zu kommen, sondern ihr gesamter Alltag bereitete ihr Mühe. Jeden Tag wachte sie mit der Hoffnung auf, dass dieser Tag anders werden möge, aber das war nie der Fall. Für sie war schon das bloße Aufstehen (ganz zu schweigen vom Erobern neuer Territorien) ein Kampf gegen die Trägheit. Dasselbe galt für das Anziehen und

Frühstücken. Wie sie mir erzählte, hatte sie einige enge Freunde, fühlte sich aber an den meisten Tagen nicht fit genug, um sich mit ihnen zu verabreden. Sie konnte nicht erklären, warum sie all das so anstrengend fand; sie wusste nur, dass es ihr fast jeden Tag so ging.

Angie ist in dieser Hinsicht nicht allein. Absolut nicht.

Beispielsweise veröffentlichte die Schulbehörde des Distrikts Toronto im Februar 2013 die Ergebnisse des Schülerzensus von 2011/12. Dieser Zensus war der größte, der je in Kanada durchgeführt wurde, und die erste Datenerhebung, bei der speziell das Auftreten von Ängsten untersucht wurde. Fast 90 Prozent aller Schüler der Klassen sieben bis zwölf (insgesamt mehr als 103 000 Schüler) im Bezirk Toronto nahmen daran teil, und ihre Angaben wurden landesweit mit großer Besorgnis zur Kenntnis genommen.

Mehr als die Hälfte der Schüler in den Klassen sieben und acht (58 Prozent) gaben an, dass sie sich grundlos müde fühlten oder Konzentrationsschwierigkeiten hatten (56 Prozent). Bei den Schülern in den Klassen neun bis zwölf waren es bereits erstaunliche 76 Prozent. 40 Prozent der Schüler in den Klassen sieben und acht und 66 Prozent der Schüler in den Klassen neun bis zwölf gaben an, unter sehr viel Stress zu stehen. Am meisten Aufsehen erregte jedoch folgendes Ergebnis: 63 Prozent aller Schüler der Klassen sieben und acht und 72 Prozent der Schüler der Klassen neun bis zwölf gaben an, sich oft oder immer nervös oder ängstlich zu fühlen.

Dieses statistische Profil zeigt uns, wie Jugendliche sich selbst einschätzen, wie sie ihre Gefühle in den vorgegebenen Kategorien des Fragebogens darstellen, aber nicht notwendigerweise, wie sie tatsächlich *sind.* Viele haben noch nie echte »Ruhe« erlebt, wissen es aber nicht. Kinder und Jugendliche wissen oft nicht genau, was sie fühlen, und können nicht erklären, warum sie sich so schlecht fühlen, fangen aber an, eigenmächtig irgendwelche Medikamente zu nehmen – rezeptfrei verfügbare Mittel gegen Kopf- oder Bauchschmerzen und Schlaflosigkeit.[133] Bei anderen führt chronische Angst zur Selbsttherapie mit Alkohol oder anderen Drogen, wodurch sich die Probleme aber nur verschärfen. Das Ergebnis ist die wachsende Sorge auf Seiten der Eltern und Lehrer über die steigende Zahl der Jugendlichen mit körperlichen und psychischen Problemen.

Bei meiner Arbeit in den USA und Kanada höre ich von Lehrern und Verwaltungskräften, dass sie mit einer steigenden Zahl von Teenagern mit starken Gemütsstörungen zu tun haben, und dieser Trend zeigt sich auch bei den Anrufen in unserer Klinik, wobei immer mehr Eltern mit Kindern wie Angie Kontakt zu uns aufnehmen. Sie leben mit Teenagern zusammen, die mit Angst oder Depressionen kämpfen, heftig kämpfen.

Aber es geht nicht nur um Gemütsstörungen. Wir beobachten eine ähnliche Zunahme an Teenagern mit Problemen in Bezug auf Aggressionskontrolle und antisoziales Verhalten, riskantes Verhalten, Drogen-, Alkohol-, Spiel- und Pornographiesucht, Selbstverletzung, Ess- oder Schlafstörungen sowie Störungen der eigenen Körperwahrnehmung. Es ist, als ob sich das, was die deutschen Romantiker als eine Zeit des »Sturm und Drang« bezeichneten, heute um das Zehnfache intensiviert habe, wodurch die Pubertät für viele Jugendliche zu einer Zeit der »Qualen und des Aufruhrs« geworden ist.[134]

Jedes einzelne dieser psychologischen und verhaltensbezogenen Probleme ist (um zu einer Metapher aus dem ersten Kapitel zurückzukehren) Zeichen eines leeren Tanks. Das heißt nicht, dass erschöpfte Energiereserven die Ursache der verschiedenen Probleme sind. In vielen Fällen ist es sogar umgekehrt. Soziale oder emotionale Probleme oder Lernprobleme sind die verborgenen Stressfaktoren, die die Energiereserven der Jugendlichen erschöpfen. Aber wo auch immer die Ursache liegt – bei all diesen Problemen haben wir es mit einem chronischen Zustand niedriger Energie und hoher Anspannung, also einem deutlich aus dem Gleichgewicht geratenen Energie-Anspannungs-Verhältnis zu tun. Die natürliche Reaktion des Gehirns auf dieses Ungleichgewicht kann das Problem noch verschärfen, wenn es den Teenager beispielsweise anweist, sich gar nicht zu bewegen, obwohl Bewegung eigentlich das ist, was er am dringendsten bräuchte, oder wenn sein Gehirn den Teenager zur Bewegung treibt, wenn er am dringendsten Ruhe bräuchte.

Aber warum ist das bei so vielen Teenagern der Fall? Natürlich trifft es bis zu einem gewissen Grad auf alle zu, weil die tiefgreifenden Veränderungen der Pubertät an sich schon fordernd und anstrengend sind und der Übergang von der Kindheit zum Erwachsenenalter eine Umpolung von der elternzentrierten Regulierung zur Co-Regulierung mit Gleichaltrigen und schließlich zur Selbstregulierung erfordert. Wenn die Pubertät einen evolutionären Zweck erfüllt, dann müssen wir zur Beantwortung der Frage, warum so viele Teenager heutzutage so sehr leiden, nach Hinweisen auf einen grundlegenden Widerspruch zwischen der modernen Welt und unserer im Pleistozän geprägten Biologie suchen. Ein »Missverhältnis«, wie Peter Gluckman es nennt, das unsere Teenager einem derartigen Stress aussetzt, dass es sich in einer massiven Welle psychischer und körperlicher Störungen zeigt.[135]

Was den modernen Teenager vom Urzeit-Teenie unterscheidet

Die Pubertät beginnt im Alter von zehn bis zwölf Jahren mit einer »vorpubertären Gehirnexplosion« – einer Phase intensiven Gehirnwachstums, synaptischer Reduzierung, Myelinierung und Neuverschaltung. Mit anderen Worten, einer größeren Gehirnüberholung.[136] Auf diese Weise verändert die Natur die Funktionsweise des jugendlichen Gehirns. Sie verlangsamt einige Dinge und beschleunigt andere. Das ist nicht nur eine Art Frühjahrsputz, sondern ein kompletter Umbau im Kopf.

Das Gehirn wächst in den ersten Jahren erstaunlich schnell. Mit sechseinhalb Jahren sind 95 Prozent seines Wachstums abgeschlossen. Während dieser Zeit etablieren sich die grundlegenden sensorischen, motorischen, kommunikativen, emotionalen, sozialen und kognitiven Prozesse des Kindes und stimmen sich aufeinander ab. Am Ende dieser Kindheitsphase, mit etwa sieben Jahren, befindet sich das Gehirn in einem sehr stabilen Zustand. Warum beschließt dann die Natur zwei oder drei Jahre später, plötzlich wieder eine Instabilität herbeizuführen? Das ist etwa so, als ob man nach der Fertigstellung eines großen Puzzles plötzlich auf die Idee käme, die Teile in einen Beutel zu schütten, durchzumischen und wieder von vorn anzufangen.

Und das ist nicht der einzige verblüffende biologische Aspekt der Pubertät.[137] Bei den meisten Säugetieren verläuft der Übergang von der Kindheit zum Erwachsenenalter nahtlos, und die Pubertät ist sogar durch eine *Verlangsamung* des Wachstums bis zum Erreichen des stabilen Erhaltungsniveaus des Erwachsenengehirns gekennzeichnet. Beim Menschen ist das Gegenteil der Fall: In unserer Pubertät findet ein Wachstumsschub statt, wie alle Eltern von Teenagern nur allzu gut wissen. Mädchen, Jungen, Figur, Größe, Gefühle und Vernunft – alles legt plötzlich den Turbo ein.

Dieser Wachstumsschub ist mit der Ausschüttung von Sexualhormonen in der Pubertät verknüpft – etwas, das wir alle kennen und als selbstverständlich hinnehmen, das aber ebenfalls rätselhaft ist. Sexualhormone sind von Geburt an im menschlichen Körper vorhanden. Warum findet dann nicht ein allmählicher Anstieg dieser Hormone statt, wie wir ihn von den meisten anderen Säugetieren kennen? Warum werden menschliche Jugendliche in ein Chaos gestürzt, in dem sie plötzlich mit Östrogen und Androgenen beschossen werden? Wozu die großen Veränderungen beim Muskel-zu-Fett-Stoffwechsel? Macht die Natur die Jugendlichen auf diese Weise fit für den großen Wettkampf? Auch die Energieeffizienz des Gehirns verändert sich. Aber wäre es nicht sinnvoller, viel früher damit anzufangen? Und wozu die Veränderung bei der Melatonin-Transkription, die zu einer dramatischen Veränderung der Schlafmuster bei Teenagern führt? Wozu die Phasen extremer Ruhelosigkeit, gefolgt von Phasen totaler Erschöpfung? Und das verblüffendste Phänomen von allen: Wozu die großen Veränderungen im »Belohnungssystem« des Gehirns, die einen so tiefgreifenden Einfluss auf die Risikobereitschaft von Jugendlichen haben?

Die Antwort auf all diese Fragen ist, dass die Pubertät der Preis ist, den unsere Spezies für den Vorteil der sogenannten »sekundären Altrizialität« (der »Nesthockerphase«, in der das so ausgeprägte Gehirnwachstum stattfindet) zahlt.[138] Lassen Sie mich das näher erläutern.

In der Pubertät findet der Übergang von einer sozialen Orientierung zu einer völlig anderen statt – im Grunde ein Umschalten vom elterndominierten Modus der Kindheit in den an Gleichaltrigen orientierten Modus der Pubertät. Ein Teenager verlässt sich in dieser Phase seiner »Reise über die Gehirnbrücke« viel mehr auf seine Freunde als auf seine Eltern. Das ist ein wichtiger Grund dafür, dass Jugendliche so viel empfänglicher für den Einfluss Gleichaltriger sind. Das Kind ist gezwungen, den Weg aus dem begrenzten, geschützten Raum der Familie in die riesige, reale Welt der Gemeinschaft zu finden, in der es nun für den Rest seines Lebens sowohl mit anderen konkurrieren als auch kooperieren muss. Es kommt der Punkt, an dem die »verlängerte Kindheit« für uns Menschen enden muss, wenn aus dem Kind ein unabhängiger, selbstständiger Erwachsener werden soll. Die »vorpubertäre Gehirnexplosion« ist also das Mittel, mit dem die Natur Ihr Kind aus dem Nest wirft!

Wie wir alle wissen, ist der Übergang zur Pubertät vor allem auch durch eine erhöhte Risikobereitschaft gekennzeichnet. Die zur Regulierung dieser riskanten Impulse erforderlichen neuralen Systeme wachsen in dieser Zeit immer noch langsam. Das Teenagergehirn ähnelt damit einem Formel-1-Rennwagen mit einem Piloten ohne Führerschein am Steuer. Die Analogie lässt sich noch erweitern: Wie ein jugendlicher Fahrer mit anderen Teenagern im Auto lässt sich das pubertäre Gehirn leicht ablenken und treibt den Teenager dazu, viel zu schnell und zu weit zu fahren, noch dazu ohne Tacho oder Tankuhr (und auch ohne Rück- und Außenspiegel). Zu allem Überfluss hört das jugendliche Gehirn auch nicht auf den Fahrlehrer, der es ermahnt, vor dem Spurwechsel über die Schulter zu schauen, um den toten Winkel zu kontrollieren.

Mit Teenagern reden – völlig sinnlos?

Das Letzte, woran ich bei der Unterhaltung mit Angie gedacht hätte (und auch das Letzte, was ich ihr hätte sagen wollen), war, dass sie sich »zusammenreißen« und mehr anstrengen müsse, um ihr Leben in den Griff zu bekommen. Angie musste jeden Tag kämpfen, um morgens überhaupt aufzustehen. Sie unternahm schon eine riesige Anstrengung, um die einfachsten Dinge des täglichen Lebens erledigen zu können, und musste daher unbedingt ihre Anstrengungen reduzieren, statt sie noch weiter zu erhöhen. Es hätte auch nicht das Geringste gebracht, ihr zu erklären, dass ihre Ängste irrational seien, oder dass sie doch ein Mädchen mit den besten Voraussetzungen sei. Genau das hatten ihre Eltern bereits – vergeblich – versucht.

Im Umgang mit unseren Teenagern neigen wir dazu, Dinge zu *erklären* und ihnen vor Augen zu führen, wie irrational sie sind und was sie tun müssen, um sich besser zu fühlen. Sie sind ja schließlich alt genug, um das zu verstehen, denken wir. Vermutlich würden Sie das instinktiv auch beim Thema Selbstregulierung tun: Sie würden versuchen, ihnen zu *erklären,* was Selbstregulierung ist und weshalb es so wichtig für sie ist, ihren »Tank« aufzufüllen. Aber die Sache hat einen Haken: Auch wenn Teenager gerade einen enormen Entwicklungsschritt machen, hat hoher Stress bei ihnen dieselben Auswirkungen wie bei Kindern. Beim Umschalten in den Kampf-oder-Flucht-oder-Erstarrungsmodus werden bei ihnen dieselben präfrontalen Systeme heruntergefahren. Sie sind deshalb noch genauso unfähig, Ihre Belehrungen zu verarbeiten wie im Kindesalter. Und das Risiko, dass sie in eine limbische Übererregung geraten, wenn Sie ihnen etwas allzu hartnäckig nahezubringen versuchen, ist ebenso hoch, vielleicht sogar noch höher.

Die Angstepidemie, die wir bei Teenagern beobachten, lässt sich auf einige sehr reale Stressfaktoren unserer Zeit zurückführen. Aber bevor wir beginnen können, mit unseren Teenagern darüber zu sprechen und ihnen die Wirkung dieses Stresses zu verdeutlichen, müssen wir ihnen helfen, die fünf Schritte der Selbstregulierung auszuführen. Bei Teenagern ist es besonders wichtig, dass sie die fünf Schritte selbstständig durchlaufen. Das heißt, *sie* selbst müssen die Bedeutung von Schwierigkeiten mit dem Aufstehen oder nächtlichem Kontrollverlust verstehen. *Sie* müssen ihre Stressfaktoren identifizieren und herausfinden, wie sie sie reduzieren können. Sie müssen lernen (oder sich daran erinnern), wie es sich anfühlt, ruhig und entspannt zu sein, und sie müssen selbst herausfinden, was sie beruhigend und erholsam finden.

Was all das für Eltern heute besonders schwierig macht, ist die Tatsache, dass Teenager zahlreichen Stressfaktoren ausgesetzt sind, die weder sie noch wir als solche erkennen. Hinzu kommt, dass die Heranwachsenden oft bestreiten, dass es sich um Stressfaktoren handelt! Wir müssen ihnen deshalb als Erstes helfen, ihren Tank aufzufüllen (auch wenn sie uns beiseitezuschieben versuchen). Denn keine unserer Botschaften wird ankommen, solange sie mit leerem Tank weitermachen.

Wie ein Teenager zum »Spritfresser« wird

Wie alle Eltern wissen, beginnt mit der Pubertät eine erhöhte Kalorienaufnahme. Ein aktiver 14-Jähriger braucht fast doppelt so viele Kalorien wie ein aktiver Achtjähriger. Dieser rasante Anstieg des Energiebedarfs steht natürlich (aber nicht nur) mit dem

Wachstumsschub und dem (idealerweise) erhöhten Aktivitätsniveau des Teenagers in Zusammenhang. Für den hohen Energieverbrauch ist noch ein weiterer wichtiger Faktor verantwortlich.

In der Pubertät *nimmt die Stressanfälligkeit Ihres Kindes extrem zu.* Es sind deutliche Veränderungen im limbischen System und bei der HHA-Achse (dem Teil des neuroendokrinen Systems, das die Stressbewältigung und die Regulierung interner Prozesse steuert) zu beobachten, die mit einem niedrigeren oder höheren Kortisolspiegel einhergehen. Das neurozeptive System des Teenagers wird neu kalibriert, und das betrifft nicht nur die Amygdala. Es zeigt sich eine erhöhte Sensibilität gegenüber umgebungsbedingten (visuellen, akustischen, olfaktorischen und taktilen) Reizen und vor allem auch gegenüber sozialen Stressfaktoren.[139]

Die sozialen Stressfaktoren sind besonders akut: Neuere Studien zeigen, dass Teenager eine erhöhte Sensibilität gegenüber »negativen Affektsignalen« (Stirnrunzeln, Grimassen, scharfer Tonfall) haben und verstärkt dazu neigen, nicht negativ gemeinte Signale als negativ wahrzunehmen. Teenager schneiden bei Aufgaben im Bereich der Gefühlserkennung deutlich schlechter ab als bei denselben Aufgaben in ihrer Kindheit. Als Teenager neigen sie dazu, einen neutralen Gesichtsausdruck als bedrohlich zu interpretieren. Und je müder sie werden, desto wahrscheinlicher wird es, dass sie selbst einen freundlichen Gesichtsausdruck oder Tonfall als bedrohlich interpretieren.

Warum ist das ein so schwerwiegender Befund? Weil er bedeutet, dass das Alarmsystem eines Teenagers viel empfindlicher ist und in manchen Fällen schon auf winzigste Auslöser reagiert. Die Amygdala solcher Teenager ist mit einem Rauchmelder zu vergleichen, dessen Alarm schon durch Wasserdampf ausgelöst wird. Und bei jedem Alarm steigen Anspannung und Energieverbrauch. Schlafmangel erhöht die Stressreaktivität und die Neigung zu negativen Interpretationen noch zusätzlich, und bei den meisten Teenagern ist ein eklatanter Rückgang der Schlafdauer zu beobachten.

Eine 16-Jährige braucht immer noch etwa neun Stunden Nachtschlaf, vielleicht sogar mehr. Diese Schlafmenge bekommen heute jedoch erstaunlich wenige Teenager über einen längeren Zeitraum. Schlafmangel wirkt sich auch auf das »striatale System« aus, einen Teil des Gehirns, der eng mit der belohnungsorientierten Entscheidungsfindung verknüpft ist. Der unter Schlafentzug leidende Jugendliche geht größere Risiken ein und macht sich kaum Gedanken über mögliche negative Konsequenzen – bis sie eintreten! Dann explodiert der Stress und führt zu Handlungen, die für den rationalen Verstand nicht mehr nachvollziehbar sind.

Kein Teenager ist eine Insel: Vereine, Cliquen und die Sicherheit der sozialen Einbindung

Was kann ein Teenager tun, um sich von einem länger andauernden »ergotropen« Zustand (einem Erregungszustand des Nervensystems) zu erholen, in dem stressbedingt große Mengen Energie verbrannt werden? Sportliche Aktivität, Yoga, gemeinsames Musizieren und Theaterspielen sowie Abenteuerprogramme haben sich als äußerst erholsam erwiesen. Am vorteilhaftesten wirken sich diese Aktivitäten aus, wenn sie in kleinen Gruppen ausgeübt werden. Auch hier ist eine evolutionär bedingte Dynamik am Werk. Die frühen Menschen lebten in Gemeinschaften, und auch die Jugendlichen fanden sich zum Spielen, Wandern oder Jagen zusammen, was ein wichtiger Faktor für das Sicherheitsgefühl war.

Stellen Sie sich vor, wie es sich anfühlt, an einer Schule mit insgesamt 2000 Schülern und 200 Schülern pro Jahrgangsstufe zu sein: Dieses Setting genügt schon, um sich allein und unsichtbar zu fühlen. An der D.-W.-Carter-Schule, wo ich den Tag verbrachte und das Footballspiel besuchte, war das Footballteam (wie an den meisten Schulen) selbst innerhalb einer Schülerschaft von 1800 als klar abgegrenzte Gruppe erkennbar. Alle trugen ein T-Shirt oder Sweatshirt mit dem Motiv eines Cowboys auf einem buckelnden Pferd. Als ich drei von ihnen, die zusammen unterwegs waren, anhielt und nach der Bedeutung des Motivs fragte, erklärten sie mir, dass es sich um das Abzeichen der Mannschaft (der »Cowboys«) handle. Offensichtlich war dieses Symbol eine Quelle des Stolzes, die von der gesamten Gemeinschaft – an der Schule und darüber hinaus – respektiert wurde. Aber hier ging es um mehr als nur um Selbstwertgefühl. Die soziale Identität dieser Jugendlichen gab ihnen Sicherheit.

Das liegt in der Natur des Menschen und insbesondere des Teenagers. Jugendliche brauchen Aktivitäten in kleinen Gruppen mit einer gemeinsamen Zielsetzung, die auf Engagement, Opferbereitschaft und etwas Höherem als Selbstbelohnung basieren. Sie müssen gemeinsam Niederlagen und Erfolge erleben, wenn sie den Antrieb entwickeln sollen, auch angesichts widriger Umstände durchzuhalten und dranzubleiben. Ein Gefühl für die eigene Identität kann nur aus einer Gruppe heraus entstehen, die selbst eine eigene starke Identität hat. Damit sich eine solche Identität entwickeln kann, muss es etwas geben, durch das sich die Gruppe ermutigt, herausgefordert und inspiriert fühlt.

Es herrscht große Sorge darüber, dass viele Jugendliche Gruppenaktivitäten, die Kompetenzen, Übung und Einsatz erfordern, meiden und sich stattdessen »Ersatzgruppenerfahrungen«, wie beispielsweise Onlinespiele, suchen, bei denen künstliche und in mancher Hinsicht triviale »Kompetenzen« gefordert sind. Teenager, die unzählige Stunden damit zugebracht haben, irgendein Onlinespiel zu beherrschen, sind die neuen Internet-Stars. Ich unterhielt mich vor Kurzem am Ende eines Schultages mit einigen Jungs im Teenageralter, die dabei erwähnten, dass jeder von ihnen zu sich nach Hause gehen müsse, damit sie gemeinsam spielen könnten. Als ich überrascht wirkte, erklärten sie mir, dass sie sich über Skype verbinden würden, um entweder mit- oder gegeneinander ein Onlinespiel zu spielen. Für sich allein genommen ist eine solche Aktivität völlig harmlos und kann sogar sehr viel Spaß machen. Problematisch wird es, wenn solche Aktivitäten zur Hauptbeschäftigung und zum einzigen Kommunikationskanal mit Gleichaltrigen werden.

Vor über 100 Jahren entdeckte der Biologe Jacques Loeb, warum Insekten den beschwerlichen Weg in eine Baumkrone auf sich nehmen, wo sich ihre Nahrung befindet.[140] Lange Zeit gingen Biologen davon aus, dass Insekten durch ihren Überlebensinstinkt bei der Nahrungssuche gesteuert würden. Aber Loeb fand heraus, dass sie Photorezeptoren besitzen, die sie zum hellsten Licht (an der Spitze von Pflanzen) führen, wo zufälligerweise auch die meiste Nahrung vorhanden ist. Im Falle der Jugendlichen, die sich zu Videospielen und sozialen Medien hingezogen fühlen, führen die Produkte, die entwickelt wurden, um ihre Sensationslust und ihre sozialen Bedürfnisse auszunutzen, jedoch nicht zu einer reichen Nahrungsquelle, sondern können die Teenager sogar – wie wir im nächsten Kapitel sehen werden – regelrecht auszehren.

Beim Mannschaftssport zeigt sich das Phänomen der sozialen Interaktion und gegenseitigen Unterstützung sehr deutlich, aber natürlich muss und kann nicht jeder Teenager sportlich begabt sein. Seit Anbeginn der Zeiten muss es auch Raum für Denker, Künstler, Erfinder, Geschichtenerzähler, Dichter, Wissenschaftler, Geschäftsleute und ambitionierte Politiker gegeben haben – und natürlich schließen sich diese Rollen keineswegs gegenseitig aus. Es geht nicht darum, dass Teenager niemals Videospiele spielen oder bei Facebook aktiv sein sollten, sondern darum, dass sich bei exzessiver Betätigung dieser Art ihr Stresspegel gefährlich erhöht.

Wenn ein Teenager Teil einer Gruppe ist – ob es sich um eine Clique von Skateboardern, eine Rockband oder die Regionalgruppe einer Naturschutzorganisation handelt –, müssen wir als Eltern herausfinden, ob diese Aktivität sein Stressniveau erhöht oder senkt. Dasselbe gilt für Videospiele und soziale Medien. Manche Eltern finden es positiv, dass die Videospielaktivitäten ihrem Teenager helfen, mit Gleichaltrigen in Kontakt zu kommen; andere Eltern sehen bei ihren Teenagern beunruhigende Zeichen der Abhängigkeit und versuchen verzweifelt, sie zu durchbrechen.

Bei Spielsucht beobachten wir eine Reihe von Gesundheitsproblemen (Rückenschmerzen, Kopfschmerzen, überanstrengte Augen, Karpaltunnelsyndrom), erhöhte Aggression oder fehlende zwischenmenschliche Kompetenz und sowohl Aufmerksamkeits- als auch Motivationsprobleme in der Schule. Die exzessive Nutzung sozialer Medien wird mit Gefühlen des Ausgeschlossenseins, dem Druck, unterhaltsam zu sein, Paranoia, Neid auf den Lebensstil anderer und Depression in Zusammenhang gebracht. Übermäßiges Videospielen oder Nutzen sozialer Medien scheint kein Gefühl der Sicherheit zu vermitteln, sondern die gegenteilige Wirkung zu haben. Was Teenager voneinander brauchen, ist nicht einfach nur Unterhaltung: Sie brauchen Gleichaltrige, die ihnen helfen, mit ihrem Stress umzugehen.

Angst ist lange Zeit als ein Ausdruck von »Schwäche« betrachtet worden, was das Problem der Jugendlichen noch verstärkt. Ich konnte das bei Angie beobachten, die neben all dem physiologischen Stress, den sie erlebte, auch noch verinnerlicht hatte, dass ihre Nöte Zeichen einer Charakterschwäche seien, was ihre Angst noch verschlimmerte. »Warum bin ich so erbärmlich?«, fragte sie mich am Ende unserer ersten Sitzung unter Tränen. Wie alle Teenager musste sie lernen, dass ihre Angst oder Niedergeschlagenheit nichts mit Schwäche zu tun hatte.

Bei Kindern ist Angst ein Zeichen einer zu hohen Belastung des autonomen Nervensystems, und bei Teenagern ist das nicht anders. Verstärkte Angstgefühle sind ein eindeutiges Symptom einer chronischen limbischen Erregung, die das Ergebnis einer zu hohen Stressbelastung ist – gepaart mit dem Fehlen von sozialen Aktivitäten, die Teenagern schon seit den Anfängen der Menschheit helfen, Spannungen zu reduzieren und Erschöpfung zu überwinden. Unsere Rolle als regulierende Eltern wird nicht überflüssig, aber auf der Reise über die Gehirnbrücke werden Gleichaltrige für Teenager zu einem wichtigen Faktor bei der Deaktivierung des Alarmsystems – in gewisser Hinsicht so wichtig, wie *wir* es in ihrer frühen Kindheit waren. Trotz ihrer positiven Seiten erfüllten die sozialen Medien für Angie diesen Zweck ebenso wenig wie für so viele andere Teenager, die mit sozialen Ängsten zu kämpfen haben.

Warum persönlicher Kontakt so wichtig ist und bleibt

Soziale Interaktion, die »erste Verteidigungslinie« des Gehirns zur Bewältigung von Stress, erfordert »proximale« Kommunikation: Berührungen, Blicke, ein mitfühlendes offenes Ohr und beruhigende Lautäußerungen. Unser Bedürfnis nach proximaler Interaktion bleibt bis an unser Lebensende erhalten, weshalb es auch Senioren oft viel besser geht, wenn sie Teil einer sozialen Gruppe sind. »Distale« Interaktion, beispielsweise über das Telefon oder über die sozialen Medien, befriedigt das Kontaktbedürfnis zwar auch teilweise, kann aber die Vorteile der proximalen Interaktion nicht aufwiegen. Sie bietet nicht die sichere Bindung, die Teenager voneinander brauchen, um sich inmitten der biologischen und sozialen Veränderungen, die sie durchlaufen, zurechtzufinden.

Es besteht Anlass zu der Annahme, dass bestimmte Aspekte der Medien zu den Ängsten von Teenagern beitragen. Sicherlich sind die Medien ein wichtiger Grund dafür, dass so viele Teenager nicht genügend Schlaf bekommen. Forschungsergebnisse zeigen auch, dass das Essverhalten betroffen sein kann (zu viel oder zu wenig oder zu einseitig und ungesund), wodurch ein bereits übermäßig beanspruchtes autonomes Nervensystem noch weiter belastet wird.

Ein weiterer Stressfaktor ist der hohe Konkurrenzdruck, dem Teenager in fast allen Bereichen ihres Lebens ausgesetzt sind. Neben dem traditionellen Noten- und Popularitätsdruck äußert sich der Druck, sich zu beweisen, heute oft auch in überzogenen Leistungserwartungen in verschiedenen Bereichen (stark selektive Schulen und Hochschulen, Popularität in den sozialen

Medien, materieller Erfolg), die schwerer denn je zu erfüllen sind.

Wir haben mit den besten Absichten – und vielleicht mit zu hohen Ansprüchen – ein weiterführendes Schulsystem geschaffen, das sich zugunsten unkluger und unhaltbarer perfektionistischer Leistungserwartungen über die grundlegenden Entwicklungsbedürfnisse von Kindern und Jugendlichen hinwegsetzt. Gerade dieser Trend zu hohen Leistungserwartungen ist besonders beunruhigend. Ich erhielt kürzlich eine Anfrage, ob wir das Konzept Selbstregulierung in einem der Länder des Fernen Ostens einführen könnten, das für die hohe Zahl hervorragender Wissenschaftler und Ingenieure bekannt ist, die es hervorbringt. Der Grund der Anfrage? Die Regierung ist alarmiert angesichts des explosionsartigen Anstiegs der psychischen Probleme bei Teenagern.[141]

Die Konsequenzen der Missverhältnistheorie

Die Form unserer Zähne sagt uns, dass unsere Vorfahren viel Zeit damit zubrachten, Wurzelknollen und zähes Fleisch zu kauen.[142] Kauen hat eine selbstregulierende Wirkung, weil es die Freisetzung beruhigender Neurochemikalien anregt, was zweifellos der Grund dafür ist, dass Kaugummikauen so beliebt ist. Die heutige Generation von Teenagern ernährt sich hauptsächlich von stark verarbeiteten Lebensmitteln, die wenig Kauaufwand erfordern und einen zweifelhaften Nährstoffgehalt haben. Fürsprecher gesunder Ernährung haben sich offensiv dafür eingesetzt, Junkfood aus den bekannten Gründen (Zunahme von Fettleibigkeit und Diabetes sowie anderen chronischen Gesundheitsproblemen bei Jugendlichen) zu verbieten. Jüngere Forschungsergebnisse belegen, dass Junkfood darüber hinaus auch die Mechanismen der Erregungsregulierung stört, was einer systemischen Bedrohung in allen fünf Domänen gleichkommt. Darum steht die Ernährung weit oben auf der Liste der Missverhältnisse.

Angesichts der großen Variationsbreite, die wir heute bei Jäger-Sammler-Völkern beobachten, ist es unmöglich, Spekulationen über primitive Schlafmuster anzustellen. Allerdings wissen wir, dass die Erfindung der Glühbirne und, in jüngerer Zeit, der blaues Licht aussendenden PC-, Tablet- und Smartphonebildschirme eine tiefgreifende Wirkung auf das Schlafverhalten haben. Aus den verfügbaren Daten geht hervor, dass der durchschnittliche Teenager heute pro Nacht ein bis zwei Stunden weniger Schlaf als noch vor einem Jahrzehnt bekommt, und es würde mich wundern, wenn das auf Ihr Kind nicht auch zuträfe.

Der Spitzenplatz unter den Missverhältnissen zwischen den grundlegenden, evolutionsbedingten Bedürfnissen von Jugendlichen und den Lebensgewohnheiten moderner Teenager gebührt allerdings dem Bewegungsmangel.[143] Ob Teenager beim Exodus aus Afrika eine wichtige Rolle gespielt haben oder nicht – wir wissen mit ziemlicher Sicherheit, dass sie sich tagsüber sehr viel bewegten: Studien heutiger Jäger-Sammler-Gesellschaften ergaben eine erstaunliche tägliche Wegstrecke von 30 000 bis 40 000 Schritten. Ich arbeitete vor einigen Jahren eine Zeitlang auf Madagaskar, und bei einer meiner Reisen vor Ort wurde ich von einem Ende der Insel zum anderen gefahren. Auf der ganzen Strecke sahen wir Teenager, die auf den Gebirgsstraßen zu Fuß unterwegs waren, die meisten mit Waren beladen, die ihre Familien auf den Märkten in der Stadt verkauften, oder mit Vorräten, die sie dort gekauft hatten. Diese Städte waren normalerweise 15 bis 25 Kilometer von den Gebirgsdörfern entfernt! Die Jugendlichen legten diese Strecke fast jeden Tag (in beide Richtungen) zurück – und die meisten von ihnen barfuß oder mit Flipflops!

Gehen ist für die Stressreduzierung bei Teenagern extrem wichtig, und das nicht nur, weil die mit Spazierengehen verbrachte Zeit nicht mit Videospielen oder sozialen Medien verbracht werden kann. Gehen ist sehr wichtig für die kardiovaskuläre Fitness sowie für die Stärkung von Muskeln und Knochen. Es fördert die Ausscheidung von Abfallprodukten in den Geweben und den Abbau von innerer Anspannung. Es setzt Endorphine frei und hat eine hemmende Wirkung auf die Neuronen, die bei Angstzuständen »feuern«. Die Jugendlichen profitieren dabei außerdem von Sonnenlicht und frischer Luft und dem Erleben der Natur mit allen Sinnen (wenn sie dabei keine Kopfhörer tragen, um Musik zu hören oder zu telefonieren). Außerdem fördert rhythmisches Gehen einen meditativen, autohypnotischen Zustand, der sich sowohl auf die Kreativität als auch auf die Erholung positiv auswirkt. Und die Füße bekommen eine angenehme, sanfte Massage!

Langes Sitzen ist mitverantwortlich für die Ausbreitung von Fettleibigkeit unter Jugendlichen. Und ein sitzender Lebensstil wirkt sich negativ auf die Stimmung der Jugendlichen aus. Angie steckte – wie so viele Teenager mit Stimmungsproblemen – im »Sitzmodus« fest und musste dabei unterstützt werden, in Bewegung zu kommen und körperliche Aktivitäten als feste Programmpunkte in ihren Tagesablauf zu integrieren. Eine der wirkungsvollsten Maßnahmen, die ich an den am Selbstregulierungsprogramm teilnehmenden Schulen gesehen habe, ist die Integration kleiner Bewegungseinheiten in den Unterricht. Diese können beispielsweise darin bestehen, dass Schüler, je nach ihrer Antwort auf eine Frage, die Raumseite wechseln. Viele Lehrer fordern ihre Schüler auch regelmäßig auf, aufzustehen und sich zu strecken und tief zu atmen. Eltern berichten mir, dass Programme wie »Wii-Fit« oder »Dance« (in Deutschland »Bewegte Schule«) oder ehrenamtliche Aktivitäten, bei denen zwar nicht die Fitness im Mittelpunkt steht, die aber eine gewisse körperliche Aktivität im Freien erfordern, ihre Teenager in Bewegung gebracht haben.

Wie Teenager sich selbst kennen lernen

Gehen und intensivere Formen der körperlichen Betätigung sind eine Möglichkeit, den Selbstregulierungsprozess anzustoßen. Aber für echte *Selbst*regulierung müssen die Jugendlichen selbst ihre Stressfaktoren in allen fünf Domänen identifizieren. Sie müssen herausfinden, welche Arten von Aktivitäten sie in einen Zustand ruhiger Aufmerksamkeit zurückbringen, welche Situationen sie vermeiden sollten und auf welche sie sich vorbereiten müssen. Vor allen Dingen müssen sie selbst erkennen, wann ihr Tank leer ist oder wann sie überreizt werden. Zumindest am Anfang brauchen Teenager gerade dabei die Hilfe ihrer Eltern.

Jugendliche neigen dazu, sich völlig auf ihren Gefühlszustand zu fixieren, ohne über ihren körperlichen Zustand nachzudenken. Starke negative Gefühle können so überwältigend für sie sein, dass sie nicht den Zusammenhang zwischen ihrem körperlichen und ihrem emotionalen Zustand sehen, geschweige denn den komplexeren Zusammenhang zwischen ihrem derzeitigen Ungleichgewicht im Hinblick auf Energieverlust und Anspannung und ihrem späteren emotionalen Zustand.

Wenn ein Jugendlicher in seinem Gedankenkarussell gefangen ist, alles nur noch negativ sieht, endlose Stunden vor dem Bildschirm zubringt, Drogen konsumiert oder ständig auf der Suche nach dem nächsten Adrenalinkick ist, hat es keinen Sinn, ihn zu mehr Selbstkontrolle zu ermahnen. Selbst wenn wir Teenagern Bewältigungsstrategien vermitteln oder mit ihnen Situationen trainieren, die eine kooperative Problemlösung erfordern, werden sie diese neuen kognitiven oder sozialen Kompetenzen nicht erwerben oder anwenden, wenn sie eine schlechte Selbstwahrnehmung haben.

Eine zentrale These in der wissenschaftlichen Literatur zur heutigen Pubertät ist, dass wir die Dauer der Kindheit bisher deutlich unterschätzt haben. Die Gehirnforschung zeigt uns, wie schlecht Teenager noch dafür ausgerüstet sind, Entscheidungen zu treffen oder Risiken einzuschätzen. Deshalb müssen wir sicherstellen, dass sie weiterhin die zum Ausgleich ihrer noch unterentwickelten höheren Funktionen erforderliche Anleitung durch Erwachsene bekommen. Dieser Punkt ist deshalb so wichtig, weil er uns dazu bringt, die Risikobereitschaft von Jugendlichen neu zu bewerten, die an ihrer Suche nach dem Adrenalinkick beteiligten biologischen Faktoren zu verstehen und uns die Verarbeitungseinschränkungen bewusst zu machen, die ihre Risikobereitschaft erhöhen können. Dieses neue Verständnis des jugendlichen Gehirns hat den öffentlichen Diskurs angeregt, und das ist ein guter Anfang. Jetzt müssen wir sehen, wie all das – Neurologie, Biologie, Kognition, Sozialverhalten und Gefühlsregulierung – zusammen den Stresszyklus vorantreibt, damit wir unseren Kindern die Werkzeuge an die Hand geben können, die sie brauchen, um diesen Formel-Eins-Motor in den Griff zu bekommen.

Es ist wichtig, Jugendlichen die Werkzeuge zu geben, *aber ihnen nicht die Arbeit abzunehmen.* Das ist – evolutionstechnisch betrachtet – ein wichtiger Unterschied, den sich Eltern beim Übergang von der Betreuung eines Kindes zur Begleitung eines Jugendlichen bewusst machen müssen. Schließlich hätte sich die Natur wohl kaum eine Spezies leisten können, die in den ersten 20 bis 25 Jahren engmaschige elterliche Überwachung braucht – und sei es nur, weil sie nicht damit rechnen konnte, dass Eltern dafür überhaupt lang genug leben!

Das bedeutet nicht, dass die wachsende Aufmerksamkeit von Schulen und Eltern mit dem Ziel der Mäßigung risikofreudigen Verhaltens von Jugendlichen fehl am Platz wäre. Aber ihre Notwendigkeit ist sehr typisch für unsere heutige Zeit: Sie resultiert aus einer Umwelt, die aufgrund des Vorherrschens negativer Einflüsse mehr Anleitung durch Erwachsene erfordert.

Die Herausforderung für Eltern besteht darin, die elterliche Anleitung nach Bedarf zu verstärken, um Teenagern zu helfen, sich in der heutigen Welt zurechtzufinden, sich aber gleichzeitig weit genug zurückzunehmen, um die natürlichen Entwicklungsprozesse, von denen in diesem Kapitel die Rede war, nicht zu behindern.[144] Schließlich deuten die überall auf der Welt existierenden Initiationsriten darauf hin, dass die Pubertät schon seit Langem als relativ abrupter Übergang von der Abhängigkeit zur Unabhängigkeit (mit allen damit verbundenen Verantwortlichkeiten) gesehen wird. Wir müssen uns davor hüten, als gut gemeinte Reaktion auf die Risiken unserer Zeit einen Erziehungsstil zu praktizieren, der den grundlegendsten Entwicklungsbedürfnissen des jugendlichen Gehirns zuwiderläuft.

Nyx

Die 15-Jährige, die in unsere Sprechstunde kam, war eine auffällige Erscheinung. Sie war ganz in Schwarz gekleidet, hatte kurze, abstehende Haare und Piercings in Ohren, Augenbrauen und Nase. Aber nicht die Kleidung oder der Körperschmuck erregte unsere Aufmerksamkeit, sondern die Traurigkeit und Wut, die das Mädchen ausstrahlte. Sie hatte einen Gothic-Namen für sich gewählt, der für Dunkelheit und Chaos stand, und weigerte sich, auf ihren ursprünglichen Namen, Mary Catherine, zu reagieren. »Nyx« war der einzige Name, den sie akzeptierte, und man konnte hören, wie schwer es ihrer Mutter fiel, ihn auszusprechen.

Ihre Mutter erklärte uns mehrmals, dass sie nicht verstehen könne, was mit ihrem kleinen Mädchen passiert sei, das sich früher gern als Prinzessin verkleidet und stundenlang mit seinen Puppen gespielt habe. Laut ihrer Mutter war Mary Catherine das perfekte Baby gewesen. Sie hatte fast von Anfang an durchgeschlafen und selten geweint. Sie hatte den ganzen Tag zufrieden in ihrer Wiege gelegen und sich mit den unterschiedlichen Texturen ihres Bettnestchens beschäftigt. Da eine Freundin ihr erklärt hatte, wie wichtig die Stimulation der Sinne eines Babys sei, hatte die Mutter ein farbenfrohes Mobile über dem Bettchen aufgehängt, das das Baby mit Begeisterung anschaute. Ein wenig später folgte eine dieser Activity-Decken, die demselben Zweck dienen. Das Baby lag auf dem Rücken und starrte stundenlang die verschiedenen herunterhängenden Dinge an oder befühlte sie mit den Händen.

Mama und Papa gaben sich alle Mühe, mit ihrer kleinen Tochter zu interagieren, hatten aber beide den Eindruck, dass sie am zufriedensten war, wenn man sie in Ruhe ließ. Sie lächelte oder lachte zwar, wenn die Eltern Grimassen schnitten oder ihr lustige Lieder vorsangen, aber sie

schien »einfach eines dieser Babys zu sein, die am liebsten allein sind«. Also überließen sie sie mehr und mehr sich selbst, um nicht – wie ihre Mutter es ausdrückte – »in ihren persönlichen Raum einzudringen«.
Die Mutter hatte sich intensiv mit den normalen Entwicklungsschritten von Babys befasst und sich immer Gedanken über die Entwicklung ihrer Tochter gemacht. Sie brauchte etwas länger, um sitzen oder krabbeln zu lernen, als es in der Tabelle angegeben war, und fing auch später an zu brabbeln, auf ihren Namen zu reagieren und schließlich zu sprechen. Aber vom Kinderarzt erhielt die Mutter immer die beruhigende Auskunft, dass »manche Kinder eben ein bisschen länger brauchen«. Es dauerte zwar tatsächlich ein bisschen länger, aber es war nie von einer ernsten Verzögerung der motorischen oder sprachlichen Entwicklung bei der Kleinen die Rede.
Eine gewisse Sorge bereitete es den Eltern allerdings, dass Mary Catherine offenbar keinen Wunsch verspürte, mit anderen Kindern zu spielen. Im Kindergarten spielte sie ganz für sich und in der Grundschule tobte sie in der Pause nie mit den anderen herum, sondern saß allein in einer Ecke. Sie ging nie zu Kindergeburtstagen und wollte auch ihren eigenen Geburtstag nicht mit Freunden feiern. Ihre Mutter, die selbst eine eher zurückhaltende Persönlichkeit hat, meinte dazu: »Sie muss mein Temperament geerbt haben!«
Die Mutter hatte versucht, ihre Tochter für das Ballett zu interessieren. Sie fing mit drei an, und das kleine Mädchen schien ganz glücklich zu sein, wenn es Trikot, Strumpfhose und Ballettröckchen anzog. Sie war begeistert, wenn die Lehrerin ihnen Bänder oder Stäbe zum Herumschwenken gab. Aber im zweiten Jahr fand sie ständig einen Grund, nicht zum Ballettunterricht zu gehen, und klagte zum Beispiel über Bauch- oder Halsschmerzen. Irgendwie erledigte sich die Sache mit dem Ballettunterricht schließlich von allein, ohne dass je bewusst die Entscheidung getroffen wurde, damit aufzuhören.

Die Eltern bemühten sich weiterhin, ihre Tochter an gemeinsame Aktivitäten mit Gleichaltrigen heranzuführen, und versuchten es mit verschiedenen Freizeitangeboten. Aber nichts schien zu funktionieren – weder Fußball oder Taekwondo noch Musik oder Kunst. Mary Catherine ging folgsam ein- oder zweimal hin, aber dann wiederholte sich dasselbe Muster wie beim Ballett und die »schlimmen Bauch- oder Halsschmerzen« kamen wieder. Irgendwann entschieden die Eltern, dass es nicht richtig sei, sie zu etwas zu zwingen, was ihr offenkundig keinen Spaß machte.

Soweit die Eltern wussten, hatte ihre Tochter keine einzige echte Freundin. Trotz des ständigen Drängens ihrer Eltern verweigerte sie jede Art von Interaktion mit Gleichaltrigen und beklagte sich darüber, dass die anderen so »oberflächlich« und »armselig« seien. Sie schloss sich stundenlang in ihrem Zimmer ein, hörte Musik und schrieb Gedichte und Essays, die sie für sich behielt. Es wurde immer schwieriger, mit Mary Catherine zu kommunizieren. Sie wurde zur glühenden Verehrerin der englischen Rockband Bauhaus und hörte den ganzen Tag auf ihrem iPod deren Musik.

Weiteren Anlass zur Besorgnis gab ihre Gewichtszunahme. Sie war schon immer etwas füllig gewesen, wurde im Lauf der Zeit jedoch deutlich übergewichtig. Und zum ersten Mal in ihrem Leben hatte sie Schlafprobleme. Sie schlief mehrere Tage hintereinander nur vier oder fünf Stunden pro Nacht und glich das anschließend durch einen Schlafmarathon von zwölf Stunden oder mehr wieder aus. Manchmal waren ihre Eltern nicht sicher, ob sie in der Nacht davor überhaupt geschlafen hatte. Sie zog sich noch mehr zurück, war noch schwerer in ein Gespräch zu verwickeln oder dazu zu bewegen, mit ihren Eltern zu Abend zu essen. Auf eindringliche Nachfrage behauptete sie, dass es ihr gut gehe, aber ihr Verhalten und ihre Stimmung sagten das Gegenteil.

Die Eltern wussten so wenig über das Leben ihrer Tochter, dass sie erst von einem Außenstehenden erfuhren, dass Nyx auf Facebook ein Gedicht über Selbstverletzung gepostet hatte. Sie vereinbarten sofort einen Termin bei einer Psychotherapeutin, die ihnen anschließend berichtete, dass Nyx voller Ängste sei, große Probleme mit Wutgefühlen habe, die sich sowohl gegen sie selbst als auch gegen andere richteten, und dass sie angefangen habe, sich selbst zu verletzen, weil es für sie »die einzige Möglichkeit sei, sich lebendig zu fühlen«.

Die Therapeutin betonte, dass sie nicht den Eindruck habe, dass Nyx selbstmordgefährdet sei. Sie drückte es so aus, dass Nyx »weder psychisch krank noch psychisch gesund sei«. Das ist eine schwerwiegende Aussage über einen Teenager, und sie trifft wahrscheinlich auf weit mehr Teenager zu, als wir uns eingestehen mögen.

Die Eltern brachten Nyx auf Empfehlung der Therapeutin, die unsere Arbeit im Bereich der Selbstregulierung kannte, zu uns. Sie war der Meinung, dass Nyx sich in einem permanenten Zustand der »Untererregung« (wenig Energie, wenig Interesse) befinde, und hoffte, dass wir einige der Stressfaktoren, mit denen Nyx zu kämpfen hatte, ermitteln und ihr die entsprechenden Selbstregulierungsstrategien vorschlagen könnten. Die vollständige Evaluierung ergab, dass bei Nyx einige sensorische Hyposensibilitäten vorlagen. Das bedeutete, dass sie von einigen Stimuli (Licht, Töne, Berührung und sogar Geschmack) etwas mehr brauchte, um sich »richtig« zu fühlen. Das konnte der Grund dafür sein, dass sie sich als Baby so stark zu visueller und taktiler Stimulation hingezogen gefühlt hatte und dass sie als Teenager so sehr an ihrem iPod klebte und so wild auf kalorienreiche Lebensmittel war, bei denen Salz zur Verstärkung der Süße oder Mononatriumglutamat zur Stimulation der Glutamatrezeptoren eingesetzt wird. Aber darüber hinaus kämpfte Nyx ganz offensichtlich mit tiefgreifenden sozialen Stressfaktoren.

In den Jahren ihres Heranwachsens, in denen sie so viel Zeit allein verbracht hatte, hatten ihr die wichtigen Erfahrungen gefehlt, die nötig sind, um soziale Signale deuten zu lernen – um die Gedanken anderer Menschen an ihren Gesten und Blicken, an ihrer Körperhaltung und ihrem Tonfall abzulesen. Auch ihre Fähigkeit, sich in andere hineinzuversetzen und zu verstehen, was Freunde fühlten, war bei Nyx nicht entwickelt. Auch hier vermuteten wir, dass die Defizite schon sehr früh entstanden waren. Dass das, was ihre Eltern als Hinweise darauf, dass sie »am liebsten in Ruhe gelassen werden wolle«, interpretiert hatten, auf ein Baby hindeutete, bei dem besondere Anstrengungen unternommen werden mussten, um es in die unzähligen alltäglichen Interaktionen einzubeziehen, die die Entwicklung der Gehirnbrücke zwischen Eltern und Kind förderten und als Grundlage von Interpretationsfähigkeiten und prosozialen Kompetenzen dienen.

Aber Nyx' Problem war nicht nur, dass es ihr schwerfiel, die subtilen Anzeichen der Wirkung ihrer Handlungen und Äußerungen auf andere wahrzunehmen, sondern sie hatte auch Mühe, ihre starken Emotionen zu regulieren. Ihre Mutter berichtete, dass Nyx als kleines Kind nie zornig gewesen sei und sich bei den wenigen Anlässen, bei denen sich ein Wutausbruch angedeutet habe, an einen ruhigen, dunklen Ort zurückgezogen habe, um sich zu beruhigen. Als Teenager wurde sie, wenn sie mit der Angst oder dem Stress anderer Menschen konfrontiert war, von ihren eigenen Angst- oder Stressgefühlen überwältigt und stellte die Kommunikation ein.

Diese eingeschränkte Fähigkeit, starke Gefühle auszudrücken oder zu modulieren, forderte in Kombination mit ihren Gefühlen der Erstarrung und Einsamkeit einen hohen Preis von Nyx – nicht nur emotional und sozial, sondern auch physiologisch, was zu ihren Schlafproblemen beitrug und ihren stressbedingten Appetit auf Junkfood auslöste. Kurzum, sie war in einem Teufelskreis gefangen, in dem die verschiedenen Stressfaktoren auf sie einstürmten und ihre Selbstregulierungsprobleme immer weiter verschärften.

Letztlich war Nyx' Bedürfnis nach Interaktion mit Gleichaltrigen genauso groß wie bei jedem anderen Teenager, aber ihr fehlten die sozialen Kompetenzen, um echte Beziehungen aufzubauen. Zur Befriedigung dieses tiefen Bedürfnisses wandte sie sich einer Online-Gothic-Community zu, was aber nicht die regulierende Wirkung realer gemeinsamer Aktivitäten mit Gleichaltrigen hatte.

Nyx brauchte in verschiedenen Domänen Hilfe. Natürlich musste sie bessere Schlaf- und Essgewohnheiten entwickeln und Aktivitäten nachgehen, die ihr halfen, sich auf der sozialen und prosozialen Ebene weiterzuentwickeln. Aber als sie und ihre Eltern mit dem Konzept der Selbstregulierung zu arbeiten begannen, mussten sie besonders auf das Bedürfnis ihrer Tochter, Teil einer kleinen Gruppe mit einer gemeinsamen Zielsetzung zu sein, achten.

Von all den Faktoren, die zu Nyx' Fortschritten beitrugen, war wahrscheinlich ihr Eintritt in den Schulchor der wichtigste. Der physische Akt des Singens hat eine stark regulierende Wirkung auf das Nervensystem, und Nyx fand diese Erfahrung vom ersten Augenblick an beglückend. Es stellte sich heraus, dass sie eine schöne Sopranstimme hatte, sodass sie endlich eine Aktivität gefunden hatte, bei der sie ihre Fähigkeiten unter Beweis stellen konnte. Am wichtigsten war aber vielleicht, dass sie durch ihre Beteiligung an einer Gruppenaktivität Gleichaltrige kennen lernte, die ihre Interessen teilten. Ihre Geselligkeit und Begeisterung für das gemeinsame Singen war ein Zeichen dafür, wie stark das Bedürfnis, Teil einer Gruppe zu sein, bei Nyx schon immer gewesen war.

Inzwischen ist sie eine lebhafte junge Erwachsene, die manchmal immer noch das Gespräch mit ihren Eltern sucht, wenn sie etwas besonders stressig findet – was sich die meisten von uns von unseren über

20-jährigen Kindern auch wünschen würden. Aber heute, als College-Studentin, versteht sie ihre physiologischen Bedürfnisse und emotionalen Verletzlichkeiten viel besser und befindet sich in einem Zustand, den man durchaus als »psychisch gesund« bezeichnen kann. Sie hat ganz unterschiedliche Freunde – nicht nur aus dem Chor. Sie sorgt gut für sich selbst und ist stolz auf sich. Und bezeichnenderweise möchte sie heute auch mit ihrem ursprünglichen Namen, Mary Catherine, angesprochen werden.

Gelüste, Dopamin und Langeweile

Die Jungs waren in der siebten Klasse und hatten ernste Verhaltens-, Stimmungs- und Aufmerksamkeitsprobleme. Ihre Lehrerin, Frau W., eine engagierte und erfahrene Pädagogin, stand unter Stress. »Ich habe immer ein oder zwei Kinder in der Klasse gehabt, denen es schwerfiel, zur Ruhe zu kommen«, berichtete sie. »Aber das ist extremer als alles, was ich je erlebt habe – sie ziehen die ganze Klasse mit hinein.« Mein Besuch fand an einem Montagmorgen statt, und viele der Jungs hatten das Wochenende damit verbracht, zusammen *Call of Duty*, ein gewaltbetontes Videospiel, zu spielen. Sie hatten wenig geschlafen, einer von ihnen überhaupt nicht.

Als ich hörte, dass sie alle Fußball, Lacrosse oder Hockey spielten, fragte ich sie, wie sie sich nach dem Sport fühlten, und einer platzte heraus: »Da fühle ich mich richtig ruhig.« Zu meiner Überraschung kannte er also die Erfahrung der erfolgreichen Selbstregulierung. Viele Kinder können sich noch nicht einmal an eine Situation erinnern, in der sie sich ruhig gefühlt haben. Als ich bei den übrigen Jungs nachfragte, erfuhr ich von allen dasselbe. Aber als ich sie fragte, wie sie sich an diesem Morgen gefühlt hatten, als sie aufstehen mussten, um zur Schule zu gehen, gaben alle zu, sich schlecht gefühlt zu haben. Sie wussten, wie unterschiedlich ihr Befinden nach den verschiedenen Aktivitäten war, und dennoch antworteten sie auf die Frage, ob sie lieber draußen Fußball oder drinnen *Call of Duty* spielten, wie aus einem Munde: »Drinnen *Call of Duty*!« Das war interessant, wenn auch ziemlich deprimierend. Warum zogen sie das schlechte Gefühl dem guten vor?

Das Gegenstück dieser Geschichte erlebte Jane, unsere patente und ausgeglichene Rezeptionistin, die völlig irritiert aus den Frühlingsferien mit ihrem Mann und ihren Söhnen zurückkehrte. Es stellte sich heraus, dass die Familie ihre ursprünglichen Reisepläne hatte aufgeben müssen und dass Jane stattdessen für ihre beiden Jungs ein Netflix-Abo für diese Woche besorgt hatte, um sie bei Laune zu halten. »Still waren sie dabei auf jeden Fall«, berichtete sie. Dennoch hatten sich beide Jungs am selben Morgen bitter darüber beklagt, wie langweilig die Frühlingsferien gewesen seien. Jane verstand es einfach nicht. Sie hatte ihre Söhne anschauen lassen, was immer sie wollten, wann immer sie wollten, und sie hatten den Eindruck gemacht, völlig in die Filme versunken zu sein. Wie konnten sie behaupten, sich gelangweilt zu haben?

Viele Eltern stellen sich genau diese Frage. Eine Antwort ist, dass Kinder heutzutage so überstimuliert sind, dass sie nicht mehr in der Lage sind, sich selbst zu unterhalten. Sie haben nicht die Art von Kreativität und Einfallsreichtum entwickelt, die von traditionellen, die Fantasie anregenden Spielen gefördert wird. Jahrtausendelang haben Kinder das alte indische Leiterspiel oder Spiele im Freien wie Verstecken oder Fangen gespielt, Verkleidungskisten durchwühlt oder mit Bausteinen gebaut. Bei den modernen Video- und Onlinespielen gehen die physische Interaktion und der direkte persönliche Austausch verloren. Normalerweise spielt das Kind gegen den Computer, nicht gegen ein anderes Kind. Das Konzept der Selbstregulierung lässt uns diesen Verlust menschlicher Interaktion in einem völlig neuen Licht sehen.

Die erstaunliche Biologie der Langeweile

Wahrscheinlich haben alle Eltern, die dieses Buch lesen, ihre Kinder schon mal über Langeweile klagen hören. Wir fassen solche Aussagen meistens als eine Beschreibung des psychischen Zustands auf – die Kinder sind ruhelos und finden nichts Interessantes zu tun. In Wirklichkeit ist ihre Aussage keineswegs eine Beschreibung, sondern eher eine Art Tierruf oder Klagelaut (das, was Philosophen eine *»Bekundung«* nennen) – in diesem Fall ein primitiver Ausdruck der Erregung. Kinder könnten den quengelnden Ton, der so typisch für Langeweile ist, auch einfach ohne Worte ausstoßen, und wir wüssten sofort, wie sie sich fühlen – wahrscheinlich wäre es sogar eindeutiger.

Studien haben gezeigt, dass Überstimulation Langeweile verursacht[145], und die Selbstregulierung liefert uns die Erklärung dafür. Wenn wir durch eine Aktivität, die ein Kind überstimuliert, bei ihm Langeweile auslösen, steigt sein Kortisolspiegel. Das geschieht, weil die Adrenalin stimulierende Aktivität, beispielsweise ein Online-Kriegsspiel, das Kind dazu bringt, seine Energiereserven anzuzapfen. Dadurch wird die Ausschüttung des Stresshormons Kortisol angeregt. Der höhere Kortisolspiegel verstärkt die Wahrnehmung von physiologischem und emotionalem Stress. »Langeweile« beinhaltet eine ausgeprägte, unangenehme körperliche Empfindung, die auf den Überschuss an Kortisol im Blut zurückzuführen ist.

Wenn die Stimulationsquelle ausgeschaltet wird, reagieren Säugetier- und Reptiliengehirn darauf mit einem plötzlichen Wechsel von der Über- zur Untererregung. Das ist ein uralter neuraler Mechanismus, der den Energieschwund stoppen und die Erholung fördern soll. Aber Kinder empfinden diesen plötzlichen Umschwung als einen weiteren akuten Stressfaktor – etwa so, wie man sich fühlt, wenn man zu hart auf die Bremse tritt.

Aus all dem können wir schließen, dass wir den ersten Schritt der Selbstregulierung anwenden und die Aussage »Mir ist langweilig« umdeuten müssen, denn sie bedeutet einfach: »Ich fühle mich schlecht.« Darum quengeln die Kinder. Das ist der natürliche Ausdruck des durch die »unterhaltsame« Aktivität verursachten Stresses. Wenn wir uns das nicht klarmachen, könnten wir irrtümlich glauben, dass unser Kind eine zusätzliche Stimulation braucht, und damit letztlich genau das Gegenteil von dem tun, was nötig ist. Wir würden durch eine weitere Stimulation nämlich unwissentlich seine Stressbelastung noch weiter erhöhen, obwohl sie eigentlich reduziert werden müsste. Wir müssen das untererregte Kind in einen ruhigen Zustand, nicht in die Übererregung, zurückführen.

Der neurochemische »Cocktail« der Belohnung

Wenn man sich inzwischen schon zu Klassikern gewordene digitale Spiele wie *Angry Birds* oder irgendeinen anderen der zahlreichen abstumpfenden, »aufregenden« Spiele, die unsere Aufmerksamkeit fesseln, anschaut, stellt sich die logische Frage: Wenn es nichts besonders Interessantes daran gibt, was fördert dann den stundenlangen Konsum?

Neurowissenschaftler fanden die Antwort auf diese Frage Ende der 90er Jahre. Wir wussten natürlich vorher schon, dass Spiele die Ausschüttung von Adrenalin auslösen – genau darum geht es ja dabei. Aber die Wissenschaftler begannen, sich für die Wirkung von Videospielen auf das Belohnungssystem des Gehirns zu interessieren. Sie fanden heraus, dass diese Spiele eine Verdoppelung des Dopaminspiegels bewirken. Das ist eine wichtige Erkenntnis, und die Erklärung dafür brachte den Durchbruch in der Suchtforschung.[146]

Diese Spiele führen zur Freisetzung von Opioiden – Neurohormonen, die Wohlbefinden erzeugen. Für diese Wirkung von Spielen gibt es verschiedene Gründe. Es ist nicht nur die natürliche Reaktion des Gehirns auf das Gewinnen (auch wenn es sich in diesem Fall um eine sinnfreie Belohnung handelt), sondern die akustischen und optischen Reize (die Klingel- und Pfeiftöne und die grellen Farben, die das Treffen eines Ziels oder das Getroffenwerden begleiten) verstärken die Wirkung. Und dann wird Dopamin – die Quelle des Verlangens – ausgeschüttet und treibt das Gehirn dazu an, sich einen weiteren Schuss Opioid und noch einen und noch einen zu verschaffen.[147]

Das ist das neurochemische Belohnungssystem: die kombinierte Interaktion zwischen Opioiden und Dopamin. Dieses einfache, von der Natur entwickelte Konzept diente ursprünglich dem Überleben: Man nehme eine Nahrungsquelle, die viel Energie liefert, und mache aus dem Verzehr der Nahrung eine angenehme Erfahrung. (Dasselbe gilt in großem Stil für Sex: Die Natur wollte sichergehen, dass wir uns fortpflanzen!) Bei den freigesetzten Opioiden handelt es sich um psychoaktive Substanzen, die angenehme Empfindungen hervorrufen und Schmerzen oder Stress reduzieren. Opioide docken an Rezeptoren an, die überall im Nervensystem und im Verdauungstrakt verteilt sind. Ihre Wirkungsweise besteht darin, uns einen Energieschub zu liefern und gleichzeitig das Feuern von Neuronen zu verhindern, die durch Schmerz, Stress oder Angst aktiviert werden. Das ist einer der Gründe dafür, dass sie so starke Wohlgefühle auslösen.

Opioide sind in der Muttermilch enthalten, wodurch sowohl die Nahrungsaufnahme als auch die Mutter-Kind-Bindung gefördert wird. Sie werden durch Sport und durch zärtliche Berührungen freigesetzt – alles positive Dinge. Sobald ein Opioid mit einer Belohnung (beispielsweise dem Verzehr von Eiscreme) verknüpft wird, setzt das ventrale Striatum Dopamin frei, was uns dazu antreibt, die Belohnung zu suchen – besonders, wenn wir uns ängstlich fühlen. Das, was wir »Angst« nennen, ist eigentlich einfach nur ein Zustand permanenter Unruhe oder Übererregung, der unsere Wachsamkeit und unsere Bereitschaft, uns zu schützen oder der Belohnung nachzujagen, fördert.

Dopamin wird auch freigesetzt, wenn wir nur an eine Belohnung denken oder mit einem Stimulus konfrontiert sind, den wir mit einer Belohnung assoziieren.[148] Das Gehirn setzt daraufhin andere Neuromodulatoren frei, die Wachsamkeit und Erregung fördern (Norepinephrin), die Informationsverarbeitung regulieren (Serotonin) und die Erholung fördern (Acetylcholin). Dopamin ist entscheidend für unser Verhalten, weil es Gelüste und Verlangen fördert. Aber zu viel davon erzeugt die Gefühle der Unzufriedenheit und Unruhe, die Jane bei ihren Kindern erlebte.

Wenn der Kick vorbei ist

Je besser sich etwas anfühlt, desto mehr wollen wir davon, bis seine Wirkung nachlässt und es nicht mehr die lustvolle Reaktion auslöst. Das wiederum treibt uns dazu, uns mehr davon oder etwas, das noch stärkere Wohlgefühle auslöst, zu beschaffen. Die

Aktivierung des Belohnungssystems erzeugt den unwiderstehlichen Wunsch, ein Spiel immer wieder zu spielen oder einen Film nach dem anderen anzuschauen.

Durch gewaltbetonte Rollenspiele oder Ego-Shooter-Spiele gewöhnen sich Jugendliche an ein erhöhtes Erregungsniveau, das ruhigere Spiele zu einer nicht nur langweiligen, sondern geradezu unangenehmen Erfahrung macht.[149] Dasselbe gilt für heutige Filme, deren Zielgruppe Jugendliche sind. Vielleicht ist Ihnen aufgefallen, dass diese Filme immer lauter und gewaltbetonter werden und der menschlichen Dimension der Handlung und der Charakterentwicklung immer weniger Aufmerksamkeit schenken. Das ist kein Zufall. Diese Filme zielen darauf ab, den neuralen »Sweet Spot« (den optimalen Punkt) zu aktivieren und werden mit Vorführungen vor der Zielgruppe getestet, bei denen Messungen der Hautreaktion, Elektrokardiogrammen (EKGs) oder gar funktionellen Magnetresonanztomografien (FMRIs) durchgeführt werden, sodass die Filmemacher die sensorische Stimulation genau auf die gewünschte Wirkung abstimmen können.[150] Es ist verdammt schwierig, mit einem auf *Transformers* eingestimmten Gehirn *Die Eiskönigin* durchzustehen.

Es deutet zwar einiges darauf hin, dass diese Spiele bestimmte feinmotorische und kognitive Fähigkeiten trainieren können. Aber im Zentrum des Ganzen steht ein primitives System im Gehirn, das so viel Energie verbrennt, dass das Kind um jeden Preis nach schneller Energiezufuhr giert. Gewaltbetonte Filme haben dieselbe Wirkung auf das Gehirn. Als der Dichter und Philosoph Samuel Coleridge 1817 von der »bereitwilligen Aufhebung des Zweifels« sprach (was sich darauf bezog, dass beim Leser die rationale Beurteilung bestimmter Aspekte einer

Geschichte aussetzt), spielte er bereits auf etwas an, was wir heute über die Funktionsweise des limbischen Systems wissen: dass sich der präfrontale Cortex bei dieser Art von Stress ausschaltet. Unser armes Säugetierhirn unterscheidet nicht zwischen realer Gefahr und bloß wahrgenommener, fiktiver Bedrohung und reagiert auf die gefährliche Lage des Helden mit der Botschaft an das Reptilienhirn, unsere eigene Herzfrequenz zu erhöhen. Anschwellende Musik sowie Licht- und Farborgien verstärken die Wirkung. Und da wir uns dabei nicht vom Fleck rühren, kann diese aufgestaute Spannung nicht abgebaut werden. Ich ließ mich einmal von meinen Kindern zum Besuch eines Actionfilms überreden, und als er vorbei war, wankte ich eher aus dem Kinosaal in den Vorraum, als dass ich ging. Ich war von dem hinter mir liegenden limbischen Marathon völlig erschöpft. An den Kiosken um mich herum wurden Dinge verkauft, die ich normalerweise nicht anrühren würde, aber in diesem Augenblick spürte ich ein unkontrollierbares Verlangen nach etwas Kalorienreichem.

Auch das ist kein Zufall. Junkfood gehört in dieselbe Belohnungskategorie wie gewaltverherrlichende Spiele und Filme.[151] Das Bemerkenswerteste an Junkfood ist seine Ausrichtung auf die Anregung der Dopaminausschüttung. Um das Feuern der Dopaminrezeptoren auszulösen, müssen die »Nahrungsmittel« (die so stark verarbeitet und so künstlich sind, dass sie diese Bezeichnung kaum verdienen) eine möglichst hohe Freisetzung von Opioiden bewirken. Das ist bis zu einem gewissen Grad auch bei natürlichen Nahrungsmitteln der Fall: bei Zucker, Weizen, Milch und Fleisch. Aber bei Junkfood, sogenannten »hyperschmackhaften« Nahrungsmitteln, ist dieses Phänomen ins Extreme übersteigert.

Um ein hyperschmackhaftes Nahrungsmittel zu kreieren, experimentieren Lebensmitteltechniker mit verschiedenen Kombinationen aus Fett, Zucker und Salz sowie Gerüchen, Aussehen, komplexen Kombinationen und Texturen, um eine maximale Opioidausschüttung zu erreichen. Dadurch wird die Dopaminproduktion angeregt, und das Verlangen nach noch mehr Junkfood geschürt, was letztlich den Verkauf ankurbelt. Und das Schöne an der Opioidausschüttung ist (aus der Sicht der Lebensmittelhersteller), dass ihre Wirkung zwar nachlässt, aber nicht die des Dopamins, das ein starkes Verlangen aufrechterhält.

Weil Videospieldesigner, Filmemacher und Lebensmitteltechniker ihre Arbeit perfektioniert haben, bereitet die Wirkung von Superstimulantien den Neurowissenschaftlern und Gesundheitsbehörden so große Sorgen. Die »dopaminerge Spitze« hat eine so starke Wirkung, dass sie das autonome Nervensystem kapert. Die natürlichen Signale des Gehirns in Bezug auf Ruhebedarf oder Sättigung werden übergangen, sodass das Kind oder der Teenager weit über den natürlichen Endpunkt hinaus weiterspielt oder -isst.

Das Problem ist nicht nur der Opioid-Dopamin-Schaltkreis, sondern die Tatsache, dass das Kind nach dem Spiel oder dem Verzehr von Junkfood *noch erschöpfter* ist als zuvor und somit noch begieriger auf einen weiteren Opioid-Schuss. Superstimulantien haben nicht auf alle Kinder dieselbe Wirkung, und selbst bei den Kindern, die ihnen in gewisser Weise »verfallen«, ist die Wirkung weniger schwerwiegend als zum Beispiel bei Alkohol oder Drogen. Dennoch ist sie besorgniserregend – nicht nur, weil derartige Konsumgewohnheiten eine spätere Neigung zum Experimentieren mit härteren Opioiden fördern können, sondern auch wegen der unmittelbaren negativen Folgen für Stimmung, Verhalten und Gesundheit.

Am problematischsten ist jedoch der negative Einfluss, den die Superstimulantien in Bezug auf natürliche, Stress reduzierende Aktivitäten ausüben. So hat der Verzehr von Kartoffelchips und Schokoriegeln nicht nur bei weitem nicht die lang anhaltende selbstregulatorische Wirkung wie der Verzehr eines Apfels (die auf das Kauen und die langsame Freisetzung der Energie zurückzuführen ist), sondern kann auch die Lust darauf, einen Apfel zu essen, dämpfen.

Es wird auch befürchtet, dass exzessiver Konsum von Kartoffelchips und Softdrinks die Stressbelastung erhöht. Beispielsweise reagiert der Hypothalamus auf den erhöhten Salzgehalt im Blut mit dem Versuch, das Salz herauszuspülen, was dazu führt, dass eine große Zahl von Kindern und Jugendlichen dehydriert ist. Diese Dehydrierung wiederum führt zu einem Mangel an mehreren für das Denkvermögen wichtigen Mineralien. Ein plötzlicher Energieschub, gefolgt von einem ebenso plötzlichen Energieeinbruch, kann im Extremfall auch die Erregungsregulierung und die Fähigkeit zu klarem Denken beeinträchtigen. So kann ein Kind, das zu viel von diesen Nahrungsmitteln isst oder zu viel Zeit mit diesen Spielen verbringt, seine Fähigkeit einbüßen, über seine Nahrungsmittelauswahl oder sein Spielverhalten nachzudenken. Je größer die Abhängigkeit von diesen Produkten ist, desto stärker wird der Wunsch nach den Dingen, die diesen Zustand überhaupt erst verursacht haben. Auf diese Weise wächst keine Generation zufriedener, stimulierter Kinder heran, sondern das Gegenteil: stimulierte, ständig unzufriedene Kinder.

Die Bändigung der Bestie: Wie Kinder lernen, wieder die Regie zu übernehmen

Die Assoziationen, die unsere Gelüste befeuern, beziehen sich nicht nur auf die Lustgefühle, die wir beim Essen oder einer anderen Aktivität hatten, sondern auch auf den physischen und emotionalen Zustand, in dem wir uns befanden, als diese Assoziationen entstanden sind. Alle vier Faktoren – Körper, Gefühle, Opioid und Dopamin – sind eng miteinander verknüpft. Wenn sich ein Kind im selben Zustand der Erschöpfung oder Angst befindet, in dem es war, als es zum ersten Mal die Chips gegessen hat (oder das stimulierende Spiel gespielt hat), wird es von seinem limbischen System an die Wirkung erinnert, die die Chips oder das Spiel beim letzten Mal hatten.

Wir beobachten dasselbe Phänomen bei Drogen und Alkohol und anderen gefährlichen Süchten. Jahrzehntelang wurden Eltern mit der Botschaft bombardiert, dass die süchtig machenden Elemente in Drogen so stark seien, dass ein einziger Kontakt damit genüge, um einen empfänglichen Teenager abhängig zu machen. Aber heute, nach Jahren gründlicher Forschung, wissen wir, dass ein Teenager nicht durch irgendeine Art überwältigender chemischer Reaktion, über die das Gehirn keine Kontrolle hat, empfänglich für Drogen wird, sondern durch den *körperlichen und emotionalen Zustand,* der ihn dazu treibt, nach einem Mittel zur Unterdrückung seiner Gefühle zu suchen. Außerdem zeigen Studien, dass der Weg zu einer wirksamen Drogenbekämpfung nicht darin besteht, Drogen unzugänglich zu machen (was aller Wahrscheinlichkeit nach auch unmöglich ist), sondern darin, die Überlastung ins Visier zu nehmen, die Teenager dazu bringt, ihren akuten Stress auf eine so gefährliche Weise zu unterdrücken.

Der Fokus der Selbstregulierung auf Selbstwahrnehmung hilft Kindern, Achtsamkeit für ihre körperlichen und emotionalen Zustände zu entwickeln, aus denen sich andernfalls ein ungesundes Stimulus-Belohnungsmuster entwickeln kann. Wie Jonahs Geschichte zeigt, ist dieser Schritt oft ein Zeichen für eine grundlegende Veränderung.

Jonah

Jonah war neun Jahre alt, als seine Eltern mit ihm zu uns kamen. Er bot bei diesem ersten Besuch einen etwas traurigen Anblick: Er mampfte Kartoffelchips vor sich hin, nahm dies aber allem Anschein nach selbst gar nicht wahr. Er war übergewichtig, aber noch nicht fettleibig. Besorgniserregender war, dass er einfach nicht gesund aussah. Seine Haut war blass, und er wirkte angestrengt. Dass er ein Problem hatte, wurde endgültig klar, als er einen Schokoriegel aus der Tasche zog, nachdem er die Chipstüte geleert hatte.

Seine Familie suchte uns auf, weil Jonah große Schwierigkeiten hatte, sich in der Schule zu konzentrieren. Er war nicht direkt hyperaktiv, sondern einfach nur unaufmerksam. Es ging nicht darum, dass er andere Kinder störte oder sich im Unterricht mit irgendetwas anderem beschäftigte. Er schien nur die ganze Zeit schlecht gelaunt und geistig abwesend zu sein. Seine Lehrerin berichtete seinen Eltern, dass sie direkt vor ihm stehen und laut seinen Namen rufen müsse, um Jonahs Aufmerksamkeit auf sich zu lenken. Sie empfahl ihnen, einen Psychologen aufzusuchen, um »an seiner Motivation zu arbeiten«, weil er »in den höheren Klassen alle möglichen Schwierigkeiten bekommen werde, wenn er nicht anfinge, sich mehr anzustrengen«. Wir konnten alle sehen, dass diese Einschätzung zutraf.

Zu lernen, sich mehr anzustrengen, war eindeutig nicht Jonahs

Anliegen, als er da saß und während unserer ganzen Unterhaltung Chips futterte. Es war schwer zu sagen, was ihm – außer dem Gedanken an den nächsten Chip – sonst noch durch den Kopf gehen mochte. Er schien auf Autopilot geschaltet zu haben und weder wahrzunehmen, *was* er aß, noch *dass* er aß. Er schob sich ohne Unterbrechung einen Chip nach dem anderen in den Mund. Erst die zusammengeknüllte leere Tüte war sein Signal zum Aufhören.

Ihm erging es nicht anders als vielen Menschen heutzutage und wohl den meisten Kindern. Junkfood hat einen großen Anteil an einer der größten Epidemien (neben der Fettleibigkeit), die wir heute bei Kindern beobachten – der Epidemie der »Achtlosigkeit«. Den Kindern fehlt nicht nur die Wahrnehmung dessen, was in ihnen oder um sie herum vor sich geht, sondern auch dessen, was sie tun. Ein Blick auf Jonah genügte, um festzustellen, dass diese Achtlosigkeit auch sein Problem war.

Im Rahmen unserer Arbeit mit Jonah halfen wir ihm zu erkennen, dass ihm sein Körper durch den Wunsch nach Chips oder einem Schokoriegel die Botschaft übermittelte, dass seine Energiereserven erschöpft waren. Aber wir begannen nicht mit einem Vortrag über gesunde Ernährung, den Energiebedarf von Kindern seines Alters und die Notwendigkeit, Energiereserven aufzufüllen. Stattdessen bat ich ihn am Ende unserer ersten Sitzung, eine Sache für mich zu tun. Ich wolle wissen, was in Mamas Auto passiere, wenn kein Benzin mehr drin sei. Seine Mutter willigte ein, das Benzin ausgehen zu lassen und dafür zu sorgen, dass Jonah im Auto säße, wenn die Warnleuchte anginge.

In der nächsten Sitzung war Jonah ganz begierig darauf, mir zu berichten, was passiert war: Eine rote Warnleuchte hatte aufgeleuchtet, und sein Vater hatte ihm erklärt, dass es einen Schwimmer im Benzintank gebe, der die Warnleuchte am Armaturenbrett aktiviere, wenn der Benzinstand zu niedrig sei. Ich fragte ihn, ob er auch etwas

Ähnliches in seinem »Benzintank« habe, das ein Signal auslöse, wenn er nicht mehr genug Energie habe. Jonah dachte eine Weile angestrengt darüber nach, gab dann aber auf und bat mich, die Frage für ihn zu beantworten. Ich fragte ihn stattdessen, ob die kleine Stimme in seinem Kopf, die ihn anwies, sich Kartoffelchips oder einen Schokoriegel zu besorgen, ein solches Signal sein könne. Er dachte einen Augenblick darüber nach und grinste dann breit, als ihm der Zusammenhang bewusst wurde.

Es lag immer noch viel Arbeit vor uns. Wir mussten Jonah helfen, seine persönlichen Stressfaktoren zu erkennen, zu lernen, inwiefern Stress die Energie aufbraucht, die wir für andere Dinge (zum Beispiel für die Konzentration in der Schule oder bewusstes Essen) brauchen, und effektivere Möglichkeiten der Stressbewältigung zu finden, als nach Junkfood zu greifen oder sich den ganzen Schultag hindurch auszuklinken. Aber dieser erste »Aha-Effekt« war sehr wichtig für den Richtungswechsel. Es war ein wichtiger erster Schritt auf dem Weg zu der für die Selbstregulierung erforderlichen Selbstwahrnehmung. Unser Ziel war nicht, Jonah dazu zu bringen, seine Gelüste zu unterdrücken. Sie waren das Resultat starker, tief in der Amygdala (dem Teil des Gehirns, das Gefühle, gefühlsbedingtes Verhalten und Motivation miteinander verknüpft) entstandener Assoziationen. Das Ziel war, Jonah zu helfen, die Bedeutung dieser Gelüste zu verstehen.

Anruf beim Notfalleinsatzsystem

Unter starkem Stress sind sowohl Kinder als auch Erwachsene besonders »anfällig« für Superstimulantien.[152] Die herkömmliche Art, damit umzugehen, besteht darin, mehr Selbstkontrolle auszuüben. Aber das Ankämpfen gegen diese manipulierten

Gelüste ist wiederum äußerst energieaufwändig und anstrengend. Bei dieser Art von Kampf haben wir von Anfang an keine Chance zu gewinnen, denn je mehr Energie wir dafür aufwenden, einen starken Impuls zu unterdrücken, desto höher ist die Wahrscheinlichkeit, dass wir entweder sofort oder kurz danach einknicken. Daher auch der Jo-Jo-Effekt bei scheinbar erfolgreichen Diäten.

Die Alternative, die sich im Rahmen der Selbstregulierung bietet, besteht darin, die Wurzeln dieser Impulse anzugehen und sich somit gar nicht erst in den Kampf zu begeben. Hier geht es nicht darum, unsere Kinder über die Gefahren von Superstimulantien aufzuklären. Das Prinzip der Selbstregulierung lehrt uns, dass wir dieses Problem nicht auf der kognitiven Ebene angehen sollten, denn Vorträge über die Gefahren von Superstimulantien stoßen auf taube Ohren, wenn sich die Gelüste bemerkbar machen. Das Ganze ist in erster Linie eine biologische Angelegenheit, eine Frage von Energieaufwand und Erholung. Man führt mit einem erregten limbischen System keine rationale Debatte, sondern beruhigt es, um eine seiner primitivsten und fest einprogrammierten Funktionen auszuschalten.

Das limbische System fungiert nicht nur als Alarm-, sondern auch als Notfalleinsatzsystem bei leerem Tank. Das Notfalleinsatzsystem durchsucht sein Gedächtnis nach Dingen, die in der Vergangenheit beruhigend gewirkt und schnell Energie geliefert haben. Ein süßes Teilchen zu essen kann für das Notfalleinsatzsystem durchaus sinnvoll sein, da mit dieser Erfahrung nicht nur ein Wohlgefühl, sondern auch eine schnelle Energiefreisetzung verknüpft ist. Außerdem erfordert es noch mehr mühevolle und energieaufwändige Kontrolle, dem Teilchen zu widerstehen, was uns noch empfänglicher macht – wenn nicht für das süße Teilchen, dann für eine andere Art von Belohnung, die schnelle Energie verspricht. (Genau dasselbe gilt auch für Alkohol und Drogen.)

Je stärker die Über- oder Untererregung eines Kindes ist, desto länger bleibt das Notfalleinsatzsystem in seinem Gehirn auf Alarmstufe Rot. In diesem Zustand verspürt das Kind den Drang, Lebensmittel mit hoher Kaloriendichte (statt hoher Nährstoffdichte) zu konsumieren. Zu den faszinierendsten Beobachtungen, die wir bei unserer Arbeit mit übergewichtigen Kindern machen konnten, gehört, dass sie in ruhigem, konzentriertem Zustand nach körperlichen Aktivitäten das Bedürfnis nach Wasser, Obst oder Joghurt haben. Das liegt daran, dass das Gehirn eine Prioritätenliste der zu erfüllenden Bedürfnisse hat, und neben dem Grundbedürfnis nach Energie signalisiert es auch das Bedürfnis des Körpers nach Flüssigkeit, Vitaminen, Mineralien oder langsam freigesetzten Kohlenhydraten. In Krisensituationen akzeptiert das Gehirn die »wertlosen« Kalorien als schnelle Energiequelle, aber in ruhigem Zustand bevorzugt es den höherwertigen Brennstoff für optimale Gesundheit.

Sowohl süße Teilchen als auch Früchte sind eine Option, aber – und das ist ein wichtiges »Aber« – das Ziel der Selbstregulierung besteht nicht darin, alte Assoziationen und angenehme Erinnerungen an süßes Gebäck zu unterdrücken, sondern neue positive Assoziationen für Obst zu erzeugen. Dieses Ziel lässt sich nicht erreichen, indem man versucht, Kinder oder Teenager dazu zu überreden, mit dem Essen bestimmter Nahrungsmittel oder mit bestimmten Spielen aufzuhören, die nicht gut für sie sind (viel Glück damit!). Vielmehr geht es darum, dass sie wahrzunehmen lernen, wie sie sich fühlen, wenn sie etwas tun, das ihre Spannung abbaut und ihre Energiereserven auffüllt. Sobald das NES wieder in den Standby-Modus zurückkehrt, verändern sich die Gelüste schnell. Wenn nun das nächste Mal ein hoher Energiebedarf entsteht, durchsucht der Hypothalamus sein Gedächtnis nach bevorzugten Energiequellen und findet die gesündere Option.

Licht, Action, Exzesse – der Stress der »urbanisierten Generation«

In der Natur verbrachte Zeit spielt eine wichtige Rolle für die Selbstregulierung, insbesondere, wenn Kinder dadurch auf positive Erfahrungen und Assoziationen zurückgreifen können, die als Belohnung zählen, wenn das gestresste limbische System danach sucht.[153] Stellen Sie sich vor, dass Ihr Kind lieber einen Spaziergang macht oder sich unter einem Baum ausruht, statt noch eine Stunde drinnen vor dem Bildschirm zu sitzen. Stellen Sie sich vor, dass Ihr Kind älter wird und schöne Kindheitserinnerungen hat, in denen die Natur eine Quelle der Ruhe, der Freude oder des Trostes war (und bleibt), zu der es zurückkehren kann, wenn der alltägliche Stress überhandnimmt.

Bei Kindern die Beziehung zur Natur zu fördern wird immer schwieriger, weil ihr Leben in vielerlei Hinsicht »urbanisiert« wurde. Das reicht von künstlichem Licht und überfüllten Orten bis hin zu den ständig präsenten sozialen Medien und sonstigen Online-Aktivitäten. Geschätzte 50 Prozent der Kinder weltweit und 81 Prozent der Kinder in den USA und Kanada leben in einer urbanen oder suburbanen Umgebung. Und selbst die Kinder, die in ländlicheren Gegenden leben, verbringen täglich oft mehrere Stunden mit Computerspielen, Fernsehen oder den sozialen Medien. In gewisser Weise sind sie – unabhängig von ihrem

Wohnumfeld – eine urbanisierte Generation, und die allgegenwärtigen Stressfaktoren (Schlafmangel, künstliches Licht und hektische Aktivität, Menschenansammlungen, Verkehrs- oder Industrielärm und in manchen Fällen Armut und soziale Spannungen) fordern ihren Tribut.

Zahlreiche wissenschaftliche Artikel der letzten Jahre haben sich mit der Urbanisierung als Hauptursache erhöhten Stresses bei Kindern und Erwachsenen befasst.[154] Die Wirkung dieser kumulativen Stressfaktoren zu erkennen und zu verstehen kann uns auch helfen, ihre Folgen für das Belohnungssystem zu verstehen, durch die Kinder einem zusätzlichen Risiko ausgesetzt sind.

Zum Beispiel beeinträchtigt Schlafmangel die Amygdala, und Wissenschaftler vermuten, dass die nächtliche künstliche Helligkeit in den Städten ihre normale Funktionsweise stören könnte. Ähnliche Befürchtungen gibt es in Bezug auf das von Computern und anderen digitalen Bildschirmen abgegebene Licht. Warum? Zur Beantwortung dieser Frage müssen wir wieder zur Funktion des Hypothalamus als Hauptkontrollsystem des Gehirns zurückkehren. Oder genauer gesagt zu einer kleinen flügelförmigen Struktur innerhalb des Hypothalamus, dem Nucleus suprachiasmaticus, der den Schlaf-Wach-Rhythmus des Körpers regelt. Der Nucleus suprachiasmaticus reagiert auf interne Signale mit der Produktion von Neurochemikalien, die den Körper ungefähr in einem 24-Stunden-Zyklus halten. Für die exakte Einhaltung des 24-Stunden-Zyklus sind externe Signale – in erster Linie Licht – erforderlich. Daher die Vermutung, dass die intensive nächtliche Beleuchtung in den Städten diesen Mechanismus stört. Aber es gibt noch einen tiefer gehenden Aspekt: Der 24-Stunden-Zyklus und der dazugehörige neurochemische

Mechanismus sind feste Bestandteile der Erregungsregulierung und des Belohnungssystems.

Der Hypothalamus reagiert auf Müdigkeit – genauso wie auf etwas Erschreckendes – mit Erregungssteigerung, was die Amygdala dazu veranlasst, den Alarm auszulösen und in ihrem Speicher nach angstbezogenen Erinnerungen oder Formen der schnellen Selbstberuhigung zu suchen. Oder sie aktiviert die Systeme zum Scannen der Umgebung nach potenziellen Bedrohungen, die der Betroffene bei ausreichend starker Erregung dann überall sieht. Der ständige Lärm, plötzliche Gewaltausbrüche, der Verkehr und die Umweltverschmutzung in den Städten, regen die Amygdala an, was all die psychologischen, kognitiven und verhaltensbezogenen Folgen hat, von denen in diesem Buch die Rede ist.

Der Grund dafür, dass der mit dem Leben in der Stadt verbundene Stress plötzlich wieder zu einem so brisanten Thema geworden ist, sind nicht die wahnsinnigen Verkehrsstaus in allen Großstädten der Welt, sondern ein 2011 von Andreas Meyer-Lindenbergs Labor veröffentlichter Aufsatz, in dem die Urbanisierung mit der verstärkten Aktivierung der Amygdala und des anterioren cingulären Cortex (ACC) in Verbindung gebracht wird.[155]

Das waren genau die Systeme, mit denen wir uns bei Kindern mit Autismus beschäftigten. Bei den von uns behandelten Kindern konnten wir beobachten, dass bei reduzierter Erregung die zum Denken, Auswählen und Neubewerten benutzten Teile des Gehirns aufleuchteten und die Kontrolle über Gedanken, Stimmung und Verhalten übernahmen. Meyer-Lindenberg vertrat die Auffassung, dass die Urbanisierung einen ähnlichen Zustand hervorrufen könne, wie wir ihn bei den autistischen Kindern vor der Behandlung beobachtet hatten.

Dabei ist zu beachten, dass verschiedene Dinge zu einer Übererregung der Amygdala führen können: Stressfaktoren aus allen Domänen sowie ein breites Spektrum gesundheitlicher und entwicklungsbezogener Komplikationen. Vielleicht führt die städtische Umgebung (zu viel Licht, Lärm und Gesamtstimulation) bei vielen von uns zu Schlafproblemen. Leider gibt es noch nicht viele aussagekräftige Studien, in denen die Schlafgewohnheiten von Land- und Stadtbewohnern miteinander verglichen werden. Aber die wenigen, die es gibt, liefern Hinweise auf eine unterschiedliche Schlafdauer und -qualität, auch wenn diese Unterschiede durch die Technik und die Mediengewohnheiten der Kinder sicherlich bald aufgehoben werden.

Für viele Kinder wird die Selbstregulierung zudem durch Stress in ihrer häuslichen Umgebung extrem erschwert. Die Arbeit von Gary Evans und Jeanne Brooks-Gunn an der Universität Stanford und der Harvard Kennedy School Collaboration for Poverty Research (zusammen mit den Wissenschaftlern des National Science Council in Washington) hat gezeigt, dass toxischer Stress (Umweltverschmutzung, Lärm, Menschenansammlungen, schlechte Wohnverhältnisse, sanierungsbedürftige Schulgebäude, Schulen und Wohngegenden mit hoher Fluktuation, familiäre Konflikte sowie das Erleben von Gewalt und Straftaten) eine tiefgreifende und dauerhafte Wirkung auf die Stressreaktivität von Kindern haben kann.[156]

Wie geht es jetzt weiter?

Eltern stehen heute unter enormem Druck, und es ist für sie nicht einfacher, ruhig und aufmerksam zu sein, als für ihre Kinder.[157] Ich spreche hier nicht von persönlichen Problemen, sondern nur von den mit der Kindererziehung verbundenen Stressfaktoren. Ich könnte eine lange Liste von Dingen aufzählen, mit denen unsere Kinder uns stressen, und Ihre persönliche Liste wäre sicherlich noch länger. Aber es gibt fünf grundlegende Stressfaktoren in der Erziehung, die einen erheblichen Einfluss auf die Selbstregulierung der Eltern haben:

1. Die Sozialisierung von Kindern

Wir verwenden Tag für Tag und Jahr für Jahr unzählige Stunden darauf, unseren Kindern die Regeln »akzeptablen« Verhaltens beizubringen. Beruhige dich! Putz deine Zähne! Sei nicht so gierig! Warte ab, bis du an der Reihe bist! Teile mit den anderen! Sei nett! Entschuldige dich! Wenn es einfach wäre, Kinder zu sozialisieren (zu »normalisieren«, wie es auch schon genannt wurde), und wir eine Lektion nie wiederholen müssten, gäbe es keine müden, verzweifelten Eltern. Aber die Welt ist voller müder, verzweifelter Eltern. Vom Kindergarten bis zum Abiball finden wir uns allzu oft in Kämpfe verstrickt: Unsere Kinder wollen nicht das tun, was wir wollen, oder verstehen nicht, was wir von ihnen wollen, oder finden es schwierig, das zu tun, was wir wollen, oder vergessen einfach, was sie tun sollen.

Wie man es auch betrachtet – der Sozialisationsprozess ist für die Eltern genauso stressig wie für die Kinder. Manche Kinder stellen aufgrund ihres Temperaments oder aufgrund bestimmter Beeinträchtigungen oder chronischer Gesundheitsprobleme eine besondere Herausforderung dar. Oder es kommen andere schwierige Umstände hinzu – gesundheitliche, arbeitsbezogene oder familiäre Komplikationen oder finanzielle Probleme. Aber heute hat sich der mit der Sozialisierung von Kindern verbundene Druck auf eine ganz spezielle Weise verschärft. Schon dreijährige Kinder werden wegen »unangemessener Sprache oder Verhaltensweisen« vom Kindergarten ausgeschlossen. Ich habe schon erläutert, dass eine solche Einschätzung auf der Verwechslung von Selbstkontrolle mit Selbstregulierung basiert und welchen Schaden diese Verwechslung bei Kindern anrichten kann. Hinter all dem steht ein Klima von »null Toleranz«, in dem Eltern ständig befürchten, ihr Kind könne etwas »Inakzeptables« sagen, was schlimme Konsequenzen haben könne. Kindern und Jugendlichen ist dies größtenteils nicht bewusst, aber für die Eltern geht es bei der permanenten Aufgabe der Sozialisation um höhere Einsätze denn je.

2. Geteilte Ängste

Der Stresspegel von Eltern ist oft hoch – nicht wegen des Verhaltens ihrer Kinder, sondern weil sie ihr Kind unbedingt schützen und bei Schwierigkeiten unterstützen und auffangen wollen. In einer faszinierenden Studie über elterliche Empathie, die wir in unserem Labor durchgeführt haben, untersuchte unser neurowissenschaftlicher Direktor Jim Stieben die empathische Reaktion von Eltern anhand ihrer Gehirnaktivität beim Beobachten ihres Kindes bei einer frustrierenden Aufgabe. Bei der von ihm entworfenen Aufgabe wurde dem Kind für das Erreichen einer bestimmten Punktzahl eine Belohnung versprochen; aber kurz vor dem »Sieg« wurde das Spiel plötzlich so schwer, dass das Kind viele seiner Punkte wieder verlor. (Keine Sorge: Sie bekamen am Ende alle ihre Punkte zurück und erhielten ihre Belohnung!) Die neurologische Reaktion der Eltern auf den Stress war im Scan deutlich zu erkennen (mit plötzlicher intensiver Aktivität auf der ventralen Seite des anterioren cingulären Cortex).

Das ist ein Teil der Gehirnbrücke, den wir sehr ernst nehmen müssen: unsere enge Verbindung mit den emotionalen Umschwüngen und Problemen unserer Kinder. Je besser es uns gelingt, dabei ruhig und aufmerksam zu bleiben, desto schneller kehren auch unsere Kinder in einen ruhigen, aufmerksamen Zustand zurück, was wiederum uns hilft, ruhig zu bleiben, was wiederum ... und so weiter.

3. Konkurrenz unter Eltern

Der Konkurrenzdruck ist für Eltern ein ebenso großer Stressfaktor wie für ihre Kinder. Er ist ein wichtiger Grund dafür, dass manche Eltern sich bei Sportveranstaltungen irrational verhalten oder ihrem Kind nach einem Spiel wegen seiner mangelnden Leistung Vorhaltungen machen. Dasselbe gilt für die schulischen, sozialen oder sonstigen Leistungen eines Kindes. Hier steht der Status der Eltern auf dem Spiel, nicht der des Kindes. Es geht um ihre Ambitionen, ihre Lust am Prahlen oder, wie so oft, ihre bittere Enttäuschung.

4. Orientierung in der Flut der Superstimulantien

Wir wissen jetzt, dass Superstimulantien als physiologische Stressfaktoren zu betrachten sind, die einen Stresszyklus auslösen können. Ein chronisch gestresstes Kind ist für die Eltern ein großer Stressfaktor, der jedoch nichts ist im Vergleich zu dem Stress, der damit verbunden ist, ein Kind eines Superstimulans zu entwöhnen.

Leider gibt es kein Patentrezept, wie man ein Kind vor Junkfood, Computerspielen und anderen allgegenwärtigen Superstimulantien schützen kann, und die daraus resultierende Angst erhöht den elterlichen Stress erheblich. Sie können versuchen, das Spiel oder das Nahrungsmittel zu verbieten, aber Prohibition hat schon für die amerikanische Regierung nicht funktioniert, und sie funktioniert im privaten Bereich auch nur selten. Das gilt vor allem, wenn die Kinder älter werden. Wir müssen umlenken, statt umzustürzen. Wir müssen die Attraktivität der Superstimulantien verringern, indem wir unsere Kinder zu etwas Regulierendem umlenken, das sie noch anziehender finden. Herauszufinden, wie das gelingen kann, ist eine Herausforderung, vor der heute alle Eltern stehen und die aufgrund der Verbreitung von Superstimulantien in allen Lebensbereichen mit großem Stress verbunden ist. Wir müssen Grenzen setzen und sie begründen, und dieser Prozess ist an sich schon stressig, weil sich daraus meistens ein Streit entwickelt. Und wenn Kinder heute das Argument vorbringen, dass »alle anderen es auch tun«, kann »alle anderen« für die riesige Online-Community stehen, die auf die Kinder einen großen normativen Einfluss ausübt.

5. Etikett statt Lösung

Wir hören immer wieder, dass der Schlüssel zur erfolgreichen Erziehung der richtige »Erziehungsstil« sei. Dieser Gedanke beruht auf der Arbeit der Entwicklungspsychologin Diana Baumrind in den 60er Jahren.[158] Seither teilen Wissenschaftler das Verhalten von Eltern in vier Basisstile ein: »autoritativ«, »autoritär«, »permissiv« und »vernachlässigend«.[159]

Aber diese Systematik ist problematisch. Zum einen garantiert kein Erziehungsstil – vom lockeren Mentor bis hin zum autoritären Bootcamp-Leiter – eine stressfreie Kindererziehung oder ideale Ergebnisse. Außerdem wenden wir selten durchgehend einen einzigen Erziehungsstil an: Unterschiedliche Herausforderungen und Phasen im Leben unseres Kindes – oder in unserem eigenen – können unterschiedliche Seiten unser Persönlichkeit und unterschiedliche Kommunikationsstile mit sich bringen. Genau genommen treffen wir bezüglich unseres Erziehungsstils meistens gar keine bewusste Entscheidung. Oft erziehen wir einfach in dem Stil, in dem wir selbst erzogen wurden (oder eben genau so nicht). Aber das größte Problem bei der Fokussierung auf den Erziehungsstil ist die fehlende Variable in der Gleichung: das Kind.

In Wahrheit sind diese klassischen »Erziehungsstile« einfach Gewohnheiten, die wir aus verschiedenen Gründen annehmen. Wenn es nicht gut läuft, liegt es meistens nicht daran, dass wir uns einen Erziehungsstil zugelegt haben, der nicht funktioniert, sondern daran, dass uns bestimmte Faktoren in dieses negative Muster getrieben haben. »Permissiven« Eltern zu sagen, dass ihre Kinder mit höherer Wahrscheinlichkeit später aggressive Züge zeigen werden, wenn sie ihren Erziehungsstil nicht ändern, erhöht nur die Stressbelastung der Eltern, die oft der Grund dafür ist, dass der permissive Erziehungsstil überhaupt angewendet wird. Sie sind erschöpft und ausgelaugt und haben keine Energie übrig für den Kampf um die Kontrolle über ihre Kinder, die sie meinen ausüben zu müssen. Wir sollten diese Etiketten hinter uns lassen und an den Ursachen arbeiten.

Stress verändert immer die Art und Weise, wie wir aus der Situation heraus auf unser Kind reagieren. Dabei kann es sich um Stress handeln, der direkt aus dem Verhalten unseres Kindes oder der Situation resultiert, oder um mit unserer Arbeit, mit anderen Menschen oder den äußeren Umständen in Zusammenhang stehende Stressfaktoren. Das Fünf-Domänen-Modell gilt für uns alle. Wenn wir mit leerem Tank fahren, beeinträchtigt der Energiemangel unsere Selbstregulierung in allen Domänen, sodass sich von unseren Kindern ausgehender Stress umso stärker bemerkbar macht. Das Resultat ist für unsere Kinder ebenso stressig wie für uns. Wir kennen alle folgendes Szenario: Zuerst werden wir immer hartnäckiger in unseren Forderungen, dann explodieren wir entweder vor Zorn oder geben auf und ziehen uns zurück. Je besser es uns gelingt, ruhig und konzentriert zu bleiben, desto höher ist die Wahrscheinlichkeit, dass unser Kind das lernt, was wir ihm gerne nahebringen würden, die Folgen seines Verhaltens überdenkt, mit seinen Gefühlen umgeht, sich ausdauernd mit einer Aufgabe beschäftigt und Frustrationen bewältigt.

Dazu ist keine Persönlichkeitsoptimierung oder auch nur Willenskraft von unserer Seite erforderlich. Je öfter wir Selbstregulierung und damit das Erreichen eines ruhigen, gefassten Zustands praktizieren, desto besser und desto kompetenter fühlen wir uns als Eltern. In diesem ruhigeren Zustand kommt unsere

Intuition zum Zuge, und wir können uns auf ganz natürliche Weise besser auf die Erregung unseres Kindes einstellen. Außerdem nehmen wir die Wirkung unseres eigenen Verhaltens und des Verhaltens anderer Menschen auf unser Kind besser wahr, und es fällt uns leichter, die passende entspannte Reaktion zu zeigen. In Augenblicken, die andernfalls für uns und unsere Kinder eine dysregulierende Wirkung hätten, sind wir so besser in der Lage, im Gleichgewicht zu bleiben und unserem Kind zu helfen, dies auch zu tun.

Herausfinden, was funktioniert

Selbstregulierung hilft uns, die ersten Anzeichen eines Abrutschens in die Über- oder Untererregung bei unseren Kindern zu erkennen, und sie hilft unserem Kind, dies bei sich selbst wahrzunehmen. Dennoch gibt es eine große Bandbreite von Möglichkeiten, wie Kinder eine zu hohe Stressbelastung auf ihre ganz eigene Weise signalisieren können. Wie wir gesehen haben, drehen manche Kinder auf, während andere sich in sich selbst zurückziehen. Auch ihre Reaktion auf unsere Versuche der Hoch- oder Herunterregulierung ist unterschiedlich. Je mehr wir mit unseren Kindern an der Entwicklung der Selbstregulierung arbeiten, desto vertrauter werden ihnen und uns die ersten Anzeichen. Jedes Kind ist im Hinblick darauf, was es beruhigend oder stressig findet, einzigartig, und Kinder können – sogar innerhalb von wenigen Minuten – sehr unterschiedliche Reaktionen zeigen.

Für die Selbstregulierung gibt es hier einige wertvolle Lektionen zu lernen: Achten Sie bei Ihrem Kind sowohl auf die akustischen als auch auf die visuellen Signale? Arbeiten Sie mit Ihrem

Kind in seinem oder in Ihrem Tempo? Lehren Sie Ihr Kind Unabhängigkeit oder Abhängigkeit, Widerstandskraft oder Mutlosigkeit, Selbstvertrauen oder Unterwürfigkeit? Unterstützen oder behindern Sie Ihr Kind auf seinem Weg zur Selbsterkennung? Und vor allem: Helfen Sie Ihrem Kind, sein Schicksal selbst in die Hand zu nehmen, oder geht es Ihnen immer noch um Gehorsam?

Zehn Arten, Signale zu erkennen und die Selbstregulierung zur Gewohnheit zu machen

1. Nach Mustern suchen

Auf die beginnende Übererregung eines Kindes können so subtile Signale wie eine veränderte Gesichtsfarbe oder ein veränderter Tonfall, ein bestimmter Gesichtsausdruck oder auch fehlende Mimik hindeuten. Darum müssen wir erkennen lernen, wann unsere Kinder uns durch ihren Körper und ihre verbalen Äußerungen mitteilen, dass sie gerade zu viel Stress haben.

2. Das Ziel im Blick behalten

Der Fokus der Selbstregulierung muss auf der Selbstregulierung liegen und nicht auf dem Problem, das aus einer zu hohen Stressbelastung resultiert oder durch sie verschärft wurde.

Sobald die Selbstregulierung zu wirken beginnt, lösen sich viele dieser Probleme von allein. Ziel ist es, den Kindern zu helfen, Selbstregulierungskompetenzen und -strategien zu erwerben, sodass sie, insbesondere unter Stress, Selbstregulierung anwenden können. Um ein einfaches Beispiel zu nennen: Wir wollen nicht nur, dass unsere Kinder zur richtigen Zeit zu Bett gehen, sondern dass sie sich auch auf das Zubettgehen freuen und den erholsamen Schlaf finden, den sie brauchen.

3. Langsam vorgehen

Das Praktizieren von Selbstregulierung mit Kindern beinhaltet immer eine gewisse Lernkurve, die manchmal steil sein kann und bei jedem Kind anders aussieht. Aber irgendetwas Aufregendes passiert immer: Wenn Sie langsam, aber stetig vorgehen, beginnt sich die Richtung der Kurve zu verändern. Ihr Kind fängt an, längere Zeiten der Ruhe und aufmerksamen Interaktion zu erleben. Erwarten Sie keine spektakulären Umbrüche, sondern achten Sie auf subtile Anzeichen der Veränderung. Das ist der entscheidende Faktor bei unserem auf Versuch und Irrtum basierenden Ansatz: Finden Sie anhand der zu beobachtenden Fortschritte (mögen sie auch noch so klein sein) heraus, was funktioniert und warum es funktioniert sowie (und das ist genauso wichtig) was nicht funktioniert und warum nicht.

4. Sich freuen, wenn das Kind die Initiative ergreift

Sobald Sie beobachten, dass Ihr Kind anfängt, selbst die Initiative zu ergreifen, statt nur auf Ihre Anstöße zu reagieren, wissen Sie, dass sein Gehirn den Übergang von den primitiven Stressbewältigungsmechanismen (Kampf, Flucht oder Erstarren) zur sozialen Interaktion vollzieht. Wenn Ihr Kind Ihnen unbedingt etwas zeigen oder erzählen will oder Ihr Teenager abends neben

Ihnen auf das Sofa sinkt und Ihnen unaufgefordert von seinem Tag erzählt – dann sind das alltägliche Zeichen optimaler Regulierung, die wir niemals für selbstverständlich halten sollten.

5. Mit dem Unerwarteten rechnen

Wenn es etwas gibt, das Sie aus der Arbeit mit Kindern im Bereich der Selbstregulierung lernen können, dann ist es Demut. Auch wenn Ihre Prognosen noch so gut begründet sind, können Ihre Kinder Ihre Erwartungen völlig über den Haufen werfen. Das führt uns wieder zu der wichtigen Erkenntnis zurück, dass Selbstregulierung ein Prozess ist, bei dem wir genauso viel von unseren Kindern lernen wie sie von uns. Wir müssen lernen, immer mit dem Unerwarteten zu rechnen, aber einige Grundregeln für Ihre Suche nach den passenden Mitteln und Wegen lassen sich formulieren:

- Was bei einem Kind sehr gut funktioniert, kann bei einem anderen die gegenteilige Wirkung haben, auch wenn beide ähnliche Bedürfnisse zu haben scheinen.
- Es passiert immer wieder, dass etwas, das sehr gut funktioniert hat, plötzlich nicht mehr greift.
- Manchmal funktioniert etwas aus völlig anderen Gründen als erwartet.
- Manchmal funktioniert etwas nicht – aus Gründen, die wir nie verstehen werden.
- Allzu oft hassen die Kinder das, was wir lieben, und umgekehrt.
- Manchmal macht etwas, von dem wir dachten, dass es funktioniert, die Sache nur noch schlimmer.

- Und manchmal erweist sich etwas, von dem wir dachten, dass es nicht funktioniert, als ausgesprochen hilfreich (es hat nur etwas länger gedauert als erwartet).

6. Sich vor großen Worten hüten

Wir übersehen so vieles, wenn wir uns zu sehr auf die Sprache verlassen. Man würde »Ruhe« nicht für ein großes Wort halten, aber was es zu einem großen Wort macht, ist auch nicht die Zahl seiner Buchstaben, sondern die Zahl der Aspekte, die es umfasst. In dieser Hinsicht ist »Ruhe« ein sehr großes Wort, denn es beinhaltet drei verschiedene Komponenten: Körper, Kognition und Gefühle. Der körperliche Aspekt umfasst die Empfindung des langsamen Herzschlags, der tiefen, gleichmäßigen Atmung und der entspannten Muskulatur. Der kognitive Aspekt bezieht sich auf die bewusste Wahrnehmung des eigenen Innenlebens und der Außenwelt. Und zum emotionalen Aspekt gehört das Genießen dieses Zustands. Das ist mit einem »verkörperlichten Verständnis« von Ruhe gemeint: nicht nur die Fähigkeit, das Wort zu definieren oder korrekt zu verwenden, sondern diese Fülle von Empfindungen, Gefühlen und Wahrnehmungen damit zu assoziieren. Ich staune immer wieder darüber, wie wenige der Kinder und Jugendlichen, die zu uns kommen, die Bedeutung von »ruhig« wirklich verstehen. Die meisten denken, dass es gleichbedeutend mit »still« ist.

7. Nicht zu metakognitiv werden

Wenn wir mit einem Kind Selbstregulierung üben, müssen wir uns – unabhängig von seinem Alter – darum bemühen, die

Informationen so darzustellen, dass sie für das Kind nachvollziehbar sind. Das heißt, dass wir unsere Kommunikation dem Entwicklungsstand des Kindes anpassen müssen. Und das betrifft alle fünf Domänen und gilt sowohl für Kinder als auch für Teenager.

Schwierig wird es, wenn sich ein Kind in einer Domäne auf einem hohen Niveau (beispielsweise im kognitiven Bereich), aber in einer anderen (wie der sozialen Domäne) auf einem relativ niedrigen Niveau befindet. Selbst innerhalb einer Domäne können deutliche Ungleichgewichte auftreten. Beispielsweise kann ein Kind hoch entwickelte Fähigkeiten im Bereich des abstrakten Denkens, aber eine kaum entwickelte Selbstwahrnehmung besitzen. Das war bei Steven der Fall: Er konnte verarbeiten, *was* seine Eltern sagten, das Wort »ruhig« korrekt anwenden und es sogar definieren, wenn er dazu aufgefordert wurde. Aber er hatte kein verkörperlichtes Verständnis der Bedeutung des Wortes: Er wusste nicht, wie sich »Ruhe« anfühlt. Das kann für Eltern eine echte Herausforderung sein. Wir gehen natürlich davon aus, dass wir immer erklären können, was wir meinen – auch wenn wir eine einfachere Sprache verwenden (oder lauter oder langsamer reden) müssen. Aber damit Kinder und Teenager Selbstregulierung praktisch erlernen können, müssen sie wissen, wie sich große Wörter wie »untererregt«, »übererregt« und »ruhig« anfühlen. Sie müssen den Unterschied zwischen einem Gefühl der »Schläfrigkeit« und der »Untererregung« oder zwischen »Energie« und »Übererregung« verstehen.

8. Es ist nie zu früh – oder zu spät – für Selbstregulierung

Eine der Fragen, die mir am häufigsten gestellt werden, ist die, wann man mit der Selbstregulierung beginnen sollte. Die Antwort lautet natürlich: Sobald Sie dieses Buch aus der Hand legen – unabhängig davon, ob Sie Kinder haben oder nicht! Aber was Selbstregulierung mit Kindern betrifft, so teilen uns Babys praktisch von Geburt an durch ihre Körpersprache mit, was sie beruhigend und was sie aufwühlend finden. Ein Baby, das sich anspannt, wenn wir es zu intensiv streicheln, fordert uns durch seine Reaktion auf, eine andere Art der Massage auszuprobieren. Wenn wir langsamer oder leichter über seinen Körper streichen und es sich dabei völlig entspannt, ist das so, als wenn es laut »Aaaaah« sagen würde.

Am wichtigsten ist vielleicht, dass es auch nie zu spät ist. Eltern werden jeden Tag mit Botschaften zur »Bedeutung der ersten Lebensjahre« bombardiert, wonach der Verlauf der Gehirnentwicklung mit sechs Jahren, wenn nicht sogar früher, schon festgelegt ist. Bei manchen Eltern erzeugt dies noch mehr Stress. »Oh, mein Gott«, denken sie, »ich habe die Chance verpasst, eine gute Grundlage zu schaffen, und jetzt ist es zu spät.« Ich habe diese Klage mehr als einmal gehört. Aber in Wahrheit ist es NIE zu spät, mit der Selbstregulierung bei einem Kind oder bei sich selbst zu beginnen.

9. Wessen Entwicklungspfad muss sich ändern?

Ich habe so viele Kinder kennen gelernt, die ständig angeschrien, bestraft, als »dieses schwierige/schreckliche/anstrengende

Kind« abgestempelt wurden, dass ich mich frage, inwieweit wir für die Entwicklungspfade unserer Kinder, die wir verändern wollen, selbst verantwortlich sind. Das ist ein beunruhigender Gedanke. Unter dem Einfluss einer uralten Auffassung von Selbstkontrolle gehen wir vielleicht davon aus, mit Bestrafung oder Belohnung das Beste für ein Kind zu tun. Und wenn das Kind mit diesem System nicht zurechtkommt, betrachten wir es als den Schuldigen, der sich nicht genug anstrengt und der doch genau weiß, dass der Weg, für den er sich entscheidet, ihn in Schwierigkeiten bringen wird.

Was ich noch beunruhigender finde, ist, wie andere einflussreiche Erwachsene im Leben eines Kindes (Lehrer, Trainer, Nachbarn) anfangen, seine Eltern in dieser Denkweise zu bestätigen: »Ihr Kind muss sich mehr bemühen«, »Ihr Kind muss nachdenken, bevor es handelt!« oder »Ihr Kind muss lernen, die Wahrheit zu sagen!«. Diese »gut gemeinten« Ratschläge gehen jedoch am Kern der Sache vorbei. Sie lassen die Selbstregulierung völlig außer Acht und verstärken die Ängste der Eltern. Um sich selbst die Angst zu nehmen, beginnen die Eltern irgendwann, diese schädlichen Botschaften gegenüber ihren Kindern zu wiederholen und vielleicht sogar selbst daran zu glauben.

Aus diesem Grund geht es bei der Selbstregulierung gerade darum, sich dieser Themen bewusst zu werden und sich mit ihnen auseinanderzusetzen. Es geht darum, Strategien zu entwickeln, die Kindern helfen, die wichtigen emotionalen, kognitiven, sozialen und prosozialen Kompetenzen zu entwickeln, die sie für den Umgang mit den Stressfaktoren brauchen, mit denen das Leben sie täglich konfrontiert. Aber der Ausgangspunkt für die Veränderung des Entwicklungspfades eines Kindes liegt in unserer Wahrnehmung dieses Kindes. Denn sie hat mehr Einfluss auf seine Selbstwahrnehmung, als wir uns je hätten träumen lassen.

10. Die Sache persönlich nehmen

Selbstregulierung ist immer etwas Persönliches. Sie wird nur durch eine starke Beziehung (die Stärke der Gehirnbrücke) ermöglicht, und wir müssen unseren eigenen persönlichen Bedürfnissen Rechnung tragen, um die Selbstregulierung erfolgreich anwenden zu können.

Selbstregulierungsanleitung für Eltern

Zuerst müssen Sie als Eltern Ihre Selbstwahrnehmung entwickeln

Achten Sie darauf, wie Sie sich zur Anpassung an die jeweiligen Anforderungen und Rhythmen im Tagesverlauf hoch- und herunterregulieren. Nehmen Sie wahr, wie Sie sich seelisch und körperlich fühlen, wenn Sie gestresst sind, und wie sich das darauf auswirkt, wie Sie mit Ihrem Kind reden oder auf sein Verhalten reagieren. Sind Sie beispielsweise deshalb so übersensibel, weil Sie übermüdet, angespannt oder aus einem anderen Grund unter Druck stehen? Oder könnte es sein, dass Sie dasselbe Verhalten, das Ihr Kind zeigt, schon bei anderen Menschen erlebt haben und Sie sich aufgrund dieser Erfahrung Sorgen machen, wohin es bei Ihrem Kind führen könnte? Suchen Sie in allen fünf Domänen nach Stressquellen und nach Möglichkeiten, diese Energiefresser einzuschränken.

So schaffen Sie optimale Bedingungen für die Selbstregulierung

Etablieren Sie nicht nur für Ihr Kind, sondern auch für sich selbst gesunde Schlaf-, Ess- und Sportgewohnheiten. Dazu gehört auch eine ruhige, friedliche und strukturierte Umgebung zu Hause. Denken Sie daran, dass Sie nicht nur als Vorbild, sondern auch als Partner Ihres Kindes bei der Selbstregulierung fungieren wollen. Sie müssen um Ihres Kindes willen auch gut für sich selbst sorgen.

Verzeihen Sie sich

Die Abkehr vom Paradigma der Schuldzuweisung und Beschämung bedeutet auch, dass Sie aufhören, sich selbst zu bestrafen, und stattdessen nicht nur Ihrem Kind, sondern auch sich selbst gegenüber eine wohlwollende Haltung einnehmen. Seien Sie mitfühlend. Wir machen alle als Eltern Fehler. Entschuldigen Sie sich bei Ihrem Kind, wenn Sie etwas falsch gemacht haben oder Ihrem besseren Selbst nicht gerecht geworden sind. Ihr Kind versucht sich an Ihrem Verhalten abzuschauen, wie man mit dem alltäglichen Stress umgeht und was man tun muss, wenn man etwas vermasselt hat.

Kommen Sie zur Ruhe

Klammern Sie sich nicht an Erziehungsstile oder Etiketten. Sie bringen die Herausforderungen des realen Elterndaseins auf einen zu einfachen Nenner und unterschlagen Ihre Fähigkeit, aus der jeweiligen Situation heraus anders zu reagieren. Entwickeln Sie stattdessen einen ruhigen, persönlichen Reaktionsstil.

Genießen Sie die Zeit mit Ihren Kindern

Lassen Sie sich von Ihrem Kind zeigen, was wirklich wichtig ist. Die Welt mit den Augen Ihres Kindes zu sehen kann Ihnen die Schönheit des Augenblicks bewusst machen, der sonst unbeachtet an Ihnen vorbeiziehen würde. Nehmen Sie sich Zeit, um gemeinsam zu spielen, zu lachen und mit allen Sinnen die Natur zu erleben. Das hat auf Sie und Ihr Kind eine beruhigende Wirkung und stärkt Ihre Verbindung.

Vor einigen Jahren wurde ich gebeten, an einem großen Regenerationsprojekt in Irland beratend mitzuwirken. Der betreffende Stadtteil befand sich infolge jahrelanger politischer und sozialer Vernachlässigung in einer akuten Krise: Gewalt, Drogen und Vandalismus nahmen überhand. Wer es ich leisten konnte, zog weg. Wer das nicht konnte, war gezwungen, sich einer der beiden rivalisierenden Banden anzuschließen oder sich vor ihnen zu verstecken. Als ich am ersten Tag durch die Straßen ging, vorbei an ausgebrannten Häusern und einem zugemüllten Park, sagte ich zu meinem Gastgeber, dass mich das an einen Gang durch die Straßen des Gazastreifens erinnere. Aber die Initiatoren dieses Projekts hatten die klügsten Köpfe Irlands zusammengebracht, um den Stadtteil physisch und sozial wiederzubeleben, und trotz der großen Herausforderungen, mit denen sie konfrontiert waren, herrschte großer Optimismus.

Ich teilte diesen Optimismus nicht. Bei meinem Besuch der Grundschule hatte ich eine Gruppe von Kindern gesehen, die, um die Wahrheit zu sagen, traumatisiert wirkten. Die Lehrer, die ich kennen lernte, waren die wunderbarsten, einfühlsamsten Menschen, die man sich vorstellen kann, aber sie wussten nicht, was sie noch tun sollten. Und bei jedem von ihnen waren bereits Anzeichen eines Burnouts oder dessen, was die Psychologen »Mitgefühlsmüdigkeit« nennen, erkennbar.

Am späten Nachmittag traf ich mich mit dem örtlichen Pfarrer – nennen wir ihn Vater Pat – zu einer Tasse Tee. Er muss meine Zweifel gespürt haben, denn Vater Pat sah mich mit gütigem Blick an und meinte in seinem starken irischen Akzent: »Ach, aber es sind doch nur Kinder, Stuart. Mit all Ihrer Wissenschaft finden Sie doch sicher eine Möglichkeit, ihnen zu helfen, nicht wahr?« Mir war klar, dass die Antwort auf Vater Pats Frage nur ein klares und deutliches JA sein konnte und dass es nirgends einen akuteren Bedarf an solchem Wissen und seiner praktischen Anwendung für Kinder, Eltern und Lehrer gab als hier. Das war der Impuls zur Entwicklung unseres groß angelegten Programms zur Anwendung der Selbstregulierung in Schulen.

Die Sorge um unsere Kinder ist ein menschliches, kein klassen- oder kulturspezifisches Phänomen. Keine demographische Gruppe und soziale Schicht hat einen alleinigen Anspruch auf die elterliche Sorge – und Liebe. Und keine Gruppe von Kindern bleibt von den zahlreichen Stressfaktoren verschont, mit denen Kinder und Jugendliche heutzutage umgehen müssen. Zweifellos treten einige dieser Stressfaktoren in sehr unterschiedlicher Verpackung auf – von der Bandenkriminalität bis hin zu dem extremen Leistungsdruck an Schulen und Universitäten. Aber auf der menschlichen Ebene geht es stets darum, den Kindern gerecht zu werden und ihnen zu helfen, die Fähigkeit zu entwickeln, ihr Leben selbst in die Hand zu nehmen, den Herausforderungen auf ihrem Weg zu begegnen und ihr Potenzial voll zu entfalten.

Anhang

Dank

Die Danksagungen in einem Buch geben dem Autor nicht nur Gelegenheit, sich bei all denen zu bedanken, die sein Denken beeinflusst haben, sondern das Buch auch intellektuell einzuordnen. Mein eigener Ansatz basiert auf dem logischen Empirismus, der, wie Friedrich Waismann einmal anmerkte, mit John Stuart Mill begann und mit Ludwig Wittgenstein seinen Höhepunkt erreichte. Die beiden modernen Empiriker, von denen das Konzept der Selbstregulierung am stärksten geprägt wurde, sind Stanley Greenspan und Stephen Porges. Es ist kein Zufall, dass die beiden zu Beginn ihres Berufslebens eng zusammenarbeiteten, da zwischen Greenspans entwicklungsbezogenem und Porges' physiologischem Ansatz eine tiefe Synergie besteht. Drei weitere Wissenschaftler, deren Beitrag hervorzuheben ist, sind Alan Fogel, Robert Thayer und Allan Schore: Alle drei sind ebenso herausragende Philosophen wie Wissenschaftler. Jeder der im Quellenverzeichnis aufgeführten Autoren hat eine wichtige Rolle gespielt, aber besonders wichtig sind Paul MacLean, Walter Cannon, Hans Selye sowie unzählige DIR-Therapeuten und -Theoretiker auf der ganzen Welt.

Das überreizte Kind wäre ohne die Unterstützung von Milt und Ethel Harris und – nach Milts viel zu frühem Tod – seiner Kinder David, Judith und Naomi sowie seines Neffen John nicht möglich gewesen. Gar nicht genug danken kann ich dem ganzen MEHRIT-Team: vor allem unserem Forschungsdirektor Devin Casenhiser, mit dem zu arbeiten eine solche Freude war, unserem neurowissenschaftlichen Direktor Jim Stieben, unseren Therapeutinnen Amanda Binns, Eunice Lee, Fay McGill, Narmilee Dhayanandhan und Nadia Noble, unserer Forschungsmanagerin Olga Morderer, unserem Community Officer Alicia Allison, den Wissenschaftlerinnen Sonia Mostrangelo, Lisa Bayrami, Ljiljana Radenovic und Shereen Hassanein, den Assistentinnen Giselle Tedesco und Ana Bojcun sowie all den Studenten, die sich unermüdlich an unserer Forschungsarbeit beteiligt haben.

Separat erwähnen möchte ich Chris Robinson, die zunächst als Beschäftigungstherapeutin für das MEHRIT Centre tätig war und schließlich seine erste Klinische Direktorin wurde. Viele der hier vorgestellten Ideen haben sich aus unserer gemeinsamen klinischen Arbeit entwickelt.

Ich kann meine Dankbarkeit gegenüber dem MEHRIT Centre nicht zum Ausdruck bringen, ohne im selben Atemzug meinen Kollegen von den Fakultäten für Gesundheit und Philosophie an der York University und vor allem den Dekanen Rhonda Lenton und Harvey Skinner zu danken, die uns immer unterstützend und beratend zur Seite standen, wenn es nötig war.

Meine Forschung wurde im Laufe der Jahre neben der Harris Steel Foundation von mehreren Förderstellen und Stiftungen großzügig unterstützt: dem Canada Council und SSHRC, der Unicorn Foundation, Cure Autism NOW, der Public Health Agency of Canada, der Templeton Foundation, der Stars Foundation, IDRC, FIRA, dem Ministry of Health Promotion in Ontario, CIHR und Roots of Empathy.

Ich habe mit einigen Menschen zusammengearbeitet, deren Freundschaft mir ebenso wichtig war wie ihre Hilfe und ihr Rat: Jeremy Burman, Roger Downer, John Hoffmann, Barbara King, Mike McKay, Mary Helen Moes und insbesondere Michel Maila, Pate meiner Kinder und mein persönlicher Prüfstein.

Das Team am MEHRIT Centre ist eine nie versiegende Quelle der Inspiration: Linda Warren, Brenda Smith-Chant, Jill Fergus, Sophie Davidson, Stephen Retallick und Meaghan Trewin. Auch hier muss ich wieder eine Person besonders erwähnen: Susan Hopkins, unsere geschäftsführende Direktorin, deren Beitrag zur Selbstregulierung weit über das hinausgeht, was man für möglich halten würde.

Noch drei Menschen haben einen besonderen Beitrag zur Entstehung dieses Buchs geleistet: meine Agentin Jill Kneerim, unsere Lektorin Ann Godoff und vor allem meine Co-Autorin Teresa Barker. Es gibt kein Wort in diesem Buch, mit dem sie sich nicht gründlich befasst, kein Gedanke, den sie nicht aus allen möglichen Blickwinkeln geprüft hat. Dieses Buch mit Teresa zu schreiben war die aufregendste intellektuelle Erfahrung meines Lebens.

Und schließlich muss ich noch meiner Assistentin Jade Calver danken, die nicht nur die außerordentlichen Ansprüche erfüllt hat, die an sie gerichtet wurden, sondern dabei auch noch erstaunlich guter Laune geblieben ist.

Das überreizte Kind wurde von so vielen Menschen inspiriert: nicht nur von Psychologen, Psychiatern, Therapeuten und Philosophen, sondern auch von allen Kindern, Jugendlichen, Eltern, Lehrern, Administratoren, Beamten und Ministern, mit denen ich zusammenarbeiten durfte. Wir haben uns große Mühe gegeben, die Identität der in diesem Buch erwähnten Kinder und Eltern geheim zu halten, und haben in vielen Fällen verschiedene Profile mit ähnlicher Problemlage kombiniert. Ich bin diesen Familien zutiefst dankbar für ihre Erlaubnis, ihre Geschichte anonym zu präsentieren.

Meine Eltern und meine Schwester sind in meinen Gedanken immer bei mir, und ich bin mit wunderbaren, hilfsbereiten Schwiegereltern gesegnet: Kenneth Rotenberg und Doris Sommer-Rotenberg. Aber den größten Dank schulde ich, wie immer, meiner Frau und meinen Kindern. Ich habe dieses Buch wegen ihnen, für sie und, in einem ganz wörtlichen Sinn, mit ihnen geschrieben.

Quellenangaben

Für mehr Informationen zur Methode der Selbstregulierung besuchen Sie Dr. Shankers Blog »The Self-Reg View« oder die Homepage von The MEHRIT Centre (http://www.self-reg.ca/).

Einleitung

1. Das wissenschaftliche Verständnis des »Temperaments« hat in den letzten Jahren deutliche Fortschritte gemacht, vor allem aufgrund der Forschungsarbeit von Mary Rothbart in Bezug auf den Einfluss der Physiologie. Siehe Rothbart, M. K. (2011). *Becoming who we are: Temperament and Personality in development.* Guilford Press.
2. Baumeister, R. F., und Vohs, K. D. (2003). Self-regulation and the executive function of the self. *Handbook of self and identity, 1,* 197–217.
3. Burman, J. T., Green, C. D., und Shanker, S. G. (2015). »The six meanings of Self-Regulation«. *Child Development.*
4. Cannon, W. B. (1945). *The Way of an Investigator: A Scientist's Experiences in Medical Research.* W. W. Norton & Company; Jackson, M. (2013). *The Age of Stress: Science and the Search for Stability.* Oxford University Press; Selye, H. (1991). *Stress beherrscht unser Leben.* Heyne; Sternberg, E. M. (2001). *The Balance Within: The Science Connecting Health and Emotions.* Macmillan.
5. Greenspan, S. I., und Salmon, J. (1996). *The Challenging Child: Understanding, Raising, and Enjoying the Five »Difficult« Types of Children.* Da Capo Press.
6. S. Shanker und D. Casenhiser (2013), »Reducing the Effort in Effortful Control«, in T. Racine und K. Slaney (Eds.), *A Wittgensteinian Perspective on the Use of Conceptual Analysis in Psychology* (S. 214–232). Palmgrove Macmillan. Christopher Peterson und Martin Seligman (2004), *Character Strengths and Virtues.* Oxford University Press.
7. Mischel, W. (2015). *Der Marshmallow-Test.* Siedler Verlag.
8. Siehe Lupien, S. (2012). *Well stressed: Manage stress before it turns toxic.* John Wiley & Sons.

Die Kraft der Selbstregulierung

9. Ryan, N. (2012). Buchbesprechung von *Willpower: Rediscovering the Greatest Human Strength,* von Roy F. Baumeister und John Tierney, in *The Journal of Positive Psychology,* 7(5), 446–448.
10. LeDoux, J. (2001). *Das Netz der Gefühle: Wie Emotionen entstehen.* dtv Verlag.
11. Sömmerring, S. T. (1791). *Vom Baue des menschlichen Körpers* (Bd. 1). Varrentrapp und Wenner.
12. Die Quelle dieser klassischen Sicht der »Selbstkontrolle« war Platos Lektüre der *Ilias;* siehe Shanker, S. (2012). »Emotion Regulation through the Ages«. In Foolen, A., Lüdtke, U. M., Racine, T. P., und Zlatev, J. (Eds.) (2012). *Moving Ourselves, Moving Others: Motion and Emotion in Intersubjectivity, Consciousness and Language (Vol. 6).* John Benjamins Publishing
13. MacLean, P. D., und Kral, V. A. (1973). *A Triune Concept of the Brain and Behaviour.* University of Toronto Press.
14. Selye, H. (1976). *Stress without Distress* (S. 137–146). Springer US.
15. Cannon, W. B. (1984). *Wut, Hunger, Angst und Schmerz.* Urban & Fischer.
16. Gabor Maté (2004). *When the Body Says No: The Hidden Costs of Stress.* Vintage Canada.
17. Porges, S. W. (2010). *Die Polyvagal-Theorie: Neurophysiologische Grundlagen der Therapie.* Junfermann.
18. Lillas, C., & Turnbull, J. (2009). *Infant/Child Mental Health, Early Intervention, and Relationship-based Therapies: A Neurorelational Framework for Interdisciplinary Practice.* W. W. Norton & Company.
19. Zum Beschleunigen oder Bewältigen einer Steigung tritt man auf das Gaspedal (SNS-Aktivierung – S für Schnelligkeit); zum Verlangsamen oder Stehenbleiben tritt man auf die Bremse (PNS-Hemmung – P für Pause). Bei hohem Verkehrsaufkommen wechselt man – ohne allzu viele Starts und Stopps – ständig zwischen Gaspedal und Bremse. Dasselbe passiert in schwierigen Situationen: Das Gehirn schaltet unbewusst und nahtlos zwischen SNS und PNS hin und her. Diese beiden Systeme sind bei jedem Atemzug aktiv: Das SNS erhöht Herzfrequenz und Blutdruck, erweitert unsere Lungenflügel und füllt sie mit Sauerstoff. Bei voller Einatmung halten wir ganz kurz inne, dann setzt das PNS den Erholungsprozess in Gang, senkt unsere Herzfrequenz und unseren Blutdruck, während die Luft wieder aus unserer Lunge entweicht und CO_2 abgegeben wird.
20. McEwen, B. S., und Schmeck, H. M. (1994). *The Hostage Brain.* Rockefeller University Press.
21. Porges (2010). *Die Polyvagal-Theorie.*
22. Ford, J. D., und Wortmann, J. (2013). *Hijacked by Your Brain: How to Free Yourself When Stress Takes over.* Sourcebooks; Blakemore, S. J., und Frith,

U. (2006). *Wie wir lernen: Was die Hirnforschung darüber weiß.* dva. Siehe auch Posner, M. I., und Rothbart, M. K. (2007). *Educating the Human Brain.* American Psychological Association.

23. Levine, P. A., und Frederick, A. (1999). *Trauma-Heilung: Das Erwachen des Tigers.* Synthesis.
24. Shanker, S. (2012). *Emotion Regulation through the Ages. Moving Ourselves, Moving Others: Motion and Emotion in Intersubjectivity, Consciousness and Language.* John Benjamins Publishing Company.
25. McGonigal, K. (2015). *The Upside of Stress: Why Stress is Good for You, and how to Get Good at it.* Penguin.
26. Williams, M. S., und Shellenberger, S. (2009). *Wie läuft eigentlich dein Motor? Theorie und Praxis der Selbstregulierung für Menschen mit ADS/HKS.* Verlag modernes lernen.
27. Shanker, S. (2013). *Calm, Alert, and Learning: Classroom Strategies for Self-Regulation.* Pearson.
28. Das Konzept des »Umdeutens von Verhalten« wurde von Wittgensteins (1953) *Philosophischen Untersuchungen* inspiriert. Wittgenstein verwendet ein Bild aus der Gestalt-Psychologie zur Vermittlung der zur Wahrnehmung eines unlösbaren logischen Problems erforderlichen »Aspektverschiebung«:

Etwas Ähnliches gilt hier: Aus einem bestimmten Blickwinkel erscheint das Verhalten eines Kindes »problematisch«: etwas, das »unter Kontrolle gebracht« oder »unterdrückt« werden muss. Aber aus einer anderen Perspektive erscheint das Verhalten des Kindes als Zeichen eines überlasteten Nervensystems. Wittgenstein, L. (2003). *Philosophische Untersuchungen.* Suhrkamp.

29. Bei der *Neubewertung* geht es ebenso um die Erkenntnis, dass etwas ursprünglich für harmlos Gehaltenes in Wirklichkeit eine Gefahr darstellt, wie um die Erkenntnis, dass etwas ursprünglich für gefährlich Gehaltenes in Wirklichkeit harmlos ist. Die Neubewertung wird stark von den Botschaften aus unserem Körper beeinflusst. Bei chronischer Angst wird der präfrontale Cortex mit Alarmsignalen bombardiert, was dazu führt, dass das Neubewertungssystem darauf programmiert wird, alles als Bedrohung

anzusehen. Der Grund dafür ist in der Biologie des Kampf-oder-Flucht-Systems zu finden. Wenn der Hypothalamus und das ventrale Striatum mit Gefahr assoziierte Signale verarbeiten, aktivieren sie das sympathische Nervensystem, das Adrenalin und Noradrenalin freisetzt, wodurch wiederum eine Kaskade an Veränderungen in Blutkreislauf, Atmung, Verdauung und im Hormonhaushalt ausgelöst wird, die uns auf schützende oder abwehrende Aktionen vorbereiten. Anschließend identifiziert der Hippocampus die Gefahr, indem er seinen Speicher nach Erfahrungen durchsucht, die mit diesen internen Empfindungen verknüpft sind, während die Amygdala weiterhin die Alarmglocke schrillen lässt. Wenn der Alarm nicht verstummt, beginnt der präfrontale Cortex nach Bedrohungen zu suchen. Findet er keine, werden die Empfindungen an sich zu Bedrohungen, denn wenn der Alarm ertönt, muss es auch ein Feuer geben.

30. Kabat-Zinn, J. (2013). *Achtsamkeit für Anfänger.* Arbor.
31. Thayer, R. E. (2003). *Calm Energy: How People Regulate Mood with Food and Exercise.* Oxford University Press.

Mehr als Marshmallows: Der Unterschied zwischen Selbstregulierung und Selbstkontrolle

32. Mischel, W. (2015). *Der Marshmallow-Test.* Siedler Verlag.
33. Zuerst beschrieben in Mischel, W., Shoda, Y., und Rodriguez, M. I. (1989). »Delay of Gratification in Children«. *Science,* 244(4907), 933–938. Terrie Moffitt und ihre Kollegen führten eine interessante Folgestudie zu den unterschiedlichen Lebenswegen von Kindern durch, die in der Lage waren beziehungsweise nicht in der Lage waren, Belohnungen aufzuschieben: Siehe Moffitt, T. E., Arseneault, L., Belsky, D., Dickson, N., Hancox, R. J., Harrington, H., (…) und Caspi, A. (2011). »A Gradient of Childhood Self-Control Predicts Health, Wealth, and Public Safety«. *Proceedings of the National Academy of Sciences,* 108(7), 2693–2698.
34. Sherod (1974) hat dies als einer der Ersten nachgewiesen: »Crowding, Perceived Control, and Behavioral After-Effects«. *Journal of Applied Social Psychology, 4,* 171–186; Duckworth, A & M Seligman 2005 »Self-Discipline Outdoes IQ« in *Predicting Academic Performance of Adolescents Psychological Science,* 16, 12, 939–94.
35. Das ist eine meiner bevorzugten Beschreibungen des Tests: PpProductions. (19. September 2009). *Very Tempting Marshmallow Test* (Videodatei). Abgerufen von https://youtu.be/x3S0xS2hdi4.
36. Thayer, R. E. (1989). *The Biopsychology of Mood and Arousal.* Oxford University Press.
37. McEwen, Bruce S., und Elizabeth Norton Lasley. *The End of Stress as We Know It.* Joseph Henry Press, 2002.

38. Benson, H. (1975). *The Relaxation Response.* William Morrow & Co, 278.
39. Jennifer Lansford vom Center for Child and Family Policy an der Duke University und ein von ihr zusammengestelltes internationales Team verglichen die Formen und Auswirkungen körperlicher Disziplinierung in sechs verschiedenen Ländern, von Thailand (wo am wenigsten körperlich gestraft wird) bis Kenia (mit dem höchsten Anteil). Sie stellten fest, dass bei Kindern und Jugendlichen umso mehr Aggression und Angst zu beobachten waren, je härter sie bestraft wurden.
40. Muraven, M. R., und Baumeister, R. F. (2000). »Self-Regulation and Depletion of Limited Resources: Does Self-Control Resemble a Muscle?« *Psychological Bulletin,* 126, 247–259; Schmeichel, B. J., & Baumeister, R. F. (2004). »Self-Regulatory Strength«. In R. F. Baumeister und K. D. Vohs (Eds.), *Handbook of Self-Regulation* (S. 84–98). Guilford Press.
41. Watson, J. B. (1913). »Psychology as the Behaviorist Views It«. *Psychological review,* 20(2), 158.
42. In meinem Büro liegen Dutzende von Artikeln herum, in denen über Epidemien in verschiedenen Bereichen berichtet wird: Übergewicht, Diabetes, Allergien, Asthma, Karies, Herzerkrankungen, Störungen des Verdauungssystems und Schlafmangel, Autismus, ADHS, Entwicklungsstörungen, Depression, Selbstverletzung, Essstörungen, Gewalt, Zorn, Aufsässigkeit, Mobbing, Narzissmus und Egoismus, Analphabetismus, Lernstörungen, Dyslexie und Schulverweigerung. Eine Epidemie der körperlichen Inaktivität und, damit verknüpft, der Videospielsucht. Das sind viele Epidemien. Und die Liste ist keineswegs vollständig. »Epidemie« ist das neue Schlagwort. Aber die häufige Verwendung des Begriffs ist mehr als nur eine Taktik zum Erzeugen von Aufmerksamkeit: Sie ist Ausdruck einer in der Gesellschaft verbreiteten Sorge über den Zustand von Kindern und zweifellos eine Ursache für eine »Epidemie gestresster Eltern, die gestresste Kinder großziehen«. Race, K. (21. Februar 2014). »The Epidemic of Stressed Parents Raising Stressed Kids«. *The Huffington Post.* Abgerufen von http://www.huffingtonpost.com/kristen-race-phd/the-epidemic-of-stressed-parents-raising-stressed-kids_b_4790658.html.
43. Im Lauf der Jahre haben Roy Baumeister und seine Kollegen eine Reihe eleganter Experimente durchgeführt, mit denen sie die Auswirkungen der »Ego-Depletion« (Selbsterschöpfung) nachweisen konnten. Baumeisters und Tierneys *Macht der Disziplin* ist eine sehr gute Einführung in dieses spannende und wichtige Forschungsgebiet. Baumeister, R. F., und Tierney, J. (2014). *Die Macht der Disziplin: Wie wir unseren Willen trainieren können.* Goldmann.
44. Porges (2010). *Die Polyvagal-Theorie.*
45. Sapolsky, R. M. (1996). *Warum Zebras keine Migräne kriegen.* Piper.

46. Siehe Tantam, D. (2009). *Can the World Afford Autistic Spectrum Disorder? Nonverbal Communication, Asperger Syndrome and the Interbrain.* Jessica Kingsley Publishers.

Keine Kleinigkeit: Erregungsregulierung und die Gehirnbrücke

47. Gould, S.J., *Darwin nach Darwin.* Gould bezog sich auf die Arbeit des niederländischen Biologen Adolf Portman, der den Gedanken zuerst formulierte. Siehe McCain, H. M. N., Mustard, J. F., und Shanker, S. (2007). *Early Years Study 2.*
48. Rosenberg, K., und Trevathan, W. (1995). »Bipedalism and human birth: The obstetrical dilemma revisited«. *Evolutionary Anthropology: Issues, News, and Reviews,* 4(5), 161–168.
49. Huttenlocher, P. R. (2002). *Neural Plasticity.* Harvard University Press; Nelson, C. A., Thomas, K. M., und De Haan, M. (2012). *Neuroscience of cognitive development: The role of experience and the developing brain.* John Wiley & Sons.
50. Martha Bronson (2000). *Self-regulation in early childhood.* Guilford Press; Bradley, S. J. (2003). *Affect regulation and the development of psychopathology.* Guilford Press.
51. Mustard, J. F. (2006). »Experience-based brain development: Scientific underpinnings of the importance of early child development in a global world«. *Paediatrics & Childhealth,* 11(9), 571; Kagan, J., und Herschkowitz, N. (2006). *A young mind in a growing brain.* Psychology Press.
52. Maurer, D., und Maurer, C. (1988). *The World of the Newborn.* Basic Books; Field, T. (2007). *The Amazing Infant.* Wiley-Blackwell.
53. Porges' Arbeit mit Neugeborenen (die er in *Die Polyvagal-Theorie* zusammengefasst hat) war bahnbrechend. Siehe auch Polan, H. J. & Hofer, M. A. (1999). »Psychobiological origins of infant attachment and separation responses«. In J. Cassidy & P. R. Shaver (Eds.), *Handbook of Attachment: Theory, Research, and Clinical Application* (pp. 162–180). Guildford Press; Kagan, J. (1989). *Unstable ideas: Temperament, cognition and self.* Harvard University Press; Rothbart, M. K., Ellis, L. K., und Posner, M. I. (2004). Temperament and self-regulation. In R. F. Baumeister und K. D. Vohs (Eds.), *Handbook of self-regulation: Research, theory, and applications* (S. 357–370). Guilford Press; Gunnar, M & Quevedo, K. (2007) »The Neurobiology of Stress and Development«. *Annual Review of Psychology,* Bd. 58.
54. Lillas, C., & Turnbull, J. (2009). *Infant/child mental health, early intervention, and relationship-based therapies: A neurorelational framework for interdisciplinary practice.* W. W. Norton & Company.
55. Schore, A. N. (2009). *Affektregulation und die Reorganisation des Selbst.* Klett-Cotta.

56. Zur Bedeutung der »sensorischen Integration« siehe Bundy, A. C., Lane, S. J., und Murray, E. A. (2006). *Sensorische Integrationstherapie.* Springer; Kashman, N., und Mora, J. (2005). *The Sensory Connection: An OT and SLP Team Approach.* Future Horizons.
57. Berk, L. und Shanker, S. (2006). *Child Development.* Pearson; Numan, M. und Insel, T. R. (2003). *The neurobiology of parental behavior.* Springer.
58. Greenspan, S. I., und Lewis, N. (2000). *Building healthy minds: The six experiences that create intelligence and emotional growth in babies and young children.* Da Capo Press.
59. Greenspan, S. I. (2003). *Das geborgene Kind: Zuversicht geben in einer unsicheren Welt.* Beltz.
60. Allan Schore hat viele bahnbrechende Aufsätze zu diesem Thema veröffentlicht. Gut zusammengefasst wird das Thema im ersten Kapitel von Schore, A. N. (2012). *The Science of the Art of Psychotherapy (Norton Series on Interpersonal Neurobiology).* W. W. Norton & Company. Siehe auch Freed, J., und Parsons, L. (2012). *Zappelphilipp und Störenfrieda lernen anders: Wie Eltern ihren hyperaktiven Kindern helfen können, die Schule zu meistern.* Beltz.
61. Siehe Schore, A. N. (2009). *Affektregulation und die Reorganisation des Selbst.* Klett-Cotta.
62. Ich habe in *Calm, Alert and Learning* eine Reihe von Techniken vorgestellt, die Eltern auch in der häuslichen Umgebung sehr hilfreich fanden; siehe insbesondere Kapitel 1. Shanker, S. (2012). *Calm, alert, and learning: Classroom strategies for self-regulation.* Pearson.
63. Schore wertet die umfangreichen Forschungsarbeiten in *Affektregulation und die Reorganisation des Selbst* aus.
64. Tronick, Ed (1989). »Emotions and emotional communication in infants«. *American Psychologist,* 44, 112–119. Ein Video zum Thema des stummen Gesichts (»Still Face«) findet sich auf YouTube: https://youtu.be/apzXGEbZht0
65. Dan Siegel hat mehrere wunderbare Bücher darüber geschrieben. Eines meiner Lieblingsbücher zum Thema ist *Wie wir werden, die wir sind* (2006). Junfermann.
66. Fogel, A. (1993). *Developing through relationships.* University of Chicago Press; Sameroff, A. (2009). *The transactional model.* American Psychological Association.

Unter dem Boab-Baum: Das Fünf-Domänen-Model der Selbstregulierung

67. Baron, M. G. und Groden, J. (2006) *Stress and coping in autism.* Oxford University Press. Das ist ein sehr wertvoller Leitfaden zu den verschiedenen Arten von Stressfaktoren, mit denen alle Kinder umgehen müssen, nicht nur diejenigen, bei denen Störungen des autistischen Spektrums diagnostiziert wurden. Besonders informativ ist ihr »Stressverzeichnis«.
68. Fogel, A., King, B. J., und Shanker, S. G. (Eds.). (2007). *Human development in the twenty-first century: Visionary ideas from systems scientists.* Cambridge University Press.
69. Ogden, P. (2015). *Sensorimotor psychotherapy: Interventions for trauma and attachment.* WW Norton.

Essen, Spielen, Schlafen: Die biologische Domäne

70. Siehe Shanker, S., und Casenhiser, D. (2013). »Reducing the effort in effortful control«. In T. Racine und K. Slaney (Eds.), *A Wittgensteinian Perspective on the Use of Conceptual Analysis in Psychology.* Palgrave Macmillan.
71. Siehe Lewis, T., Amini, F., und Lannon, R. (2007). *A general theory of love.* Vintage.
72. Cannon, W. B. (1932). *The wisdom of the body.* W. W. Norton.
73. Siehe K. Lee Raby, Glenn I. Roisman, R. Chris Fraley und Jeffry A. Simpson. »The Enduring Predictive Significance of Early Matemal Sensitivity: Social and Academic Competence Through Age 32 Years«. *Child Development,* 17. Dez. 2014
74. Meerlo, P. et al. (2002) »Sleep restriction alters the hypothalamic-pituitary-adrenal response to stress«, *Journal of Endocrinology 14,* 397–402.
75. Edlund, M. (2010). *The Power of Rest: Why Sleep Alone Is Not Enough. A 30-Day Plan to Reset Your Body.* Harper Collins.
76. Shanker, S. (2012). *Calm, alert, and learning.*
77. Fogel, A. (2013). *Selbstwahrnehmung und Embodiment in der Körperpsychotherapie.* Schattauer.
78. Unsere klinische Direktorin, Chris Robinson, hat wesentlich zur Entwicklung dieser Methode beigetragen. Siehe auch Greenland, S. K. (2011): *Wache Kinder: Wie wir unseren Kindern helfen, mit Stress umzugehen und Glück, Freude und Mitgefühl zu erleben.* arbor.
79. Dieser Punkt spielte bei der Arbeit der großen »somatischen Pädagogen« des letzten Jahrhunderts – zum Beispiel Jean Ayers, Moshe Feldenkrais, Elsa Gindler, Alexander Lowen, Wilhelm Reich und Ida Rolf – eine wichtige Rolle. Bei der Selbstregulierung blockiert genau das, dessen sich Kinder oder Jugendliche bewusst werden sollen (geringe Energie

und hohe Anspannung), diese Art der Wahrnehmung. Die somatischen Pädagogen haben wirkungsvolle therapeutische Techniken zum Durchbrechen dieser Blockade und zur Freisetzung der »Bioenergie« (Lowen) entwickelt.

80. Siehe Alter, R. (2011). *Anxiety and the Gift of Imagination: A New Model for Helping Parents and Children Manage Anxiety.* CreateSpace Independent Publishing Platform; Biegel, G. M. (2009). *The stress reduction workbook for teens: Mindfulness skills to help you deal with stress.* New Harbinger Publications; Hawn, G., und Holden, W. (2013). *10 achtsame Minuten für stressfreie und ausgeglichene Kinder.* Klett-Cotta; Dzung, X. (2015). *The Mindful Teen: Powerful Skills to Help You Handle Stress One Moment at a Time.* New Harbinger Publications.

Monster unter dem Bett: Die emotionale Domäne

81. In den letzten Jahrzehnten haben sich Entwicklungspsychologen ausführlich mit der Bedeutung der emotionalen Funktionen für das Wohlbefinden von Kindern beschäftigt: zum Beispiel Izard et al., 2001; Eisenberg et al., 2004; Denham, Ji, und Hamre, 2010. Neuere Erkenntnisse deuten darauf hin, dass emotionale Intelligenz für akademische Leistungen wichtiger ist als der IQ: Salovey und Mayer, 1990; Goleman, 1995; Shonkoff und Phillips, 2000; Denham, Wyatt, Bassett, Echeverria und Know, 2009. Einen Überblick über dieses ausgesprochen wichtige Forschungsgebiet finden Sie in Shanker (2015), »Broader Measures of Success: Social/Emotional Learning«, *People for Education.*
82. Stuart Shanker (2004), »A Dynamic Developmental Model of Emotions«, *Philosophy, Psychiatry and Psychology,* 11, 219–33
83. Carrol Izard (1991), *The Psychology of Emotions.* Springer; Jaak Panksepp (1998), *Affective Neuroscience.* Oxford University Press; Marc Lewis und Jeanette Haviland-Jones (3. Auflage, 2010), *Handbook of Emotions.* The Guildford Press.
84. Izard, C. E. (1991). *The Psychology of Emotions.* Springer Science & Business Media.
85. Griffiths, P. E. (1997). *What emotions really are: The problem of psychological categories* (S. 114). University of Chicago Press.
86. Greenspan, S. I., und Downey, J. I. (1997). *Developmentally based psychotherapy.* International Universities Press.
87. Greenspan, S., mit Nancy Thorndike Greenspan (1985). *First Feelings: Milestones in the Emotional Development of Your Infant and Child from Birth to Age 4.* Viking Press.
88. James J. Gross, *Handbook of Emotion Regulation,* 2. Auflage, 2015. Guilford Press

89. Es gibt Hunderte von Studien, in denen die Ergebnisse von Programmen zur Förderung von SEL ausgewertet werden. Eine vollständige Liste mit Kommentaren findet sich unter http://www. casel.org/guide. Siehe auch Shanker (2015).
90. Dieser Punkt war für das Gebiet der »Bioenergetik« von zentraler Bedeutung (siehe Quellenverweis 79). Einen wichtigen Beitrag dazu lieferte Bessel van der Kolk. Van Der Kolk, B. (2016). *Verkörperter Schrecken: Traumaspuren in Gehirn, Geist und Körper und wie man sie heilen kann.* G.P. Probst.
91. Eine ausführlichere Behandlung dieses Themas findet sich in Greenspan, S. I., und Shanker, S. (2007). *Der erste Gedanke: Frühkindliche Kommunikation und die Evolution menschlichen Denkens.* Beltz.
92. Ross, T., Fontao, M. I., und Schneider, R. (2007). »Aggressive Behaviour in Male Offenders: Preliminary Analyses of Self-Regulatory Functions in a Sample of Criminals 1«. *Psychological reports,* 100(3c), 1171–1185; Raine, A. (2015). *Als Mörder geboren: Die biologischen Wurzeln von Gewalt und Verbrechen.* Klett-Cotta; Tremblay, R. E., Hartup, W. W., und Archer, J. (Eds.). (2005). *Developmental origins of aggression.* Guilford Press. Ein faszinierende Gegenposition findet sich bei Fallon, J. (2015). *Der Psychopath in mir: Die Entdeckungsreise eines Naturwissenschaftlers zur dunklen Seite seiner Persönlichkeit.* Herbig.
93. Panksepp, J. (1998). *Affective neuroscience.* Oxford University Press.

Ruhig, aufmerksam und lernbereit: Die kognitive Domäne

94. Unsere klinische Arbeit mit Kindern mit ADHS wurde stark beeinflusst von Greenspan, S. I., und Greenspan, J. (2009). *Overcoming ADHD: Helping Your Child Become Calm, Engaged, and Focused-Without a Pill.* Da Capo Press; Hallowell, E. M. M., & Ratey, J. J. (1999). *Zwanghaft zerstreut: oder Die Unfähigkeit, aufmerksam zu sein.* Rowohlt; Kutscher, M. L. (2009). *ADHD: Living without brakes.* Jessica Kingsley Publishers.
95. Ich beziehe mich hier sehr stark auf Greenspan, S. I., und Greenspan, N. T. (2010). *The learning tree: Overcoming learning disabilities from the ground up.* Da Capo Press.
96. Es gibt mehrere hervorragende Handbücher zu diesem Thema. Besonders hilfreich fand ich Dawson, P., und Guare, R. (2010). *Executive skills in children and adolescents: A practicalguide to assessment and intervention.* Guilford Press. Eine theoretischere Behandlung des Themas findet sich in Barkley, R. A. (2012). *Executive functions: What they are, how they work, and why they evolved.* Guilford Press. Galinsky, E. (2010). *Mind in the making: The seven essential life skills every child needs,* HarperStudio, ist eine hervorragende Quelle.

97. Nigg, J. T. (2006). *What causes ADHD? Understanding what goes wrong and why.* Guilford Press.
98. Daniel Pink (2010). *Drive: Was Sie wirklich motiviert.* Ecowin.
99. Shanker, S. (1998), *Wittgenstein's Remarks on the Foundations of AI.* Routledge. Jerome Bruner hat mein Denken besonders in dieser Hinsicht sehr beeinflusst. Siehe Bruner, J. (2008), *Wie das Kind sprechen lernt.* Huber; Bruner, J. (1985). »Child's talk: Learning to use language«. *Child Language Teaching and Therapy,* 1(1), 111–114.
100. Besagte Kollegin war Chris Robinson. Ein großer Teil dieses Kapitels basiert auf der Zusammenarbeit mit ihr bei verschiedenen Patienten.
101. Eines der besten Bücher, die ich je über das Thema Selbstregulierung gelesen habe (obwohl der Begriff kein einziges Mal erwähnt wird), ist Chris Hadfields *Anleitung zur Schwerelosigkeit.* Hadfield, C. (2014). *Anleitung zur Schwerelosigkeit: Was wir im All fürs Leben lernen können.* Heyne.
102. Richard Davidson hat mehrere wichtige Bücher zu diesem Thema geschrieben: Siehe Davidson und Goleman (2012), *Training the Brain;* Davidson und Begley (2012), *Warum wir fühlen, wie wir fühlen.* Arkana; als Herausgeber mit Jon Kabatt-Zinn (2012): *Die heilende Kraft der Meditation: Wie sich unser Geist selbst heilen kann: Ein wissenschaftlicher Dialog mit dem Dalai Lama.* Arbor.
103. Porges (2010). *Die Polyvagal-Theorie.*
104. Shanker, S. (2013). *Calm, alert, and learning: Classroom strategies for self-regulation.* Pearson.
105. Zimmerman, B. J., & Schunk, D. H. (Eds.).(2001). *Self-regulated learning and academic achievement: Theoretical perspectives.* Routledge.
106. Terje Sagvolden (2005) schrieb, dass Kinder mit ADHS oft ein von der Norm abweichendes Zeitgefühl haben. Wissenschaftler an der University of Texas in Austin konnten nachweisen, dass für viele Kinder mit ADHS die Zeit viel schneller vergeht als für Kinder, die sich normal entwickeln. Sagvolden, T., Johansen, E. B., Aase, H., und Russell, V. A. (2005). »A dynamic developmental theory of attention-deficit/hyperactivity disorder (ADHD) predominantly hyperactive/impulsive and combined subtypes«. *Behavioral and Brain Sciences, 28(3),* 397–418.
107. Greenspan, S. I. (2003). *Das geborgene Kind: Zuversicht geben in einer unsicheren Welt.* (Beltz), und natürlich Bowlby, J. (2014). *Bindung als sichere Basis: Grundlagen und Anwendung der Bindungstheorie.* Ernst Reinhardt.
108. Louv, R. (2013). *Das letzte Kind im Wald: Geben wir unseren Kindern die Natur zurück!,* Herder, und Louv, R. (2012). *Das Prinzip Natur: Grünes Leben im digitalen Zeitalter.* Beltz. Die Frage, weshalb der Aufenthalt in der Natur eine so beruhigende Wirkung auf das Gehirn hat, führt uns tief in die Theorie der »Biophilie«: Siehe Wilson, E. O. (1998). *Die Einheit des*

Wissens. Siedler. Einen wichtigen Überblick über die neurowissenschaftliche Forschung auf diesem Gebiet gibt Sternberg, E. M. (2011). *Heilende Räume: Warum Krankenhäuser krank und Büros müde machen. Wie äußere Einflüsse auf unser Wohlbefinden wirken*. Crotona.

109. Aber siehe hierzu Olfman, S., & Robbins, B. D. (Eds.). (2012). *Drugging our children: How profiteers are pushing antipsychotics on our youngest, and what we can do to stop it*. ABC-CLIO.
110. Siehe den wunderbaren TEDx-Vortrag von Stephen Tonti, »ADHD is a difference in cognition, not a disorder«, https://youtu.be/uU6o2; sowie den Blog von Jim Jacobson, www.amongsthumans.com.

Ein neuer Blick auf die soziale Entwicklung: Die soziale Domäne

111. Porges, S. W. (2010). *Die Polyvagal-Theorie*.
112. Fogel, A. (1993). *Developing through relationships*. University of Chicago Press.
113. Shanker, S. und Stieben, J. (2009). »The Roots of Mindblindness«, in Ivan Leudar (Ed.), *Against Theory of Mind*. Palgrave Macmillan.
114. Tronick (2004), »Why is connection with others so critical«, in Nadal und Muir (Eds.) *Emotional Development*. Oxford University Press. Besagte »Forschungsassistentin« war Lisa Bohne.
115. Schore, A. N. (2009). *Affektregulation und die Reorganisation des Selbst*. Klett-Cotta.
116. Savage-Rumbaugh, S., Shanker, S. G., und Taylor, T. J. (1998). *Apes, language, and the human mind*. Oxford University Press.
117. Lewis, M. D. (2005). »Bridging emotion theory and neurobiology through dynamic systems modeling«. *Behavioral and brain sciences*, 28(02), 169–194.
118. Ford, J. D., und Wortmann, J. (2013). *Hijacked by your brain: how to free yourself when stress takes over*. Sourcebooks.
119. Casenhiser, D. M., Shanker, S. G., und Stieben, J. (2013). »Learning through interaction in children with autism: preliminary data from asocial-communication-based intervention«. *Autism*, 17(2), 220–241.
120. Grandin, T. (1997). *Ich bin die Anthropologin auf dem Mars. Mein Leben als Autistin*. Droemer Knaur.

Das bessere Ich: Die prosoziale Domäne

121. Eisenberg, N., und Mussen, P. H. (1988). *Helfen, Schenken, Anteilnehmen. Untersuchungen zur Entwicklung des prosozialen Verhaltens*. Klett-Cotta.
122. Hobbes, T. (1986). *Leviathan*. Reclam; eine moderne Version siehe Golding, W. (1989). *Herr der Fliegen*. Fischer.

123. 2005 entdeckte Jorge Moll, dass der Akt des Gebens dasselbe Gehirnareal aktiviert, das auch bindungsfördernde Neurotransmitter freisetzt. Das Phänomen wird inzwischen als »Helper's High« (Glücksgefühl des Helfers) bezeichnet. Siehe Moll et al. (2005). »The neural basis of human moral cognition«, *Nature Reviews Neuroscience*, 6 (10), 799–80.
124. King, B. J. (2009). *The dynamic dance: nonvocal communication in African great apes*. Harvard University Press.; De Waal, F. (2011). *Das Prinzip Empathie: Was wir von der Natur für eine bessere Gesellschaft lernen können*. Carl Hanser; Bekoff, M., (2008). *Das Gefühlsleben der Tiere: Ein führender Wissenschaftler untersucht Freude, Kummer und Empathie bei Tieren*. animal learn.
125. Greenspan, S. und Shanker, S. (2002), *Toward a Psychology of Global Interdependency: a Framework for International Collaboration*. ICDL Press.
126. Arthur Brooks hat herausgefunden, dass hilfsbereite Menschen sich mit einer um 42 Prozent höheren Wahrscheinlichkeit als »sehr glücklich« und mit einer um 25 Prozent höheren Wahrscheinlichkeit als »völlig gesund« bezeichnen. Siehe Brooks (2006). *Who really cares*. Basic Books; CIHI (2012). »The role of Social Support in reducing psychological distress«, Canadian Institute for Health Information.
127. Esther Sternberg (2001). *The Balance Within*. Times Books.
128. Siehe Cacioppo, J. T., und Decety, J. (2011). »Social neuroscience: challenges and opportunities in the study of complex behavior«. *Annals of the New York Academy of Sciences*, 1224(1), 162–173. Decetys Arbeit auf dem Gebiet der Neurowissenschaft der Empathie war bahnbrechend. Siehe zum Beispiel Decety, J., und Batson, C. D. (2007). »Social neuroscience approaches to interpersonal sensitivity«. In R. M. Green and N. J. Palpant (Eds.), *Suffering and Bioethics* (S. 89–105). Oxford University Press.
129. Goleman, D. (2008). *Soziale Intelligenz*. Knaur.
130. Wrangham, R. W., und Peterson, D. (2001). *Bruder Affe. Menschenaffen und die Ursprünge menschlicher Gewalt*. Diederichs. Dieses Buch untermauerte die Hobbes'sche Sicht der menschlichen Natur. Aber aufgrund der (oben zitierten) Arbeit von Frans de Waal haben wir erkannt, dass die frühen Menschen den Bonobos, einer für die Kultivierung von Empathie bekannten Art, ähnlicher waren als den Schimpansen. Eines meiner Lieblingsbücher zum Thema der natürlichen Empathie von Kindern ist Mary Gordon (2009). *Roots of empathy: Changing the world child by child*. Workman Publishing.
131. Dieses Wissen ist deshalb intuitiv, weil – wie einer meiner großartigen Professoren, Northrop Frye, erklärte – unser Denken in der Bibel wurzelt, in diesem Fall in Psalm 15. David fragt zunächst: »Herr, wer darf Gast sein in deinem Zelt?« Dann beantwortet er diese Frage mutig selbst: »Der makellos lebt und das Rechte tut, der von Herzen die Wahrheit sagt und

mit seiner Zunge nicht verleumdet, der seinem Freund nichts Böses antut und seinen Nächsten nicht schmäht, der den Verworfenen verachtet, doch alle, die den Herrn fürchten, in Ehren hält, der sein Versprechen nicht bricht, das er seinem Nächsten geschworen hat. Wer sich danach richtet, der wird niemals wanken.« Damit bringt er zum Ausdruck, dass es nicht darauf ankommt, diese Dinge zu sagen, sondern danach zu handeln. Und dass man nicht nur so handelt, um in den Himmel zu kommen. Wenn man so lebt, spürt man den Segen schon im Hier und Jetzt, in diesem Leben, denn nur auf diese Weise kann man Augenblicke des Friedens und der Ruhe erleben.

Chancen und Risiken der Pubertät

132. Weisfeld, G. E. (1999). *Evolutionary principles of human adolescence.* Basic books.
133. Eine weitere Epidemie, die wir heute beobachten, wurde vom National Institute of Drug Abuse als »Generation Rx« bezeichnet. Eine unfassbare Zahl von Teenagern unterdrückt mit Schmerzmitteln oder Erkältungsmedikamenten Beschwerden, die eigentlich Anzeichen einer Angstsymptomatik sind. Im Lauf der Zeit verstärkt sich dadurch die Angst, was oft zu noch ernsteren Formen des Medikamentenmissbrauchs führt.
134. Dan Siegels *Aufruhr im Kopf* (2015) ist nicht nur voller wichtiger Erkenntnisse zu diesem Thema, sondern auch sehr hilfreich für Eltern und Teenager. Siegel, D. J. (2015). *Aufruhr im Kopf: Was während der Pubertät im Gehirn unserer Kinder passiert.* mvg.
135. Gluckman, P., und Hanson, M. (2007). *Aus dem Tritt geraten: Warum unsere Welt nicht mehr zu unseren Körpern passt.* Spektrum Akademischer Verlag.
136. Siehe dazu alles von Jay Giedd, beginnend mit »The Teen Brain: primed to learn, primed to take risks«, *Cerebrum,* Feb 26, 2009; siehe auch Steinberg, L. (2014). *Age of opportunity: Lessons from the new science of adolescence.* Houghton Mifflin Harcourt.
137. Steinberg, L. (2010). »A dual systems model of adolescent risk-taking«, *Developmental psychobiology,* 52(3), 216–224.
138. Siehe das *Frontline*-Interview mit Jay Giedd mit dem Titel »Inside the Teenage Brain« (2002).
139. Steinberg, L. (2010). »A dual systems model of adolescent risk-taking«, *Developmental psychobiology,* 52(3), 216–224.
140. Shanker, S. (1996). »Descartes' Legacy: The Mechanist/Vitalist Debates«, *Philosophy of Science, Logic, and Mathematics in the 20th Century.*
141. Zhao, Y. (2014). *Who's Afraid of the Big Bad Dragon: Why China Has the Best (and Worst) Education System in the World.* John Wiley & Sons.

142. Lieberman, D. (2015). *Unser Körper: Geschichte, Gegenwart, Zukunft.* S. Fischer.
143. Lieberman 2015 (oben zitiert). Siehe auch Ratey, J. J. und Hagerman, E. (2013). *Superfaktor Bewegung: Das Beste für Ihr Gehirn!* VAK.
144. Abbott, J. (2010). *Overschooled but undereducated: How the crisis in education is jeopardizing our adolescents.* A&C Black. Siehe auch Epstein, R. (2007). *The case against adolescence: Rediscovering the adult in every teen.* Quill Driver Books.

Gelüste, Dopamin und Langeweile

145. Nachgewiesen von einem meiner Kollegen an der York University, John Eastwood. Siehe Eastwood et al. (2012) »The Unengaged Mind: Defining boredom in terms of attention«, *Perspectives on Psychological Science,* 7(5) 482–495; Kimberley B. Mercer-Lynn, Rachel J. Bar, John D. Eastwood (2014). »Causes of boredom: The person, the situation, or both?« *Personality and Individual Differences* 01/2014; 56:122–126.
146. In den letzten zehn Jahren hat es zahlreiche Forschungsarbeiten zur Neurobiologie des Belohnungssystems gegeben. Eine hervorragende Zusammenfassung findet sich in Marc Lewis (2015), *The Biology of Desire: Why Addiction is not a Disease.* Penguin Randomhouse Canada. Siehe auch Wilson, G. (2014). *Your brain on porn: internet pornography and the emerging science of addiction.* Commonwealth Publishing.
147. Koepp et al. (1998) »Evidence for Striatal Dopamine Release During a Video Game«, *Nature,* 393.
148. Lewis, M. (2013). *Memoirs of an addicted brain: A neuroscientist examines his former life on drugs.* Doubleday Canada.
149. Grossman, D. (2009). *On killing: The psychological cost of learning to kill in war and society.* Little, Brown and Company.
150. Brown, S. (2010). »How Movies Activate your Neural G-Spot«, *Wired,* 25. Januar 2010.
151. Kessler, D. A. (2011). *Das Ende des großen Fressens: Wie die Nahrungsmittelindustrie Sie zu übermäßigem Essen verleitet – Was Sie dagegen tun können.* Mosaik.
152. Thayer, R. E. (1997). *The origin of everyday moods: Managing energy, tension, and stress.* Oxford University Press.
153. Berman et al. (2012). »Interacting with Nature Improves Cognition and Affect for Individuals with Depression«, *Journal of Affective Disorders,* 140(3) 300–305.
154. Die Sorge, dass das Leben in der Stadt erheblich zum Anstieg psychischer Erkrankungen beitragen könnte, geht auf eine zwischen 1965 und 1984 in Camberwell durchgeführte Studie zurück. Die Zahl der Menschen

im Stadtbezirk, bei denen die Diagnose »Schizophrenie« gestellt wurde, verdoppelte sich innerhalb dieses Zeitraums, während in ländlichen Gebieten praktisch keine Zunahme zu verzeichnen war. Da wir wissen, dass Stress eine entscheidende Rolle beim Ausbruch von Schizophrenie spielt, resultierte aus der Studie die Sorge, dass »Städte uns krank machen könnten«, wie Hauptautorin Jane Boydell es formulierte. Natürlich wäre es auch möglich, dass bei Stadtbewohnern die Wahrscheinlichkeit einer Diagnosestellung höher ist als bei Landbewohnern. Oder vielleicht trat hier ein »Migrationseffekt« auf: Menschen mit psychischen Störungen zogen vermehrt in die Stadt, um eine bessere Behandlung zu erhalten. Oder die Camberwell-Studie sagt etwas über den mit der eigenen Entwurzelung (dem Verlassen eines starken Unterstützungsnetzwerks zugunsten der Isolation in der Stadt) verbundenen Stress aus. Oder den Menschen fehlten Waldspaziergänge oder das Angeln am Fluss? Vielleicht war der große Schuldige auch die Zunahme der häuslichen Gewalt und des Kindesmissbrauchs, die anscheinend mit der Urbanisierung einhergeht. Oder das Leben in Camberwell war einfach besonders stressbehaftet?

155. Lederbogen et al., »City Living and urban upbringing affect neural social stress processing in humans«, *Nature*, 474(7352), 498–501.
156. Evans, G. W., Brooks-Gunn, J., und Klebanov, P. K. (2011). »Stressing out the poor«. *Pathways*.

Wie geht es jetzt weiter?

157. Von den zahlreichen Büchern, die sich mit diesem Thema befassen, fand ich die beiden folgenden besonders hilfreich: Ann Douglas (2015). *Parenting Through the Storm*. Harper Collins. Und Weissbourd, R. (2009). *The Parents We Mean to Be*. Houghton Mifflin Harcourt.
158. Baumrind, D. (1966). »Effects of Authoritative Parental Control on Child Behavior«, *Child Development, 37(4)*, 887–907; Baumrind, D. (1967). Childcare practices anteceding three patterns of preschool behaviour. *Genetic Psychology Monographs, 75(1)*, 43–88.
159. Maccoby, E. E., und Martin, J. A. (1983). »Socialization in the context of the family: Parent-child interaction«. In P. H. Mussen und E. M. Hetherington, *Handbook of child psychology: Vol. 4. Socialization, personality, and social development* (4. Auflage). New York: Wiley.

Literatur

Abbott, J. *Overschooled but Undereducated: How the Crisis in Education Is Jeopardizing Our Adolescents.* London: A&C Black, 2010.

Alter, R. *Anxiety and the Gift of Imagination: A New Model for Helping Parents and Children Manage Anxiety.* Createspace, 2011.

Barkley, R. A. *Executive Functions: What They Are, How They Work, and Why They Evolved.* New York: Guilford Press, 2012.

Baron, M. G., and J. Grodon. *Stress and Coping in Autism.* Oxford: Oxford University Press, 2006.

Baumeister, R. F., and K. D. Vohs. *Handbook of Self-Regulation: Research, Theory and Applications.* New York: Guilford Press, 2004.

—, and J. Tierney. *Willpower: Rediscovering the Greatest Human Strength.* Penguin, 2011.

Baumrind, D. »Childcare Practices Anteceding Three Patterns of Preschool Behavior,« *Genetic Psychology Monographs* 75, no. 1 (1967).

—, »Effects of Authoritative Parental Control on Child Behavior.« *Child Development* 37, no. 4 (1966): 887–907.

Bekoff, M., and J. Goodall. *Das Gefühlsleben der Tiere: Ein führender Wissenschaftler untersucht Freude, Kummer und Empathie bei Tieren. Bernau:* animal learn Verlag, 2008.

Benson, H. *The Relaxation Response.* New York: William Morrow, 1975.

Berk, L., and Stuart Shanker. *Child Development.* New York: Pearson, 2006.

Berman, M., et al. »Interacting with Nature Improves Cognition and Affect for Individuals with Depression.« *Journal of Affective Disorders* 140, no. 3 (2012): 300–305.

Biegel, G. M. *The Stress Reduction Workbook for Teens: Mindfulness Skills to Help You Deal with Stress.* Oakland, CA: New Harbinger, 2009.

Blakemore, S. J., und U. Frith. *Wie wir lernen: Was die Hirnforschung darüber weiß.* München: DVA, 2006.

Bowlby, J. A. *Bindung als sichere Basis: Grundlagen und Anwendung der Bindungstheorie.* München: Ernst Reinhardt, 2014.

Bradley, S. J. *Affect Regulation and the Development of Psychopathology.* New York: Guilford Press, 2003.

Bronson, M. *Self-Regulation in Early Childhood.* New York: Guilford Press, 2001.

Brooks, A. *Who Really Cares.* New York: Basic Books, 2006.

Brown, S. »How Movies Activate Your Neural G-Spot.« *Wired,* January 25, 2010.

Bruner, J. *Wie das Kind sprechen lernt.* Bern: Huber, 2008

—, »Child's Talk: Learning to Use Language.« *Child Language Teaching and Therapy* 1, no. 1 (1985): 111–14.

Bundy, A. C., S. J. Lane, and E. A. Murray. *Sensorische Integrationstherapie.* Heidelberg: Springer, 2006.

Burman, J. T, C. D. Green, and S. G. Shanker. »The Six Meanings of Self-Regulation.« *Child Development* (2015, in press).

Cacioppo, J. T., and J. Decety. »Social Neuroscience: Challenges and Opportunities in the Study of Complex Behavior.« *Annals of the New York Academy of Sciences* 1224, no. 1 (2011): 162–73.

Canadian Institute for Health Information. *The Role of Social Support in Reducing Psychological Distress.* Ottawa, Canada: Canadian Institute for Health Information, 2012.

Cannon, W. B. *The Wisdom of the Body.* New York: W. W. Norton, 1932.

—, *Wut, Hunger, Angst und Schmerz. Eine Physiologie der Emotionen,* München: Urban und Fischer, 1984.

—, *The Way of an Investigator: A Scientist's Experiences in Medical Research.* New York: W. W. Norton, 1945.

Casenhiser, D. M., S. G. Shanker, and J. Stieben. »Learning Through Interaction in Children with Autism: Preliminary Data from Asocial-Communication-Based Intervention.« *Autism* 17, no. 2 (2013): 220–41.

Coleridge, Samuel T. *Biographia Literaria,* chapter XIV. West Sussex, England: Littlehampton Book Services, 1817; 1975.

Cowell, J., and Jean Decety. »Precursors to Morality in Development as a Complex Interplay Between Neural, Socioenvironmental, and Behavioral Facets.« *Proceedings of the National Academy of Science,* University of Chicago, May 2015.

Davidson, R., and Sharon Begley. *Warum wir fühlen, wie wir fühlen.* München: Arkana, 2012.

Davis, F. A., N. Kashman, and J. Mora. *The Sensory Connection: An OT and SLP Team Approach.* Arlington, TX: Future Horizons, 2005.

Dawson, P., and R. Guare. *Executive Skills in Children and Adolescents: A Practical Guide to Assessment and Intervention.* New York: Guilford Press, 2010.

Decety, J., and C. D. Batson. »Social Neuroscience Approaches to Interpersonal Sensitivity.« *Social Neuroscience* 2 (3–4)(2007): 151–57.

Denham, S., P. Ji, and B. Hamre. *Compendium of Preschool Through Elementary School Social-Emotional Learning and Associated Assessment Measures.* Chicago: Social and Emotional Learning Research Group, University of Illinois, 2010.

—, et al. (2009). »Assessing Social Emotional Development in Children from a Longitudinal Perspective.« *Journal of Epidemiology and Community Health* 63 (Suppl II), 37–52.

De Waal, F. *The Age of Empathy: Nature's Lessons for a Kinder Society.* New York: Broadway Books, 2010.

Douglas, A. *Parenting Through the Storm.* New York: HarperCollins, 2015.

Duckworth, A., and M. Seligman. »Self-Discipline Outdoes IQ in Predicting Academic Performance of Adolescents.« *Psychological Science* 16, no. 12 (2005): 939–94.

Dzung, X. *The Mindful Teen: Powerful Skills to Help You Handle Stress One Moment at a Time.* Oakland, CA: New Harbinger, 2015.

Eastwood, John, et al. »The Unengaged Mind: Defining Boredom in Terms of Attention.« *Perspectives on Psychological Science* 7, no. 5 (2012): 482–95.

Edlund, M. *The Power of Rest: Why Sleep Alone Is Not Enough: A 30-Day Plan to Reset Your Body.* New York: HarperCollins, 2010.

Eisenberg, N., and P. H. Mussen. *Helfen, Schenken, Anteilnehmen. Untersuchungen zur Entwicklung des prosozialen Verhaltens.* Stuttgart: Klett-Cotta, 1988.

—, et al. »The Relation of Effortful Control and Impulsivity to Children's Resiliency and Adjustment.« *Child Development* 75 (2004): 25–46.

Epstein, R. *The Case Against Adolescence: Rediscovering the Adult in Every Teen.* Fresno, CA: Quill Driver Books, 2007.

Evans, G. W., J. Brooks-Gunn, and P. K. Klebanov. »Stressing Out the Poor.« *Pathways* (2011), Community Investments 23(2):22–27.

Fallon, J. *Der Psychopath in mir: Die Entdeckungsreise eines Naturwissenschaftlers zur dunklen Seite seiner Persönlichkeit.* München: Herbig, 2015.

Field, Tiffany. *The Amazing Infant.* Hoboken, NJ: Wiley-Blackwell, 2007.

Fogel, A. *Developing Through Relationships.* Chicago: University of Chicago Press, 1993.

—, *Selbstwahrnehmung und Embodiment in der Körperpsychotherapie.* Stuttgart: Schattauer, 2013.

—, B. J. King, and S. G. Shanker, Eds. *Human Development in the Twenty-first Century: Visionary Ideas from Systems Scientists.* Cambridge, UK: Cambridge University Press, 2007.

Ford, J. D., and J. Wortmann. *Hijacked by Your Brain: How to Free Yourself When Stress Takes Over.* Naperville, IL: Sourcebooks, 2013.

Freed, J., and L. Parsons. *Zappelphilipp und Störenfrieda lernen anders: Wie Eltern ihren hyperaktiven Kindern helfen können, die Schule zu meistern.* Weinheim: Beltz, 2012.

Galinsky. E. *Mind in the Making: The Seven Essential Life Skills Every Child Needs.* New York: HarperStudio, 2010.

Giedd, J. »The Teen Brain: Primed to Learn, Primed to Take Risks.« *Cerebrum,* February 26, 2009.

—. »Inside the Teenage Brain.« *Frontline,* January 31, 2002.

Gluckman, P., and M. Hanson. *Aus dem Tritt geraten: Warum unsere Welt nicht mehr zu unseren Körpern passt.* Heidelberg: Spektrum Akademischer Verlag, 2007.

Goleman, D. *EQ. Emotionale Intelligenz.* München: dtv, 1997.

—. *Soziale Intelligenz.* München: Knaur, 2007.

Gordon, M. *Roots of Empathy: Changing the World Child by Child.* New York: Workman, 2009.

Gould, Stephen J. »Human Babies as Embryos,« in *Ever Since Darwin,* New York: W. W. Norton, 1977.

Grandin, Temple. *Ich bin die Anthropologin auf dem Mars. Mein Leben als Autistin.* München: Droemer Knaur, 2007.

Greene, R. W. *Das explosive Kind: Plan B für Eltern von kleinen Tyrannen.* Winterthur: Edition Spuren, 2011.

Greenland, S. K. *Wache Kinder: Wie wir unseren Kindern helfen, mit Stress umzugehen und Glück, Freude und Mitgefühl zu erleben.* Freiburg: Arbor, 2011.

Greenspan, S. I. *Das geborgene Kind: Zuversicht geben in einer unsicheren Welt.* Weinheim: Beltz, 2003.

—, and Stuart Shanker. *Toward a Psychology of Global Interdependency: A Framework for International Collaboration.* Washington, DC: ICDL Press, 2002.

—, with N. T. Greenspan. *First Feelings: Milestones in the Emotional Development of Your Infant and Child from Birth to Age 4.* New York: Viking, 1985.

—, and N. T. Greenspan. *The Learning Tree: Overcoming Learning Disabilities from the Ground Up.* Boston: Da Capo Press, 2010.

—, and J. Greenspan. *Overcoming ADHD: Helping Your Child Become Calm, Engaged, and Focused – Without a Pill.* Boston: Da Capo Press, 2009.

—, and S. Shanker. *Der erste Gedanke: Frühkindliche Kommunikation und die Evolution menschlichen Denkens.* Weinheim: Beltz, 2007.

—, and N. Lewis. *Building Healthy Minds: The Six Experiences That Create Intelligence and Emotional Growth in Babies and Young Children.* Boston: Da Capo Press, 2000.

—, and J. I. Downey. *Developmentally Based Psychotherapy.* Madison, CT: International Universities Press, 1997.

—, and J. Salmon. *The Challenging Child: Understanding, Raising, and Enjoying the Five »Difficult« Types of Children.* Boston: Da Capo Press, 1996.

Griffiths, P. E. *What Emotions Really Are: The Problem of Psychological Categories.* Chicago: University of Chicago Press, 1997.

Gross, J. *Handbook of Emotion Regulation*, 2nd ed. New York: Guilford Press, 2015.

Grossman, D. *On Killing: The Psychological Cost of Learning to Kill in War and Society*. New York: Little, Brown, 2009.

Gunnar, M., and K. Quevedo. »The Neurobiology of Stress and Development.« *Annual Review of Psychology* 58 (2007).

Hadfield, C. *Anleitung zur Schwerelosigkeit: Was wir im All fürs Leben lernen können*. München: Heyne, 2014.

Hallowell, E. M. M., and J. J. Ratey. *Zwanghaft zerstreut: oder Die Unfähigkeit, aufmerksam zu sein*. Reinbek: Rowohlt, 1999.

Hawn, G., and W. Holden. *10 achtsame Minuten für stressfreie und ausgeglichene Kinder*. Stuttgart: Klett-Cotta, 2013.

Hobbes, T. *Leviathan*. Stuttgart: Reclam, 1986; eine moderne Version siehe Golding, W. (1989). *Herr der Fliegen*. Frankfurt: Fischer, 2016.

Huitt, W. »Motivation to Learn: An Overview.« *Educational Psychology Interactive*. Valdosta, GA: Valdosta State University, 2011.

Huttenlocher, P. R. *Neural Plasticity*. Cambridge, MA: Harvard University Press, 2002.

Izard, C. *The Psychology of Emotions*. London: Springer, 1991.

—, et al. »Emotional Knowledge as a Predictor of Social Behavior and Academic Competence in Children at Risk.« *Psychological Science* 12 (2001): 18–23.

Jackson, M. *The Age of Stress: Science and the Search for Stability*. Oxford: Oxford University Press, 2013.

James, W. *Principles of Psychology*. Cambridge, MA: Harvard University Press, 1981, p. 462. Originally published in 1890.

Kabat-Zinn, J. *Achtsamkeit für Anfänger*. Freiburg: Arbor, 2013.

—, and Richard Davidson (Hrsg.). *Die heilende Kraft der Meditation: Wie sich unser Geist selbst heilen kann: Ein wissenschaftlicher Dialog mit dem Dalai Lama*. Freiburg: Arbor, 2012.

Kagan, J. *Unstable Ideas: Temperament, Cognition and Self*. Cambridge, MA: Harvard University Press, 1989.

—, and N. Herschkowitz. *A Young Mind in a Growing Brain*. East Sussex, England: Psychology Press, 2006.

Kennedy, N., et al. »Gender Differences in Incidence and Age at Onset of Mania and Bipolar Disorder Over a 35-Year Period in Camberwell, England.« *American Journal of Psychiatry*, vol. 162 (2005): 257–62.

Kessler, D. A. *Das Ende des großen Fressens: Wie die Nahrungsmittelindustrie Sie zu übermäßigem Essen verleitet – Was Sie dagegen tun können*. Mosaik, 2011.

King, B. J. *The Dynamic Dance: Nonvocal Communication in African Great Apes*. Cambridge, MA: Harvard University Press, 2009.

Koepp, Matthias, et al. »Evidence for Striatal Dopamine Release During a Video Game.« *Nature* 393 (1998): 266–68.

Kutscher, M. L. *ADHD: Living Without Brakes.* London: Jessica Kingsley, 2009.

Lansford, J. E., et al. »Ethnic Differences in the Link Between Physical Discipline and Later Adolescent Externalizing Behaviors.« *Journal of Child Psychology and Psychiatry* 45 (2004): 801–12.

Lederbogen, A. F., et al. »City Living and Urban Upbringing Affect Neural Social Stress Processing in Humans.« *Nature* 474, no. 7352 (2011): 498–501.

LeDoux, J. *Das Netz der Gefühle: Wie Emotionen entstehen.* München: dtv, 2001.

Levine, P. A., and A. Frederick. *Trauma-Heilung: Das Erwachen des Tigers.* Essen: Synthesis, 1999.

Lewis, M. *The Biology of Desire: Why Addiction Is Not a Disease.* Toronto: Penguin Random House Canada, 2015.

—, *Memoirs of an Addicted Brain: A Neuroscientist Examines His Former Life on Drugs.* Toronto: Doubleday Canada, 2013.

—, and Jeanette Haviland-Jones. *Handbook of Emotions,* 3rd ed. New York: Guilford Press, 2010.

—, »Bridging Emotion Theory and Neurobiology Through Dynamic Systems Modeling.« *Behavioral and Brain Sciences* 28, no. 2 (2005): 169–94.

Lewis, T., F. Amini, and R. Lannon. *A General Theory of Love.* New York: Vintage, 2007.

Lieberman, D. *Unser Körper: Geschichte, Gegenwart, Zukunft.* Frankfurt: S. Fischer, 2015.

Lillas, Connie, and Janiece Turnbull. *Infant/Child Mental Health, Early Intervention, and Relationship-Based Therapies: A Neurorelational Framework for Interdisciplinary Practice.* New York: W. W. Norton, 2009.

Louv, R. *Das letzte Kind im Wald: Geben wir unseren Kindern die Natur zurück! Freiburg:* Herder, 2013.

—. *Das Prinzip Natur: Grünes Leben im digitalen Zeitalter.* Weinheim: Beltz, 2012.

Lupien, S. *Well Stressed: Manage Stress Before It Turns Toxic.* New York: John Wiley & Sons, 2012.

McCain, H. N. M., J. F. Mustard, and S. Shanker. *Early Years Study 2.* Toronto: Council for Early Child Development, 2007.

Maccoby, E. E., and J. A. Martin. »Socialization in the Context of the Family: Parent-Child Interaction,« in *Handbook of Child Psychology,* vol. 4: *Socialization, Personality, and Social Development,* 4th ed., P. H. Mussen and E. M. Hetherington, Eds. New York: John Wiley & Sons, 1983.

McEwen, B. S., and Elizabeth Norton Lasley. *The End of Stress as We Know It.* Washington, D. C.: Joseph Henry Press, 2002.
McGonigal, K. *The Upside of Stress: Why Stress Is Good for You, and How to Get Good at It.* New York: Penguin, 2015.
MacLean, P. D., and V. A. Kral. *A Triune Concept of the Brain and Behaviour.* Toronto: University of Toronto Press, 1973.
Maté, G. *When the Body Says No: The Hidden Costs of Stress.* Toronto: Vintage Canada, 2004.
Maurer, D., and C. Maurer. *The World of the Newborn.* New York: Basic Books, 1988.
—, and H. M. Schmeck. *The Hostage Brain.* New York: Rockefeller University Press, 1994.
Meerlo, P., et al. »Sleep Restriction Alters the Hypothalamic-Pituitary-Adrenal Response to Stress.« *Journal of Endocrinology,* vol. 14 (2002): 397–402.
Mercer-Lynn, K., Rachel J. Bar, and John D. Eastwood. »Causes of Boredom: The Person, the Situation, or Both?« *Personality and Individual Differences* 56 (2014): 122–26.
Mischel, W. *Der Marshmallow-Test.* München: Siedler Verlag, 2015.
—, Y. Shoda, and M. I. Rodriguez. »Delay of Gratification in Children.« *Science* 244, no. 4907 (1989): 933–38.
Moffitt, T. E., et al. »A Gradient of Childhood Self-Control Predicts Health, Wealth, and Public Safety.« *Proceedings of the National Academy of Sciences* 108, no. 7 (2011): 2693–98.
Moll, J., et al. »The Neural Basis of Human Moral Cognition.« *Nature Reviews Neuroscience* 6, no. 10 (2005): 799–809.
Muraven, M. R., and R. F. Baumeister. »Self-Regulation and Depletion of Limited Resources: Does Self-Control Resemble a Muscle?« *Psychological Bulletin* 126 (2000): 247–59.
Mustard, J. F. »Experience-Based Brain Development: Scientific Underpinnings of the Importance of Early Child Development in a Global World.« *Paediatrics & Child Health* 11, no. 9 (2006): 571.
Nelson, C. A., K. M. Thomas, and M. De Haan. *Neuroscience of Cognitive Development: The Role of Experience and the Developing Brain.* New York: John Wiley & Sons, 2012.
Nigg, J. T. *What Causes ADHD? Understanding What Goes Wrong and Why.* New York: Guilford Press, 2006.
Numan, M., and T. R. Insel. *The Neurobiology of Parental Behavior.* London: Springer, 2003.
Ogden, P. *Sensorimotor Psychotherapy: Interventions for Trauma and Attachment.* New York: W. W. Norton, 2015.

Olfman, S., and B. D. Robbins, Eds. *Drugging Our Children: How Profiteers Are Pushing Antipsychotics on Our Youngest, and What We Can Do to Stop It.* Santa Barbara, CA: ABC-CLIO, 2012.

Panksepp, J. *Affective Neuroscience.* New York: Oxford University Press, 1998.

Peterson, Christopher, and Martin Seligman. *Character Strengths and Virtues.* New York: Oxford University Press, 2004.

Pink, D. *Drive: Was Sie wirklich motiviert.* Salzburg: Ecowin, 2010.

Polan, H. J., and M. A. Hofer. »Psychobiological Origins of Infant Attachment and Separation Responses,« in *Handbook of Attachment: Theory, Research, and Clinical Application,* J. Cassidy and P. R. Shaver, Eds. New York: Guilford Press, 1999, 162–80.

Porges, S. W. *Die Polyvagal-Theorie : Neurophysiologische Grundlagen der Therapie. Emotionen, Bindung, Kommunikation & ihre Entstehung.* Paderborn: Junfermann, 2010.

Posner, M. I., and M. K. Rothbart. *Educating the Human Brain.* Washington, D. C.: American Psychological Association, 2007.

Ppproductions1000, »Very Tempting Marshmallow Test,« September 19, 2009, https://youtu.be/x3S0xS2hdi4.

Raby, K., et al. »The Enduring Predictive Significance of Early Maternal Sensitivity: and Academic Competence Through Age 32 Years.« *Child Development* 17 (December 2014): 695–708.

Race, K. »The Epidemic of Stressed Parents Raising Stressed Kids.« *Huffington Post,* February 21, 2014, www.huffingtonpost.com/kristen-race-phd/the-epidemic-of-stressedparents-raising-stressed-kids_b_4790658.html.

Raine, A. *Als Mörder geboren: Die biologischen Wurzeln von Gewalt und Verbrechen.* Stuttgart: Klett-Cotta, 2015.

Ratey, J. J., and E. Hagerman. *Superfaktor Bewegung: Das Beste für Ihr Gehirn!.* Kirchzarten: VAK, 2013.

Richard, D., and Daniel Goleman. *Training the Brain.* Amazon Digital Services, 2012.

Rosenberg, K., and W. Trevathan. »Bipedalism and Human Birth: The Obstetrical Dilemma Revisited.« *Evolutionary Anthropology: Issues, News, and Reviews* 4, no. 5 (1995): 161–68.

Ross, T., M. I. Fontao, and R. Schneider. »Aggressive Behavior in Male Offenders: Preliminary Analyses of Self-Regulatory Functions in a Sample of Criminals.« *Psychological Reports* 100, no. 3, part 2 (2007): 1171–85.

Rothbart, M. K. *Becoming Who We Are: Temperament and Personality in Development.* New York: Guilford Press, 2011.

—, L. K. Ellis, and M. I. Posner. »Temperament and Self-Regulation,« in *Handbook of Self-Regulation: Research, Theory, and Applications.* R. F. Baumeister and K. D. Vohs, Eds. New York: Guilford Press, 2004, 357–70.

Ryan, N. »Willpower: Rediscovering the Greatest Human Strength, by Roy F. Baumeister and John Tierney« (book review). *Journal of Positive Psychology* 7, no. 5 (2012): 446–48.

Sagvolden, T., et al. »A Dynamic Developmental Theory of Attention-Deficit/Hyperactivity Disorder (ADHD) Predominantly Hyperactive/Impulsive and Combined Subtypes.« *Behavioral and Brain Sciences* 28, no. 3 (2005): 397–418.

Salovey, P., and J. D. Mayer. »Emotional Intelligence.« *Imagination, Cognition, and Personality* 9 (1990): 185–211.

Sameroff, A. *The Transactional Model.* Washington, D.C.: American Psychological Association, 2009.

Sapolsky, R. M. *Warum Zebras keine Migräne kriegen.* München: Piper, 1996.

Savage-Rumbaugh, S., S. G. Shanker, and T. J. Taylor. *Apes, Language, and the Human Mind.* New York: Oxford University Press, 1998.

Schmeichel, B. J., and R. F. Baumeister. »Self-Regulatory Strength,« in *Handbook of Self-Regulation.* R. F. Baumeister and K. D. Vohs, Eds. New York: Guilford Press, 2004, 84–98.

Schore, A. N. *Affektregulation und die Reorganisation des Selbst.* Stuttgart: Klett-Cotta, 2009.

—. *The Science of the Art of Psychotherapy,* Norton Series on Interpersonal Neurobiology. New York: W. W. Norton, 2012.

Selye, H. *Stress Without Distress.* New York: Springer US, 1976, 137–46.

Shanker, S. *Calm, Alert, and Learning: Classroom Strategies for Self-Regulation.* London: Pearson, 2013.

—, *Wittgenstein's Remarks on the Foundations of AI.* London: Routledge, 1998.

—, and D. Casenhiser. *Reducing the Effort in Effortful Control: A Wittgensteinian Perspective on the Use of Conceptual Analysis in Psychology.* London: Palgrave Macmillan, 2013.

—, »A Dynamic Developmental Model of Emotions.« *Philosophy, Psychiatry and Psychology* 11 (2004): 219–33.

—, Broader Measures of Success: Social/Emotional Learning [report]. Toronto: People for Education, 2015.

—, »Descartes' Legacy: The Mechanist/Vitalist Debates,« in *Philosophy of Science, Logic, and Mathematics in the 20th Century.* London: Routledge, 1996.

—, »Emotion Regulation Through the Ages« (2012), in *Moving Ourselves, Moving Others: otion and Emotion in Intersubjectivity, Consciousness and Language,* vol. 6, A. Foolen et al., Eds. Amsterdam, The Netherlands: John Benjamins, 2012.

—, and D. Casenhiser. »Reducing the Effort in Effortful Control,« in *Conceptual Analysis and Psychology,* T. Racine and K. Slaney, Eds. New York, Macmillan, 2013.

—, and Jim Stieben. »The Roots of Mindblindness,« in *Against Theory of Mind.* Ivan Leudar, Ed. London: Palgrave Macmillan, 2009.

Sherrod, D. R. »Crowding, Perceived Control, and Behavioral After-effects.« *Journal of Applied Social Psychology* 4 (1974): 171–86.

Shonkoff, J., and D. Phillips. *From Neurons to Neighborhoods: The Science of Early Childhood Development.* Washington, D.C.: National Academy Press, 2000.

Siegel, D. *Aufruhr im Kopf: Was während der Pubertät im Gehirn unserer Kinder passiert.* München: mvg, 2015.

—, *Wie wir werden, die wir sind: Neurobiologische Grundlagen subjektiven Erlebens. Die Entwicklung des Menschen in Beziehungen.* Paderborn: Junfermann, 2006.

Steinberg, L. *Age of Opportunity: Lessons from the New Science of Adolescence.* Boston: Houghton Mifflin Harcourt, 2014.

—, »A Dual Systems Model of Adolescent Risk-Taking.« *Developmental Psychobiology* 52, no. 3 (2010): 216–24.

Steiner-Adair, C. *The Big Disconnect: Protecting Childhood and Family Relationships in the Digital Age.* New York: HarperCollins, 2013.

Sternberg, E. *The Balance Within: The Science Connecting Health and Emotions.* New York: Times Books, 2001.

—, *Heilende Räume: Warum Krankenhäuser krank und Büros müde machen. Wie äußere Einflüsse auf unser Wohlbefinden wirken.* Amerang: Crotona, 2011.

Tantam, D. *Can the World Afford Autistic Spectrum Disorder? Nonverbal Communication, Asperger Syndrome and the Interbrain.* London: Jessica Kingsley, 2009.

Thayer, R. E. *The Biopsychology of Mood and Arousal.* New York: Oxford University Press, 1989.

—, *The Origin of Everyday Moods: Managing Energy, Tension, and Stress.* New York: Oxford University Press, 1997.

—, *Calm Energy: How People Regulate Mood with Food and Exercise.* New York: Oxford University Press, 2003.

Thompson, M. G. *Was braucht mein Sohn? Wie Eltern die emotionale Entwicklung fördern können.* Frankfurt: Fischer, 2003.

—, *It's a Boy! Understanding Your Son's Development from Birth to Eighteen.* New York: Ballantine, 2008.

Tremblay, R. E., W. W. Hartup, and J. Archer, Eds. *Developmental Origins of Aggression.* New York: Guilford Press, 2005.

Tronick, E. Z. *The Neurobehavioral and Social-Emotional Development of Infants and Children.* New York: W. W. Norton, 2007.

—, »Why Is Connection with Others So Critical?,« in *Emotional Development.* J. Nadel and D. Muir, Eds. Oxford: Oxford University Press, 2004.

—, »Emotions and Emotional Communication in Infants,« *American Psychologist* 44 (1989): 112–19.

Van der Kolk, B. *Verkörperter Schrecken: Traumaspuren in Gehirn, Geist und Körper und wie man sie heilen kann.* Lichtenau: G.P.Probst, 2016.

Volkow, Nora, and Ruben Baler. »Addiction: A Disease of Self-Control.« *Neurosciences and the Human Person: New Perspectives on Human Activities. Scripta Varia 121.* Vatican City: Pontifical Academy of Sciences, 2013.

Von Sömmerring, S. T. *Vom Baue des menschlichen Körpers,* vol. 1 Frankfurt, Germany: Varrentrapp und Wenner, 1791.

Watson, J. B. »Psychology as the Behaviorist Views It.« *Psychological Review* 20, no. 2 (1913): 158.

Weisfeld, G. E. *Evolutionary Principles of Human Adolescence.* New York: Basic Books, 1999.

Weissbourd, R. *The Parents We Mean to Be.* Boston: Houghton Mifflin Harcourt, 2009.

William, M. S., and S. Shellenberger. *Wie läuft eigentlich dein Motor? Theorie und Praxis der Selbstregulierung für Menschen mit ADS/HKS.* Dortmund: Verlag modernes lernen, 2009.

Wilson, E. O. *Die Einheit des Wissens.* Berlin: Siedler, 1998.

Wilson, G. *Your Brain on Porn: Internet Pornography and the Emerging Science of Addiction.* New Delhi, India: Commonwealth, 2014.

Wittgenstein, L. *Philosophische Untersuchungen.* Frankfurt: Suhrkamp, 2003.

Wrangham, R. W., and D. Peterson. *Bruder Affe. Menschenaffen und die Ursprünge menschlicher Gewalt.* München: Diederichs, 2001.

Zhao, Y. *Who's Afraid of the Big Bad Dragon: Why China Has the Best (and Worst) Education System in the World.* New York: John Wiley & Sons, 2014.

Zimmerman, B. J., and D. H. Schunk, eds. *Self-Regulated Learning and Academic Achievement: Theoretical Perspectives.* London: Routledge, 2001.

Register